全国食品药品监管人员培训规划教材

药品部分

药品监督管理法律法规

YAO PIN JIAN DU GUAN LI FA LV FA GUI

国家食品药品监督管理局人事司
国家食品药品监督管理局高级研修学院 组织编写

中国医药科技出版社

内 容 提 要

　　本书是全国食品药品监管人员培训规划教材之一，对我国药品监管的法律法规体系，药品管理的基本法律法规，以及与药品监管相关的法律法规作了介绍。对每个法规的学习要点作了概述，对法规的知识点及主要内容进行了概括总结，并附有学习小结和学习测试，知识链接板块对所学知识进行了延伸和拓展。

　　本书适合药品监管人员培训使用，也可作为医药行业从业人员培训和自学用书。

图书在版编目（CIP）数据

药品监督管理法律法规/国家食品药品监督管理局人事司，国家食品药品监督管理局高级研修学院组织编写 . —北京：中国医药科技出版社，2010.10

全国食品药品监管人员培训规划教材

ISBN 978 - 7 - 5067 - 4683 - 0

Ⅰ.①药…　Ⅱ.①国…②国…　Ⅲ.①药品管理 - 法

规 - 中国 - 技术培训 - 教材　Ⅳ.①D922.16

中国版本图书馆 CIP 数据核字（2010）第 097852 号

美术编辑　陈君杞　　张　璐
版式设计　郭小平

出版　中国医药科技出版社
地址　北京市海淀区文慧园北路甲 22 号
邮编　100082
电话　发行：010 - 62227427　邮购：010 - 62236938
网址　www. cmstp. com
规格　787 × 1092mm　1/16
印张　19¼
字数　353 千字
版次　2010 年 10 月第 1 版
印次　2014 年 1 月第 2 次印刷
印刷　北京市密东印刷有限公司
经销　全国各地新华书店
书号　ISBN 978 - 7 - 5067 - 4683 - 0
定价　**50.00 元**

本社图书如存在印装质量问题请与本社联系调换

全国食品药品监管人员培训规划教材
（药品部分）建设指导委员会

《药品监督管理法律法规》编委会

主　编　杨世民

副主编　方　宇　冯变玲

编　者（按姓氏笔画排序）

闫抗抗　杨　悦　陈永法

胡　明　侯鸿军　程新萍

序

    食品药品安全事关公众健康与生命安全，事关民生与社会和谐。食品药品监管政策性、专业性和技术性强，建设一支高素质的食品药品监管队伍，是提升监管能力和水平，确保人民群众饮食用药安全的重要保障，是食品药品监管事业可持续健康发展的永恒主题。食品药品监管系统组建以来，国家食品药品监督管理局始终把队伍培训作为一项重要的战略工程来抓，统筹规划，稳步实施，开展了大规模、多层次、多渠道的培训工作，较好地解决了新人员对新机构、新职能的适应问题，监管队伍的整体素质也得到了全面提升。站在新的历史起点，教育培训工作面临新的形势与任务，必须增强教育培训的系统性、规范性和实效性，提高培训质量和成效，在全系统营造尊重知识、崇尚学习的浓厚氛围，积极推进学习型组织建设，从书本中学习，在实践中学习，不断优化知识结构，提高综合素质，增强创新能力，拓展国际视野，努力驾驭日趋复杂的监管局面。

    教材是学习知识的重要载体，更是开展教育培训的必要条件。教材建设是提高培训效果的重要途径和手段。编写系统、实用的培训教材，是提高培训效果和教学质量的一项重要的基础性工作。一套高水平、高质量的教材，对于帮助广大食品药品监管人员培养良好的职业道德，提升专业素质和监管能力，加强队伍建设都具有十分重要的意义。这套由国家食品药品监督管理局专门组织编写的全国食品药品监管人员培训规划教材，是食品药品监管系统组建以来首批专门为监管人员量身打造的系列教材。它紧紧围绕提高监管人员能力和素质这一核心任务，精心选择培训内容、合理安排课程学时、科学设置课程模块，将一线监管人员实践经验积累与专家学者的专业化理论知识有机结合，与食品药品行业的发展和科学技术的进步相适应。这套教材的陆续出版，对食品药品监管系统树立和实践科学监管理念，广泛深入地开展培训工作，全面提升食品药品监管队伍的能力和素质将起到积极的作用。

这套教材主要体现了三个特点：一是针对性强、注重能力培养。教材立足监管实际，科学组合，形成监管法律法规、专业知识、监管实务、监管专题知识四大模块，在保证知识涵盖面的同时，更加注重解决实际问题，可供不同监管岗位的人员学习使用。二是体例新颖、注重案例分析。教材内容选择上重点突出、精益求精；章节安排灵活多样；语言表述深入浅出、图文并茂，可读性增强。三是知识拓展与链接注重学习和互动。教材涵盖了大量食品药品监管相关知识领域的前沿研究成果，积极开拓思维及国际视野；设立了贴近工作实际的思考问题，引导建立科学的工作与学习方法。

由于各方面因素，这套系列教材还需在实践中得到检验，尚有需要改进和完善之处。国家食品药品监督管理局将继续汲取各方面意见和建议，不断总结、完善和提高，使这套教材更好地服务于食品药品监管事业发展。希望广大食品药品监管人员认真学习，积极进取，勇于实践，为维护公众饮食用药安全做出更大的贡献！

药品监督管理法律法规课程是药品监督管理干部的必修课。通过该课程的教学，应达到以下教学目的：①掌握我国药品监管的法律法规体系；掌握《药品管理法》等重要的药品监管法律法规；②熟悉药物研究、药品注册、进口、生产、流通、使用等环节监管的法律法规；③了解与药品监管相关的其他法律法规，从而使学员对我国的药品监管法律法规体系有全面的理解和系统的认识，能够分清什么是合法行为，什么是违法行为；具备自觉执行药事法规的能力；并能综合运用药品监管法律法规分析、解决实际工作中的问题。

药品监督管理法律法规教材的基本内容包括：我国药品监管的法律法规体系、药品管理基本法律法规、与药品监管相关的法律法规三部分。主要对《药品管理法》等30个法律法规、规章以及《刑法》等4个相关法律法规做了必要的解释。为了保证教材的科学性和先进性，突出教材的教学性，体现其实用性，编写体例包括学习要点、学习内容、学习小结和学习测试（思考题）。在文中设置了"知识链接"板块，对相关内容的知识进行了延伸和拓展，以增加学员的学习兴趣和扩大知识面。此外，在有关法规项下，编排了案例，供教学和学员自学时参考，培养学员分析问题和解决问题的能力。书中个别法规中的行政主体部门因机构调整已变化，但为与该法规表述的一致性，仍沿用原部门名称特此说明。

在本教材编写过程中，得到国家食品药品监督管理局全国药品监管人员培训规划教材建设指导委员会、国家食品药品监督管理局人事司、国家食品药品监督管理局高级研修学院、中国医药科技出版社以及编者单位西安交通大学医学院、中国药科大学国际医药商学院、沈阳药科大学工商管理学院、四川大学华西药学院和陕西省食品药品监督管理局有关领导的大力支持和亲切指导，在此表示衷心的感谢。

由于编写时间紧，编者知识水平有限，教材内容难免有不足之处，恳请读者批评指正。

编　者
2010 年 9 月

第三部分　相关法律法规

第一部分　中国药品监管的
　　　　　　法律法规体系

中国药品监管立法及其法规体系概述

药品监督管理立法是指由特定的国家机关，依据法定的权限和程序，制定、认可、修订、补充和废除药品管理法律规范的活动。药品监督管理的法规体系是国家关于药品管理工作的法律、行政法规、部门规章、规范性文件等法规文件的总称，是药品研制、生产、经营、使用、监督管理单位以及个人都必须严格遵守和认真执行的行为规范。

一、学习要点

通过本章学习，使学员熟悉药品监督管理立法的含义、权限及特征，药品监督管理法律的渊源和法律关系，药品监督管理法规的效力，为进一步学习、掌握药品管理的法律、法规，并运用法律、法规分析和解决工作实践中的问题奠定基础。

二、学习内容

（一）药品监督管理立法概述

药品监督管理立法是指由特定的国家机关，依据法定的权限和程序，制定、认可、修订、补充和废除药品管理法律规范的活动。

药品监督管理立法是一种活动，同时，也在一定程度上内含有"过程"和"结果"。药品监督管理立法过程不仅指立法的法定程序，也意味着药品监督管理立法是动态的，是有其历史发展过程的。药品监督管理立法的直接目的是产生和变动法这种特定的社会规范，故药品监督管理立法也可指药品法律法规的总和。

1. 药品监督管理立法要依据法定的权限

划分立法的权限是国家立法的要点。各国根据其国家性质和国家政权组织形式与结构形式，确定由哪些国家机关行使制定、修改或废止法律、法规的权力。立法权限划分的制度称为立法体制。

根据我国宪法及立法法的规定，我国立法权限的划分如下。

①全国人大及其常委会行使国家立法权，有权制定药品监督管理法律。药品监督管理的法律以国家主席令公布。

②国务院制定药品监督管理的行政法规。

③省、直辖市人民代表大会及其常委会可以制定药品监督管理的地方性法规，民族自治地方的人民代表大会有权制定药品监督管理的自治条例和单行条例。

④特别行政区有权保留原来的法律或制定本行政区新的法律。

⑤国务院各部、委及具有行政管理职能的直属机构，在本部门权限范围内制定药品监督管理的部门规章。省、自治区、直辖市和较大的市人民政府可以制定药品监督管理的地方政府规章。

2．药品监督管理立法要依据法定的程序

立法依据一定程序进行，才能保证立法具有严肃性、权威性和稳定性。我国现行立法程序（制定法律的程序）大致可划分为四个阶段即：法律草案的提出；法律草案的审议；法律草案的通过；法律的公布。宪法规定由国家主席公布法律。

3．药品监督管理立法的原则

药品管理立法必须遵循的具体原则是，实事求是，从实际出发；规律性与意志性相结合；原则性与灵活性相结合；统一性与协调性相结合；现实性与前瞻性相结合；保持法的稳定性、连续性与适时立、改、废相结合；总结本国经验与借鉴外国立法相结合。

（二）药品监督管理立法的基本特征

药品监督管理立法具有以下4个特征。

1．立法目的是维护人民健康

药品质量直接影响用药人的健康和生命，现代的药品管理立法的目的是加强药品监督管理，保证药品质量，维护人民的健康，保障用药人的合法权益，保障人的健康权。

2．以药品质量标准为核心的行为规范

药品管理立法是规范人们在研究、制造、经营、使用药品的行为，这些行为必须确保药品的安全性、有效性。现代药品管理立法通过制订、颁布法律、法规，颁布药品标准和保证药品质量的工作标准以规范人们的行为。

3．药品管理立法的系统性

现代社会药品管理立法包括药品质量、过程质量、工作质量、药品质量控制和质量保证的管理质量，国内药品质量、进出口药品质量等，药品和药事工作受到系统的法律约束。

4．药品管理法内容国际化的倾向

由于药品管理法的客体主要是药品和控制药品（指麻醉药品、精神药品），随着药品的国际贸易和技术交流日益频繁，客观环境要求国际社会统一标准。因此，各国药品管理法的内容，越来越相似，国际性药品管理、控制药品管理的公约、协议、规范、制度和参加缔约的国家也不断增加。

（三）药品监督管理法规的渊源

法律渊源是法学上的一个术语，是指法律规范的表现形式。在我国，法律渊源有：宪法性法律；法律；行政法规；地方性法规；规章；民族自治法规；特别行政区的法律；中国政府承认或加入的国际条约。药品管理法的渊源，是指药品管理法律规范的具体表现形式。中国药品监督管理的法规体系见图1-1。

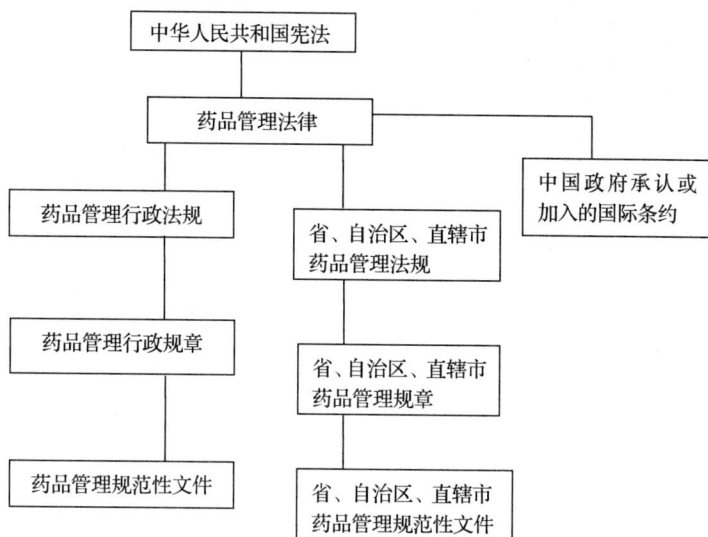

图 1-1　中国药品监督管理的法规体系

知识链接

药品监督管理法规的渊源

1. **宪法**　宪法是我国的根本法，是全国人大通过最严格的程序指定的，具有最高法律效力的规范性法律文件。是我国所有法律，包括药事管理法的重要渊源。

2. **药事管理法律**　法律系指全国人大及其常委会制定的规范性文件，由国家主席签署主席令公布。全国人大常委会制定的单独的药事管理法律有《中华人民共和国药品管理法》。与药事管理有关的法律有《刑法》、《广告法》、《价格法》、《消费者权益保护法》、《反不正当竞争法》、《专利法》等。

3. **药事管理行政法规**　行政法规是指作为国家最高行政机关的国务院根据宪法和法律所制定的规范性文件，由总理签署国务院令公布。国务院制定、发布的药事管理行政法规有：《药品管理法实施条例》、《麻醉药品和精神药品管理条例》、《医疗用毒性药品管理办法》、《放射性药品管理办法》、《中药品种保护条例》等。

4. **药事管理地方性法规**　省、自治区、直辖市人大及其常委会根据本行政区域的具体情况和实际需要制定的药事管理法规。效力低于宪法、法律及行政法规。例如：吉林省人大常委会审议通过的《吉林省药品监督管理条例》，山东省人大常委会通过的《山东省药品使用条例》。

5. **药事管理规章**　国务院各部、委员会、中国人民银行、审计署和具有行政管理职能的直属机构，可以根据法律和国务院的行政法规、决定、命令，在本部门的权限范围内，制定规章。现行的药事管理规章有《药品注册管理办法》、《药品生产质量管理规范》、《药品经营质量管理规范》、《药品流通监督管理办法》、《处方管理办法》等。

6. **中国政府承认或加入的国际条约**　国际条约一般属于国际法范畴，但经中国政府缔结的双边、多边协议、条约和公约等，在我国也具有约束力，也构成当代中国法源之一。例如：1985 年我国加入《1961 年麻醉药品单一公约》和《1971 年精神药物公约》，该公约对我国也具有约束力。

知识链接

药品管理行政法规

法规名称	发布形式	施行日期
野生药材资源保护管理条例	1987 年 10 月 30 日	1987 年 12 月 1 日
医疗用毒性药品管理办法	1988 年 12 月 27 日	1988 年 12 月 27 日
放射性药品管理办法	1989 年 1 月 13 日	1989 年 1 月 13 日
中药品种保护条例	1992 年 10 月 14 日	1993 年 1 月 1 日
药品行政保护条例	1992 年 12 月 19 日	1993 年 1 月 1 日
血液制品管理条例	1996 年 12 月 30 日	1996 年 12 月 30 日
医疗器械监督管理条例	2000 年 1 月 4 日	2000 年 4 月 1 日
中华人民共和国药品管理法实施条例	2002 年 8 月 4 日	2002 年 9 月 15 日
无照经营查处取缔办法	2003 年 1 月 6 日	2003 年 3 月 1 日
中华人民共和国中医药条例	2003 年 4 月 7 日	2003 年 10 月 1 日
反兴奋剂条例	2004 年 1 月 13 日	2004 年 3 月 1 日
中华人民解放军实施＜中华人民共和国药品管理法＞办法	2004 年 12 月 9 日	2005 年 1 月 1 日
疫苗流通与预防接种管理条例	2005 年 3 月 24 日	2005 年 6 月 1 日
麻醉药品和精神药品管理条例	2005 年 8 月 3 日	2005 年 11 月 1 日
易制毒化学品管理办法	2005 年 8 月 26 日	2005 年 11 月 1 日
国务院关于加强食品等产品安全监督管理的特别规定	2007 年 7 月 26 日	2007 年 7 月 26 日

知识链接

药品管理行政规章

规章名称	序号	施行日期
处方管理办法	卫生部长令第 53 号	2007 年 5 月 1 日
药品监督行政处罚程序规定	SFDA 局令第 1 号	2003 年 7 月 1 日
药物非临床研究质量管理规范	SFDA 局令第 2 号	2003 年 9 月 1 日
药物临床试验质量管理规范	SFDA 局令第 3 号	2003 年 9 月 1 日
药品进口管理办法	SFDA 局令第 4 号	2004 年 1 月 1 日
药品经营许可证管理办法	SFDA 局令第 6 号	2004 年 4 月 1 日
药品不良反应报告和监测管理办法	SFDA 局令第 7 号	2004 年 3 月 4 日
互联网药品信息服务管理办法	SFDA 局令第 9 号	2004 年 7 月 8 日
生物制品批签发管理办法	SFDA 局令第 11 号	2004 年 7 月 13 日
直接接触药品的包装材料和容器管理办法	SFDA 局令第 13 号	2004 年 7 月 20 日

续表

规章名称	序号	施行日期
药品生产监督管理办法	SFDA 局令第 14 号	2004 年 8 月 5 日
医疗机构制剂配制监督管理办法	SFDA 局令第 18 号	2005 年 6 月 1 日
医疗机构制剂注册管理办法（试行）	SFDA 局令第 20 号	2005 年 8 月 1 日
国家食品药品监督管理局药品特别审批程序	SFDA 局令第 21 号	2005 年 11 月 18 日
进口药材管理办法（试行）	SFDA 局令第 22 号	2006 年 2 月 1 日
药品说明书和标签管理规定	SFDA 局令第 24 号	2006 年 6 月 1 日
蛋白同化制剂、肽类激素进出口管理办法（暂行）	SFDA 局令第 25 号	2006 年 9 月 1 日
药品流通监督管理办法	SFDA 局令第 26 号	2007 年 5 月 1 日
药品广告审查办法	SFDA 局令第 27 号	2007 年 5 月 1 日
药品注册管理办法	SFDA 局令第 28 号	2007 年 10 月 1 日
药品召回管理办法	SFDA 局令第 29 号	2007 年 12 月 10 日

（四）药事法规的效力

1. 法律效力的概念

法律效力是指法律的适用范围，即法律在什么领域、什么时期和对谁有效的问题，也就是法律规范在空间上、时间上和对人的效力问题。

（1）空间效力　空间效力是指法律在什么地方发生效力。由国家制定的法律和经中央机关制定的规范性文件，在全国范围内生效。地方性法规只在本地区内有效。

（2）时间效力　时间效力是指法律从何时生效和何时终止效力，以及新法律颁布生效之前所发生的事件或行为是否适用该项法规的问题。时间效力一般有三个原则：不溯及既往原则；后法废止前法的原则；法律条文到达时间的原则。

（3）对人的效力　对人的效力是指法律适用于什么样的人。对人的效力又分为属地主义、属人主义和保护主义。属地主义：即不论人的国籍如何，在哪国领域内就适用哪国法律。属人主义：即不论人在国内或国外，是哪国公民就适用哪国法律。保护主义：任何人只要损害了本国的利益，不论损害者的国籍与所在地如何，都要受到该国法律的制裁。

我国的法律效力以属地主义为主，以属人主义和保护主义为辅。法律效力规定：在中国境内外的中国公民，在中国领域内的外国人和无国籍人，一律适用我国的法律。

药事法规适用的地域范围是"在中华人民共和国境内"。香港、澳门特别行政区按照其基本法规规定办理。

药事法规适用的对象范围是与药品有关的各个环节和主体，包括药品的研制者，药品的生产者、经营者和使用者（这里使用仅指医疗单位对患者使用药品的活动，不包括患者），以及具有药品监督管理的责任者。"者"包括单位或个人，单位包括中国企业、中外合资企业、中外合作企业、外资企业。个人包括中国人、外国人。

2. 药事法律效力的层次

法律效力的层次是指规范性法律文件之间的效力等级关系。

（1）上位法的效力优于下位法

①宪法具有最高的法律效力，一切法律、行政法规、地方性法规、自治条例和单行条例、规章都不得同宪法相抵触。

②药事法律　药事法律的效力高于药事行政法规、地方性法规、规章。

③药事行政法规　效力高于地方性法规、规章。

④药事地方性法规　效力高于本级和下级地方政府规章。

⑤药事自治条例和单行条例　依法对法律、行政法规、地方性法规作变通规定的，在本自治地方适用自治条例和单行条例的规定。

⑥药事部门规章和地方政府规章　部门规章之间，部门规章与地方政府规章之间具有同等效力，在各自的权限范围内施行，部门规章之间、部门规章与地方政府规章之间对同一事项的规定不一致时，由国务院裁决。

（2）特别规定优于一般规定，新的规定优于旧的规定　《中华人民共和国立法法》规定，同一机关制定的法律、行政法规、地方性法规、自治条例和单行条例、规章，特别规定与一般规定不一致的，适用特别规定，新的规定与旧的规定不一致的，适用新的规定。

（五）法律责任

1. 违法

违法是指违反法律和其他法规的规定，给社会造成某种危害的有过错的行为。广义的违法包括违法和犯罪。

构成违法有四个要素：①必须是人的某种行为，而不是思想问题；②必须是侵犯了法律所保护的社会关系的行为，对社会造成了危害；③行为人必须是具有责任能力或行为能力的自然人或法人；④必须是行为者出于故意或过失。

违法依其性质和危害程度可分为三种，①刑事违法：即违反刑事法规，构成犯罪；②民事违法：即违反民事法规，给国家机关、社会组织或公民个人造成某种利益损失的行为；③行政违法：即违反行政管理法规的行为，包括公民、企事业单位违犯国家行政管理法规的行为以及国家机关公职人员运用行政法规时的渎职行为。

2. 法律责任

法律责任是指因实施违法行为而应负的法律上的责任。一般分为行政责任、刑事责任和民事责任。①行政责任，是指违反行政管理法的规定，应该承担行政法律所规定的责任。行政责任分为行政处分和行政处罚。行政处分系指国家机关或企事业单位对其所属工作人员或职工违反规章制度时进行的处分。形式有警告、记过、记大过、降级、撤职、开除留用、开除等。行政处罚系指国家特定行政机关对单位或个人违反国家法规进行的处罚。如药品监督管理部门对违反《药品管理法》的单位和个人给予的处罚。行政处罚的形式有：警告；罚款；没收违法所得、没收非法财物；责令停产停业；暂扣或者吊销许可证等。②刑事责任，是指因实施刑事法律禁止的行为所必须承担的刑事法律规定的责任。③民事责任，是指违反民事法规侵害他人权益在民事上应当承担的法律责任。在我国，公民、法人侵害社会公共财产，或者侵害他人的人身、财产以及违反合同造成损害的，都应承担民事责任。

三、学习小结

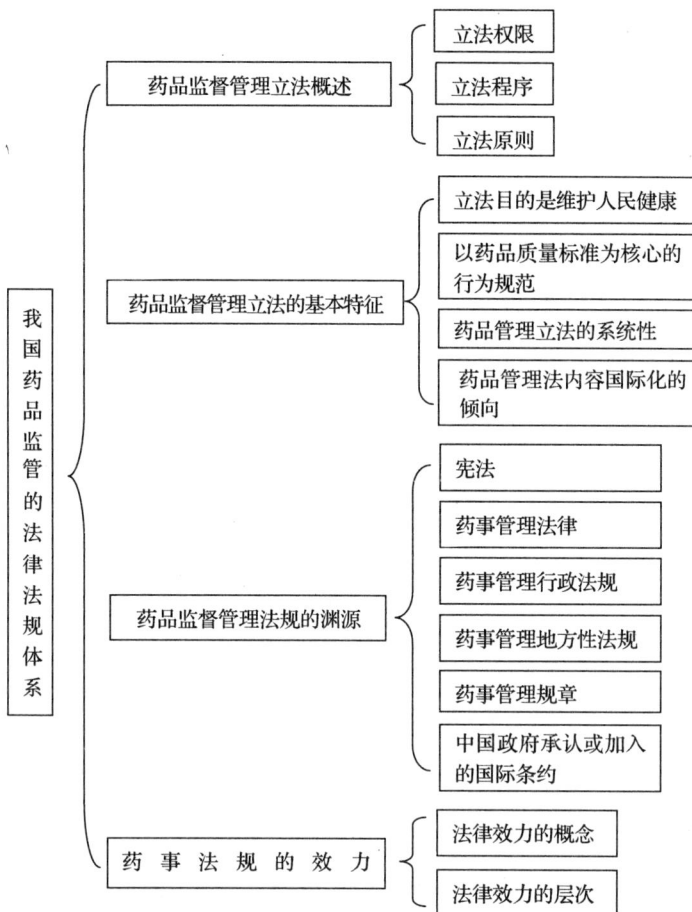

我国药品监管的法律法规体系

药品监督管理立法概述
- 立法权限
- 立法程序
- 立法原则

药品监督管理立法的基本特征
- 立法目的是维护人民健康
- 以药品质量标准为核心的行为规范
- 药品管理立法的系统性
- 药品管理法内容国际化的倾向

药品监督管理法规的渊源
- 宪法
- 药事管理法律
- 药事管理行政法规
- 药事管理地方性法规
- 药事管理规章
- 中国政府承认或加入的国际条约

药事法规的效力
- 法律效力的概念
- 法律效力的层次

四、思考题

1. 简述药品监督管理立法的基本特征。

2. 何为法律渊源，我国药事管理法的渊源有哪些？

3. 简述我国立法权限的划分。

4.《中华人民共和国产品质量法》和《中华人民共和国药品管理法》对产品质量的监督管理规定不一致时，优先适用哪部法律？

5.《中华人民共和国广告法》和《中华人民共和国药品管理法》对药品广告的管理不一致时，优先适用哪部法律？

（杨世民）

第二部分　药品管理法律法规

中华人民共和国药品管理法

《中华人民共和国药品管理法》，于 1984 年 9 月 20 日经第六届全国人民代表大会常务委员会第七次会议通过。2001 年 2 月 28 日第九届全国人民代表大会常务委员会第二十次会议修订。修订后的《中华人民共和国药品管理法》（以下简称《药品管理法》）自 2001 年 12 月 1 日起施行。《药品管理法》的颁布、修订、实施，是我国药品监督管理工作法制建设的大事，对于促进药品监督管理工作和医药卫生事业的发展具有十分重要的意义。

一、学习要点

通过学习《药品管理法》，使学员掌握药品监督管理部门及其职责、药品检验机构及检验的范围，药品生产、经营企业管理，医疗机构的药剂管理，药品管理，药品包装的管理，药品价格和广告的管理，药品监督和法律责任的主要内容；熟悉《药品管理法》的立法目的、适用范围、国家发展药品的方针政策、常用术语的含义。

二、学习内容

《药品管理法》的法律框架

现行的《药品管理法》共有 10 章 106 条，其法律框架为：

第一章　总则	第六章　药品包装的管理
第二章　药品生产企业管理	第七章　药品价格和广告的管理
第三章　药品经营企业管理	第八章　药品监督
第四章　医疗机构的药剂管理	第九章　法律责任
第五章　药品管理	第十章　附则

（一）总则

法律的总则是该部法律总的原则和基本制度，是整部法律的纲领性规定，是法律的灵魂。

《药品管理法》第一章是总则，共 6 条。其内容包括药品管理立法的目的；本法的调整范围；国家发展药品的方针政策；药品监督管理的体制和责权划分；药品监督检验机构的职责。《药品管理法》的总则是国家管理药品的纲领性规定和总的原则。

1. 本法的立法目的

《药品管理法》第一条规定，"为加强药品监督管理，保证药品质量，保障人体用药安全，维护人民身体健康和用药的合法权益，特制定本法"。

本法的立法目的包括了四个层面的内容：①加强药品监督管理；②保证药品质量；③保障人体用药安全；④维护人民身体健康和用药的合法权益。

维护人民身体健康和用药的合法权益是制定药品管理法的最根本目的。为了实现这一目的，就要保障人体用药安全；为了保障人体用药安全，必须保证药品质量；而为了保证药品质量，必须加强药品监督管理。

2. 适用范围

《药品管理法》的适用范围是本法所适用的效力范围。包括：①地域范围，本法的地域范围是在中华人民共和国境内，即我国的边境范围内。香港、澳门特别行政区按照其法律规定办理。②对象范围，是从事药品研制、生产、经营、使用和监督管理的单位或者个人。③时间范围，修订后的《药品管理法》自2001年12月1日起施行。

3. 国家发展药品的方针政策

①国家发展现代药和传统药，充分发挥其在预防、医疗和保健中的作用。现代药和传统药都是我国医药事业的重要组成部分，在疾病的预防和治疗中发挥着重要的作用，努力发展现代药和传统药，坚持中西药并重，是我国医药卫生工作中一贯坚持的方针。②保护野生药材资源，鼓励培育中药材。中药材是生产中药饮片和中成药的基本原料，没有中药材就没有中药饮片和中成药。保护、开发和合理利用中药材资源，是促进我国中医药事业持续发展的重要方面。对此，国家采取了三个方面的措施：制定了《野生药材资源保护条例》、《野生动物保护法》，从法律法规方面予以保护；对破坏野生中药材资源的行为，进行严厉打击；采用野生变家种（养）和人工培育中药材，用其替代一些野生药材。③鼓励研究和创制新药。研究开发新药是发展药品的主要途径，是提高我国药品市场竞争力的关键，是防止疾病，保护人民身体健康的客观要求。我国对药品的研制必须从仿制走向创新，在自主知识产权的新药开发方面必须加大投入，才能在竞争中立于不败之地。《药品管理法》将鼓励研究和创制新药列入总则中，把保护和鼓励公民、法人开发新药品种的积极性作为一项基本原则，充分显示我国政府在这方面的鼓励政策。

4. 药品监督管理部门及其职责

《药品管理法》规定药品监督管理部门主管药品监督管理工作。即国务院药品监督管理部门主管全国药品监督管理工作，省、自治区、直辖市人民政府药品监督管理部门负责本行政区域内的药品监督管理工作。国务院有关部门和地方各级人民政府有关部门在各自职责范围内负责与药品有关的监督管理工作。《药品管理法》规定的有关部门涉及到药品价格主管部门、卫生行政部门、中医药管理部门、工商行政管理部门、海关、监察部门、经济综合部门。这些部门在国务院规定的职责范围内分别负责与药品有关的价格、吊销医疗机构执业证书、中药材和中药饮片的科研、药品生产经营企业的工商登记、药品广告处罚、药品购销回扣处罚、进口口岸设置、执法违规处理、医药行业管理等与药品有关事项的监督管理工作。

5. 药品检验机构及检验的范围

本法规定药品监督管理部门可以设置药品检验机构，也可以确定药品检验机构。

药品监督检验机构的职责是依法实施药品审批时的药品检验职责和药品质量监督检查过程中的药品检验职责。

（二）药品生产企业管理

1. 开办药品生产企业的法定程序

开办药品生产企业，须经企业所在地省、自治区、直辖市人民政府药品监督管理部门批准并发给《药品生产许可证》，企业凭许可证到工商行政管理部门办理登记注册。

2. 《药品生产许可证》的法律要求

《药品生产许可证》规定了有效期和生产范围。许可证的有效期为 5 年。期满后可申请换发许可证。生产范围是药品生产企业申请许可证时申报的生产内容，经省级药品监督管理部门核准后标明于许可证上，药品生产企业要严格按核准的生产范围组织生产。

3. 开办药品生产企业必须具备的条件

《药品管理法》规定了开办药品生产企业应该具备 4 项条件：①人员条件，具有依法经过资格认定的药学技术人员、工程技术人员及相应的技术工人；②厂房、设施和卫生环境条件，要求药品生产企业具有与其药品生产相适应的厂房、设施和卫生环境；③质量控制条件，要设立质量管理和质量检验的机构，配备专门人员，必要的仪器设备；④规章制度条件，要建立健全保证药品质量的规章制度。

省级药品监督管理部门审核批准开办药品生产企业，除严格按照以上 4 条执行外，还应当符合国家制定的药品行业发展规划和产业政策，防止重复建设。

4. 实施《药品生产质量管理规范》

《药品管理法》规定：企业按照药品生产质量管理规范组织生产，药品监督管理部门按照规定对药品生产企业是否符合《药品生产质量管理规范》的要求进行认证，对认证合格的发给认证证书。国家药品监督管理局规定，到 2004 年 6 月 30 日前，实现药品制剂和原料药生产全部达到 GMP 的要求。

5. 药品生产企业生产药品应遵守的规定

①药品生产遵循的依据 《药品管理法》规定，除中药饮片的炮制外，药品必须按照国家药品标准和国务院药品监督管理部门批准的生产工艺进行生产，改变影响药品质量生产工艺的，必须报原批准部门审核批准。②药品生产必须有记录 记录必须完整准确，其内容应当包括：药品名称、剂型、生产日期、批次、操作步骤等。③对中药饮片炮制的规定 中药饮片是指在中医药理论的指导下，根据调剂和制剂的需要，对中药材进行特殊加工炮制后的制成品。《药品管理法》第十条第二款规定，生产中药饮片必须按照药品标准炮制，国家药品标准没有规定的，必须按照省、自治区、直辖市人民政府药品监督管理部门制定的炮制规范炮制。④对生产药品所需原料、辅料的规定 《药品管理法》第十一条规定，生产药品所需的原料、辅料必须符合药用要求。原料和辅料是药品质量的源头，是生产质量合格药品的最基本因素。要保证原料、辅料的质量，重点应当从购进和储存的环节上把关，药品生产企业应当建立相应的管理制度，确保其质量。⑤对药品出厂前质量检验的要求 为了保证药品质量，药品生产

企业必须进行质量检验，药品必须符合国家药品标准才准出厂，这是药品生产企业为保证人民健康应尽的责任。药品生产企业必须执行出厂检验制度，决不能让质量不合格的药品流入市场。对部分没有国家药品标准的中药饮片，则必须按照省级药品监督管理部门制定的炮制规范炮制才能出厂。⑥对接受委托生产药品的规定 《药品管理法》第十三条规定，经国务院药品监督管理部门或者国务院药品监督管理部门授权的省、自治区、直辖市人民政府药品监督管理部门批准，药品生产企业可以接受委托生产药品。

知识链接

委托生产药品

委托生产药品是指取得国家药品批准文号的企业委托其他取得《药品生产许可证》的药品生产企业进行该药品品种生产的行为。其行为特点是，委托生产的药品批准文号不变更，涉及该药品生产的有关对外的责任仍由药品批准文号持有者承担，委托生产的药品由委托方销售，接受委托生产药品的药品生产企业只负责按照委托方的要求生产药品。药品生产企业接受委托生产药品的前提必须是依法经过国家药品监督管理部门或者由其授权的省级药品监督管理部门批准。被委托加工生产的药品应当是生产工艺成熟、质量稳定、疗效可靠、市场需要的品种。执行试行标准的药品、化学原料药、血液制品、菌疫苗制品是不允许委托加工生产的。

(三) 药品经营企业的管理

1. 开办药品经营企业的法定程序

药品经营企业包括药品批发企业和药品零售企业。①开办药品批发企业，须经企业所在地省级药品监督管理部门批准并发给《药品经营许可证》，申报企业凭《药品经营许可证》到工商行政管理部门办理登记注册。②开办药品零售企业，须经企业所在地县级以上地方药品监督管理部门批准并发给《药品经营许可证》，企业凭许可证到工商行政管理部门办理登记注册。

2. 《药品经营许可证》的法律要求

《药品经营许可证》的有效期为5年，期满前6个月向原审核部门申请换证。《药品经营许可证》上应当标明经营范围，企业在申报许可证时申报经营范围，并经药品监督管理部门审核批准。药品经营企业应按照批准的经营范围经营。

3. 开办药品经营企业必须具备的条件

《药品管理法》第十五条规定了4项条件：①人员条件，具有依法经过资格认定的药学技术人员；②营业场所、设备、仓储设施、卫生环境条件，其条件要与经营企业所经营的药品相适应；③质量控制条件，要求企业具有与所经营药品相适应的质量管理机构或者人员；④规章制度条件，要建立健全保证药品质量的规章制度。此外，要求各级药品监督管理部门在审批药品经营企业时，应当遵循合理布局和方便群众购药的原则。

4. 实施《药品经营质量管理规范》

《药品管理法》以法律的形式强制性要求药品经营企业必须按照《药品经营质量管理规范》经营药品，药品监督管理部门按照规定对药品经营企业是否符合《药品经营质量管理规范》的要求进行认证，依法发放认证证书。

5. 对企业购销药品、保管药品的规定

《药品管理法》第十七条至第二十条对此作了规定，概括起来有以下4点。

（1）购进药品进行质量控制　包括两方面的内容：①药品经营企业购进药品，必须建立并执行进货检查验收制度，验明药品合格证明和其他标识，包括验明供货方的许可证和营业执照，索取所购进药品的检验合格报告单和质量标准，药品的批准文号和生产批号，进口药品应有符合规定的、加盖了供货单位质量检验机构原印章的《进口药品注册证》和《进口药品检验报告书》复印件。验收药品质量时，除验明药品合格证明外，还应按规定同时检查包装、标签、说明书等项内容。②对不符合规定要求的药品，不得购进，如不得从不具备法定资格的药品生产、经营企业或个人处购进药品，不得购进无药品批准文号的药品等。

（2）购销记录必须真实完整　购销记录是药品经营企业购销活动的客观凭证，也是药品经营企业质量管理的重要内容之一。在出现问题时，购销记录是查对、参考的依据。依据《药品管理法》第十八条的规定，购销记录应包括10项内容：药品的通用名称；药品剂型、规格、生产批号、有效期；药品的生产厂商；药品的购（销）货单位、购（销）货数量、购（销）价格；购（销）日期及国务院药品监督管理部门规定的其他内容。如《药品经营质量管理规范》中规定，应记录购销药品的批准文号。药品的购、销货记录必须保存至超过药品有效期1年，但不得少于3年，药品零售企业药品购货记录保存不得少于2年。

（3）销售药品的规定　包括4方面的内容：①准确无误，正确介绍药品，详细说明药品的用法、用量和注意事项。②调配处方必须经过核对，严格按照处方进行调配，不可自作主张地改动处方或随意进行替换。③拒绝调配不符合要求的处方，包括有配伍禁忌的处方或者超剂量的处方。对不符合要求的处方，要退回处方医师进行更改。④销售中药材必须标明产地，因为不同地区生产的同一种中药材，有效成分的含量不尽一致，标明产地以便于使用者正确进行选择。

（4）药品保管、出入库检查制度　要求药品经营企业应当制定和执行药品保管制度。合理储存药品，是药品保管的关键环节。出入库检查制度是防止差错事故发生的重要措施。《药品经营质量管理规范》对药品的保管及出入库检查作了详细的规定。

6. 城乡集贸市场出售中药材的规定

《药品管理法》第二十一条规定：①除国务院另有规定的品种之外，城乡集市贸易市场可以出售中药材。②城乡集市贸易市场在一定限制条件下，可以出售中药材以外的药品。这样规定既方便城乡居民购药的需求，又加强了对经营者的管理。根据本条规定，在城乡集贸市场销售中药材以外的药品，必须同时满足三个条件：持有《药品经营许可证》的药品零售企业；在规定的范围内销售；设点出售药品。具体实施办法由国务院制定。

（四）医疗机构的药剂管理

1. 医疗机构配备药学技术人员的规定

医疗机构是指依据《医疗机构管理条例》的规定，经登记取得医疗机构执业许可证书的机构。医疗机构必须配备依法经过资格认定的药学技术人员，强调了医疗机构药学技术人员不仅需要必要的专业知识，更需要一定的专业技能、实践经验和真才实学，并经一定的程序审批。"依法经过资格认定"是指国家正式大专院校毕业，经过国家有关部门考试考核合格后发给的专业技术职务证书及"执业药师"证书的药学技术人员。依照《药品管理法》规定，医疗机构应由药学技术人员直接从事药剂技术工作，包括调剂、制剂、采购药品、分发药品、保管药品、检验药品、开展药学监护、临床治疗咨询、药物不良反应监测、药物经济学研究等。非药学技术人员不得直接从事药剂技术工作，只能从事一些辅助工作，如财会、统计、划价、消毒、蒸馏等。

2. 医疗机构配制制剂的规定

医疗机构制剂是指医疗机构根据本单位临床需要，依照规定的工艺规程配制的符合质量标准的药物制剂。《药品管理法》对医疗机构配制制剂的规定有以下内容。

（1）医疗机构配制制剂的审批主体和审批程序　医疗机构配制制剂先经所在地省、自治区、直辖市人民政府卫生行政部门审核同意，由省、自治区、直辖市人民政府药品监督管理部门批准，发给《医疗机构制剂许可证》。无《医疗机构制剂许可证》的，不得配制制剂。医疗机构在未取得许可证的情况下，擅自配制制剂并在临床使用的属于违法行为，要承担相应的法律责任。《医疗机构制剂许可证》的有效期为5年，期满前6个月按第一次申报程序申请重新审查发证。

（2）配制制剂必须具备的条件　要求医疗机构必须具有能够保证制剂质量的设施、管理制度、检验仪器和卫生条件。原国家药品监督管理局根据《药品管理法》的规定，制定了《医疗机构制剂质量管理规范》（试行）。对医疗单位配制制剂作了详细、具体的规定。

（3）配制制剂的品种规定和审批程序　配制的制剂应当是本单位临床需要而市场上没有供应的品种，并须经所在地省级药品监督管理部门批准后方可配制。

（4）配制制剂的检验和使用　配制的制剂必须按照药品标准进行检验，质量合格的，凭医师处方在本医疗机构内使用，不得在市场销售。

（5）特殊情况下制剂可调剂使用　作此规定是为了充分利用已有的卫生资源，减少制剂室重复建设和仪器设备的重复购置，满足临床急需等各种特殊情况的目的。但是，医疗机构之间的调剂使用，必须遵守两个原则。一是要经过省级以上药品监督管理部门批准，二是在指定的医疗机构之间使用。

3. 医疗机构购进药品的规定

明确医疗机构必须建立并执行进货检查验收制度，验明药品合格证明和其他标识，对验收不合格的药品，不得购进和使用。

4. 医疗机构调配处方的规定

药剂人员调配处方，必须经过核对；严格依据医师处方所列的药品调配发药，不得擅自对处方中的药品以及用法、用量作任何的增减、替代或变动。药剂人员发现有配伍禁忌或超剂量的处方，应当拒绝调配，并与处方医师取得联系，必要时，经处方医师签字更正后方可调配。

5. 医疗机构药品保管制度

医疗机构必须制定和执行药品保管的规章制度，如药品入库验收、在库养护、出库复核、药品保管人员的岗位责任制度以及卫生管理制度；依据药品的不同情况，采取相应的冷藏、防冻、防潮、防虫、防鼠等保管措施，保证药品质量。

（五）药品管理

《药品管理法》第五章"药品管理"共23条，对药品管理提出了具体的、基本的要求，涉及内容比较广泛。该章是《药品管理法》的重要组成部分，其内容包括新药的研制、药品的生产、药品标准、药品审评和再评价、药品采购、特殊管理的药品、中药品种保护制度、药品分类管理制度、药品储备制度、进出口药品管理、中药材管理、对销售假、劣药品的禁止性规定、对直接接触药品的工作人员卫生要求的法律规定等。

本章规定均有配套的行政法规和规章，请参见本书有关内容。本法律为原则的规定。

1. 新药研制和审批的程序及有关规定

《药品管理法》第二十九条、第三十条作了明确的法律规定。一个新药从研究到被批准的程序为：药品非临床安全性试验研究→新药临床研究→药品审评中心审核→专家审评、技术复核→国务院药品监督管理部门审核批准→核发新药证书。从药品监督管理的角度讲，新药管理的中心内容就是对研制的新药能否进入临床研究及投入生产进行审核和批准。为了保证药品的研制质量，并与国际上新药研究与开发的管理办法接轨，《药品管理法》规定在药物的非临床安全性试验研究阶段，必须执行药物非临床研究质量管理规范（GLP），在新药临床研究阶段必须执行药物临床试验质量管理规范（GCP）。临床前研究结束后，经国家食品药品监督管理局批准方可进行临床试验；临床试验结束后，经国家食品药品监督管理局批准发给新药证书。

2. 药品生产批准文号的管理规定

除没有实施批准文号管理的中药材和中药饮片外，生产新药或者已有国家标准的药品，须经国务院药品监督管理部门批准，并取得药品批准文号。对中药饮片和部分中药材实施批准文号管理，其品种目录由国务院药品监督管理部门会同国务院中医药管理部门制定。

3. 国家药品标准的规定

药品必须符合国家药品标准，取消了省、自治区、直辖市药品标准。国家药品标准包括《中华人民共和国药典》（以下简称《药典》）和国务院药品监督管理部门颁布的药品标准。国家药品标准的制定和修订，授权国家药典委员会负责，国家药品标准品、对照品的标定，授权中国药品生物制品检定所负责。

知识拓展

《中华人民共和国药典》

《中华人民共和国药典》（The Pharmacopoeia of the People's Republic of China，简写为ChP，简称《中国药典》），由国家药典委员会编纂，国家食品药品监督管理局发布。《中国药典》是国家为保证药品质量、保护人民用药安全有效而制定的法典；是执行《药品管理法》，监督检验药品质量的技术法规；是我国药品生产、经营、使用和监督管理所必须遵循的法定依据。《中国药典》收载品种的标准为国家对该药品品种的最基本要求。新中国成立以来，先后共编纂颁布《中国药典》9版，计有1953年版、1963年版、1977年版、1985年版、1990年版、1995年版、2000年版、2005年版及2010年版。从1980年起，每5年修订颁布新版药典。

《中国药典》编写的体例，主要包括凡例、品名目次、正文、附录、索引等部分。

1. 中药标准的格式与内容　中药材和中成药略有不同。

每一正文品种项下根据品种和剂型不同，按顺序可分别列有：①品名（中文名、汉语拼音与拉丁文名）；②来源；③处方；④制法；⑤性状；⑥鉴别；⑦检查；⑧浸出物；⑨含量测定；⑩炮制；⑪性味与归经；⑫功能与主治；⑬用法与用量；⑭注意；⑮规格；⑯贮藏；⑰制剂等。

2. 化学药品标准的格式与内容　每一正文品种项下根据品种和剂型不同，按顺序可分别列有：①品名（中文名、汉语拼音名与英文名）；②有机药物的结构式；③分子式与分子量；④来源或有机药物的化学名称；⑤含量或效价规定；⑥处方；⑦制法；⑧性状；⑨鉴别；⑩检查；⑪含量测定或效价测定；⑫类别；⑬规格；⑭贮藏；⑮制剂等。

3. 生物制品标准的格式与内容　各论的内容根据制品和剂型不同，一般按顺序可分别列有：①品名（中文通用名、英文名称、汉语拼音）；②定义、组成及用途；③基本要求；④制造；⑤检定（原液、半成品、成品）；⑥保存运输及有效期；⑦使用说明（仅预防类含此项）。

2010年版《中国药典》于2010年1月由中国医药科技出版社出版发行，2010年10月1日正式实施。

2010年版《中国药典》是新中国成立以来第9版药典，本版药典收载品种总计4567个，其中新增品种1386个；药典一部收载药材及饮片、植物油脂和提取物、成方和单味制剂共2165个，其中新增1019个，修订634个；药典二部收载化学药品、抗生素、生化药品、放射性药品及药用辅料共2271个，其中新增330个，修订1500个；药典三部收载生物制品131个品种，其中新增37个，修订94个；药典附录新增47个，修订154个。

2010年版《中国药典》编制工作的圆满完成，标志着国家药品标准提高行动计划已取得重要的阶段性成果，对于保障公众用药安全，促进我国医药卫生事业健康发展具有十分重要的意义。

4. 实行特殊管理的药品

国家对麻醉药品、精神药品、医疗用毒性药品、放射性药品实行特殊管理。管理办法由国务院制定。

5．中药管理的规定

主要内容包括：①国家实行中药品种保护制度，授权国务院制定管理办法；②新发现和从国外引种的药材，经国务院药品监督管理部门审核批准后，方可销售；③地区性民间习用药材的管理办法，由国务院药品监督管理部门会同国务院中医药管理部门制定。

地区性民间习用药材是指国家药品标准没有收载而在局部地区有生产、使用习惯的药材。包括汉族医药及藏药、蒙药、维药等。地区性民间习用药材，由于涉及因素较多，对其管理也有特殊性。因此法律授权国务院有关管理部门制定管理办法。

6．实行处方药和非处方药分类管理制度

授权国务院制定管理办法。详见《处方药与非处方药分类管理办法》。

7．实行药品储备制度

国内发生重大灾情、疫情及其他突发事件时，国务院规定的部门可以紧急调用有关药品生产、经营企业的药品，企业不得以任何方式拒绝调用。

知识链接

药品储备制度

为保证灾情、疫情及突发事故发生后对药品和医疗器械的紧急需要，维护人民身体健康，早在20世纪70年代初，我国就建立了中央一级药品储备制度。1997年1月15日，《中共中央、国务院关于卫生改革与发展的决定》中指出，要建立并完善中央与地方两级医药储备制度。1997年7月3日，国务院下发了《国务院关于改革和加强医药储备管理工作的通知》，要求建立中央与地方两级医药储备制度，并落实了储备资金12亿元。中央医药储备主要负责储备重大灾情、疫情及重大突发事故和战略所需的特种、专项药品及医疗器械，地方医药储备主要负责储备地区性或一般灾情、疫情及突发事故和地方常见病、多发病防治所需的药品和医疗器械。

8．药品的进出口管理

《药品管理法》对药品的进出口管理主要规定有以下内容。

（1）禁止进口的药品的原则性规定　禁止进口疗效不确、不良反应大或者其他原因危害人体健康的药品。

（2）药品进口的程序　药品进口须经国务院药品监督管理部门组织审查，经审查确认符合质量标准、安全有效的，可批准进口，并发给《进口药品注册证书》。药品必须从允许药品进口的口岸进口，并由进口药品的企业向口岸所在地药品监督管理部门登记备案。海关凭药品监督管理部门出具的《进口药品通关单》放行。口岸所在地药品监督管理部门应当通知药品检验机构按照国务院药品监督管理部门的规定对进口药品进行抽查检验，收取检验费。

（3）对国内供应不足的药品，国务院有权限制或者禁止出口。

（4）进口、出口麻醉药品和国家规定范围内的精神药品，必须持有国务院药品监

督管理部门发给的《进口准许证》、《出口准许证》。

9. 对已经批准生产或者进口的药品组织调查

国务院药品监督管理部门对已经批准生产或者进口的药品应当组织调查，对疗效不确，不良反应大或者其他原因危害人体健康的药品，应当撤销批准文号或者进口药品注册证书。已被撤销批准文号或进口药品注册证的药品，不得生产或者进口，已生产和进口的，由当地药品监督管理部门监督销毁或者处理。

10. 药品的强制性检验及检验费用的管理

实施强制性检验的药品有三类：国务院药品监督管理部门规定的生物制品，首次在中国销售的药品，国务院规定的其他药品。这三种情况属于质量控制尚缺乏确切资料，容易发生不良反应或对人体健康影响比较大的情况。因此，为确保人民用药安全、有效，对这三类药品在销售前或者进口时，指定药品检验机构进行检验，检验不合格的，不得销售或者进口。检验费项目和收费标准由国务院财政部门会同国务院价格主管部门核定并公告。检验费收缴办法由国务院财政部门会同国务院药品监督管理部门制定。

11. 禁止生产、销售假药的规定

《药品管理法》第四十八条规定了假药及按假药论处的情形，第四十九条规定了劣药及按劣药论处的情形，见表2-1。国家禁止生产、销售假药、劣药。

表2-1　假药、劣药内涵比较

假药	劣药
有下列情况之一的为假药： ①药品所含成分与国家药品标准规定的成分不符的； ②以非药品冒充药品或者以他种药品冒充此种药品的	药品成分的含量不符合国家药品标准的
有下列情形之一的药品，按假药论处： ①国务院药品监督管理部门规定禁止使用的； ②依照本法必须批准而未批准生产、进口或依照本法必须检验而未经检验即销售的； ③变质的； ④被污染的； ⑤使用依照本法必须取得批准文号而未取得批准文号的原料生产的； ⑥所标明的适应症或者功能主治超出规定范围的	有下列情形之一的药品，按劣药论处： ①未标明有效期或更改有效期的； ②不注明或更改生产批号的； ③超过有效期的； ④直接接触药品的包装材料和容器未经批准的； ⑤擅自添加着色剂、防腐剂、香料、矫味剂及辅料的； ⑥其他不符合药品标准规定的

国家药品标准是法定的标准，如果药品成分不符合国家标准，或者以他种药品冒充此种药品的，势必会影响药品的功效。有些药品的副作用也会对人体产生危害，在生产、销售活动中，为牟取经济利益，以廉价的原料代替贵重的原料或偷工减料，以质量低劣的药品冒充合格的药品，这些行为都是违法的。

药品成分的含量不符合国家药品标准的为劣药。该种情形虽不像假药危害严重，

但它同样可能造成病患者贻误治疗时机，甚至危及病患者生命安全的严重后果。药品成分含量低于规定标准，使用者用后达不到应有的治疗作用；超出规定标准，可能会造成使用者超量使用，危害健康和生命安全。因此，本条规定，药品成分含量不符合国家药品标准规定的药品为劣药。

12. 对药品通用名称的规定

列入国家药品标准之中的药品名称就是药品的通用名称，也就是通常所说的药品的法定名称。药品的通用名称不仅仅是一个称谓，更重要的作用是作为区别不同药品种类的标志。商品名是指生产厂家或企业为树立自己的形象和品牌，往往给自己的产品注册一个商品名（品牌名），以示区别。《药品管理法》第五十条规定，已经作为药品通用名称的，该名称不得作为药品商标使用。这是由药品的通用名称和药品商标的不同作用和性质所决定的。按照《药品管理法》的规定，药品通用名称是该种药品的合法生产者都有权使用并且必须使用的名称，任何人对药品的通用名称都不享有专用权。按照商标法的规定，商标注册人对注册商标享有专用权。为避免法律适用上的冲突，防止利用商标专用权妨碍他人合法使用药品的通用名称，该条做了明文规定。

13. 直接接触药品的工作人员进行健康检查的规定

药品生产企业、药品经营企业和医疗机构直接接触药品的工作人员，必须每年进行健康检查。患有传染病或者其他可能污染药品的疾病的，不得从事直接接触药品的工作。

（六）药品包装的管理

《药品管理法》将药品包装管理专门列为一章，对药品生产企业包装药品提出了规范性的要求，也为药品监督管理部门执法提供了法律依据。

1. 直接接触药品的包装材料和容器的质量要求

《药品管理法》对直接接触药品的包装材料和容器的基本要求做了规定，即：①必须符合药用要求，主要体现在无毒，与药品不发生化学作用，不发生组分脱落或迁移到药品当中。②必须符合保障人体健康、安全的标准。保障人体健康、安全的标准属于强制性标准，必须执行。因此，要求直接接触药品的包装材料和容器必须符合国家强制性标准的要求。不符合强制性国家标准的不得使用。③必须由药品监督管理部门在审批药品时一并审批。即要求药品生产企业在生产新药品之前，必须将所生产的新药及其使用的直接接触药品的包装材料和容器同时报经药品监督管理部门进行审批。批准后不得擅自更改，否则应承担相应的法律责任。

《药品管理法》同时规定药品生产企业不得使用未经批准的，直接接触药品的包装材料和容器，作为生产企业必须严格履行这项法定义务。药品监督管理部门应当经常对其批准的药品包装材料进行监督检查，发现使用不合格的直接接触药品的包装材料和容器的，有权责令使用者停止使用。

2. 药品包装必须适合药品质量的要求，方便储存、运输和医疗使用

药品的包装分内包装与外包装。内包装系指直接与药品接触的包装，如安瓿、注射剂瓶、片剂或胶囊剂的铝箔等。药品内包装的材料、容器应根据所选用药包材的材质，做稳定性试验，考察药包材与药品的相容性。外包装系指内包装以外的包装，按由里向外分为中包装和大包装。外包装应根据药品的特性选用不易破损、防潮、防冻、

防虫鼠的包装，以保证药品在运输、贮藏过程中的质量。

发运中药材必须有包装，在每件包装上，必须注明品名、产地、日期、调出单位，并有质量合格的标志。

3. 药品包装必须按照规定印有或者贴有标签并附有说明书

药品的标签、说明书是药品使用的重要信息，起着正确介绍药品的作用，指导人们合理选择药品、购买药品、保管药品和使用药品。药品管理法对其作出法律规定是完全必要的，促使药品标签和说明书走向规范化和科学化。

（七）药品价格和广告的管理

维护人民身体健康和用药的合法权益，是《药品管理法》的重要内容。《药品管理法》第七章与《价格法》、《广告法》和《反不正当竞争法》相衔接，规定了政府价格主管部门对药品价格的管理，明确了药品生产企业、经营企业和医疗机构必须遵守有关价格管理的规定。

《药品管理法》对药品价格管理的主要内容包括以下内容。

1. 对政府定价、政府指导价的药品作了原则性规定

政府定价，是指由政府价格主管部门或者其他有关部门，依法按照定价权限和范围制定的价格。

政府指导价是指由政府价格主管部门或者其他有关部门，依法按照定价权限和范围规定基准价及其浮动幅度，指导经营者制定的价格。

（1）政府价格主管部门应当对规定的药品依法定价 其定价依据是社会平均成本、市场供求状况和社会承受能力。社会平均成本，主要是指生产某种药品的全行业平均成本，而不是个别药品生产企业的成本；市场供求状况是按照价值规律，市场供大于求，价格下降，市场供不应求，则价格上涨，价格的高低反过来也影响市场供求，两者相互作用，相互影响，互相制约；依据社会承受能力制定价格，主要是指在制定价格时要考虑到药品生产、经营者的利益，对一些新药定价，还要考虑企业新药研究开发的利润，使其获得合理的利润，有利于我国制药工业的不断创新和长远发展，同时也要充分考虑到药品消费者的利益。

（2）生产经营企业和医疗机构必须执行政府定价和政府指导价。

药品的生产企业、经营企业和医疗机构必须执行政府定价、政府指导价，不得以任何形式擅自提高价格。

（3）药品生产企业的义务

药品生产企业应当依法向政府价格主管部门如实提供药品的生产经营成本，不得拒报、虚报、瞒报。

2. 实行市场调节价药品的原则性规定

市场调节价是指由经营者自主制定，通过市场竞争形成的价格。

（1）生产经营企业和医疗机构制定药品价格时应遵循的原则

依法实行市场调节价的药品，药品的生产企业、经营企业和医疗机构应当按照公平、合理和诚实信用、质价相符的原则制定价格，为用药者提供价格合理的药品。

（2）对药品生产经营企业和医疗机构价格活动的义务性规定

药品的生产企业、经营企业和医疗机构应当遵守国务院价格主管部门关于药价管理的规定，制定和标明药品零售价格，禁止暴利和损害用药者利益的价格欺诈行为。

3. 药品生产、经营企业和医疗机构应当提供市场价格信息资料

药品的生产企业、经营企业、医疗机构应当依法向政府价格主管部门提供其药品的实际购销价格和购销数量等资料。药品生产、经营企业和医疗机构在销售药品的过程中，应如实报送相关资料。这是为保证政府主管部门及时掌握药品市场产销情况、价格变动趋势等信息，科学制定药品价格的重要措施。

4. 医疗机构应当向患者提供药品价格清单、公布常用药品的价格

①一般的医疗机构均应当向患者提供所用药品的价格清单，接受患者关于药品价格方面的查询；②医疗保险定点机构除了应当向患者提供所用药品的价格清单外，还要如实公布医疗保险常用药品的价格，做到明码标价；③医疗机构要加强合理用药的管理，也要加强药品价格的管理；④医疗机构公布药品价格的具体办法由国务院卫生行政部门制定。

5. 对药品购销活动的禁止性规定

《药品管理法》第五十九条包括三方面的内容。

（1）禁止在账外暗中给予、收受回扣或者其他利益

禁止药品的生产企业、经营企业和医疗机构在药品购销中账外暗中给予、收受回扣或者其他利益。

（2）禁止给予使用其药品的有关人员财物或者其他利益

禁止药品的生产企业、经营企业或者其代理人以任何名义给予使用其药品的医疗机构的负责人、药品采购人员、医师等有关人员以财物或者其他利益。

（3）禁止有关人员以任何名义收受财物或者其他利益

禁止医疗机构的负责人、药品采购人员、医师等有关人员以任何名义收受药品的生产企业、经营企业或者其代理人给予的财物或者其他利益。

6. 对药品广告管理的规定

在药品广告管理方面要求药品广告须经企业所在地省、自治区、直辖市人民政府药品监督管理部门批准，并发给药品广告批准文号；未取得药品广告批准文号的，不得发布。要求广告的内容必须真实、合法，以国务院药品监督管理部门批准的说明书为准，不得含有虚假的内容。规定了处方药不得在大众媒体上做广告；同时强化了药品广告中的禁止性规定。药品广告管理的具体内容参见《药品广告审查发布标准》、《药品广告审查办法》。

（八）药品监督

1. 药品监督的概念

药品监督是指各级药品监督管理部门依照法律授权，对报经其审批的药品研制、生产、经营以及医疗机构使用药品的事项所进行的监督和检查。药品监督工作是药品管理的重要内容，是法律授予药品监督管理部门的神圣职责。任何药品生产、经营及使用的单位和人员，必须接受药品监督管理部门的监督检查。

2. 国家对药品进行监督检查的意义

①通过药品监督能够确保药品质量；②通过药品监督能够提高用药的安全性能；③通过药品监督能够促使药品生产、经营企业完善本企业的全面质量管理；④通过药品监督可以及时发现药品使用过程中存在的质量问题，提高合理用药的水平；⑤通过药品监督发现生产、销售、使用假药、劣药危害社会秩序，牟取暴利的违法行为，并对此依法进行处理。

3. 《药品管理法》对药品监督内容的规定

《药品管理法》第八章"药品监督"有9条内容，包括药品监督管理部门监督检查的范围及其义务；药品质量的抽查检验，有关行政强制措施及行政处理；药品质量抽查检验结果公告制度；药品检验结果异议复验制度；依法对认证合格的药品生产、经营企业进行认证后的跟踪检查，在药品流通中不得存在限制或者排斥的行为；药品监督管理部门、药品检验机构及其工作人员不得参与药品生产经营活动；实行药品不良反应报告制度；药品生产、经营企业和医疗机构的药品检验机构和人员，应当接受当地药品监督管理部门设置的药品检验机构的业务指导。

4. 药品监督管理部门监督检查的范围

根据《药品管理法》第六十四条规定，药品监督管理部门进行药品监督检查的范围有4个方面：①对报经药品监督管理部门审批的药品研制的监督；②对药品生产活动的监督；③对药品经营活动的监督；④对医疗机构使用药品的监督。

药品监督管理部门在行使监督检查职权时，必须按照法律和行政法规规定的内容进行，不得超出法律、法规的规定，任意扩大监督检查的内容。

5. 药品监督执法的行为规范要求

《药品管理法》第六十四条至第七十一条对药品监督管理、检验部门执法的行为规范作了规定，有效地建立了依法行使权力，依照法律程序执法的机制。《药品管理法》规定的行为规范为：

（1）保密义务　第六十四条第二款规定"药品监督管理部门进行监督检查时，必须出示证明文件，对监督检查中知悉的被检查人的技术秘密和业务秘密应当保密。"

（2）药品质量抽查检验不得收取费用的规定　第六十五条第一款规定"药品监督管理部门根据监督检查的需要，可以对药品质量进行抽查检验。抽查检验应当按照规定抽样，并不得收取任何费用。所需费用按照国务院规定列支。"

（3）对可能危害人体健康的药品及其有关材料可采取的行政强制措施　第六十五条第二款规定"药品监督管理部门对有证据证明可能危害人体健康的药品及其有关材料可以采取查封、扣压的行政强制措施，并在七日内作出行政处理决定；药品需要检验的，必须自检验报告书发出之日起十五日内作出行政处理决定。"

（4）公告药品检验结果　第六十六条规定"国务院和省、自治区、直辖市人民政府的药品监督管理部门应当定期公告药品质量检验的结果；公告不当的，必须在原公告范围内予以更正。"

（5）对通过认证的企业进行跟踪检查　第六十八条规定"药品监督管理部门应当按照规定，依据《药品生产质量管理规范》、《药品经营质量管理规范》对经其认证合格的药品生产企业、药品经营企业进行认证后的跟踪检查。"

（6）防止地方保护主义　第六十九条规定"地方人民政府和药品监督管理部门不得以要求实施药品检验、审批等手段限制或排斥非本地区药品生产企业依照本法规定生产的药品进入本地区。"

（7）不得从事药品生产、经营活动的规定　第七十条规定"药品监督管理部门及其设置的药品检验机构和确定的专业从事药品检验的机构不得参与药品生产经营活动，不得以其名义推荐或者监制、监销药品。药品监督管理部门及其设置的药品检验机构和确定的专业从事药品检验的机构的工作人员不得参与药品生产经营活动。"

（8）对药品不良反应实行紧急控制的行为规范　第七十一条第二款规定"对已确认发生严重不良反应的药品，国务院或者省、自治区、直辖市人民政府的药品监督管理部门可以采取停止生产、销售、使用的紧急控制措施，并应当在五日内组织鉴定，自鉴定结论作出之日起十五日内依法作出行政处理决定。"

（九）法律责任

《药品管理法》第9章共29条（七十三～一百零一条），是关于法律责任的规定。主要是对药品研究、生产、销售、进口、使用、价格、广告、药品采购、保管、收受回扣等违法行为的处罚以及对药品监督管理机构和工作人员违法的处罚。《药品管理法》规定的法律责任可概括为4个方面。

1. 违反有关许可证、药品批准证明文件的规定的违法行为应当承担的法律责任（表2-2）

表2-2　违反许可证、批准证明文件规定的应承担的法律责任

违法行为及（相对方）	法律责任	法律条款
未取得许可证生产、经营药品或配制制剂的（药品生产、经营企业、医疗机构）	依法予以取缔 1. 没收药品、没收违法所得； 2. 罚款：药品货值金额2～5倍； 刑事责任； 构成犯罪的，依照刑法追究刑事责任	药品管理法 第七十三条
从无许可证的企业购进药品的（药品生产、经营企业、医疗机构）	责令改正 1. 没收购进药品及违法所得； 2. 罚款：购进药品货值金额2～5倍	药品管理法 第八十条
伪造、变造、买卖、出租、出借许可证、或者药品批准证明文件	1. 没收违法所得； 2. 罚款：违法所得1～3倍；无违法所得的，处2～10万元罚金； 3. 情节严重的吊销许可证，或者撤销药品批准证明文件。 刑事责任： 构成犯罪的，依照刑法追究刑事责任。	药品管理法 第八十二条

违法行为及（相对方）	法律责任	法律条款
以欺骗手段取得许可证或者药品批准证明文件者	1. 吊销许可证、或者撤销药品批准证明文件； 2. 罚款 1~3 万元； 5 年内不受理申请	药品管理法 第八十三条

2. 生产、销售假药、劣药应承担的法律责任（表2-3）

表2-3　生产、销售假、劣药者应承担的法律责任

违法行为及（相对方）	法律责任	法律条款
生产、销售假药的（企业、医疗机构）	1. 没收假药和违法所得； 2. 并处罚款：药品货值金额 2~5 倍； 3. 撤销药品批准证明文件； 4. 并责令停产、停业整顿； 5. 情节严重的吊销许可证。 刑事责任： 构成犯罪的，依照刑法追究刑事责任	药品管理法 第七十四条
生产、销售劣药的（企业、医疗机构）	1. 没收劣药和违法所得； 2. 并处罚款：药品货值金额 1~3 倍； 3. 情节严重，责令停产停业整顿或撤销药品批准证明文件，吊销许可证。 刑事责任： 构成犯罪的，依照刑法追究刑事责任。	药品管理法 第七十五条
生产、销售假药及生产、销售劣药情节严重的（企、事业）	1. 直接负责的主管人员和其他直接责任人，10 年内不得从事药品生产、经营活动； 2. 对生产者专门用于假、劣药的原辅料、包材、设备予以没收	药品管理法 第七十六条
为假药、劣药提供运输、保管、仓储等便利条件的	1. 没收违法收入； 2. 并处罚款：违法收入 50% 以上 3 倍以下。 刑事责任： 构成犯罪的，依照刑法追究刑事责任。	药品管理法 第七十七条

3. 违反《药品管理法》其他有关规定应承担的法律责任

《药品管理法》及《实施条例》还规定了违反其他有关规定应承担的法律责任，见表2-4。

表2-4 违反药品管理法有关规定应承担的法律责任

违法行为及（相对方）	法律责任	法律条款
未按照规定实施 GMP、GSP、GLP、GCP 的（药品生产、经营企业、临床试验机构、非临床安全性研究机构）	给予警告，责令限期改正，逾期不改正的 1. 责令停产、停业整顿； 2. 罚款：0.5 万以上 2 万元以下； 3. 情节严重的吊销许可证； 4. 取消药物临床试验资格	药品管理法 第七十九条
没有向允许药品进口的口岸所在地药品监督管理局登记备案的（药品进口者）	警告，责令限期改正，逾期不改正的，撤销进口药品注册证	药品管理法 第八十一条
在市场销售医疗机构配制制剂的（医疗机构）	1. 没收制剂、没收违法所得； 2. 罚款：制剂货值金额 1 倍以上 3 倍以下	药品管理法 第八十四条
1. 购销记录不真实或者不完整 2. 没有依法销售药品、调配处方、销售中药材（药品经营企业）	1. 责令改正，警告； 2. 情节严重的吊销药品经营许可证	药品管理法 第八十五条
药品标识违反规定的（药品生产、经营企业、医疗机构）	除依法按照假药劣药论处外，责令改正，警告，情节严重的撤销该药品的批准证明文件	药品管理法 第八十六条
向使用其药品的医疗机构的人员行贿的（药品生产、经营企业及个人）	1. 没收违法所得； 2. 罚款 1 万元以上 20 万元以下； 3. 情节严重的吊销许可证及营业执照 刑事责任： 构成犯罪的，依照刑法追究刑事责任	药品管理法 第九十条
药品购销活动中受贿（医疗机构负责人、药品采购人员、医师）	1. 没收违法所得； 2. 违法行为情况严重的吊销医师执业证书 行政处分：由卫生行政部门或本单位给予处分； 刑事责任： 构成犯罪的，依照刑法追究刑事责任	药品管理法 第九十一条

违法行为及（相对方）	法律责任	法律条款
药品广告审批及广告内容有违法行为的（药品生产、经营企业）	按《广告法》规定处罚并撤销广告批准文号； 一年内不受理该品种广告的审批申请； 刑事责任： 构成犯罪的，依照刑法追究刑事责任	药品管理法 第九十二条
给药品使用者造成损害的（药品生产、经营企业、医疗机构）	民事责任： 承担赔偿责任	药品管理法 第九十三条

4. 药品监督管理部门、药品检验机构违反药品管理法应承担的法律责任（表2−5）

表2−5　药品监督管理部门、药品检验机构违法应承担的法律责任

违法行为	法律责任	法律条款
药品检验机构出具虚假检验报告	1. 警告； 2. 没收违法所得； 3. 罚款：单位3~5万元，个人3万元以下； 4. 降级、撤职、开除的行政处分； 5. 情节严重的撤销检验资格 刑事责任： 构成犯罪的，依照刑法追究刑事责任； 民事责任： 造成损失的，承担赔偿责任	药品管理法 第八十七条
药品监督管理部门违法发给GMP、GSP认证证书、许可证、进口药品注册证、新药证书、药品批准文号等	1. 责令收回违法发给的证书、撤销批准证明文件； 2. 行政处分 刑事责任： 构成犯罪的，依照刑法追究刑事责任	药品管理法 第九十四条
药品监督管理部门、药品检验机构或其人员参与药品生产、经营活动	1. 责令改正； 2. 没收违法所得； 3. 行政处分；	药品管理法 第九十五条
在药品监督检验中违法收取检验费用	1. 责令退还； 2. 行政处分； 3. 对情节严重的药检机构撤销其检验资格	药品管理法 第九十六条

续表

违法行为	法律责任	法律条款
与企业生产、销售假、劣药有关的失职、渎职行为的	行政处分； 刑事责任； 构成犯罪的，依照刑法追究刑事责任	药品管理法 第九十七条
下级药品监督部门违反本法的行政行为	责令限期改正； 逾期不改正的，有权予以改变或撤销	药品管理法 第九十八条
滥用职权、徇私舞弊、玩忽职守的药品监督管理人员	行政处分 刑事责任： 构成犯罪的，依照刑法追究刑事责任	药品管理法 第九十九条
不依法履行药品广告审查职责造成虚假广告等	行政处分 刑事责任： 构成犯罪的，依照刑法追究刑事责任	药品管理法 第九十二条

（十）附则

附则，一般是指附在法律最后部分的说明性及补充性条文。包括法律中出现的主要用语的解释，授权有关机关或者部门制定法律的配套立法或实施细则，对不适用本法进行调整的例外说明，法律的施行时间，旧法律的废止等规定。附则是法律的重要组成部分，它与法律的其他部分在效力上是同等的。

1. 用语解释

《药品管理法》第一百零二条对本法使用的药品、辅料、药品生产企业、药品经营企业等 4 个用语作了解释性的规定。

药品，是指用于预防、治疗、诊断人的疾病，有目的地调节人的生理机能并规定有适应症或者功能主治、用法和用量的物质，包括中药材、中药饮片、中成药、化学原料药及其制剂、抗生素、生化药品、放射性药品、血清、疫苗、血液制品和诊断药品等。

辅料，是指生产药品和调配处方时所用的赋形剂和附加剂。

药品生产企业，是指生产药品的专营企业或者兼营企业。

药品经营企业，是指经营药品的专营企业或者兼营企业。

2. 有关管理办法制定的授权性规定

《药品管理法》第一百零三条规定："中药材的种植、采集和饲养的管理办法，由国务院另行制定。"

《药品管理法》第一百零四条规定："国家对预防性生物制品的流通实行特殊管理。具体办法由国务院制定。"

《药品管理法》第一百零五条规定："中国人民解放军执行本法的具体办法，由国务院、中央军事委员会依据本法制定。"

3. 法律的施行时间

《药品管理法》第一百零六条规定："本法自 2001 年 12 月 1 日起施行

三、学习小结

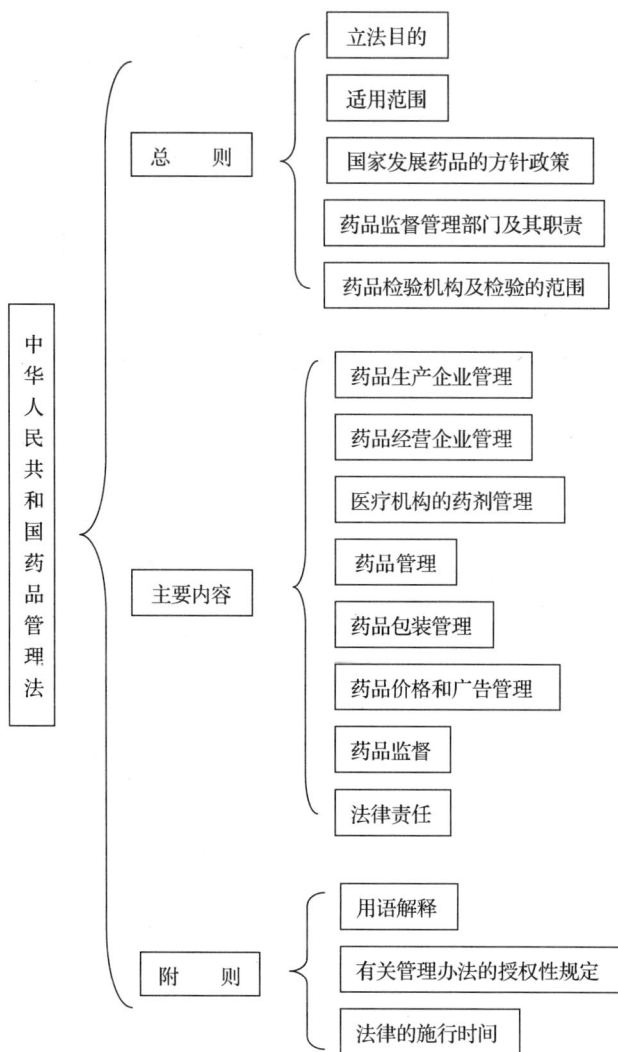

中华人民共和国药品管理法

总　则
- 立法目的
- 适用范围
- 国家发展药品的方针政策
- 药品监督管理部门及其职责
- 药品检验机构及检验的范围

主要内容
- 药品生产企业管理
- 药品经营企业管理
- 医疗机构的药剂管理
- 药品管理
- 药品包装管理
- 药品价格和广告管理
- 药品监督
- 法律责任

附　则
- 用语解释
- 有关管理办法的授权性规定
- 法律的施行时间

四、学习测试

（一）思考题

1. 简述药品管理法的立法目的。

2. 开办药品生产企业、药品经营企业应具备什么条件？

3. 我国对医疗机构配制制剂有何规定？

4. 什么是假药、劣药？哪些情形的药品按假药、劣药论处？

5. 《药品管理法》对直接接触药品的包装材料和容器是如何要求的？

6. 哪些药品实行政府定价或者政府指导价？

7. 我国药品监督执法的行为规范要求有哪些？

8. 未取得"许可证"生产、经营药品应当承担什么法律责任？

9. 生产、销售假药、劣药应当承担何种法律责任？

（二）案例分析

案例1：制售"欣弗"劣药案

2006年7月27日，国家食品药品监督管理局接到青海省食品药品监督管理局报告，西宁市部分患者在使用某药厂生产的"欣弗"后，出现了胸闷、心悸、心慌、寒战、肾区疼痛、腹痛、腹泻等症状。随后，广西、浙江、黑龙江、山东等地食品药品监督管理部门也分别报告在本地发现相同品种出现相似的临床症状的病例。

经查，该公司2006年6月至7月生产的欣弗未按标准的工艺参数灭菌，降低灭菌温度，缩短灭菌时间。按照批准的工艺，该药品应当经过105℃、30分钟的灭菌过程，但该公司却擅自将灭菌温度降低到100～104℃不等，将灭菌时间缩短到1～4分钟不等，明显违反规定。此外，增强灭菌柜装载量，影响了灭菌效果。经中国药品生物制品检定所对相关样品进行检验，结果表明，无菌检查和热源检查不符合规定。

不良事件发生后，药品监管部门采取了果断的控制措施，开展了全国范围拉网式检查，尽全力查控和收回所涉药品。经查，该药厂自2006年6月份以来共生产欣弗产品3701120瓶，售出3186192瓶，流向全国26个省份。除未售出的484700瓶已被封存外，截止8月14日13点，企业已收回1247574瓶，收回途中173007瓶，异地查封403170瓶。

欣弗事件给公众健康和生命安全带来了严重威胁，致使11人死亡，并造成了恶劣的社会影响。

分析与讨论

试对"欣弗"的生产厂商应承担的法律责任进行分析。

案例2：更改药品生产批号案

某药厂是一家有着30年历史的医药企业，然而长期以来，这家企业却把退回厂里的旧批号药品进行翻新再出售。他们洗掉了这些药品原来的生产日期，印上新批号，经过重新包装后再返回市场销售。

经查，该厂从1998年开始就存在更改药品批号的行为。从1998～2002年9月，共更改药品批号22个品种，508个批次。

2001年12月1日～2002年9月，更改了盐酸利多卡因注射液、碳酸氢钠注射液、氯化钾注射液、硫酸镁注射液、酚黄乙胺注射液等15个品种，109个批次的药品生产批号。

2001年12月1日前，该企业更改了有效期药品盐酸林可霉素注射液5个批次的药品生产批号，2001年12月1日前还更改了盐酸利多卡因注射液等21个无效期品种，394个批次的药品生产批号。该企业更改批号的行为由来已久，涉及品种之多，批次之广，企业管理之混乱非常惊人。

2002年9月13日，中央电视台《焦点访谈》栏目以《洗不掉的恶行》为题，对该企业更改药品生产批号的问题进行了曝光。国务院领导同志对此极为重视，要求作为大案严肃查处。

分析与讨论

试对该制药企业应承担的法律责任进行分析。

（杨世民）

中华人民共和国药品管理法实施条例

《中华人民共和国药品管理法实施条例》（以下简称《实施条例》）于 2002 年 8 月 4 日以中华人民共和国国务院令公布，自 2002 年 9 月 15 日起施行。

《实施条例》对《药品管理法》的具体实施做出了落实性的规定，把《药品管理法》具体操作好，是实施条例的立法宗旨。《实施条例》的出台和施行，充分体现了党中央，国务院对药品监督管理工作的高度重视，是将"三个代表"重要思想落实到药品监督管理行动上和日常工作中的体现，是适应 WTO 规则要求和深化改革、扩大开放的重大举措，是加强药品监督系统自身建设的重要保障，对全面贯彻执行《药品管理法》，确保人民用药安全有效必将起到十分重要的作用。

一、学习要点

通过学习《实施条例》，使学员掌握《实施条例》对《药品管理法》有关规定比较全面的具体化的规定；熟悉新药的概念，对新药实行监测期的意义，对已批准上市的药品定期再注册的要求，对药品申报中未披露试验数据的保护的规定，六类违法行为从重处罚的规定。

二、学习内容

（一）药品检验机构的设置和确定的规定

1. 药品检验机构的设置

国务院药品监督管理部门设置国家药品检验机构，省级人民政府药品监督管理部门可以在本行政区域内设置药品检验机构。

《实施条例》规定了省以下药品检验机构的设置原则。

省级药品监督管理局根据需要提出设置规划，报同级人民政府批准。根据国务院国发〔2000〕10 号文件精神：地（市）根据工作需要设置药品检验机构，监督任务比较重的县，可以设置药品监督管理机构，作为地（市）级药品监督管理部门的派出机构，并加挂药品检验所牌子。

2. 药品检验机构的确定

国家药品监督管理局和省级药品监督管理局可以根据需要，确定符合药品检验条件的检验机构承担药品检验工作。

（二）药品生产企业管理

1. 开办药品生产企业，办理《药品生产许可证》的程序

①申办人向拟办企业所在地省级药品监督管理局提出申请，省级药品监督管理局

应当自收到申请之日起30个工作日内，按照国家发布的药品行业发展规划和产业政策进行审查，做出是否同意筹建的决定。②申办人完成拟办企业筹建后，应当向原审批部门申请验收，原审批部门应当自收到申请之日起30个工作日内，组织验收，验收合格的，发给《药品生产许可证》。③申办人凭《药品生产许可证》到工商行政管理部门办理登记注册。

2. 药品生产企业变更《药品生产许可证》许可事项的规定

药品生产企业应当在许可事项发生变更30日前，向原发证机关申请《药品生产许可证》变更登记，未经批准，不得变更许可事项。原发证机关自收到申请之日起15个工作日内做出决定。申请人凭变更后的《药品生产许可证》到工商行政管理部门办理变更手续。

3. 药品生产企业 GMP 认证的规定

按照国务院关于行政审批制度改革的精神，《实施条例》本着下放事权，加强监督的原则，将 GMP 认证体制由国家药品监督管理部门一级认证改为国家药品监督管理部门和省级药品监督管理部门两级认证。

（1）省级药品监督管理部门可以组织认证

省级药品监督管理部门按照 GMP 和国家药品监督管理部门规定的实施办法和实施步骤，组织对药品生产企业的认证工作，按照国家药品监督管理局的规定，从 GMP 认证检查员库中随机抽取检查员组成认证检查组进行认证检查。符合 GMP 的，发给认证证书。

坚持权责统一的原则，明确谁认证，谁负责跟踪监督的责任机制，省级药品监督管理部门对已通过认证的企业应当加强日常监督检查，发现问题依法予以查处。

（2）国家药品监督管理部门在认证工作中的职责

统一组织全国 GMP 认证管理工作；负责注射剂、放射性药品和国家局规定的生物制品等药品的生产企业认证；统一对 GMP 检查员进行资格认定和管理；对省局认证工作进行指导和监督。

（3）新开办药品生产企业、药品生产企业新建药品生产车间或者新增生产剂型的认证

新开办药品生产企业领到《药品生产许可证》或者经批准正式生产之日起30日内，申请 GMP 认证。药品监督管理部门在6个月内组织认证检查，合格的发给认证证书。

企业从正式批准生产到通过 GMP 认证的时间，加在一起不能超过7个月。

4.《药品生产许可证》有效期的规定

《药品生产许可证》的有效期为5年，有效期届满，需要继续生产药品的，持证企业应当在许可证有效期届满前6个月，按照国家药品管理部门的规定申请换发《药品生产许可证》。

5. 对生产药品所使用的原料药的规定

生产药品所使用的原料药，必须具有国家药品监督管理部门核发的药品批准文号或者进口药品注册证书、医药产品注册证书。未实施批准文号管理的中药材、中药饮片除外。

6. 药品委托生产的规定

①接受委托生产药品者应具备的条件 必须是合法的药品生产企业（持有药品生产许可证），应取得与其受托生产的药品相适应的 GMP 认证证书。②禁止委托生产的

药品 疫苗、血液制品，国家药品监督管理部门规定的其他药品禁止委托生产。③委托生产的申请和审批程序　委托生产申请者是委托方，对受托方的生产条件也纳入申请审查内容。委托生产审批的主体是国家药品监督管理部门或国家药品监督管理部门授权的省级药品监督管理部门，具体办法由国家药品监督管理部门修订发布。委托生产的药品委托方应当承担相应的法律责任。④对未经批准擅自委托生产的处罚　对委托方和受托方均依照生产假药论处。

（三）药品经营企业管理

1. 开办药品批发企业的程序

①申办人向拟办企业所在地省级药品监督管理部门提出申请。省级药品监督管理部门自收到申请之日起 30 个工作日内，依据国家药品监督管理部门规定的设置标准做出是否同意筹建的决定。②申办人完成拟办企业筹建后，向原审批部门申请验收，原审批部门自收到申请之日起 30 个工作日内组织验收，符合条件的，发给《药品生产许可证》。③申办人凭许可证到工商行政管理部门办理登记注册。

2. 开办药品零售企业的程序

①申办人向拟办企业所在地设区的市级药品监督管理机构或省级药品监督管理部门直接设置的县级药品监督管理机构提出申请。受理申请的药品监督管理机构自收到申请之日起 30 个工作日内，依据国家药品监督管理部门的规定，结合当地常住人口数量、地域、交通状况和实际需要进行审查，做出是否同意筹建的决定。②申办人完成拟办企业筹建后，向原审批机构申请验收，原审批机构自收到申请之日起 15 个工作日内，组织验收，符合条件的，发给《药品经营许可证》。③申办人凭许可证到工商行政管理部门办理登记注册。

3. 药品经营企业的 GSP 认证

①由省级药品监督管理部门负责组织药品经营企业的认证工作。②药品经营企业要按照国家药品监督管理部门规定的实施办法和实施步骤通过 GSP 认证，并取得认证证书。③省级药品监督管理部门设立 GSP 认证检查员库。④进行 GSP 认证，必须按照国家药品监督管理部门的规定，从 GSP 认证检查员库中随机抽取认证检查员组成认证检查组进行认证检查。⑤GSP 认证证书的格式由国家药品监督管理部门统一规定。

4. 对新开办药品经营企业的认证提出了明确要求

新开办药品批发企业和药品零售企业，应当自取得《药品经营许可证》之日起 30 日内，向发证机关申请 GSP 认证。

受理零售企业认证申请的药监机构应当自收到申请之日起 7 个工作日内，将申请移送省级药品监督管理部门。

省级药品监督管理部门自收到申请之日起 3 个月内，按照国家药品监督管理部门的规定，组织对申请认证的药品批发企业或者药品零售企业是否符合 GSP 进行认证。认证合格的，发给认证证书。

5. 药品零售企业配备专业技术人员的规定

①经营两类药品的零售企业应配备执业药师或药学技术人员　经营处方药、甲类

非处方药的药品零售企业，应当配备执业药师或者其他依法经过资格认定的药学技术人员。②经营乙类非处方药的药品零售企业，应当配备经设区的市级药品监督管理机构或者省、自治区、直辖市人民政府药品监督管理部门直接设置的县级药品监督管理机构组织考核合格的业务人员。"经营乙类 OTC 的药品零售企业"指经营乙类 OTC 的药店和兼营乙类 OTC 的普通商业企业。

6. 药品经营企业变更许可证许可事项的规定

企业应当在许可事项发生变更前 30 日前，向原发证机关申请许可证变更登记；未经批准，不得变更许可事项。原发证机关自收到申请之日起 15 个工作日内做出决定。申请人凭变更后的许可证到工商行政管理部门办理变更登记手续。

7. 《药品经营许可证》有效期

许可证有效期为 5 年。许可证有效期届满，需要继续经营药品的，持证企业在许可证有效期届满前 6 个月，按照国家药品监督管理部门的规定申请换发许可证。

8. 交通不便的边远地区城乡集市贸易市场设点销售药品的管理规定

交通不便的边远地区城乡集市贸易市场没有药品零售企业的，当地药品零售企业经所在地县（市）药品监督管理机构批准并到工商行政管理部门办理登记注册后，可以在该城乡集市贸易市场内设点并在批准经营的药品范围内销售非处方药品。

知识链接

交通不便的边远地区城乡集市贸易市场设点销售药品的管理规定

1. 可设点地区只能是无药品零售企业的交通不便的边远地区集贸市场；
2. 申请者必须是持有《药品经营许可证》的当地药品零售企业；
3. "设点"必须经过所在地县（市）药品监督管理机构批准；
4. 设点销售的药品仅限于 OTC 中由审批部门批准的范围；
5. 在市场内有固定的经营门店或室内经营柜组，以保证所经营药品的质量；
6. 必须到当地工商行政部门办理登记注册。

（四）医疗机构的药剂管理

1. 医疗机构制剂室申报审批时限的规定

医疗机构设置制剂室，应当向所在地省级卫生行政部门提出申请，经审核同意后，报省级药品监督管理部门审批。

省级药品监督管理部门验收合格的，予以批准，发给《医疗机构制剂许可证》。

省级卫生行政部门和省级药品监督管理部门应当在各自收到申请之日起 30 个工作日内，做出是否同意或者批准的决定。

2. 对医疗机构变更《医疗机构制剂许可证》许可事项的规定

医疗机构应当在许可事项发生变更 30 日前，依照规定向原审核、批准机关申请《医疗机构制剂许可证》变更登记；未经批准，不得变更许可事项。原审核、批准机关应当在各自收到申请之日起 15 个工作日内做出决定。

医疗机构新增配制剂型或者改变配制场所的，应当经所在地省级药监局验收合格后，按上述规定办理《医疗机构制剂许可证》变更登记。

3. 规定了《医疗机构制剂许可证》的有效期

许可证的有效期为 5 年。有效期届满，需要继续配制制剂的，医疗机构应当在许可证有效期届满前 6 个月，按照国家药品监督管理部门的规定申请换发《医疗机构制剂许可证》。

4. 获得制剂批准文号后，方可配制制剂

医疗机构配制制剂，必须按照国家药品监督管理部门的规定报送有关资料和样品，经所在地省级药监局批准，并发给制剂批准文号后方可配制。

5. 医疗机构配制的制剂只能使用于本医疗机构的门诊病人和住院病人，不得在市场上销售或者变相销售，不得发布医疗机构制剂广告。

6. 特殊情况下，医疗机构配制的制剂可以调剂使用

发生灾情、疫情、突发事件或者临床急需而市场没有供应时，经国家药品监督管理部门或者省级药品监督管理部门批准，在规定期限内，医疗机构配制的制剂可以在指定的医疗机构之间调剂使用。

知识链接

医疗机构配制的制剂调剂使用时应注意的事项

1. 由调出方所在地药监部门向国家药品监督管理部门或省级药品监督管理部门提出申请，获得批准后方可调剂；

2. 只能调剂到经批准的医疗机构使用；

3. 必须在批准的时间内调剂，批准时间之外的视同未经批准；

4. 没有经过批准的调剂使用，对调出方按照《药品管理法》第84条处罚，对调入方按照《药品管理法》第八十条违反购销渠道处罚。

7. 对审核和调配处方的药剂人员的规定

医疗机构审核和调配处方的药剂人员必须是依法经过资格认定的药学技术人员。

8. 医疗机构购进药品必须有真实、完整的药品购进记录

药品购进记录必须注明药品的通用名称、剂型、规格、批号、有效期、生产厂商、供货单位、供货数量、购进价格、购货日期以及药品监管部门规定的其他内容。

9. 医疗机构用药范围的规定

医疗机构向患者提供的药品应当与诊疗范围相适应，计划生育技术服务机构采购和向患者提供药品，其范围应当与经批准的服务范围相一致。

个人设置的门诊部、诊所等医疗机构不得配备常用药品和急救药品以外的其他药品。若其向患者提供的药品超出规定的范围和品种的，按无证经营药品处罚。

（五）药品管理

1. 新药概念的变化

《实施条例》将"新药"的概念确定为"未曾在中国境内上市销售的药品"。

2. 执行《药物非临床研究质量管理规范》、《药物临床实验质量管理规范》

药物非临床安全性评价研究机构必须执行《药物非临床研究质量管理规范》（英文缩写为 GLP）；药物临床试验机构必须执行《药物临床试验质量管理规范》（英文缩写为 GCP）。

GLP：由国家药品监督管理部门商科技部制定；GCP：由国家药品监督管理部门商卫生部制定。

3. 药物临床试验、生产药品和进口药品的批准

药物临床试验、生产药品和进口药品应当符合《药品管理法》及本条例的规定，经国家药品监督管理部门审查批准。

国家药品监督管理部门可以委托省级药品监督管理部门对申报药物的研制情况及条件进行审查，对申报资料进行形式审查，组织对生产情况和条件进行现场考察，抽取 3 批检验用样品，对试制的样品进行检验。

4. 新药进行临床试验的批准

研究新药，需要进行临床试验的，经国家药品监督管理部门批准。

药物临床试验申请经国家药品监督管理部门批准后，申报人在经依法认定的具有药物临床试验资格的机构中选择承担药物临床试验的机构，并将该机构报国家药品监督管理部门和卫生部备案。

药物临床试验机构进行药物临床试验，应当事先告知受试者或者其监护人真实情况，并取得其书面同意。

5. 生产已有国家标准的药品的审批

企业向省级药品监督管理部门或国家药品监督管理部门申请，报送有关技术资料并提供相关证明文件。

省级药品监督管理部门应当自受理申请之日起 30 个工作日内进行审查，提出意见后报国家药品监督管理部门审核，并同时将审查意见通知申报方；国家药品监督管理部门经审核符合规定的，发给药品批准文号。

6. 对药品试行标准的规定

《实施条例》第三十二条规定，生产有试行期标准的药品，应当按照国家药品监督管理部门的规定，在试行期满前 3 个月，提出转正申请；国家药品监督管理部门应当自试行期满之日起 12 个月内对该试行期标准进行审查，对符合国家药品监督管理部门规定的转正要求的，转为正式标准；对试行标准期满未按照规定提出转正申请或者原试行标准不符合转正要求的，国家药品监督管理部门应当撤销该试行标准和依据该试行标准生产药品的批准文号。

7. 设立新药监测期

《实施条例》第三十四条规定：国务院药品监督管理部门根据保护公众健康的要求，可以对药品生产企业生产的新药品种设立不超过 5 年的监测期，在监测期内，不得批准其他企业生产和进口。实行新药监测期的同时，取消新药的行政保护。

8. 对药品申报中未披露试验数据的保护规定

《实施条例》第三十五条规定：国家对获得生产或者销售含有新型化学成份药

品许可的生产者或者销售者提交的自行取得且未披露的试验数据和其他数据实施保护，任何人不得对未披露的试验数据和其他数据进行不正当的商业利用。例外情形：①公共利益需要；②已采取措施确保该类数据不会被不正当地进行商业利用。

自药品生产者或者销售者获得生产、销售新型化学成份药品的许可证明文件之日起 6 年内，对其他申请人未经已获得许可的申请人同意，使用上述数据申请生产、销售新型化学成分药品许可的，药品监督管理部门不予许可。

9. 对进口药品的管理规定

申请进口的药品，应当是在生产国家或者地区获得上市许可的药品；未在生产国家或者地区获得上市许可的，经国家药品监督管理部门确认该药品品种安全、有效而且临床需要的，可批准进口。

进口药品，按照国家药品监督管理部门的规定申请注册，取得注册证后方可进口。国外企业生产的药品取得《进品药品注册证》；中国香港、澳门和台湾地区企业生产的药品取得《医药产品注册证》。

进口药品到岸后，进口单位持《进口药品注册证》或者《医药产品注册证》以及产地证明原件，购货合同副本、装箱单、运单、货运发票、出厂检验报告书、说明书等材料，向口岸所在地药品监督管理部门备案；口岸所在地药品监督管理部门经审查，提交的材料符合要求的，发给《进口药品通关单》；进口单位凭《进口药品通关单》向海关办理报关验放手续，口岸所在地药品监督管理部门通知药品检验机构对进口药品逐批进行抽查检验，有《药品管理法》第四十一条规定情形的除外。

10. 对某些风险性高的生物制品实行检验和审核批准的规定

《实施条例》第三十九条规定，疫苗类制品，血液制品、用于血源筛选的体外诊断试剂以及国家药品监督管理部门规定的其他生物制品在销售前或者进口时，应当按照国家药品监督管理部门的规定进行检验或者审核批准，检验不合格或者未获批准的，不得销售或者进口。

11. 对已批准生产、销售的药品进行再评价

国家药品监督管理部门对其进行再评价，根据药品再评价结果，可以采取责令修改药品说明书、暂停生产、销售和使用的措施，对不良反应大或者其他原因危害人体健康的药品，撤销批准证明文件。

12. 对批准上市的药品定期再注册的要求

《实施条例》第四十二条规定：国务院药品监督管理部门核发的药品批准文号、《进口药品注册证》、《医药产品注册证》的有效期为 5 年。有效期届满，需要继续生产或者进口的，应当在有效期届满前 6 个月申请再注册。

药品再注册时，应按国家药品监督管理部门的规定报送相关资料。

有效期届满，未申请再注册或者经审查不符合国家药品监督管理部门关于再注册的规定的，注销其药品批准文号、《进口药品注册证》或者《医药产品注册证》。

凡不符合药品再注册有关规定的，由国家药品监督管理部门发出不予再注册的通

知，同时注销其药品批准文号、《进口药品注册证》或者《医药产品注册证》。

（六）药品包装的规定

1. 对药品生产企业使用的直接接触药品的包装材料和容器的规定

必须符合药用要求；必须符合保障人体健康、安全的标准；并经国家药品监督管理部门批准注册。

直接接触药品的包装材料和容器的管理办法、产品目录和药用要求与标准，由国家药品监督管理部门组织制定并公布。

2. 对中药饮片的包装做出了特别规定

①生产中药饮片，应选用与药品性质相适应的包装材料和容器；②包装不符合规定的中药饮片，不得销售；③中药饮片包装必须印有或者贴有标签；④中药饮片的标签必须注明品名、规格、产地、生产企业、产品批号、生产日期；⑤实施批准文号管理的中药饮片还必须注明药品批准文号。

3. 对药品商品名称做出了原则性规定

药品特别是OTC，以商品名称流通是国际药品管理的通行方法，有利于医患人员选择使用药品，也有利于树立良好的企业形象和产品声誉。

《实施条例》规定：药品商品名称应当符合国家药品监督管理部门的规定；即把药品商品名称纳入了药品标识的管理内容。

4. 对医疗机构配制制剂的包装、标签、说明书做出了原则性规定

所使用的直接接触药品的包装材料和容器、制剂的标签和说明书应当符合《药品管理法》和本条例的有关规定。

（七）药品价格和广告的管理

1. 两类药品实行政府定价或者政府指导价

①《实施条例》规定，两类药品实行政府定价或者政府指导价，其他药品的价格一律由市场调节。②实行政府定价或者政府指导价的这两类药品分别是：列入国家基本医疗保险药品目录的药品，国家基本医疗保险药品目录以外具有垄断性生产、经营的药品。③对于实行政府定价和政府指导价的药品，政府价格主管部门制定和调整药品价格时，应当组织药学、医学、经济学等方面专家进行评审和论证；必要时，应当听取药品生产企业、药品经营企业、医疗机构、公民以及其他有关单位及人员的意见。④按照《实施条例》的有关规定，政府价格主管部门依照《价格法》有关规定实行药品价格监测时，为掌握、分析药品价格变动和趋势，可以指定部分药品生产企业、药品经营企业和医疗机构作为价格监测定点单位；定点单位应当给予配合、支持，如实提供有关信息资料。⑤依法实行政府定价和政府指导价的药品价格制定后，由政府价格主管部门在指定的刊物上公布并明确该价格施行的日期。

2. 对药品广告管理具体程序作出细化规定

①发布药品广告，向企业所在地省级药监部门报送有关材料，药监部门自收到有关材料之日起，10个工作日内做出是否核发药品广告批准文号的决定，核发药品广告批准文号的，报国家药品监督管理部门备案。②发布进口药品广告，由进口药品的代

理机构所在地的省级药品监督管理部门审批。③明确了广告发布地与审批地之间的关系，避免争相监管或推诿责任的情况发生。在药品生产企业所在地和进口药品代理机构所在地以外的省市发布药品广告的，发布广告的企业应当在发布前向发布地省级药监局备案。接受备案的省级药监局发现药品广告批准内容不符合药品广告管理规定的，应当交由原核发部门处理。④对违法发布广告的行为，情节严重的，省级药品监督管理部门可以用公告来警告。⑤明确了药监部门与广告监督管理部门的关系，药品监督管理部门发现违法广告应自作出行政处理决定之日起5个工作日内告知广告监督管理部门（工商部门），工商部门应当自收到药监部门通知之日起15个工作日内，依法作出行政处理决定。对未经药监部门批准自行发布的广告，药品监督管理部门发现后应通知工商部门依法查处。

（八）药品监督

1. 对药品抽样的规定

药品抽样必须由两名以上药品监督检查人员实施，按照国家监督管理部门的规定进行抽样，被抽检方应当提供抽检样品，不得拒绝。

药品被抽检单位没有正当理由，拒绝抽查检验的，国家药品监督管理部门和被抽验单位所在地省级监督管理部门可以宣布停止该单位拒绝抽验的药品上市销售和使用。

2. 补充检验方法和检验项目作为执法的依据

《实施条例》第五十八条规定，对有掺杂、掺假嫌疑的药品，在国家药品标准规定的检验方法和检验项目不能检验时，药品检验机构可以补充检验方法和检验项目进行药品检验；

经国务院药品监督管理部门批准后，使用补充检验方法和检验项目所得出的检验结果，可以作为药品监督管理部门认定药品质量的依据。

3. 对发布药品质量公告的规定

①国家药品监督管理部门和省级药品监督管理部门根据药品质量抽查检验结果，定期发布药品质量公告。向社会告知药品质量的具体情况，增加药品监管工作的透明度。②药品质量公告的内容：包括抽验药品的品名、检品来源、生产企业、生产批号、药品规格、检验机构、检验依据、检验结果、不合格项目。③药品质量公告不当的，发布部门应当在原公告范围内予以更正；自确认公告不当之日起5日内，在原公告范围内予以更正。④当事人对药品检验机构的检验结果有异议，可以申请复验；向负责复验的药检机构提交书面申请，原药品检验报告书。复验的样品从原药品检验机构留样中抽取。

4. 采取查封、扣押的行政强制措施的具体规定

①依法采取行政强制措施的条件是必须有证据证明药品可能危害人体健康；②采取行政强制措施的对象是药品及其有关证据材料；③采取行政强制措施的种类限于查封、扣押；④处理决定，行政处理决定有三种：立案；不立案并及时解除查封、扣押；立案并决定暂停销售使用（由国家药品监督管理部门或省级药品监督管理部门做出决定）。

5．关于行政性收费的规定

①药品抽查检验，不得收取任何费用；②当事人对药品检验结果有异议，申请复验的，按照有关政府部门的规定，向复验机构预先支付药品检验费用；③依照《药品管理法》和《实施条例》的规定核发证书、进行药品注册、药品认证和实施药品审批检验及其强制性检验，可以收取费用。具体收费标准由财政部、国家计委制定。

（九）法律责任

1．药品生产、经营企业在规定的时间内未通过认证，仍进行生产、经营的，应承担的法律责任

①开办药品生产企业、药品生产企业新建药品生产车间、新增生产剂型，在国家药品监督管理部门规定的时间内未通过 GMP 认证，仍进行药品生产的；②开办药品经营企业，在国家药品监督管理部门规定的时间内未通过 GSP 认证，仍进行药品经营的。

以上两种情形由药品监督管理部门依据《药品管理法》第七十九条的规定给予处罚。具体的处罚为：给予警告，责令限期改正；逾期不改正的，责令停产、停业整顿，并处五千元以上二万元以下的罚款；情节严重的，吊销《药品生产许可证》、《药品经营许可证》。

2．医疗机构违法应当承担的法律责任

①未经批准，擅自使用其他医疗机构配置的制剂的，依照《药品管理法》第八十条的规定给予处罚。具体的处罚为；责令改正，没收违法购进的药品，并处违法购进药品货值金额二倍以上五倍以下的罚款，有违法所得的，没收违法所得；情节严重的，吊销医疗机构执业许可证书。②医疗机构使用假药的，依照《药品管理法》第七十四条的规定给予处罚。具体的处罚为：没收违法使用的药品和违法所得，并处违法使用药品货值金额二倍以上五倍以下的罚款；构成犯罪的，依法追究刑事责任。③医疗机构使用劣药的，医疗机构不按照省级药品监督管理部门批准的标准配制制剂的，依照《药品管理法》第七十五条的规定给予处罚。具体的处罚为：没收违法使用的药品和违法所得，并处违法生产、销售药品货值金额一倍以上三倍以下的罚款；构成犯罪的，依法追究刑事责任。

3．药品申报者在申报临床试验时，报送虚假研制方法、质量标准、药理及毒理试验结果等有关资料和样品的，国家药品监督管理部门对该申报药品的临床试验不予批准，对药品申报者给予警告，情节严重的，3 年内不受理该药品申报者申报该品种的临床试验申请。

4．药监部门及其工作人员违反规定应承担的法律责任

违反规定，泄露生产者、销售者为获得生产、销售含有新型化学成份药品许可而提交的未披露试验数据或者其他数据，造成申请者损失的，由药监部门依法承担赔偿责任，药监部门赔偿损失后，应当责令故意或者有重大过失的工作人员承担部分或者全部赔偿费用，并对直接责任人员给予行政处分。

5．授权药监派出机构行使部分处罚权

药品监督部门的派出机构，包括药品监督部门在全国大部分县（市、旗）和直辖市及较大城市的区所设置的县级药监分局。

《实施条例》第八十条规定，药品监督管理部门设置的派出机构，有权做出《药品管理法》和本条例规定的警告、罚款、没收违法生产、销售的药品和违法所得的行政处罚。

《实施条例》授权范围以外的行政处罚，如责令停产、停业整顿等，不能以自己的名义做出。

6．六类违法行为从重处罚

违反《药品管理法》和本条例的规定，有下列行为之一的，由药监部门在规定的处罚幅度内从重处罚。

①以麻醉药品、精神药品、医疗用毒性药品、放射性药品冒充其他药品，或者以其他药品冒充上述药品的；

②生产、销售以孕产妇、婴幼儿及儿童为主要使用对象的假药、劣药的；

③生产、销售的生物制品，血液制品属于假药、劣药的；

④生产、销售、使用假药、劣药、造成人员伤害后果的；

⑤生产、销售、使用假药、劣药，经处理后重犯的；

⑥拒绝、逃避监督检查，或者伪造、销毁、隐匿有关证据材料的，或者擅自动用查封、扣押物品的。

知识链接

《实施条例》术语解释

1．医疗机构制剂：是指医疗机构根据本单位临床需要经批准而配制、自用的固定处方制剂。

2．药品认证：是指药品监督管理部门对药品研制、生产、经营、使用单位实施相应质量管理规范进行检查，评价并决定是否发给相应认证证书的过程。

3．药品经营方式：是指药品批发和药品零售。

4．药品经营范围：是指经药品监督管理部门核准经营药品的品种类别。

5．药品批发企业：是指将购进的药品销售给药品生产企业、药品经营企业、医疗机构的药品经营企业。

6．药品零售企业：是指将购进的药品直接销售给消费者的药品经营企业。

7．药品合格证明和其他标识：是指药品生产批准证明文件、药品检验报告书、药品的包装、标签和说明书。

8．首次在中国销售的药品：是指国内或者国外药品生产企业第一次在中国销售的药品，包括不同药品生产企业生产的相同品种。

9．执业药师：是指经全国统一考试合格，取得《执业药师资格证书》并经注册登记，在药品生产、经营、使用单位中执业的药学技术人员。

10．其他依法经过资格认定的药学技术人员：是指经过国家有关部门考试考核合格确定的并取得证书的药师以上专业技术职务证书的药学技术人员。

11．经设区的市级以上地方人民政府药品监督管理机构组织考核合格的业务人员：是指经职业技能鉴定合格取得初级以上职业资格证书的人员。

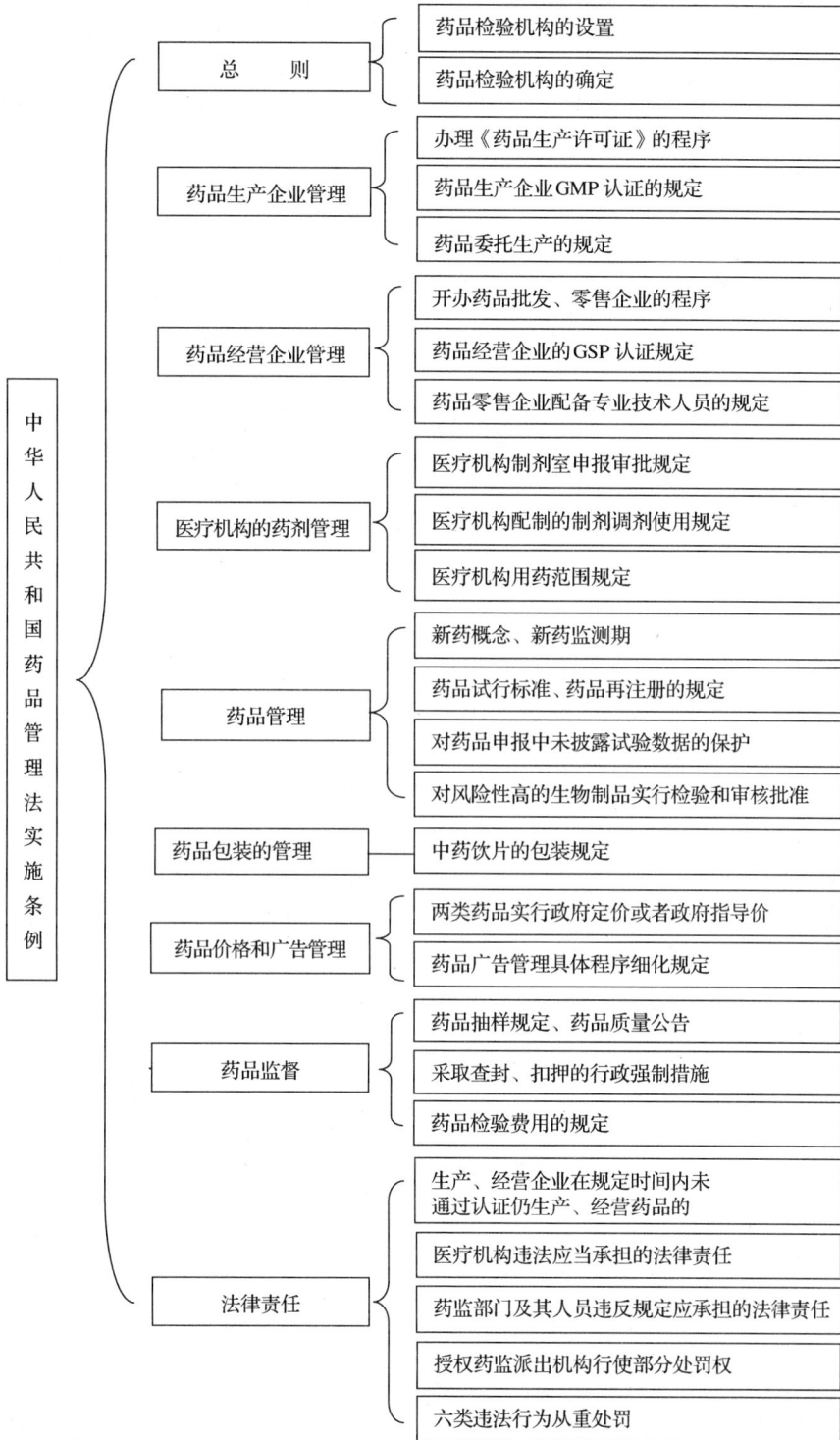

三、学习小结

		药品检验机构的设置
	总 则	药品检验机构的确定
		办理《药品生产许可证》的程序
	药品生产企业管理	药品生产企业GMP认证的规定
		药品委托生产的规定
		开办药品批发、零售企业的程序
	药品经营企业管理	药品经营企业的GSP认证规定
		药品零售企业配备专业技术人员的规定
中华人民共和国药品管理法实施条例	医疗机构的药剂管理	医疗机构制剂室申报审批规定
		医疗机构配制的制剂调剂使用规定
		医疗机构用药范围规定
		新药概念、新药监测期
	药品管理	药品试行标准、药品再注册的规定
		对药品申报中未披露试验数据的保护
		对风险性高的生物制品实行检验和审核批准
	药品包装的管理	中药饮片的包装规定
	药品价格和广告管理	两类药品实行政府定价或者政府指导价
		药品广告管理具体程序细化规定
		药品抽样规定、药品质量公告
	药品监督	采取查封、扣押的行政强制措施
		药品检验费用的规定
		生产、经营企业在规定时间内未通过认证仍生产、经营药品的
		医疗机构违法应当承担的法律责任
	法律责任	药监部门及其人员违反规定应承担的法律责任
		授权药监派出机构行使部分处罚权
		六类违法行为从重处罚

四、思考题

1. 《药品管理法实施条例》在哪些方面对《药品管理法》作了补充规定?

2. 简述新药的定义,简述设立新药监测期的意义。

3. 简述《药品管理法实施条例》对药品委托生产的规定。

4. 谈谈你对交通不便的边远地方城乡集贸市场设点销售药品的看法。

5. 《药品管理法实施条例》规定,对那些违法行为予以从重处罚。

(杨世民)

国务院关于加强食品等产品安全监督管理的特别规定

为了加强食品等产品安全监督管理，进一步明确生产经营者、监督管理部门和地方人民政府的责任，加强各监督管理部门的协调、配合，保障人体健康和生命安全，2007 年 7 月 25 日国务院第 186 次常务会议通过了《国务院关于加强食品等产品安全监督管理的特别规定》（以下简称《特别规定》），2007 年 7 月 26 日，以国务院令第 503 号公布，自公布之日起施行。

一、学习要点

通过学习《特别规定》，使学员掌握生产经营者、县级以上地方人民政府和监督管理部门的责任、义务，监督管理部门不作为应承担的法律责任，熟悉本规定所称产品的含义、规定的适用范围，对生产经营者如何处理存在安全隐患的产品的规定。

二、学习内容

1. 本规定所称产品的含义

本规定所称产品除食品外，还包括食用农产品、药品等与人体健康和生命安全有关的产品。

2. 本规定的适用范围

对产品安全监督管理，法律有规定的，适用法律规定；法律没有规定或者规定不明确的，适用本规定。

3. 强调生产经营者应当按照法定要求，从事生产、销售活动

生产经营者应当对其生产、销售的产品安全负责，不得生产、销售不符合法定要求的产品。依照法律、行政法规规定生产、销售产品需要取得许可证照或者需要经过认证的，应当按照法定条件、要求从事生产经营活动。本规定还对违法行为作出了处罚的规定，见表 2－6。

表 2－6　生产经营者违法行为和处罚方法的规定

违法行为		处罚办法
不按照法定条件、要求从事生产经营活动或者生产、销售不符合法定要求产品的	货值金额不足 5000 元	5 万元罚款
	货值金额 5000 元以上不足 1 万元	10 万元罚款
	货值金额 1 万元以上	货值金额 10 倍以上 20 倍以下罚款
	造成严重后果的	由原发证部门吊销许可证照
	构成非法经营罪或生产、销售伪劣商品罪的	依法追究刑事责任

违法行为		处罚办法
生产经营者不再符合法定条件、要求，继续从事生产经营活动的		1. 由原发证部门吊销许可证照，并在当地主要媒体上公告被吊销许可证照的生产经营者名单 2. 构成非法经营罪或者生产、销售伪劣商品罪等犯罪的，依法追究刑事责任
依法应当取得许可证照而未取得许可证照从事生产经营活动的	货值金额不足 1 万元	10 万元罚款；
	货值金额 1 万元以上	处货值金额 10 倍以上 20 倍以下的罚款；
	构成非法经营罪的	依法追究刑事责任

4. 强调生产者生产产品所使用的原料、辅料等应当符合法律、行政法规的规定和国家强制性标准

违法使用原料、辅料、添加剂、农业投入品的，由农业、卫生、质检、商务、药品等监督管理部门依据各自职责予以处罚。处罚办法见表 2 – 7。

表 2 – 7　违法使用原、辅料的处罚办法

违法行为	处罚办法
货值金额不足 5000 元的	处 2 万元罚款
货值金额 5000 元以上不足 1 万元的	处 5 万元罚款
货值金额 1 万元以上的	并处货值金额 5 倍以上 10 倍以下的罚款
造成严重后果的	由原发证部门吊销许可证照
构成生产、销售伪劣商品罪的	依法追究刑事责任

5. 销售者必须建立并执行进货检查验收制度

（1）责任

销售者必须审验供货商的经营资格，验明产品合格证明和产品标识，并建立产品进货台账，内容包括产品名称、规格、数量、供货商及其联系方式、进货时间等内容。从事产品批发业务的销售企业应当建立产品销售台账，如实记录批发的产品品种、规格、数量、流向等内容。在产品集中交易场所销售自制产品的生产企业应当比照从事产品批发业务的销售企业的规定，履行建立产品销售台账的义务。

进货台账和销售台账保存期限不得少于 2 年。销售者应当向供货商按照产品生产批次索要符合法定条件的检验机构出具的检验报告或者由供货商签字或者盖章的检验报告复印件；不能提供检验报告或者检验报告复印件的产品，不得销售。

（2）处罚

①违反前款规定的，由工商、药品监督管理部门依据各自职责责令停止销售。

②不能提供检验报告或者检验报告复印件销售产品的，没收违法所得和违法销售

的产品，并处货值金额 3 倍的罚款；

③造成严重后果的，由原发证部门吊销许可证照。

6. 建立对违法行为的不良记录制度

农业、卫生、质检、商务、工商、药品等监督管理部门应当建立生产经营者违法行为记录制度，对违法行为的情况予以记录并公布；对有多次违法行为记录的生产经营者，吊销许可证照。

为了惩处制售假劣产品的行为，《特别规定》规定，构成非法经营罪或者生产、销售伪劣商品罪等犯罪的，依法追究刑事责任。

7. 对生产经营者如何处理存在安全隐患的产品作了明确的规定

规定了生产企业召回存在安全隐患产品的义务，规定了销售者停止销售隐患产品的义务，见图 2 - 1、图 2 - 2。对不履行义务的生产经营者规定了法律责任。

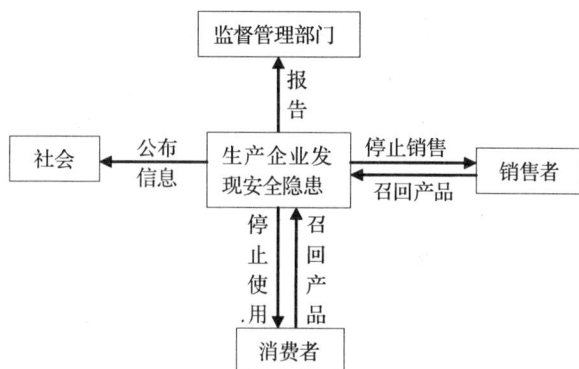

图 2 - 1　生产企业发现产品安全隐患的处理流程

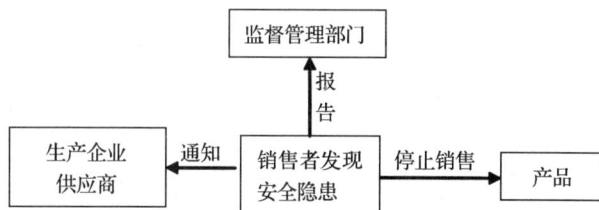

图 2 - 2　销售者发现产品安全隐患的处理流程

生产企业和销售者不履行上述规定义务的，由农业、卫生、质检、商务、工商、药品等监督管理部门依据各自职责，责令生产企业召回产品，销售者停止销售，对生产企业并处货值金额 3 倍的罚款，对销售者并处 1000 元以上 5 万元以下的罚款；

造成严重后果的，由原发证部门吊销许可证照。

8. 县级以上地方人民政府和监督管理部门的责任、义务

县级以上地方人民政府应当将产品安全监督管理纳入政府工作考核目标，对本行政区域内的产品安全监督管理负总责，统一领导、协调本行政区域内的监督管理工作，建立健全监督管理协调机制，加强对行政执法的协调、监督；统一领导、指挥产品安

全突发事件应对工作，依法组织查处产品安全事故；建立监督管理责任制，对各监督管理部门进行评议、考核。质检、工商和药品等监督管理部门应当在所在地同级人民政府的统一协调下，依法做好产品安全监督管理工作。

国务院质检、卫生、农业等主管部门在各自职责范围内尽快制定、修改或者起草相关国家标准，加快建立统一管理、协调配套、符合实际、科学合理的产品标准体系。

农业、卫生、质检、商务、工商、药品等监督管理部门应当依据各自职责对生产经营者进行监督检查，并对其遵守强制性标准、法定要求的情况予以记录，由监督检查人员签字后归档。监督检查记录应当作为其直接负责主管人员定期考核的内容。公众有权查阅监督检查记录。 农业、卫生、质检、商务、工商、药品等监督管理部门应当建立生产经营者违法行为记录制度，对违法行为的情况予以记录并公布；对有多次违法行为记录的生产经营者，吊销许可证照。

发生产品安全事故或者其他对社会造成严重影响的产品安全事件时，农业、卫生、质检、商务、工商、药品等监督管理部门必须在各自职责范围内及时作出反应，采取措施，控制事态发展，减少损失，依照国务院规定发布信息，做好有关善后工作。

任何组织或者个人对违反本规定的行为有权举报。接到举报的部门应当为举报人保密。举报经调查属实的，受理举报的部门应当给予举报人奖励。

农业、卫生、质检、商务、工商、药品等监督管理部门应当公布本单位的电子邮件地址或者举报电话；对接到的举报，应当及时、完整地进行记录并妥善保存。举报的事项属于本部门职责的，应当受理，并依法进行核实、处理、答复；不属于本部门职责的，应当转交有权处理的部门，并告知举报人。

知识链接

监督管理部门的职权

农业、卫生、质检、商务、工商、药品等监督管理部门履行各自产品安全监督管理职责，有下列职权：

（1）进入生产经营场所实施现场检查；

（2）查阅、复制、查封、扣押有关合同、票据、账簿以及其他有关资料；

（3）查封、扣押不符合法定要求的产品，违法使用的原料、辅料、添加剂、农业投入品以及用于违法生产的工具、设备；

（4）查封存在危害人体健康和生命安全重大隐患的生产经营场所。

知识链接

监督管理部门对生产经营者有关违法情形的处理、处罚规定

生产经营者有下列情形之一的，农业、卫生、质检、商务、工商、药品等监督管理部门应当依据各自职责采取措施，纠正违法行为，防止或者减少危害发生，并依照本规定予以处罚：①依法应当取得许可证照而未取得许可证照从事生产经营活动的；②取得许可证照或者经过认证后，不按照法定条件、要求从事生产经营活动或者生产、销售不符合法定要求产品的；③生产经营者不再符合法定条件、要求继续从事生产经营活动的；④生产者生产产品不按照法律、行政法规的规定和国家强制性标准使用原料、辅料、添加剂、农业投入品的；⑤销售者没有建立并执行进货检查验收制度，并建立产品进货台账的；⑥生产企业和销售者发现其生产、销售的产品存在安全隐患，可能对人体健康和生命安全造成损害，不履行本规定的义务的；⑦生产经营者违反法律、行政法规和本规定的其他有关规定的。

9.　明确规定监督管理部门不作为应承担的法律责任

县级以上地方人民政府不履行产品安全监督管理的领导、协调职责，本行政区域内一年多次出现产品安全事故、造成严重社会影响的，由监察机关或者任免机关对政府的主要负责人和直接负责的主管人员给予记大过、降级或者撤职的处分。

农业、卫生、质检、商务、工商、药品等监督管理部门对上述情形不纠正、不处罚，造成后果的，由监察机关或者任免机关对其主要负责人、直接负责的主管人员和其他直接责任人员给予记大过或者降级的处分；造成严重后果的，给予其主要负责人、直接负责的主管人员和其他直接责任人员撤职或者开除的处分；其主要负责人、直接负责的主管人员和其他直接责任人员构成渎职罪的，依法追究刑事责任。

检验检测机构出具虚假检验报告，造成严重后果的，由授予其资质的部门吊销其检验检测资质；构成犯罪的，对直接负责的主管人员和其他直接责任人员依法追究刑事责任。

10.　强化监督管理部门之间的工作衔接，防止相互推诿

农业、卫生、质检、商务、工商、药品等监督管理部门发现违反本规定的行为，属于其他监督管理部门职责的，应当立即书面通知并移交有权处理的监督管理部门处理。有权处理的部门应当立即处理，不得推诿；因不立即处理或者推诿造成后果的，由监察机关或者任免机关对其主要负责人、直接负责的主管人员和其他直接责任人员给予记大过或者降级的处分。

三、学习小结

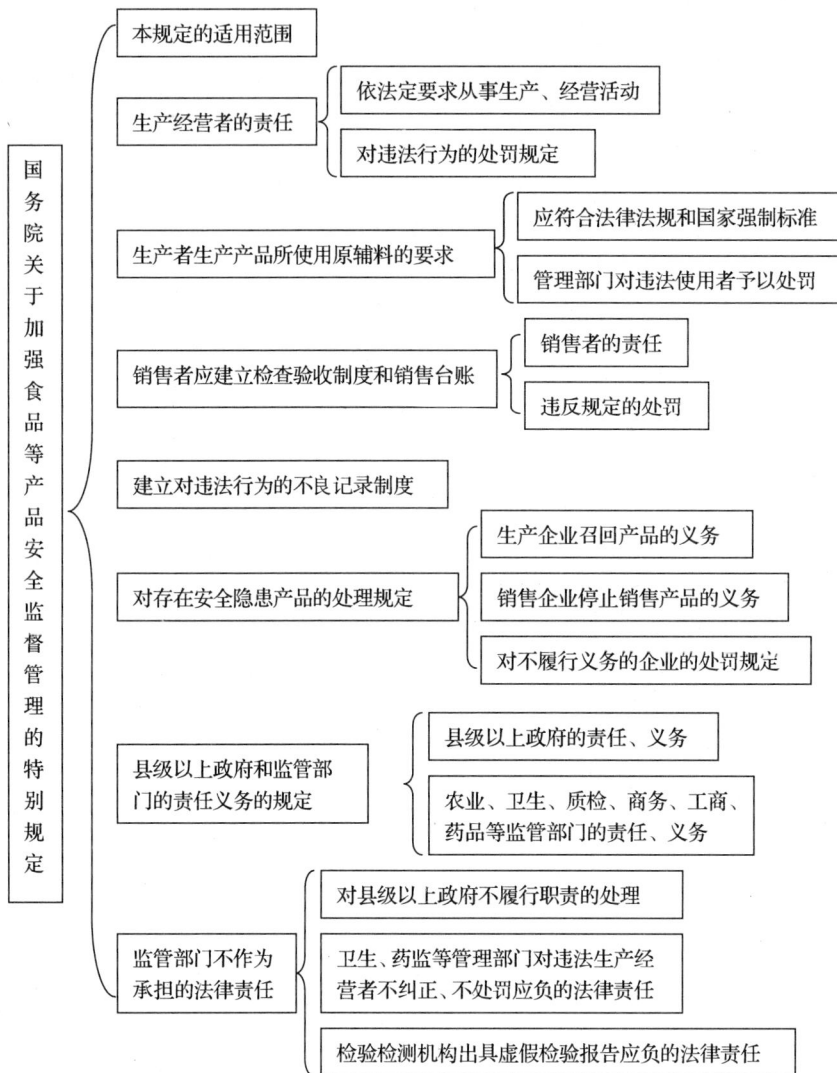

四、思考题

1. 简述本规定所称产品的含义。
2. 简述本规定的适用范围。
3. 食品安全监管部门在加强食品等产品安全监管方面有何职责？
4. 监督管理部门在产品安全监管方面不作为，应承担何种法律责任？
5. 生产经营者如何处理存在安全隐患的产品？

（闫抗抗）

国务院办公厅关于进一步加强药品安全监管工作的通知

为有针对性地进一步加强药品安全监管工作，切实保障人民群众用药安全，国务院办公厅制定了《国务院办公厅关于进一步加强药品安全监管工作的通知》，（以下简称《通知》），经国务院同意，2007 年 3 月 31 日以（国办发〔2007〕18 号）印发，要求相关部门遵照执行。

一、学习要点

通过学习《通知》，使学员掌握制定《通知》的指导思想，落实地方政府的责任，抓住关键环节和突出问题的规定，熟悉加强基础设施和技术能力建设的要求，完善制度保障，加强队伍建设，加强部门协作的有关规定。

二、学习内容

《通知》的主要内容可概括为几点：

1. 树立正确的指导思想

《通知》第一条规定，监督管理部门要按照科学发展观的要求，牢固树立正确的药品监管指导思想和科学监管理念，准确把握工作定位，正确处理政府与企业、监管与服务、公众利益与商业利益的关系，依法履行监管职责，维护政府药品安全监管的公信力。其目的是让人民群众用上安全有效的药品。

2. 明确地方政府的责任

《通知》第二条规定地方各级人民政府要对本地区药品安全工作负总责；地方各级人民政府要完善重大药品安全事件应急机制；严格实施药品安全行政领导责任制和责任追究制。同时规定：不得要求药品监管部门承担经济发展指标和行业发展任务，更不得干扰药品监管部门正常监管执法。

知识链接

落实地方政府的责任

1. 地方各级人民政府要对本地区药品安全工作负总责。要加强组织领导，把药品安全工作纳入重要议事日程，切实担负起保障本地区药品安全的责任。要定期评估和分析本地区药品安全状况，针对主要问题和薄弱环节，研究采取相应措施。支持药品监管部门依法履行职责，创造良好的执法环境，不得要求药品监管部门承担经济发展指标和行业发展任务，更不得干扰药品监管部门正常监管执法。

2. 地方各级人民政府要完善重大药品安全事件应急机制。一旦本行政区域内发生药品安全事件，要组织协调有关部门积极应对，有效处置，消除危害；正确引导舆论，稳定群众情绪，防止事态蔓延。

3. 严格实施药品安全行政领导责任制和责任追究制。对于因领导不力、疏于监管导致发生重大药品安全事件的地区，要依纪依法追究相关负责人的责任。

3. 抓住关键环节和突出问题的规定

（1）关键环节

药品安全监管的关键环节和相关要求，见图2-3。

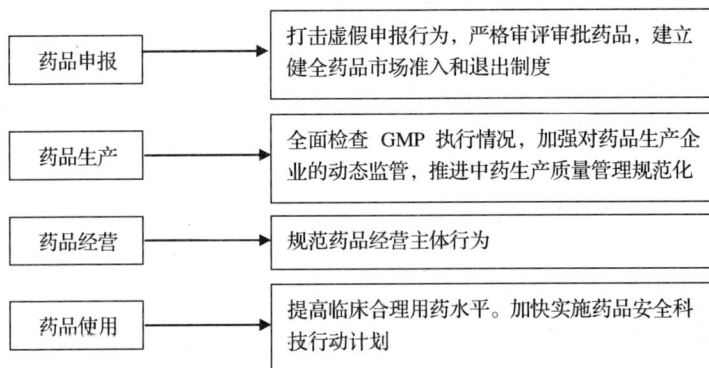

图2-3　药品安全监管的关键环节和相关要求

（2）突出问题

①深入开展药品安全专项整治，巩固和扩大整治成果，扭转药品生产和流通等领域监督和管理不力的局面，最大限度防控和减少药害事件发生。

②认真清理药品批准文号重点清理1999－2002年地方标准升国家标准品种；坚决淘汰安全性、有效性得不到保证的品种。加快完善药品审评审批制度，坚决纠正药品注册申报秩序混乱、研制资料弄虚作假等问题。

③进一步强化企业作为药品安全第一责任人的责任　要规范企业生产经营行为，教育和引导企业守法经营，强化自律意识，完善内部管理制度，坚决杜绝不合格原料、药品进厂进店，不合格产品出厂出店。加强对药品质量的监督抽验工作，凡是在企业成品库待出厂的药品，经抽查检验达不到国家药品标准，并经复检后仍不合格的，加大处罚和曝光力度。

采取措施支持诚信企业扩大生产规模，提高管理和技术水平，健全质量保障体系。建立企业诚信档案，推进企业诚信体系建设。要充分发挥行业协会自律作用，引导和约束企业诚信生产经营。

④高度重视农村药品安全工作　建立健全农村药品监督网和供应网，鼓励药品生产批发企业面向农村配送药品，支持零售企业向农村延伸网点。加强农村药房规范化建设，规范农村医疗机构药品购销渠道，提高农民安全用药水平。

4. 加强基础设施和技术能力建设的规定

（1）加强药品检验、药品再评价、药品不良反应监测等方面的技术能力建设；不断提高药品安全监测分析、信息通报和公共服务水平。完善相关标准和认证体系。

（2）运用计算机网络等现代科技手段，加强药品安全信息管理和综合利用，构建地区和部门间信息沟通平台，建立和完善覆盖全国的药品安全监管信息系统，实现监管信息互联互通和监管资源综合利用，使药品安全问题早发现、早整治、早解决。

（3）增加对药品安全监管基础设施建设资金投入，加快药品监管部门技术支撑体系建设，改善基层监督执法条件。加大对药品安全监管工作经费的投入，逐步提高经费保障水平。加强全国的药品安全监管信息系统的建设；

5. 完善制度保障的规定

（1）加快完善药品安全法律法规体系　重点抓好药品审评审批、药品分类管理、医疗器械监督以及中药品种保护等行政法规和部门规章的制定和修订工作。

（2）深化药品审批制度改革　完善"三分离"*制度；实行审评主审集体负责制、审评人员公示制和审评审批责任追究制，加快信息化建设，逐步实行审批事项的网上受理、网上审批，建立健全审评审批权力的内外部监督制约机制。

> ＊药品审批"三分离"相关规定：对相对人的申请，中心受理、技术审评、行政审批职能三者相分离，三个部门权责明晰，可以互相监督、互相制约。

（3）强化权利监督和制约　研究建立结构合理、配置科学、程序严密、监督有效的权力运行机制，做到用制度管权、按制度办事、靠制度管人，防止滥用权力和以权谋私现象发生。

6. 对加强队伍建设的规定

加强药品安全监管有关部门领导干部廉洁自律教育和干部队伍建设；加强对药品安全监管重点岗位干部的选拔任用管理，实行定期交流，并形成制度；对监管人员的监督、管理、培养、使用要实行民主决策，做到公开透明。

7. 对加强部门协作的要求

各有关部门要认真履行职责，密切配合，加强协作，不断提高人民群众用药安全水平。有关部门职责规定，见表2-8。

表2-8　有关部门职责规定

部门	职责规定
药品监管部门	切实加强药品研制、生产、流通、使用全过程的监管，依法严厉查处各种违法违规行为
卫生行政管理部门	严格医疗机构药品使用管理，促进合理用药
工商行政管理部门	严厉查处发布虚假违法药品广告行为
有关行政执法部门	及时向公安机关移送涉嫌犯罪的制售假劣药品案件
公安机关	加大对制售假劣药品违法犯罪活动的打击力度
监察部门	严厉查处有关部门和行业滥用职权、玩忽职守、徇私舞弊等违法乱纪现象，严肃追究相关人员的行政责任
新闻宣传部门	做好加强药品安全新闻宣传和舆论引导工作

三、学习小结

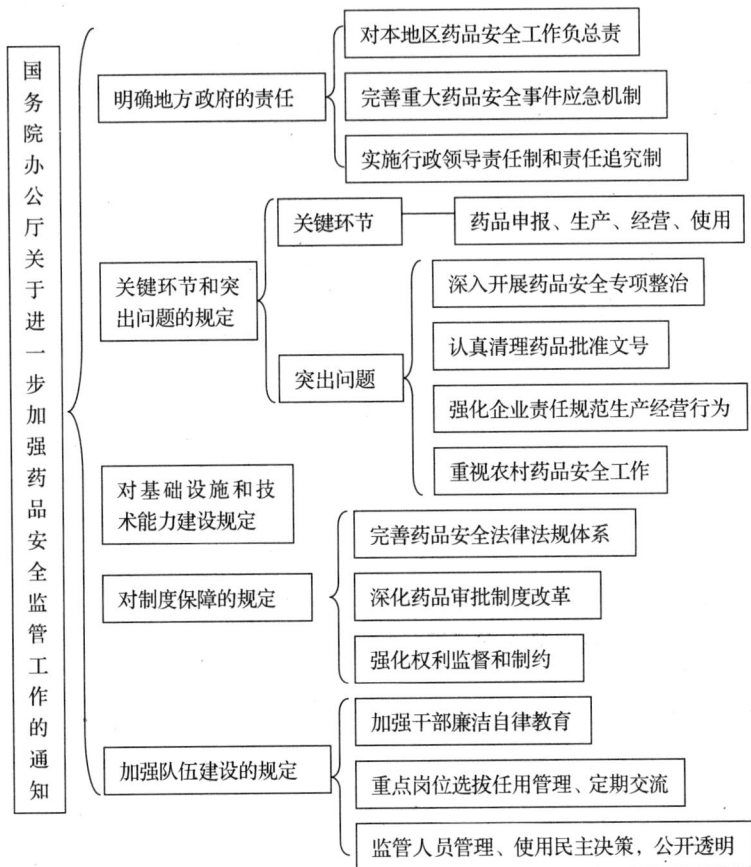

四、思考题

1. 简述本通知对地方政府责任的规定。

2. 药品安全监管的关键环节和突出问题是什么？如何解决这些问题？

3. 你认为如何加强药品安全监管的基础设施和技术能力建设？

4. 结合工作实际，谈谈如何完善药品安全监管的制度保障体系？

5. 如何加强药品安全监管队伍建设？

（闫抗抗）

麻醉药品和精神药品管理条例

为加强麻醉药品和精神药品的管理，保证麻醉药品和精神药品的合法、安全、合理使用，防止流入非法渠道，做到"管得住，用得上"，2005年8月3日国务院以第442号令发布了《麻醉药品和精神药品管理条例》，自2005年11月1日起施行。该条例明确规定：国家对麻醉药品药用原植物以及麻醉药品和精神药品实行管制；除本条例另有规定的外，任何单位、个人不得进行麻醉药品药用原植物的种植以及麻醉药品和精神药品的实验研究、生产、经营、使用、储存和运输等活动。

一、学习要点

通过学习《麻醉药品和精神药品管理条例》，使学员掌握麻醉药品药用原植物的种植，麻醉药品和精神药品的实验研究、生产、经营、使用的管理规定，熟悉麻醉药品和精神药品储存和运输的管理要求，了解审批程序和监督管理方面的规定。

二、学习内容

（一）麻醉药品和精神药品的概念、品种分类和管理部门

1. 麻醉药品和精神药品的概念、分类和品种目录

麻醉药品和精神药品，是指列入麻醉药品目录、精神药品目录的药品和其他物质。精神药品分为第一类精神药品和第二类精神药品。

麻醉药品和精神药品目录由国务院药品监督管理部门会同国务院公安部门、卫生主管部门制定、调整并公布。上市销售但尚未列入目录的药品和其他物质或者第二类精神药品发生滥用，已经造成或者可能造成严重社会危害的，国务院药品监督管理部门会同国务院公安部门、卫生主管部门应当及时将该药品和该物质列入目录或者将该第二类精神药品调整为第一类精神药品。

知识链接

我国可以自行生产的麻醉药品和精神药品品种

麻醉药品（25种）：

阿法罗定、可卡因、罂粟秆浓缩物、二氢埃托啡、地芬诺酯、芬太尼、氢可酮、美沙酮、吗啡、阿片、羟考酮、哌替啶、罂粟壳、瑞芬太尼、舒芬太尼、蒂巴因、布桂嗪、可待因、复方樟脑酊、右丙氧芬、双氢可待因、乙基吗啡、福尔可定、阿桔片、吗啡阿托品注射液。

第一类精神药品（7 种）：

丁丙诺啡、γ-羟丁酸、氯胺酮、马吲哚、哌醋甲酯、司可巴比妥、三唑仑。

第二类精神药品（33 种）：

异戊巴比妥、布托啡诺及其注射剂、咖啡因、安钠咖、去甲伪麻黄碱、地佐辛及其注射剂、芬氟拉明、格鲁米特、喷他佐辛、戊巴比妥、阿普唑仑、巴比妥、溴西泮、氯氮䓬、氯硝西泮、地西泮、艾司唑仑、氯氟䓬乙酯、氟西泮、劳拉西泮、甲丙氨酯、咪达唑仑、硝西泮、纳布啡及其注射剂、奥沙西泮、氨酚氢可酮片、匹莫林、苯巴比妥、替马西泮、曲马多、唑吡坦、扎来普隆、麦角胺咖啡因片。

2. 麻醉药品和精神药品的管理部门及其职责（表 2-9）

表 2-9　麻醉药品和精神药品的管理部门及其职责

麻醉药品和精神药品的管理部门	职责
国务院药品监督管理部门	负责全国麻醉药品和精神药品的监督管理工作，并会同国务院农业主管部门对麻醉药品药用原植物实施监督管理
国务院公安部门	负责对造成麻醉药品药用原植物、麻醉药品和精神药品流入非法渠道的行为进行查处
国务院其他有关主管部门	在各自的职责范围内负责与麻醉药品和精神药品有关的管理工作
省级药品监督管理部门	负责本行政区域内麻醉药品和精神药品的监督管理工作
县级以上地方公安机关	负责对本行政区域内造成麻醉药品和精神药品流入非法渠道的行为进行查处
县级以上地方人民政府其他有关主管部门	在各自的职责范围内负责与麻醉药品和精神药品有关的管理工作

（二）麻醉药品和精神药品的实验研究、种植和生产

1. 麻醉药品和精神药品的实验研究

（1）开展实验研究活动应当具备的条件

以医疗、科学研究或者教学为目的；有保证实验所需麻醉药品和精神药品安全的措施和管理制度；单位及其工作人员 2 年内没有违反有关禁毒的法律、行政法规规定的行为。具备以上条件后由国务院药品监督管理部门批准从事实验研究活动。

（2）实验研究须遵循的相关规定

麻醉药品和精神药品的实验研究单位申请相关药品批准证明文件，应当依照药品管理法的规定办理；需要转让研究成果的，应当经国务院药品监督管理部门批准。

药品研究单位在普通药品的实验研究过程中，产生本条例规定的管制品种的，应当立即停止实验研究活动，并向国务院药品监督管理部门报告。国务院药品监督管理部门应当根据情况，及时作出是否同意其继续实验研究的决定。

麻醉药品和第一类精神药品的临床试验，不得以健康人为受试对象。

2. 种植和生产

国家根据麻醉药品和精神药品的医疗、国家储备和企业生产所需原料的需要确定需求总量，对麻醉药品药用原植物的种植、麻醉药品和精神药品的生产实行总量控制。

（1）种植和生产计划

国务院药品监督管理部门和国务院农业主管部门根据麻醉药品年度生产计划，制定麻醉药品药用原植物年度种植计划。国务院药品监督管理部门根据麻醉药品和精神药品的需求总量制定年度生产计划。

麻醉药品药用原植物种植企业应当根据年度种植计划，种植麻醉药品药用原植物。麻醉药品药用原植物种植企业应当向国务院药品监督管理部门和国务院农业主管部门定期报告种植情况。

定点生产企业应当严格按照麻醉药品和精神药品年度生产计划安排生产，并依照规定向所在地省、自治区、直辖市人民政府药品监督管理部门报告生产情况。

（2）种植企业和定点生产企业

①种植企业和定点生产企业的确定

麻醉药品药用原植物种植企业由国务院药品监督管理部门和国务院农业主管部门共同确定，其他单位和个人不得种植麻醉药品药用原植物。

国家对麻醉药品和精神药品实行定点生产制度。国务院药品监督管理部门应当根据麻醉药品和精神药品的需求总量，确定麻醉药品和精神药品定点生产企业的数量和布局，并根据年度需求总量对数量和布局进行调整、公布。

从事麻醉药品、第一类精神药品生产以及第二类精神药品原料药生产的企业，应当经所在地省、自治区、直辖市人民政府药品监督管理部门初步审查，由国务院药品监督管理部门批准；从事第二类精神药品制剂生产的企业，应当经所在地省、自治区、直辖市人民政府药品监督管理部门批准。

发生重大突发事件，定点生产企业无法正常生产或者不能保证供应麻醉药品和精神药品时，国务院药品监督管理部门可以决定其他药品生产企业生产麻醉药品和精神药品。重大突发事件结束后，国务院药品监督管理部门应当及时决定上述规定的企业停止麻醉药品和精神药品的生产。

②麻醉药品和精神药品的定点生产企业应当具备的条件

有药品生产许可证；有麻醉药品和精神药品实验研究批准文件；有符合规定的麻醉药品和精神药品生产设施、储存条件和相应的安全管理设施；有通过网络实施企业安全生产管理和向药品监督管理部门报告生产信息的能力；有保证麻醉药品和精神药品安全生产的管理制度；有与麻醉药品和精神药品安全生产要求相适应的管理水平和经营规模；麻醉药品和精神药品生产管理、质量管理部门的人员应当熟悉麻醉药品和精神药品管理以及有关禁毒的法律、行政法规；没有生产、销售假药、劣药或者违反有关禁毒的法律、行政法规规定的行为；符合国务院药品监督管理部门公布的麻醉药品和精神药品定点生产企业数量和布局的要求。

（3）批准文号和专用标志管理

定点生产企业生产麻醉药品和精神药品，应当依照药品管理法的规定取得药品批准文号。国务院药品监督管理部门应当组织医学、药学、社会学、伦理学和禁毒等方面的专家成立专家组，由专家组对申请首次上市的麻醉药品和精神药品的社会危害性和被滥用的可能性进行评价，并提出是否批准的建议。未取得药品批准文号的，不得生产麻醉药品和精神药品。

麻醉药品和精神药品的标签应当印有国务院药品监督管理部门规定的标志。

知识链接

麻醉药品和精神药品的专用标志

麻醉药品
■ 蓝色 □ 白色

麻醉药品专用标志

精神药品
■ 绿色 □ 白色

精神药品专用标志

（三）经营

1. 定点经营制度

国家对麻醉药品和精神药品实行定点经营制度。国务院药品监督管理部门应当根据麻醉药品和第一类精神药品的需求总量，确定麻醉药品和第一类精神药品的定点批发企业布局，并应当根据年度需求总量对布局进行调整、公布。药品经营企业不得经营麻醉药品原料药和第一类精神药品原料药。但是，供医疗、科学研究、教学使用的小包装的上述药品可以由国务院药品监督管理部门规定的药品批发企业经营。

2. 定点批发企业应当具备的条件

麻醉药品和精神药品定点批发企业除应当具备《药品管理法》第十五条规定的药品经营企业的开办条件外，还应当具备下列条件：有符合本条例规定的麻醉药品和精神药品储存条件；有通过网络实施企业安全管理和向药品监督管理部门报告经营信息的能力；单位及其工作人员2年内没有违反有关禁毒的法律、行政法规规定的行为；符合国务院药品监督管理部门公布的定点批发企业布局。

麻醉药品和第一类精神药品的定点批发企业，还应当具有保证供应责任区域内医疗机构所需麻醉药品和第一类精神药品的能力，并具有保证麻醉药品和第一类精神药品安全经营的管理制度。

3. 全国性、区域性批发企业的批准部门及其供药区域 （表2-10）

表2-10 麻醉药品和精神药品全国性、区域性批发企业的批准部门及其供药区域

企业类型	批准部门	供药区域
跨省、自治区、直辖市从事麻醉药品和第一类精神药品批发业务的企业（全国性批发企业）	国务院药品监督管理部门	可以向区域性批发企业，或者经批准可以向取得麻醉药品和第一类精神药品使用资格的医疗机构以及依照本条例规定批准的其他单位销售麻醉药品和第一类精神药品 全国性批发企业向取得麻醉药品和第一类精神药品使用资格的医疗机构销售麻醉药品和第一类精神药品，应当经医疗机构所在地省、自治区、直辖市人民政府药品监督管理部门批准。国务院药品监督管理部门在批准全国性批发企业时，应当明确其所承担供药责任的区域
在本省、自治区、直辖市行政区域内从事麻醉药品和第一类精神药品批发业务的企业（区域性批发企业）	所在地省、自治区、直辖市人民政府药品监督管理部门	可以向本省、自治区、直辖市行政区域内取得麻醉药品和第一类精神药品使用资格的医疗机构销售麻醉药品和第一类精神药品；由于特殊地理位置的原因，需要就近向其他省、自治区、直辖市行政区域内取得麻醉药品和第一类精神药品使用资格的医疗机构销售的，应当经国务院药品监督管理部门批准。省、自治区、直辖市人民政府药品监督管理部门在批准区域性批发企业时，应当明确其所承担供药责任的区域。区域性批发企业之间因医疗急需、运输困难等特殊情况需要调剂麻醉药品和第一类精神药品的，应当在调剂后2日内将调剂情况分别报所在地省、自治区、直辖市人民政府药品监督管理部门备案
专门从事第二类精神药品批发业务的企业	所在地省、自治区、直辖市人民政府药品监督管理部门批准	全国性批发企业和区域性批发企业可以从事第二类精神药品批发业务

4. 进药渠道及供药方式

全国性批发企业应当从定点生产企业购进麻醉药品和第一类精神药品。区域性批发企业可以从全国性批发企业购进麻醉药品和第一类精神药品；经所在地省、自治区、直辖市人民政府药品监督管理部门批准，也可以从定点生产企业购进麻醉药品和第一类精神药品。

全国性批发企业和区域性批发企业向医疗机构销售麻醉药品和第一类精神药品，应当将药品送至医疗机构。医疗机构不得自行提货。

第二类精神药品定点批发企业可以向医疗机构、定点批发企业和符合本条例规定的药品零售企业以及依照本条例规定批准的其他单位销售第二类精神药品。

5. 零售规定

麻醉药品和第一类精神药品不得零售。禁止使用现金进行麻醉药品和精神药品交易，但是个人合法购买麻醉药品和精神药品的除外。

经所在地设区的市级药品监督管理部门批准，实行统一进货、统一配送、统一管理的药品零售连锁企业可以从事第二类精神药品零售业务。

第二类精神药品零售企业应当凭执业医师出具的处方，按规定剂量销售第二类精神药品，并将处方保存 2 年备查；禁止超剂量或者无处方销售第二类精神药品；不得向未成年人销售第二类精神药品。

6. 价格

麻醉药品和精神药品实行政府定价，在制定出厂和批发价格的基础上，逐步实行全国统一零售价格。具体办法由国务院价格主管部门制定。

（四）使用

1. 药品生产企业需用麻醉药品和精神药品的规定

药品生产企业需要以麻醉药品和第一类精神药品为原料生产普通药品的，应当向所在地省、自治区、直辖市人民政府药品监督管理部门报送年度需求计划，由省、自治区、直辖市人民政府药品监督管理部门汇总报国务院药品监督管理部门批准后，向定点生产企业购买。

药品生产企业需要以第二类精神药品为原料生产普通药品的，应当将年度需求计划报所在地省、自治区、直辖市人民政府药品监督管理部门，并向定点批发企业或者定点生产企业购买。

2. 非药品生产企业、科学研究、教学单位需用麻醉药品和精神药品的规定

食品、食品添加剂、化妆品、油漆等非药品生产企业需要使用咖啡因作为原料的，应当经所在地省、自治区、直辖市人民政府药品监督管理部门批准，向定点批发企业或者定点生产企业购买。科学研究、教学单位需要使用麻醉药品和精神药品开展实验、教学活动的，应当经所在地省、自治区、直辖市人民政府药品监督管理部门批准，向定点批发企业或者定点生产企业购买。

需要使用麻醉药品和精神药品的标准品、对照品的，应当经所在地省、自治区、直辖市人民政府药品监督管理部门批准，向国务院药品监督管理部门批准的单位购买。

3. 麻醉药品、第一类精神药品购用印鉴卡

（1）麻醉药品、第一类精神药品购用印鉴卡的批准和使用

医疗机构需要使用麻醉药品和第一类精神药品的，应当经所在地设区的市级人民政府卫生主管部门批准，取得麻醉药品、第一类精神药品购用印鉴卡（以下简称印鉴卡）。医疗机构应当凭印鉴卡向本省、自治区、直辖市行政区域内的定点批发企业购买麻醉药品和第一类精神药品。

设区的市级人民政府卫生主管部门发给医疗机构印鉴卡时，应当将取得印鉴卡的医疗机构情况抄送所在地设区的市级药品监督管理部门，并报省、自治区、直辖市人民政府卫生主管部门备案。省、自治区、直辖市人民政府卫生主管部门应当将取得印鉴卡的医疗机构名单向本行政区域内的定点批发企业通报。

（2）医疗机构取得印鉴卡应当具备的条件

有专职的麻醉药品和第一类精神药品管理人员；有获得麻醉药品和第一类精神药品处方资格的执业医师；有保证麻醉药品和第一类精神药品安全储存的设施和管理制度。

4. 麻醉药品和第一类精神药品的处方资格要求

医疗机构应当按照国务院卫生主管部门的规定，对本单位执业医师进行有关麻醉药品和精神药品使用知识的培训、考核，经考核合格的，授予麻醉药品和第一类精神药品处方资格。执业医师取得麻醉药品和第一类精神药品的处方资格后，方可在本医疗机构开具麻醉药品和第一类精神药品处方，但不得为自己开具该种处方。

医疗机构应当将具有麻醉药品和第一类精神药品处方资格的执业医师名单及其变更情况，定期报送所在地设区的市级人民政府卫生主管部门，并抄送同级药品监督管理部门。

医务人员应当根据国务院卫生主管部门制定的临床应用指导原则，使用麻醉药品和精神药品。

具有麻醉药品和第一类精神药品处方资格的执业医师，根据临床应用指导原则，对确需使用麻醉药品或者第一类精神药品的患者，应当满足其合理用药需求。在医疗机构就诊的癌症疼痛患者和其他危重患者得不到麻醉药品或者第一类精神药品时，患者或者其亲属可以向执业医师提出申请。具有麻醉药品和第一类精神药品处方资格的执业医师认为要求合理的，应当及时为患者提供所需麻醉药品或者第一类精神药品。

5. 麻醉药品和精神药品专用处方

执业医师应当使用专用处方开具麻醉药品和精神药品，单张处方的最大用量应当符合国务院卫生主管部门的规定。对麻醉药品和第一类精神药品处方，处方的调配人、核对人应当仔细核对，签署姓名，并予以登记；对不符合规定的，处方的调配人、核对人应当拒绝发药。麻醉药品和精神药品专用处方的格式由国务院卫生主管部门规定。

医疗机构应当对麻醉药品和精神药品处方进行专册登记，加强管理。麻醉药品和第一类精神药品处方保存 3 年，第二类精神药品处方保存 2 年。县级以上人民政府卫生主管部门应当对执业医师开具麻醉药品和精神药品处方的情况进行监督检查。

知识链接

麻醉药品和精神药品的处方限量

药品及剂型 / 开具的对象	麻醉药品和第一类精神药品注射剂	麻醉药品和第一类精神药品控缓释制剂	麻醉药品和第一类精神药品其他剂型
门（急）诊患者	每张处方为一次常用量	每张处方 ≤7 日常用量	每张处方 ≤3 日常用量
门（急）诊癌症疼痛患者和中、重度慢性疼痛患者	每张处方 ≤3 日常用量	每张处方 ≤15 日常用量	每张处方 ≤7 日常用量

续表

开具的对象／药品及剂型	麻醉药品和第一类精神药品注射剂	麻醉药品和第一类精神药品控缓释制剂	麻醉药品和第一类精神药品其他剂型
住院患者	逐日开具，每张处方为1日常用量		
盐酸二氢埃托啡	一次常用量，仅限于二级以上医院内使用		
盐酸哌替啶	一次常用量，仅限于医疗机构内使用		
哌醋甲酯用于治疗儿童多动症	每张处方≤15日常用量		
第二类精神药品	一般每张处方≤7日常用量；慢性病或某些特殊情况的患者，可以适当延长		

6. 医疗机构借用和配制麻醉药品、精神药品的规定

医疗机构抢救病人急需麻醉药品和第一类精神药品而本医疗机构无法提供时，可以从其他医疗机构或者定点批发企业紧急借用；抢救工作结束后，应当及时将借用情况报所在地设区的市级药品监督管理部门和卫生主管部门备案。

对临床需要而市场无供应的麻醉药品和精神药品，持有医疗机构制剂许可证和印鉴卡的医疗机构需要配制制剂的，应当经所在地省、自治区、直辖市人民政府药品监督管理部门批准。医疗机构配制的麻醉药品和精神药品制剂只能在本医疗机构使用，不得对外销售。

7. 个人及医务人员携带麻醉药品和精神药品的规定

因治疗疾病需要，个人凭医疗机构出具的医疗诊断书、本人身份证明，可以携带单张处方最大用量以内的麻醉药品和第一类精神药品；携带麻醉药品和第一类精神药品出入境的，由海关根据自用、合理的原则放行。

医务人员为了医疗需要携带少量麻醉药品和精神药品出入境的，应当持有省级以上人民政府药品监督管理部门发放的携带麻醉药品和精神药品证明。海关凭携带麻醉药品和精神药品证明放行。

8. 用于戒毒治疗的麻醉药品和精神药品管理

医疗机构、戒毒机构以开展戒毒治疗为目的，可以使用美沙酮或者国家确定的其他用于戒毒治疗的麻醉药品和精神药品。具体管理办法由国务院药品监督管理部门、国务院公安部门和国务院卫生主管部门制定。

（五）储存

1. 麻醉药品和第一类精神药品专库或专柜的要求

（1）麻醉药品药用原植物种植企业、定点生产企业、全国性批发企业和区域性批发企业以及国家设立的麻醉药品储存单位，应当设置储存麻醉药品和第一类精神药品的专库。该专库应当符合下列要求：安装专用防盗门，实行双人双锁管理；具有相应的防火设施；具有监控设施和报警装置，报警装置应当与公安机关报警系统联网。

全国性批发企业经国务院药品监督管理部门批准设立的药品储存点应当符合上述规定。麻醉药品定点生产企业应当将麻醉药品原料药和制剂分别存放。

（2）麻醉药品和第一类精神药品的使用单位应当设立专库或者专柜储存麻醉药品和第一类精神药品。专库应当设有防盗设施并安装报警装置；专柜应当使用保险柜。专库和专柜应当实行双人双锁管理。

2. 麻醉药品和第一类精神药品储存管理要求

麻醉药品药用原植物种植企业、定点生产企业、全国性批发企业和区域性批发企业、国家设立的麻醉药品储存单位以及麻醉药品和第一类精神药品的使用单位，应当配备专人负责管理工作，并建立储存麻醉药品和第一类精神药品的专用账册。药品入库双人验收，出库双人复核，做到账物相符。专用账册的保存期限应当自药品有效期期满之日起不少于5年。

3. 第二类精神药品经营企业储存要求

第二类精神药品经营企业应当在药品库房中设立独立的专库或者专柜储存第二类精神药品，并建立专用账册，实行专人管理。专用账册的保存期限应当自药品有效期期满之日起不少于5年。

（六）运输

1. 总体原则

托运、承运和自行运输麻醉药品和精神药品的，应当采取安全保障措施，防止麻醉药品和精神药品在运输过程中被盗、被抢、丢失。

2. 麻醉药品、第一类精神药品运输管理规定

（1）铁路、公路或者水路运输麻醉药品和第一类精神药品的规定

通过铁路运输麻醉药品和第一类精神药品的，应当使用集装箱或者铁路行李车运输，具体办法由国务院药品监督管理部门会同国务院铁路主管部门制定。没有铁路需要通过公路或者水路运输麻醉药品和第一类精神药品的，应当由专人负责押运。

（2）运输证明

托运或者自行运输麻醉药品和第一类精神药品的单位，应当向所在地省、自治区、直辖市人民政府药品监督管理部门申请领取运输证明。运输证明有效期为1年。运输证明应当由专人保管，不得涂改、转让、转借。

托运人办理麻醉药品和第一类精神药品运输手续，应当将运输证明副本交付承运人。承运人应当查验、收存运输证明副本，并检查货物包装。没有运输证明或者货物包装不符合规定的，承运人不得承运。承运人在运输过程中应当携带运输证明副本，以备查验。

3. 麻醉药品、精神药品邮寄要求

邮寄麻醉药品和精神药品，寄件人应当提交所在地省、自治区、直辖市人民政府药品监督管理部门出具的准予邮寄证明。邮政营业机构应当查验、收存准予邮寄证明；

没有准予邮寄证明的，邮政营业机构不得收寄。省、自治区、直辖市邮政主管部门指定符合安全保障条件的邮政营业机构负责收寄麻醉药品和精神药品。邮政营业机构收寄麻醉药品和精神药品，应当依法对收寄的麻醉药品和精神药品予以查验。邮寄麻醉药品和精神药品的具体管理办法，由国务院药品监督管理部门会同国务院邮政主管部门制定。

4. 麻醉药品、第一类精神药品运输信息的报送

定点生产企业、全国性批发企业和区域性批发企业之间运输麻醉药品、第一类精神药品，发货人在发货前应当向所在地省、自治区、直辖市人民政府药品监督管理部门报送本次运输的相关信息。属于跨省、自治区、直辖市运输的，收到信息的药品监督管理部门应当向收货人所在地的同级药品监督管理部门通报；属于在本省、自治区、直辖市行政区域内运输的，收到信息的药品监督管理部门应当向收货人所在地设区的市级药品监督管理部门通报。

（七）审批程序和监督管理

1. 审批程序

申请人提出本条例规定的审批事项申请，应当提交能够证明其符合本条例规定条件的相关资料。审批部门应当自收到申请之日起 40 日内作出是否批准的决定；作出批准决定的，发给许可证明文件或者在相关许可证明文件上加注许可事项；作出不予批准决定的，应当书面说明理由。

确定定点生产企业和定点批发企业，审批部门应当在经审查符合条件的企业中，根据布局的要求，通过公平竞争的方式初步确定定点生产企业和定点批发企业，并予公布。其他符合条件的企业可以自公布之日起 10 日内向审批部门提出异议。审批部门应当自收到异议之日起 20 日内对异议进行审查，并作出是否调整的决定。

2. 监督管理

药品监督管理部门应当根据规定的职责权限，对麻醉药品药用原植物的种植以及麻醉药品和精神药品的实验研究、生产、经营、使用、储存、运输活动进行监督检查。

（1）监控信息网络建立部门和监控内容

省级以上人民政府药品监督管理部门根据实际情况建立监控信息网络，对定点生产企业、定点批发企业和使用单位的麻醉药品和精神药品生产、进货、销售、库存、使用的数量以及流向实行实时监控，并与同级公安机关做到信息共享。

（2）未连接监控信息网络单位的报告情况和时间要求

尚未连接监控信息网络的麻醉药品和精神药品定点生产企业、定点批发企业和使用单位，应当每月通过电子信息、传真、书面等方式，将本单位麻醉药品和精神药品生产、进货、销售、库存、使用的数量以及流向，报所在地设区的市级药品监督管理部门和公安机关；医疗机构还应当报所在地设区的市级人民政府卫生主管部门。

设区的市级药品监督管理部门应当每 3 个月向上一级药品监督管理部门报告本地

区麻醉药品和精神药品的相关情况。

（3）对滥用、存在安全隐患等情况的处理

对已经发生滥用，造成严重社会危害的麻醉药品和精神药品品种，国务院药品监督管理部门应当采取在一定期限内中止生产、经营、使用或者限定其使用范围和用途等措施。对不再作为药品使用的麻醉药品和精神药品，国务院药品监督管理部门应当撤销其药品批准文号和药品标准，并予以公布。

药品监督管理部门、卫生主管部门发现生产、经营企业和使用单位的麻醉药品和精神药品管理存在安全隐患时，应当责令其立即排除或者限期排除；对有证据证明可能流入非法渠道的，应当及时采取查封、扣押的行政强制措施，在7日内作出行政处理决定，并通报同级公安机关。

药品监督管理部门发现取得印鉴卡的医疗机构未依照规定购买麻醉药品和第一类精神药品时，应当及时通报同级卫生主管部门。接到通报的卫生主管部门应当立即调查处理。必要时，药品监督管理部门可以责令定点批发企业中止向该医疗机构销售麻醉药品和第一类精神药品。

（4）对过期、损坏药品的处理要求

麻醉药品和精神药品的生产、经营企业和使用单位对过期、损坏的麻醉药品和精神药品应当登记造册，并向所在地县级药品监督管理部门申请销毁。药品监督管理部门应当自接到申请之日起5日内到场监督销毁。医疗机构对存放在本单位的过期、损坏麻醉药品和精神药品，应当按照本条规定的程序向卫生主管部门提出申请，由卫生主管部门负责监督销毁。

对依法收缴的麻醉药品和精神药品，除经国务院药品监督管理部门或者国务院公安部门批准用于科学研究外，应当依照国家有关规定予以销毁。

（5）管理信息通报和备案事项报送

药品监督管理部门、卫生主管部门和公安机关应当互相通报麻醉药品和精神药品生产、经营企业和使用单位的名单以及其他管理信息。

各级药品监督管理部门应当将在麻醉药品药用原植物的种植以及麻醉药品和精神药品的实验研究、生产、经营、使用、储存、运输等各环节的管理中的审批、撤销等事项通报同级公安机关。

麻醉药品和精神药品的经营企业、使用单位报送各级药品监督管理部门的备案事项，应当同时报送同级公安机关。

（八）法律责任

1. 药品监督管理部门、卫生主管部门违反条例规定承担的责任

药品监督管理部门、卫生主管部门违反本条例的规定，有下列情形之一：①对不符合条件的申请人准予行政许可或者超越法定职权作出准予行政许可决定的；②未到场监督销毁过期、损坏的麻醉药品和精神药品的；③未依法履行监督检查职责，应当发现而未发现违法行为、发现违法行为不及时查处，或者未依照本条例规定的程序实施监督检查的；④违反本条例规定的其他失职、渎职行为。由其上级行政机关或者监察机关责令改正；情节严重的，对直接负责的主管人员和其他直接责任人员依法给予

行政处分；构成犯罪的，依法追究刑事责任。

2. 麻醉药品药用原植物种植企业违反本条例规定的处罚

麻醉药品药用原植物种植企业违反本条例的规定，有下列情形之一：①未依照麻醉药品药用原植物年度种植计划进行种植的；②未依照规定报告种植情况的；③未依照规定储存麻醉药品的。由药品监督管理部门责令限期改正，给予警告；逾期不改正的，处 5 万元以上 10 万元以下的罚款；情节严重的，取消其种植资格。

3. 定点生产企业违反本条例规定的处罚

定点生产企业违反本条例的规定，有下列情形之一：①未按照麻醉药品和精神药品年度生产计划安排生产的；②未依照规定向药品监督管理部门报告生产情况的；③未依照规定储存麻醉药品和精神药品，或者未依照规定建立、保存专用账册的；④未依照规定销售麻醉药品和精神药品的；⑤未依照规定销毁麻醉药品和精神药品的。由药品监督管理部门责令限期改正，给予警告，并没收违法所得和违法销售的药品；逾期不改正的，责令停产，并处 5 万元以上 10 万元以下的罚款；情节严重的，取消其定点生产资格；

4. 定点批发企业违反本条例的处罚规定

定点批发企业违反本条例的规定销售麻醉药品和精神药品，或者违反本条例的规定经营麻醉药品原料药和第一类精神药品原料药的，由药品监督管理部门责令限期改正，给予警告，并没收违法所得和违法销售的药品；逾期不改正的，责令停业，并处违法销售药品货值金额 2 倍以上 5 倍以下的罚款；情节严重的，取消其定点批发资格

定点批发企业违反本条例的规定，有下列情形之一：①未依照规定购进麻醉药品和第一类精神药品的；②未保证供药责任区域内的麻醉药品和第一类精神药品的供应的；③未对医疗机构履行送货义务的；④未依照规定报告麻醉药品和精神药品的进货、销售、库存数量以及流向的；⑤未依照规定储存麻醉药品和精神药品，或者未依照规定建立、保存专用账册的；⑥未依照规定销毁麻醉药品和精神药品的；⑦区域性批发企业之间违反本条例的规定调剂麻醉药品和第一类精神药品，或者因特殊情况调剂麻醉药品和第一类精神药品后未依照规定备案的。由药品监督管理部门责令限期改正，给予警告；逾期不改正的，责令停业，并处 2 万元以上 5 万元以下的罚款；情节严重的，取消其定点批发资格。

5. 第二类精神药品零售企业违反本条例的处罚规定

第二类精神药品零售企业违反本条例的规定储存、销售或者销毁第二类精神药品的，由药品监督管理部门责令限期改正，给予警告，并没收违法所得和违法销售的药品；逾期不改正的，责令停业，并处 5000 元以上 2 万元以下的罚款；情节严重的，取消其第二类精神药品零售资格。

6. 生产企业、科研和教学单位违反本条例规定购买麻醉药品和精神药品的处罚

药品生产企业、非药品生产企业、科研和教学单位违反本条例的规定，购买麻醉药品和精神药品的，由药品监督管理部门没收违法购买的麻醉药品和精神药品，责令

限期改正，给予警告；逾期不改正的，责令停产或者停止相关活动，并处2万元以上5万元以下的罚款。

7. 取得印鉴卡的医疗机构违反本条例规定的处罚

取得印鉴卡的医疗机构违反本条例的规定，有下列情形之一：①未依照规定购买、储存麻醉药品和第一类精神药品的；②未依照规定保存麻醉药品和精神药品专用处方，或者未依照规定进行处方专册登记的；③未依照规定报告麻醉药品和精神药品的进货、库存、使用数量的；④紧急借用麻醉药品和第一类精神药品后未备案的；⑤未依照规定销毁麻醉药品和精神药品的。由设区的市级人民政府卫生主管部门责令限期改正，给予警告；逾期不改正的，处5000元以上1万元以下的罚款；情节严重的，吊销其印鉴卡；对直接负责的主管人员和其他直接责任人员，依法给予降级、撤职、开除的处分。

8. 处方的开具人、调配人、核对人违反本条例规定的处罚

具有麻醉药品和第一类精神药品处方资格的执业医师，违反本条例的规定开具麻醉药品和第一类精神药品处方，或者未按照临床应用指导原则的要求使用麻醉药品和第一类精神药品的，由其所在医疗机构取消其麻醉药品和第一类精神药品处方资格；造成严重后果的，由原发证部门吊销其执业证书。执业医师未按照临床应用指导原则的要求使用第二类精神药品或者未使用专用处方开具第二类精神药品，造成严重后果的，由原发证部门吊销其执业证书。

未取得麻醉药品和第一类精神药品处方资格的执业医师擅自开具麻醉药品和第一类精神药品处方，由县级以上人民政府卫生主管部门给予警告，暂停其执业活动；造成严重后果的，吊销其执业证书；构成犯罪的，依法追究刑事责任。

处方的调配人、核对人违反本条例的规定未对麻醉药品和第一类精神药品处方进行核对，造成严重后果的，由原发证部门吊销其执业证书。

9. 运输、邮寄、实验研究环节违反本条例规定的处罚（表2-11）

表2-11 运输、邮寄、实验研究环节违反本条例规定的处罚

违反本条例的情形	处罚规定
违反本条例的规定运输麻醉药品和精神药品	由药品监督管理部门和运输管理部门依照各自职责，责令改正，给予警告，处2万元以上5万元以下的罚款
收寄麻醉药品、精神药品的邮政营业机构未依照本条例的规定办理邮寄手续	由邮政主管部门责令改正，给予警告；造成麻醉药品、精神药品邮件丢失的，依照邮政法律、行政法规的规定处理
药品研究单位在普通药品的实验研究和研制过程中，产生本条例规定管制的麻醉药品和精神药品，未依照本条例的规定报告	由药品监督管理部门责令改正，给予警告，没收违法药品；拒不改正的，责令停止实验研究和研制活动

续表

违反本条例的情形	处罚规定
药物临床试验机构以健康人为麻醉药品和第一类精神药品临床试验的受试对象	由药品监督管理部门责令停止违法行为，给予警告；情节严重的，取消其药物临床试验机构的资格；构成犯罪的，依法追究刑事责任。对受试对象造成损害的，药物临床试验机构依法承担治疗和赔偿责任

10．提供虚假材料、隐瞒有关情况，或者采取其他欺骗手段取得麻醉药品和精神药品的实验研究、生产、经营、使用资格的，由原审批部门撤销其已取得的资格，5年内不得提出有关麻醉药品和精神药品的申请；情节严重的，处1万元以上3万元以下的罚款，有药品生产许可证、药品经营许可证、医疗机构执业许可证的，依法吊销其许可证明文件。

11．生产、销售假劣药品及使用现金交易的处罚规定

定点生产企业、定点批发企业和第二类精神药品零售企业生产、销售假劣麻醉药品和精神药品的，由药品监督管理部门取消其定点生产资格、定点批发资格或者第二类精神药品零售资格，并依照药品管理法的有关规定予以处罚。

定点生产企业、定点批发企业和其他单位使用现金进行麻醉药品和精神药品交易的，由药品监督管理部门责令改正，给予警告，没收违法交易的药品，并处5万元以上10万元以下的罚款。

12．对发生被盗、被抢、丢失案件单位的处罚规定

发生麻醉药品和精神药品被盗、被抢、丢失案件的单位，违反本条例的规定未采取必要的控制措施或者未依照本条例的规定报告的，由药品监督管理部门和卫生主管部门依照各自职责，责令改正，给予警告；情节严重的，处5000元以上1万元以下的罚款；有上级主管部门的，由其上级主管部门对直接负责的主管人员和其他直接责任人员，依法给予降级、撤职的处分。

13．倒卖、转让、出租、出借、涂改许可证明文件的处罚规定

依法取得麻醉药品药用原植物种植或者麻醉药品和精神药品实验研究、生产、经营、使用、运输等资格的单位，倒卖、转让、出租、出借、涂改其麻醉药品和精神药品许可证明文件的，由原审批部门吊销相应许可证明文件，没收违法所得；情节严重的，处违法所得2倍以上5倍以下的罚款；没有违法所得的，处2万元以上5万元以下的罚款；构成犯罪的，依法追究刑事责任。

14．致使麻醉药品和精神药品流入非法渠道造成危害的处罚规定

违反本条例的规定，致使麻醉药品和精神药品流入非法渠道造成危害，构成犯罪的，依法追究刑事责任；尚不构成犯罪的，由县级以上公安机关处5万元以上10万元以下的罚款；有违法所得的，没收违法所得；情节严重的，处违法所得2倍以上5倍以下的罚款；由原发证部门吊销其药品生产、经营和使用许可证明文件。

药品监督管理部门、卫生主管部门在监督管理工作中发现上述规定情形的，应当立即通报所在地同级公安机关，并依照国家有关规定，将案件以及相关材料移送公安机关。

三、学习小结

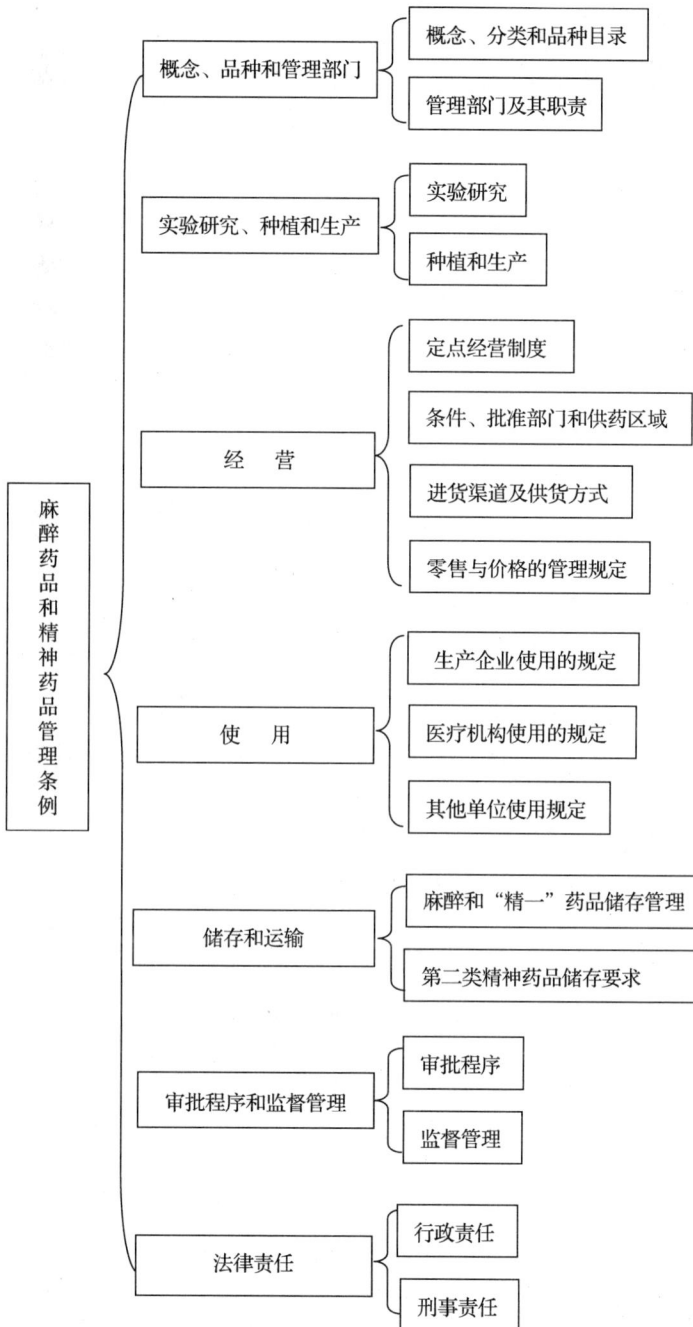

麻醉药品和精神药品管理条例

- 概念、品种和管理部门
  - 概念、分类和品种目录
  - 管理部门及其职责
- 实验研究、种植和生产
  - 实验研究
  - 种植和生产
- 经营
  - 定点经营制度
  - 条件、批准部门和供药区域
  - 进货渠道及供货方式
  - 零售与价格的管理规定
- 使用
  - 生产企业使用的规定
  - 医疗机构使用的规定
  - 其他单位使用规定
- 储存和运输
  - 麻醉和"精一"药品储存管理
  - 第二类精神药品储存要求
- 审批程序和监督管理
  - 审批程序
  - 监督管理
- 法律责任
  - 行政责任
  - 刑事责任

四、学习测试

（一）思考题

1. 简述麻醉药品的概念和分类。

2. 开展麻醉药品和精神药品实验研究应当具备哪些条件？

3. 第二类精神药品经营环节有哪些要求？

4. 麻醉药品和精神药品储存的管理要求有哪些？

5. 简述麻醉药品和精神药品处方的管理要求。

6. 麻醉药品和精神药品运输的管理要求有哪些？

（二）案例分析

案例 1

××市一些零售药店为谋取私利，违反规定出售精神药品如舒乐安定等品种，且屡禁屡犯，使得一些群众不经医生处方，购得此类药品并乱服滥用，出现中毒现象。特别是一些中小学生购得药品后单体或群体超剂量服用，出现精神失常，严重者甚至危及生命，造成极坏社会影响。

鉴于这一现象越来越严重，××市药监局近日发出通知，要求全市药品监督部门依法从严查处。一经查实，将按有关规定处以行政处罚，没收违法所得、罚款直至吊销《药品经营许可证》。

分析与讨论

（1）"药店竟出售精神药品，药监局从严查处"这一标题有何不妥之处？

（2）上述材料中提到的部分零售药店的行为违反了哪些规定？

（3）对上述违规行为的处罚措施包括哪几个方面？

案例 2

一刚刚强制戒毒后的瘾君子刘某毒瘾再次发作，满街寻找毒品。一诊所医生杨某竟将临床用的麻醉品当做毒品注射给瘾君子。经查，杨某1997年到郑州开诊所。家住郑州市的刘某曾因吸食毒品被强制戒毒，被放出后毒瘾再次发作。前不久，听说麻醉药品可以充当毒品使用，便来到杨某的小诊所内，咨询情况，以每支麻醉药品20元的价格，让杨某隔一日给他注射一次麻醉药品。民警根据举报将杨某和瘾君子刘某当场抓获。

分析与讨论

（1）诊所是否可以配备麻醉药品？

（2）杨某的行为是否违法？如果违法，应如何处罚？

（方　宇）

医疗用毒性药品管理办法

为加强医疗用毒性药品的管理，防止中毒或死亡事故的发生，根据《中华人民共和国药品管理法》的规定，国务院制定了《医疗用毒性药品管理办法》，于1988年12月27日以国务院令第23号颁布，自1988年12月27日起施行。

一、学习要点

通过学习《医疗用毒性药品管理办法》，使学员掌握医疗用毒性药品（以下简称毒性药品）的概念，生产、加工、收购、经营、配方用药的规定，保管、验收、领发和核对制度，以及医疗单位供应和调配的规定；熟悉年度生产、收购、供应和配制计划管理规定，科研教学单位、群众自配需用毒性药品的管理规定；了解擅自生产、收购和经营毒性药品的处罚规定。

二、学习内容

1. 毒性药品的概念

是指毒性剧烈、治疗剂量与中毒剂量相近，使用不当会致人中毒或死亡的药品。毒性药品的管理品种，由卫生部会同国家食品药品监督管理局、国家中医药管理局制定。

知识链接

毒性药品的品种范围

毒性西药（13种）：去乙酰毛花苷丙、阿托品、洋地黄毒苷、氢溴酸后马托品、三氧化二砷、毛果芸香碱、升汞、水杨酸毒扁豆碱、亚砷酸钾、氢溴酸东莨菪碱、士的年、亚砷酸注射液、A型肉毒毒素及其制剂。

毒性中药（27种）：砒石（红砒、白砒）、砒霜、水银、生马钱子、生川乌、生草乌、生白附子、生附子、生半夏、生南星、生巴豆、斑蝥、青娘虫、红娘虫、生甘遂、生狼毒、生藤黄、生千金子、生天仙子、闹阳花、雪上一枝蒿、白降丹、蟾酥、洋金花、红粉、轻粉、雄黄。

2. 年度生产、收购、供应和配制计划管理

毒性药品年度生产、收购、供应和配制计划，由省、自治区、直辖市药品监督管理部门根据医疗需要制定，经省、自治区、直辖市卫生行政部门审核后，由药品监督管理管理部门下达给指定的毒性药品生产、收购、供应单位，并抄报卫生部、国家食品药品监督管理局和国家中医药管理局。生产单位不得擅自改变生产计划自行销售。

3. 生产、加工、收购、经营、配方用药的规定

①药厂必须由医药专业人员负责生产、配制和质量检验，并建立严格的管理制度。严防与其他药品混杂。每次配料，必须经二人以上复核无误，并详细记录每次生产所用原料和成品数。经手人要签字备查。所有工具、容器要处理干净，以防污染其他药品。标示量要准确无误，包装容器要有毒药标志。②毒性药品的收购、经营，由各级医药管理部门指定的药品经营单位负责；配方用药由国营药店、医疗单位负责。其他任何单位或者个人均不得从事毒性药品的收购、经营和配方业务。③凡加工炮制毒性中药，必须按照《中华人民共和国药典》或者省、自治区、直辖市卫生行政部门制定的《炮制规范》的规定进行。药材符合药用要求的，方可供应、配方和用于中成药生产。④生产毒性药品及其制剂，必须严格执行生产工艺操作规程，在本单位药品检验人员的监督下准确投料，并建立完整的生产记录，保存五年备查。在生产毒性药品过程中产生的废弃物，必须妥善处理，不得污染环境。

4. 保管、验收、领发、核对等制度

收购、经营、加工、使用毒性药品的单位必须建立健全保管、验收、领发、核对等制度，严防收假、发错，严禁与其他药品混杂，做到划定仓间或仓位，专柜加锁并由专人保管。毒性药品的包装容器上必须印有毒药标志。在运输毒性药品的过程中，应当采取有效措施，防止发生事故。

知识链接

医疗用毒性药品的专用标志

毒性药品
■黑色 □白色

5. 医疗单位供应和调配规定

医疗单位供应和调配毒性药品，凭医生签名的正式处方。国营药店供应和调配毒性药品，凭盖有医生所在的医疗单位公章的正式处方。每次处方剂量不得超过2日极量。

调配处方时，必须认真负责，计量准确，按医嘱注明要求，并由配方人员及具有药师以上技术职称的复核人员签名盖章后方可发出。对处方未注明"生用"的毒性中药，应当付炮制品。如发现处方有疑问时，须经原处方医生重新审定后再行调配。处方一次有效，取药后处方保存2年备查。

6. 科研教学单位、群众自配需用毒性药品的规定

①科研和教学单位所需的毒性药品，必须持本单位的证明信，经单位所在地县以上卫生行政部门批准后，供应部门方能发售。②群众自配民间单、秘、验方需用毒性中药，购买时要持有本单位或者城市街道办事处、乡（镇）人民政府的证明信，供应部门方可发售。每次购用量不得超过2日极量。

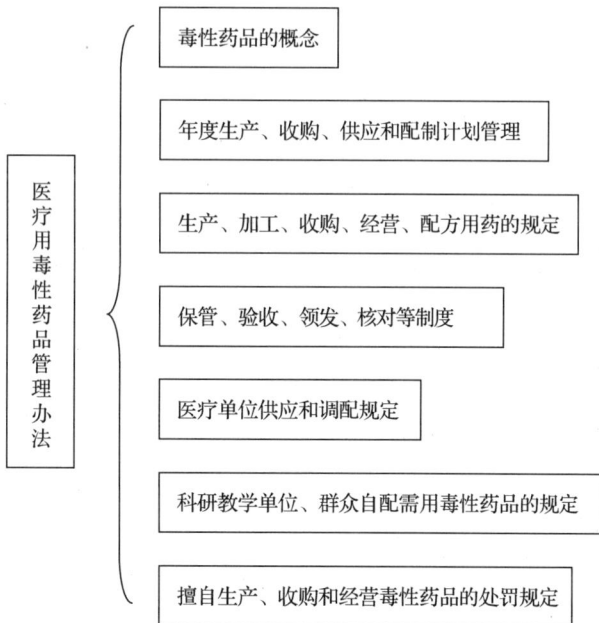

知识链接

国家将 A 型肉毒毒素列入毒性药品管理

A 型肉毒毒素是一种具有剧烈毒性的蛋白质，在调制或储藏豆腐乳、豆豉、臭豆腐等食品时，如果原料或成品污染了自然界中广为分布的肉毒杆菌，在缺氧、温度适宜及营养充足的条件下，可能会产生肉毒毒素，此毒素毒性强，且无色、无味，不易察觉。2003 年初，陕西一农家就曾发生 A 型肉毒毒素中毒的惨祸，全家 11 人食用了自制臭豆腐，3 人先后死亡。美国每年也有百余起肉毒毒素中毒事件。近年来，个别美容院未经批准将 A 型肉毒毒素用于美容除皱治疗，安全风险大。为此，2008 年 7 月 21 日，国家食品药品监督管理局和卫生部联合下发了"关于将 A 型肉毒毒素列入毒性药品管理的通知"，将 A 型肉毒毒素及其制剂列入毒性药品品种范围，以加强对 A 型肉毒毒素的监督管理。

7. 擅自生产、收购和经营毒性药品的处罚规定

对违反本办法的规定，擅自生产、收购、经营毒性药品的单位或者个人，由县以上卫生行政部门没收其全部毒性药品，并处以警告或按非法所得的五至十倍罚款。情节严重、致人伤残或死亡，构成犯罪的，由司法机关依法追究其刑事责任。

三、学习小结

```
                    ┌─ 毒性药品的概念
                    │
                    ├─ 年度生产、收购、供应和配制计划管理
                    │
        医          ├─ 生产、加工、收购、经营、配方用药的规定
        疗          │
        用          ├─ 保管、验收、领发、核对等制度
        毒          │
        性          ├─ 医疗单位供应和调配规定
        药          │
        品          ├─ 科研教学单位、群众自配需用毒性药品的规定
        管          │
        理          └─ 擅自生产、收购和经营毒性药品的处罚规定
        办
        法
```

四、学习测试

（一）思考题

1. 简述毒性药品的概念和分类。

2. 毒性药品的生产、加工、收购、经营和配方用药有哪些管理规定？

3. 医疗单位供应和调配毒性药品有哪些管理规定？

4. 收购、经营、加工、使用毒性药品的单位必须建立哪些安全管理制度？

（二）案例分析

为做好毒性药品监管工作，保证人民用药安全有效，并防止发生中毒等严重事件，维护社会稳定，2002 年 10 月 14 日国家食品药品监督管理局以"国药监安〔2002〕368 号"文下发了"关于切实加强医疗用毒性药品监管的通知"。该通知要求：①高度重视毒性药品监管工作，进一步落实防范措施；②严格执行毒性药品管理规定，自觉规范生产、经营、使用行为；③开展毒性药品监管专项检查，切实消除各种不安全隐患。

分析与讨论

（1）上述通知中提到的"进一步落实防范措施"具体包括哪些方面？

（2）如何规范毒性药品的经营行为？

（3）如何规范毒性药品的使用环节管理？

（方 宇）

易制毒化学品管理条例

为了加强易制毒化学品管理，规范易制毒化学品的生产、经营、购买、运输和进口、出口行为，防止易制毒化学品被用于制造毒品，维护经济和社会秩序，国务院制定了《易制毒化学品管理条例》，于 2005 年 8 月 26 日以国务院第 445 号令公布，自 2005 年 11 月 1 日起施行。条例明确规定了易制毒化学品生产、经营、购买、运输、进口和出口各环节的管理措施，明确了有关部门的监督检查职责和法律责任，确定了 23 种具体管制品种，是我国第一部全面规范易制毒化学品管理的重要行政法规。

一、学习要点

通过学习《易制毒化学品管理条例》，使学员掌握易制毒化学品的分类和品种，生产、经营管理、购买管理的规定；熟悉运输管理、进出口管理的规定；了解监督检查和法律责任的相关规定。

二、学习内容

（一）总则

1. 易制毒化学品的分类和品种

国家对易制毒化学品的生产、经营、购买、运输和进口、出口实行分类管理和许可制度。易制毒化学品分为三类：第一类是可以用于制毒的主要原料，第二类、第三类是可以用于制毒的化学配剂。易制毒化学品的分类和品种需要调整的，由国务院公安部门会同国务院食品药品监督管理部门、安全生产监督管理部门、商务主管部门、卫生主管部门和海关总署提出方案，报国务院批准。省、自治区、直辖市人民政府认为有必要在本行政区域内调整分类或者增加本条例规定以外的品种的，应当向国务院公安部门提出，由国务院公安部门会同国务院有关行政主管部门提出方案，报国务院批准。具体分类及品种目录见表 2 – 12。

2. 管理部门及职责

国务院公安部门、食品药品监督管理部门、安全生产监督管理部门、商务主管部门、卫生主管部门、海关总署、价格主管部门、铁路主管部门、交通主管部门、工商行政管理部门、环境保护主管部门在各自的职责范围内，负责全国的易制毒化学品有关管理工作；县级以上地方各级人民政府有关行政主管部门在各自的职责范围内，负责本行政区域内的易制毒化学品有关管理工作。

表 2 – 12　易制毒化学品的分类和品种目录

类别	品种
第一类	1. 1 – 苯基 – 2 – 丙酮　2. 3,4 – 亚甲基二氧苯基 – 2 – 丙酮 3. 胡椒醛　4. 黄樟素　5. 黄樟油 6. 异黄樟素　7. N – 乙酰邻氨基苯酸　8. 邻氨基苯甲酸 9. 麦角酸*　10. 麦角胺*　11. 麦角新碱* 12. 麻黄素、伪麻黄素、消旋麻黄素、去甲麻黄素、甲基麻黄素、麻黄浸膏、麻黄浸膏粉等麻黄素类物质*　13. 羟亚胺（2008 年 8 月 1 日新列入品种）
第二类	1. 苯乙酸　2. 醋酸酐　3. 三氯甲烷 4. 乙醚　5. 哌啶
第三类	1. 甲苯　2. 丙酮　3. 甲基乙基酮 4. 高锰酸钾　5. 硫酸　6. 盐酸

说明：1. 第一类、第二类所列物质可能存在的盐类，也纳入管制。

　　　2. 带有 * 标记的品种为第一类中的药品类易制毒化学品，第一类中的药品类易制毒化学品包括原料药及其单方制剂。

县级以上地方各级人民政府应当加强对易制毒化学品管理工作的领导，及时协调解决易制毒化学品管理工作中的问题。

3. 易制毒化学品的产品包装和使用说明书的要求

易制毒化学品的产品包装和使用说明书，应当标明产品的名称（含学名和通用名）、化学分子式和成分。

知识链接

易制毒化学品监管的总体要求

易制毒化学品的生产、经营、购买、运输和进口、出口，除应当遵守《易制毒化学品管理条例》的规定外，属于药品和危险化学品的，还应当遵守法律、其他行政法规对药品和危险化学品的有关规定。

禁止走私或者非法生产、经营、购买、转让、运输易制毒化学品。禁止使用现金或者实物进行易制毒化学品交易。但是，个人合法购买第一类中的药品类易制毒化学品药品制剂和第三类易制毒化学品的除外。

生产、经营、购买、运输和进口、出口易制毒化学品的单位，应当建立单位内部易制毒化学品管理制度。

4. 违法行为举报的规定

国家鼓励向公安机关等有关行政主管部门举报涉及易制毒化学品的违法行为。接到举报的部门应当为举报者保密。对举报属实的，县级以上人民政府及有关行政主管部门应当给予奖励。

（二）生产、经营管理

1. 申请生产、经营第一类易制毒化学品应当具备的条件（表2-13）

表2-13 申请生产、经营第一类易制毒化学品应当具备的条件

项目	应当具备的条件
申请生产第一类易制毒化学品	（1）属依法登记的化工产品生产企业或者药品生产企业； （2）有符合国家标准的生产设备、仓储设施和污染物处理设施； （3）有严格的安全生产管理制度和环境突发事件应急预案； （4）企业法定代表人和技术、管理人员具有安全生产和易制毒化学品的有关知识，无毒品犯罪记录； （5）法律、法规、规章规定的其他条件 　申请生产第一类中的药品类易制毒化学品，还应当在仓储场所等重点区域设置电视监控设施以及与公安机关联网的报警装置 　具备上述条件，并经行政主管部门审批，取得生产许可证后，方可进行生产
申请经营第一类易制毒化学品	（1）属依法登记的化工产品经营企业或者药品经营企业； （2）有符合国家规定的经营场所，需要储存、保管易制毒化学品的，还应当有符合国家技术标准的仓储设施； （3）有易制毒化学品的经营管理制度和健全的销售网络； （4）企业法定代表人和销售、管理人员具有易制毒化学品的有关知识，无毒品犯罪记录； （5）法律、法规、规章规定的其他条件。 　具备上述条件，并经相关行政主管部门审批，取得经营许可证后，方可进行经营

2. 易制毒化学品生产、经营的审批（表2-14）

表2-14 易制毒化学品生产、经营的审批

相关规定 ＼ 审批事项	生产	经营
第一类中的药品类易制毒化学品	由国务院食品药品监督管理部门审批	
第一类中的非药品类易制毒化学品	由省、自治区、直辖市人民政府安全生产监督管理部门审批	
审查时限	行政主管部门应当自收到申请之日起60日内，对申请人提交的申请材料进行审查	行政主管部门应当自收到申请之日起30日内，对申请人提交的申请材料进行审查
审批决定	对符合规定的，发给生产许可证，或者在企业已经取得的有关生产许可证件上标注；不予许可的，应当书面说明理由	对符合规定的，发给经营许可证，或者在企业已经取得的有关经营许可证件上标注；不予许可的，应当书面说明理由
其他	审查第一类易制毒化学品生产许可申请材料时，根据需要，可以进行实地核查和专家评审	审查第一类易制毒化学品经营许可申请材料时，根据需要，可以进行实地核查

3. 取得第一类易制毒化学品生产许可或者依照本条例规定已经履行第二类、第三类易制毒化学品备案手续的生产企业，可以经销自产的易制毒化学品。但是，在厂外设立销售网点经销第一类易制毒化学品的，应当依照本条例的规定取得经营许可。

第一类中的药品类易制毒化学品药品单方制剂，由麻醉药品定点经营企业经销，且不得零售。

4. 取得第一类易制毒化学品生产、经营许可的企业，应当凭生产、经营许可证到工商行政管理部门办理经营范围变更登记。未经变更登记，不得进行第一类易制毒化学品的生产、经营。第一类易制毒化学品生产、经营许可证被依法吊销的，行政主管部门应当自作出吊销决定之日起 5 日内通知工商行政管理部门；被吊销许可证的企业，应当及时到工商行政管理部门办理经营范围变更或者企业注销登记。

5. 备案制度

生产第二类、第三类易制毒化学品的，应当自生产之日起 30 日内，将生产的品种、数量等情况，向所在地的设区的市级人民政府安全生产监督管理部门备案。

经营第二类易制毒化学品的，应当自经营之日起 30 日内，将经营的品种、数量、主要流向等情况，向所在地的设区的市级人民政府安全生产监督管理部门备案；经营第三类易制毒化学品的，应当自经营之日起 30 日内，将经营的品种、数量、主要流向等情况，向所在地的县级人民政府安全生产监督管理部门备案。行政主管部门应当于收到备案材料的当日发给备案证明。

（三）购买管理

1. 申请购买第一类易制毒化学品应当提交的证明文件

申请购买第一类易制毒化学品，应当提交下列证件，经相关行政主管部门审批，取得购买许可证：①经营企业提交企业营业执照和合法使用需要证明；②其他组织提交登记证书（成立批准文件）和合法使用需要证明。

2. 申请购买第一类中的药品类、非药品类易制毒化学品的审批主体和购买条件

申请购买第一类中的药品类易制毒化学品的，由所在地的省、自治区、直辖市人民政府食品药品监督管理部门审批；申请购买第一类中的非药品类易制毒化学品的，由所在地的省、自治区、直辖市人民政府公安机关审批。行政主管部门应当自收到申请之日起 10 日内，对申请人提交的申请材料和证件进行审查。对符合规定的，发给购买许可证；不予许可的，应当书面说明理由。审查第一类易制毒化学品购买许可申请材料时，根据需要，可以进行实地核查。

持有麻醉药品、第一类精神药品购用印鉴卡的医疗机构购买第一类中的药品类易制毒化学品的，无须申请第一类易制毒化学品购买许可证。个人不得购买第一类、第二类易制毒化学品。

3. 购买第二类、第三类易制毒化学品的备案制度

购买第二类、第三类易制毒化学品的，应当在购买前将所需购买的品种、数量，向所在地的县级人民政府公安机关备案。个人自用购买少量高锰酸钾的，无须备案。

知识链接

经营单位销售易制毒化学品的规定

经营单位销售第一类易制毒化学品时，应当查验购买许可证和经办人的身份证明。对委托代购的，还应当查验购买人持有的委托文书。经营单位在查验无误、留存上述证明材料的复印件后，方可出售第一类易制毒化学品；发现可疑情况的，应当立即向当地公安机关报告。

经营单位应当建立易制毒化学品销售台账，如实记录销售的品种、数量、日期、购买方等情况。销售台账和证明材料复印件应当保存2年备查。第一类易制毒化学品的销售情况，应当自销售之日起5日内报当地公安机关备案；第一类易制毒化学品的使用单位，应当建立使用台账，并保存2年备查。第二类、第三类易制毒化学品的销售情况，应当自销售之日起30日内报当地公安机关备案。

（四）运输管理

1. 审批部门

跨设区的市级行政区域（直辖市为跨市界）或者在国务院公安部门确定的禁毒形势严峻的重点地区跨县级行政区域运输第一类易制毒化学品的，由运出地的设区的市级人民政府公安机关审批；运输第二类易制毒化学品的，由运出地的县级人民政府公安机关审批。经审批取得易制毒化学品运输许可证后，方可运输。

运输第三类易制毒化学品的，应当在运输前向运出地的县级人民政府公安机关备案。公安机关应当于收到备案材料的当日发给备案证明。

2. 审批程序

申请易制毒化学品运输许可，应当提交易制毒化学品的购销合同，货主是企业的，应当提交营业执照；货主是其他组织的，应当提交登记证书（成立批准文件）；货主是个人的，应当提交其个人身份证明。经办人还应当提交本人的身份证明。

公安机关应当自收到第一类易制毒化学品运输许可申请之日起10日内，收到第二类易制毒化学品运输许可申请之日起3日内，对申请人提交的申请材料进行审查。对符合规定的，发给运输许可证；不予许可的，应当书面说明理由。

审查第一类易制毒化学品运输许可申请材料时，根据需要，可以进行实地核查。

3. 易制毒化学品运输许可证

对许可运输第一类易制毒化学品的，发给一次有效的运输许可证。对许可运输第二类易制毒化学品的，发给3个月有效的运输许可证；6个月内运输安全状况良好的，发给12个月有效的运输许可证。易制毒化学品运输许可证应当载明拟运输的易制毒化学品的品种、数量、运入地、货主及收货人、承运人情况以及运输许可证种类。

4. 承运人应遵守的规定

接受货主委托运输的，承运人应当查验货主提供的运输许可证或者备案证明，并查验所运货物与运输许可证或者备案证明载明的易制毒化学品品种等情况是否相符；

不相符的，不得承运。

运输易制毒化学品，运输人员应当自启运起全程携带运输许可证或者备案证明。公安机关应当在易制毒化学品的运输过程中进行检查。运输易制毒化学品，应当遵守国家有关货物运输的规定。

5．个人携带易制毒化学品的规定

因治疗疾病需要，患者、患者近亲属或者患者委托的人凭医疗机构出具的医疗诊断书和本人的身份证明，可以随身携带第一类中的药品类易制毒化学品药品制剂，但是不得超过医用单张处方的最大剂量。医用单张处方最大剂量，由国务院卫生主管部门规定、公布。

（五）进口、出口管理

1．进口或者出口易制毒化学品应当提交的材料

申请进口或者出口易制毒化学品，应当提交下列材料，经国务院商务主管部门或者其委托的省、自治区、直辖市人民政府商务主管部门审批，取得进口或者出口许可证后，方可从事进口、出口活动：对外贸易经营者备案登记证明（外商投资企业联合年检合格证书）复印件；营业执照副本；易制毒化学品生产、经营、购买许可证或者备案证明；进口或者出口合同（协议）副本；经办人的身份证明。

申请易制毒化学品出口许可的，还应当提交进口方政府主管部门出具的合法使用易制毒化学品的证明或者进口方合法使用的保证文件。麻黄素等属于重点监控物品范围的易制毒化学品，由国务院商务主管部门会同国务院有关部门核定的企业进口、出口。

2．进出口审批程序

受理易制毒化学品进口、出口申请的商务主管部门应当自收到申请材料之日起20日内，对申请材料进行审查，必要时可以进行实地核查。对符合规定的，发给进口或者出口许可证；不予许可的，应当书面说明理由。

对进口第一类中的药品类易制毒化学品的，有关的商务主管部门在作出许可决定前，应当征得国务院食品药品监督管理部门的同意。

3．进出口国际核查制度

国家对易制毒化学品的进口、出口实行国际核查制度。易制毒化学品国际核查目录及核查的具体办法，由国务院商务主管部门会同国务院公安部门规定、公布。国际核查所用时间不计算在许可期限之内。

对向毒品制造、贩运情形严重的国家或者地区出口易制毒化学品以及本条例规定品种以外的化学品的，可以在国际核查措施以外实施其他管制措施，具体办法由国务院商务主管部门会同国务院公安部门、海关总署等有关部门规定、公布。

4．海关通关手续

进口、出口或者过境、转运、通运易制毒化学品的，应当如实向海关申报，并提交进口或者出口许可证。海关凭许可证办理通关手续。易制毒化学品在境外与保税区、出口加工区等海关特殊监管区域、保税场所之间进出的，适用上述规定。

易制毒化学品在境内与保税区、出口加工区等海关特殊监管区域、保税场所之间进出的，或者在上述海关特殊监管区域、保税场所之间进出的，无须申请易制毒化学品进口或者出口许可证。进口第一类中的药品类易制毒化学品，还应当提交食品药品监督管理部门出具的进口药品通关单。

5. 进出境人员随身携带易制毒化学品的规定

进出境人员随身携带第一类中的药品类易制毒化学品药品制剂和高锰酸钾，应当以自用且数量合理为限，并接受海关监管。进出境人员不得随身携带前款规定以外的易制毒化学品。

（六）监督检查

1. 管理部门及其职责

县级以上人民政府公安机关、食品药品监督管理部门、安全生产监督管理部门、商务主管部门、卫生主管部门、价格主管部门、铁路主管部门、交通主管部门、工商行政管理部门、环境保护主管部门和海关，应当依照本条例和有关法律、行政法规的规定，在各自的职责范围内，加强对易制毒化学品生产、经营、购买、运输、价格以及进口、出口的监督检查；对非法生产、经营、购买、运输易制毒化学品，或者走私易制毒化学品的行为，依法予以查处。

上述行政主管部门在进行易制毒化学品监督检查时，可以依法查看现场、查阅和复制有关资料、记录有关情况、扣押相关的证据材料和违法物品；必要时，可以临时查封有关场所。被检查的单位或者个人应当如实提供有关情况和材料、物品，不得拒绝或者隐匿。

2. 对依法收缴、查获的易制毒化学品的处理

对依法收缴、查获的易制毒化学品，应当在省、自治区、直辖市或者设区的市级人民政府公安机关、海关或者环境保护主管部门的监督下，区别易制毒化学品的不同情况进行保管、回收，或者依照环境保护法律、行政法规的有关规定，由有资质的单位在环境保护主管部门的监督下销毁。其中，对收缴、查获的第一类中的药品类易制毒化学品，一律销毁。

易制毒化学品违法单位或者个人无力提供保管、回收或者销毁费用的，保管、回收或者销毁的费用在回收所得中开支，或者在有关行政主管部门的禁毒经费中列支。

3. 易制毒化学品丢失、被盗、被抢情况的处理

易制毒化学品丢失、被盗、被抢的，发案单位应当立即向当地公安机关报告，并同时报告当地的县级人民政府食品药品监督管理部门、安全生产监督管理部门、商务主管部门或者卫生主管部门。接到报案的公安机关应当及时立案查处，并向上级公安机关报告；有关行政主管部门应当逐级上报并配合公安机关的查处。

4. 部门间相关情况的通报

有关行政主管部门应当将易制毒化学品许可以及依法吊销许可的情况通报有关公安机关和工商行政管理部门；工商行政管理部门应当将生产、经营易制毒化学品企业依法变更或者注销登记的情况通报有关公安机关和行政主管部门。

县级以上人民政府有关行政主管部门应当加强协调合作，建立易制毒化学品管理情况、监督检查情况以及案件处理情况的通报、交流机制。

5. 生产、经营、购买、运输或者进口、出口情况报告制度

生产、经营、购买、运输或者进口、出口易制毒化学品的单位，应当于每年3月31日前向许可或者备案的行政主管部门和公安机关报告本单位上年度易制毒化学品的生产、经营、购买、运输或者进口、出口情况；有条件的生产、经营、购买、运输或者进口、出口单位，可以与有关行政主管部门建立计算机联网，及时通报有关经营情况。

（七）法律责任（表2-15）

表2-15　违反《易制毒化学品管理条例》相关规定应承担的法律责任

违法情形	法律责任
未经许可或者备案擅自生产、经营、购买、运输易制毒化学品，伪造申请材料骗取易制毒化学品生产、经营、购买或者运输许可证，使用他人的或者伪造、变造、失效的许可证生产、经营、购买、运输易制毒化学品的	（1）由公安机关依据有关法规进行处罚；构成犯罪的，依法追究刑事责任； （2）由工商行政管理部门吊销营业执照； （3）对有上述规定违法行为的单位或者个人，有关行政主管部门可以自作出行政处罚决定之日起3年内，停止受理其易制毒化学品生产、经营、购买、运输或者进口、出口许可申请
（1）易制毒化学品生产、经营、购买、运输或者进口、出口单位未按规定建立安全管理制度的；（2）将许可证或者备案证明转借他人使用的；（3）超出许可的品种、数量生产、经营、购买易制毒化学品的；（4）生产、经营、购买单位不记录或者不如实记录交易情况、不按规定保存交易记录或者不如实、不及时向公安机关和有关行政主管部门备案销售情况的；（5）易制毒化学品的产品包装和使用说明书不符合本条例规定要求的；（6）生产、经营易制毒化学品的单位不如实或者不按时向有关行政主管部门和公安机关报告年度生产、经销和库存等情况的	有左栏所列行为之一的，由负有监督管理职责的行政主管部门给予警告，责令限期改正，处1万元以上5万元以下的罚款；对违反规定生产、经营、购买的易制毒化学品可以予以没收；逾期不改正，责令限期停产停业整顿；逾期整顿不合格的，吊销相应的许可证 企业的易制毒化学品生产经营许可被依法吊销后，未及时到工商行政管理部门办理经营范围变更或者企业注销登记的，依照相关规定，对易制毒化学品予以没收，并处罚款
生产、经营、购买、运输或者进口、出口易制毒化学品的单位或者个人拒不接受有关行政主管部门监督检查的	由负有监督管理职责的行政主管部门责令改正，对直接负责的主管人员以及其他直接责任人员给予警告；情节严重的，对单位和个人给予罚款；有违反治安管理行为的，依法给予治安管理处罚；构成犯罪的，依法追究刑事责任
易制毒化学品行政主管部门工作人员在管理工作中有应当许可而不许可、不应当许可而滥许可，不依法受理备案，以及其他滥用职权、玩忽职守、徇私舞弊行为的	依法给予行政处分；构成犯罪的，依法追究刑事责任

三、学习小结

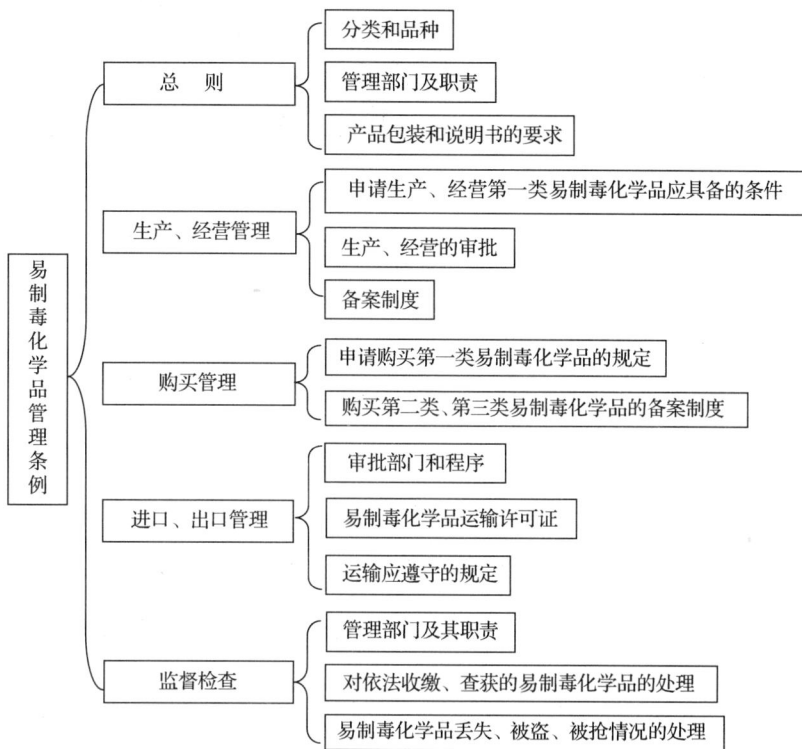

四、学习测试

（一）思考题

1. 易制毒化学品分几类？各类别的含义是什么？

2. 简述申请购买第一类中的药品类、非药品类易制毒化学品的审批主体和购买条件。

3. 申请生产第一类易制毒化学品应当具备的条件是什么？

4. 申请经营第一类易制毒化学品应当具备的条件是什么？

5. 个人携带易制毒化学品有哪些规定？

（二）案例分析

2009 年 3 月底，某某市食品药品监督管理局在协查一起行政案件过程中，发现由某制药有限公司发往该市某医药公司的 217 件复方茶碱麻黄碱片下落不明，可能流向非法渠道，于是决定移交公安机关。接报后，公安机关高度重视，成立专案组，经过 188 天的艰苦努力，公安机关成功侦破该特大非法买卖制毒物品、制造毒品案。案件涉及全国 21 个省、市、自治区 64 家药品生产、经营企业，涉案药品可提炼麻黄素约 13.6 吨，可加工冰毒 10.9 吨，价值高达 21.7 亿元。

分析与讨论

（1）上述案件中涉及的易制毒化学品有哪些社会危害？

（2）请谈一谈如何规范易制毒化学品的流通环节管理？

（方　宇）

药品注册管理办法

为规范药品注册行为，保证药品的安全、有效和质量可控，依据《药品管理法》、《药品管理法实施条例》和《行政许可法》，国家食品药品监督管理局于 2007 年 6 月 18 日审议并通过《药品注册管理办法》（第 28 号局令），自 2007 年 10 月 1 日起施行。国家食品药品监督管理局于 2005 年 2 月 28 日公布的《药品注册管理办法》（第 17 号局令）同时废止。

一、学习要点

通过学习《药品注册管理办法》，使学员掌握药品注册的概念，药品注册申请的范围，申请药品注册的要求，药品注册分类，新药、仿制药和药品补充申请的申报与审批程序及各相关单位职责，新药监测期的管理，实行新药特殊审批的规定；熟悉药物临床前研究包括的内容，药物临床试验的要求及分期，药品再注册的管理，药品注册检验的内涵，国家药品标准与药品注册标准的概念，药品批准文号、注册证及新药证书的格式要求；了解复审程序及由国家食品药品监督管理局注销药品批准文号并予以公布的情形。

二、学习内容

《药品注册管理办法》（以下简称《管理办法》）的主要内容概括如下。

（一）药品注册的概念

《管理办法》第三条　对药品注册的概念做了界定：药品注册是指国家食品药品监督管理局根据药品注册申请人的申请，依照法定程序，对拟上市销售的药品的安全性、有效性、质量可控性等进行系统评价，并决定是否同意其申请的审批过程。

（二）药品注册申请的范围　《管理办法》第十一条规定药品注册申请包括新药申请、仿制药申请、进口药品申请及其补充申请和再注册申请。境内申请人申请药品注册按照新药申请、仿制药申请的程序和要求办理，境外申请人申请进口药品注册按照进口药品申请的程序和要求办理。

新药申请，是指未曾在中国境内上市销售的药品的注册申请。已上市药品改变剂型、改变给药途径、增加新适应症的，按照新药申请管理。仿制药申请，是指生产国家食品药品监督管理局已批准上市的已有国家标准的药品的注册申请；但是生物制品按照新药申请的程序申报。进口药品申请，是指境外生产的药品在中国境内上市销售的注册申请。补充申请，是指新药申请、仿制药申请或者进口药品申请经批准后，改变、增加或者取消原批准事项或者内容的注册申请。

（三）申请药品注册的要求

《管理办法》第十七条、八十五条对申请药品注册进行了要求，两个以上单位共同作为新药申请人的，应当向其中药品生产企业所在地省级（食品）药品监管部门提出申请；申请单位均为药品生产企业的，应当向申请制剂的药品生产企业所在地省级（食品）药品监管部门提出申请；申请单位均不是药品生产企业的，应当向样品试制现场所在地省级（食品）药品监管部门提出申请。申请进口药品注册，申请人应当向国家食品药品监督局提出申请。

（四）药品注册分类

1. 中药、天然药物的注册分类

《管理办法》附件一，明确规定了中药、天然药物的注册分类。注册分类共9类：

①未在国内上市销售的从植物、动物、矿物等物质中提取的有效成分及其制剂；

②新发现的药材及其制剂；

③新的中药材的代用品；

④药材新的药用部位及其制剂；

⑤未在国内上市销售的从植物、动物、矿物等物质中提取的有效部位及其制剂；

⑥未在国内上市销售的中药、天然药物复方制剂；

⑦改变国内已上市销售中药、天然药物给药途径的制剂；

⑧改变国内已上市销售中药、天然药物剂型的制剂；

⑨仿制药。

注册分类1~6的品种为新药，注册分类7、8按新药申请程序申报。

2. 化学药品注册分类

《管理办法》附件二，明确规定了化学药品的注册分类。注册分类共6类：

（1）未在国内外上市销售的药品：

①通过合成或者半合成的方法制得的原料药及其制剂；

②天然物质中提取或者通过发酵提取的新的有效单体及其制剂；

③用拆分或者合成等方法制得的已知药物中的光学异构体及其制剂；

④由已上市销售的多组份药物制备为较少组份的药物；

⑤新的复方制剂；

⑥已在国内上市销售的制剂增加国内外均未批准的新适应症。

（2）改变给药途径且尚未在国内外上市销售的制剂。

（3）已在国外上市销售但尚未在国内上市销售的药品：

①已在国外上市销售的制剂及其原料药，和/或改变该制剂的剂型，但不改变给药途径的制剂；

②已在国外上市销售的复方制剂，和/或改变该制剂的剂型，但不改变给药途径的制剂；

③改变给药途径并已在国外上市销售的制剂；

④国内上市销售的制剂增加已在国外批准的新适应症。

（4）改变已上市销售盐类药物的酸根、碱基（或者金属元素），但不改变其药理作用的原料药及其制剂。

（5）改变国内已上市销售药品的剂型，但不改变给药途径的制剂。

（6）已有国家药品标准的原料药或者制剂。

3．治疗用生物制品的注册分类

《管理办法》附件三，明确规定了治疗用生物制品的注册分类。注册分类共15类：

①未在国内外上市销售的生物制品；

②单克隆抗体；

③基因治疗、体细胞治疗及其制品；

④变态反应原制品；

⑤由人的、动物的组织或者体液提取的，或者通过发酵制备的具有生物活性的多组份制品；

⑥由已上市销售生物制品组成新的复方制品；

⑦已在国外上市销售但尚未在国内上市销售的生物制品；

⑧含未经批准菌种制备的微生态制品；

⑨与已上市销售制品结构不完全相同且国内外均未上市销售的制品（包括氨基酸位点突变、缺失，因表达系统不同而产生、消除或者改变翻译后修饰，对产物进行化学修饰等）；

⑩与已上市销售制品制备方法不同的制品（例如采用不同表达体系、宿主细胞等）；

⑪首次采用DNA重组技术制备的制品（例如以重组技术替代合成技术、生物组织提取或者发酵技术等）。

⑫国内外尚未上市销售的由非注射途径改为注射途径给药，或者由局部用药改为全身给药的制品；

⑬改变已上市销售制品的剂型但不改变给药途径的生物制品；

⑭改变给药途径的生物制品（不包括上述12项）；

⑮已有国家药品标准的生物制品。

4．预防用生物制品的注册分类

《管理办法》附件三，明确规定了预防用生物制品的注册分类。注册分类共15类：

①未在国内外上市销售的疫苗；

②DNA疫苗；

③已上市销售疫苗变更新的佐剂，偶合疫苗变更新的载体；

④由非纯化或全细胞（细菌、病毒等）疫苗改为纯化或者组份疫苗；

⑤采用未经国内批准的菌毒种生产的疫苗（流感疫苗、钩端螺旋体疫苗等除外）；

⑥已在国外上市销售但未在国内上市销售的疫苗；

⑦采用国内已上市销售的疫苗制备的结合疫苗或者联合疫苗；

⑧与已上市销售疫苗保护性抗原谱不同的重组疫苗；

⑨更换其他已批准表达体系或者已批准细胞基质生产的疫苗，采用新工艺制备并

且实验室研究资料证明产品安全性和有效性明显提高的疫苗；

⑩改变灭活剂（方法）或者脱毒剂（方法）的疫苗；

⑪改变给药途径的疫苗；

⑫改变国内已上市销售疫苗的剂型，但不改变给药途径的疫苗；

⑬改变免疫剂量或者免疫程序的疫苗；

⑭扩大使用人群（增加年龄组）的疫苗；

⑮已有国家药品标准的疫苗。

知识链接

我国《药品注册管理办法》出台背景

我国卫生部于 1985 年 7 月 1 日颁布《新药审批办法》、《新生物制品审批办法》，1987 年发布了《关于新药保护及技术转让的规定》，1999 年 5 月，国家药品监督管理局修改发布了《新药审批办法》、《新生物制品审批办法》、《新药保护和技术转让的规定》等药品注册管理的规章。自实施以来，这些规章在保证药品质量、确保人民用药安全有效方面发挥了十分重要的作用。2001 年，随着修订的《药品管理法》及其《实施条例》的颁布、实施以及我国加入 WTO 后，国家药品监督管理局颁布了《药品注册管理办法（试行）》（第 35 号局令）。由于《药品注册管理办法（试行）》施行在《行政许可法》颁布之前，有部分内容不完全符合《行政许可法》的要求。同时，《药品注册管理办法（试行）》自施行以来，药品注册管理也出现了一系列新情况、新问题，对此，国家食品药品监督管理局已发布了一些规范性文件，对有关的问题作了进一步的明确，但还不能完全适应现实的需要。因此，国家食品药品监督管理局根据形势的要求，于 2005 年 2 月 28 日颁布了修订的《药品注册管理办法》（第 17 号局令）。《药品注册管理办法》（第 17 号局令）的实施对于规范药品的审评审批起到了积极作用，但是，在实施过程中也暴露出该办法存在的突出问题和薄弱环节，主要有以下几个方面：一是药品注册与监督管理脱节。办法主要在受理、审评、审批等方面进行规定，但对原始资料的审查、生产现场的检查、产品质量的检验等方面的要求不够，监督措施也不到位。一些申报单位的研究资料不规范，甚至出现了弄虚作假的严重问题，药品的安全性难以保证。二是审评审批标准偏低，导致了企业创制新药的积极性不强。由于没有从法规上设定必要的条件，没有发挥政策导向作用，鼓励创新不够，造成简单改剂型品种和仿制品种申报数量急剧增多，低水平重复现象严重。三是监督制约不到位。审评审批权力配置不合理，程序不够严密，过程不够透明等。因此，国家食品药品监督管理局组织对《药品注册管理办法》（第 17 号局令）再次进行了修订。2007 年 7 月 10 日，国家食品药品监督管理局发布了修订后的《药品注册管理办法》（第 28 号局令），自 2007 年 10 月 1 日起施行。

（五）新药申请的申报与审批程序

《管理办法》第四章第一节和第二节对新药临床试验及新药生产的申报与审批程序均做了规定，明确了申请人、省级食品药品监督管理部门、药品检验机构及国家食品药品监督管理部门的职责。新药临床试验及新药生产的申报与审批程序可分别参见图2-4和图2-5。

1. 新药临床试验的申报与审批

（1）申请人的职责

申请人完成临床前研究后，填写《药品注册申请表》，向所在地省级（食品）药品监督管理部门如实报送有关资料。

（2）省级（食品）药品监督管理部门的职责

省级（食品）药品监督管理部门应当对申报资料进行形式审查，符合要求的，出具药品注册申请受理通知书；不符合要求的，出具药品注册申请不予受理通知书，并说明理由。

应当自受理申请之日起5日内组织对药物研制情况及原始资料进行现场核查，对申报资料进行初步审查，提出审查意见。申请注册的药品属于生物制品的，还需抽取3个生产批号的检验用样品，并向药品检验所发出注册检验通知。省级（食品）药品监督管理部门应当在规定的时限内将审查意见、核查报告以及申报资料送交国家食品药品监督管理局药品审评中心，并通知申请人。

（3）承担注册检验的药品检验所的职责

接到注册检验通知的药品检验所应当按申请人申报的药品标准对样品进行检验，对申报的药品标准进行复核，并在规定的时间内将药品注册检验报告送交国家食品药品监督管理局药品审评中心，并抄送申请人。

（4）国家食品药品监督管理局的职责

①国家食品药品监督管理局药品审评中心收到申报资料后，应在规定的时间内组织药学、医学及其他技术人员对申报资料进行技术审评，必要时可以要求申请人补充资料，并说明理由。完成技术审评后，提出技术审评意见，连同有关资料报送国家食品药品监督管理局。

②符合规定的，发给《药物临床试验批件》；不符合规定的，发给《审批意见通知件》，并说明理由。

2. 新药生产的申报与审批

（1）申请人的职责

①完成药物临床试验后，应当填写《药品注册申请表》，向所在地省级（食品）药品监督管理部门报送申请生产的申报资料，并同时向中国药品生物制品检定所报送制备标准品的原材料及有关标准物质的研究资料；

②样品应当在取得《药品生产质量管理规范》认证证书的车间生产；

③新开办药品生产企业、药品生产企业新建药品生产车间或者新增生产剂型的，其样品生产过程应当符合《药品生产质量管理规范》的要求；

④应当自收到生产现场检查通知之日起6个月内向国家食品药品监督管理局药品认证管理中心提出现场检查的申请。

（2）省级（食品）药品监督管理部门的职责

省级（食品）药品监督管理部门应当对申报资料进行形式审查，符合要求的，出具药品注册申请受理通知书；不符合要求的，出具药品注册申请不予受理通知书，并说明理由。省级（食品）药品监督管理部门应当自受理申请之日起5日内组织对临床试验情况及有关原始资料进行现场核查，对申报资料进行初步审查，提出审查意见。除生物制品外的其他药品，还需抽取3批样品，向药品检验所发出标准复核的通知。省级（食品）药品监督管理部门应当在规定的时限内将审查意见、核查报告及申报资料送交国家食品药品监督管理局药品审评中心，并通知申请人。

（3）承担注册检验工作的药检所的职责

①药品检验所应对申报的药品标准进行复核，并在规定的时间内将复核意见送交国家食品药品监督管理局药品审评中心，同时抄送通知其复核的省级（食品）药品监督管理部门和申请人。

②药品检验所应当依据核定的药品标准对抽取的样品进行检验，并在规定的时间内将药品注册检验报告送交国家食品药品监督管理局药品审评中心，同时抄送相关省级（食品）药品监督管理部门和申请人。

（4）国家食品药品监督管理局的职责

①国家食品药品监督管理局药品审评中心收到申报资料后，应当在规定的时间内组织药学、医学及其他技术人员对申报资料进行审评，必要时可以要求申请人补充资料，并说明理由。

②经审评符合规定的，国家食品药品监督管理局药品审评中心通知申请人申请生产现场检查，并告知国家食品药品监督管理局药品认证管理中心；经审评不符合规定的，国家食品药品监督管理局药品审评中心将审评意见和有关资料报送国家食品药品监督管理局，国家食品药品监督管理局依据技术审评意见，做出不予批准的决定，发给《审批意见通知件》，并说明理由。

③国家食品药品监督管理局药品认证管理中心在收到生产现场检查的申请后，应当在30日内组织对样品批量生产过程等进行现场检查，确认核定的生产工艺的可行性，同时抽取1批样品（生物制品抽取3批样品），送进行该药品标准复核的药品检验所检验，并在完成现场检查后10日内将生产现场检查报告送交国家食品药品监督管理局药品审评中心。

④国家食品药品监督管理局药品审评中心依据技术审评意见、样品生产现场检查报告和样品检验结果，形成综合意见，连同有关资料报送国家食品药品监督管理局。国家食品药品监督管理局依据综合意见，做出审批决定。符合规定的，发给新药证书，申请人已持有《药品生产许可证》并具备生产条件的，同时发给药品批准文号；不符合规定的，发给《审批意见通知件》，并说明理由。

```
┌─────────────────┐
│  申请人提出申请   │              ┌──────────────────────┐
└────────┬────────┘              │ 对申报药物的研制情况及  │
         │                       │ 条件进行现场核查，对申   │
         │                       │ 报资料进行形式审查       │
         ▼                       └──────────────────────┘
┌──────────────────────────────────────────────────┐     ┌──────────┐
│ 省级（食品）药品监管部门受理日起 5 日内开始组织并在 30日内完成现场 │────▶│ 通知申请人 │
└──┬──────────────┬────────────────────┬────────────┘     └──────────┘
   │              │                    │
   ▼              ▼                    ▼
┌────────┐  ┌──────────────────┐  ┌──────────────────────────┐
│ 不予受理 │  │ 国家食品药品监管局（5 日）│◀─│ 药检所检验样品、复核标准（60 日）│
└────────┘  └─────────┬────────┘  └──────────────────────────┘
                      │
                      ▼
            ┌─────────────────────────┐     ┌──────────────────────────┐
            │ 国家局药审中心技术审评（90/80 日*）│────▶│ 要求申请人在 4 个月内一次性补充资料 │
            └─────────┬───────▲───────┘     └─────────────┬────────────┘
                      │       │                           │
                      │       │   ┌──────────────────────┐│
                      │       └───│ 药审中心对补充资料的审评（40/25 日*）│◀┘
                      │           └──────────────────────┘
                      ▼
┌───────────┐  ┌──────────────────────────┐
│ 不批准或退审 │◀─│ 国家食品药品监管局审批（20/20 日*）│
└───────────┘  └─────────┬────────────────┘
                         │              ╭──────────────╮
                         ▼              │ 175/155 日*  │
               ┌──────────────┐        ╰──────────────╯
               │ 批准进行临床试验 │
               └──────┬───────┘
                      │
                      ▼
        ┌──────────────────────────┐     ┌──────────────┐
        │ 申请人将临床试验方案及参加单    │────▶│ 实施临床试验   │
        │ 位报国家食品药品监管局备案      │     └──────────────┘
        └──────────────────────────┘
```

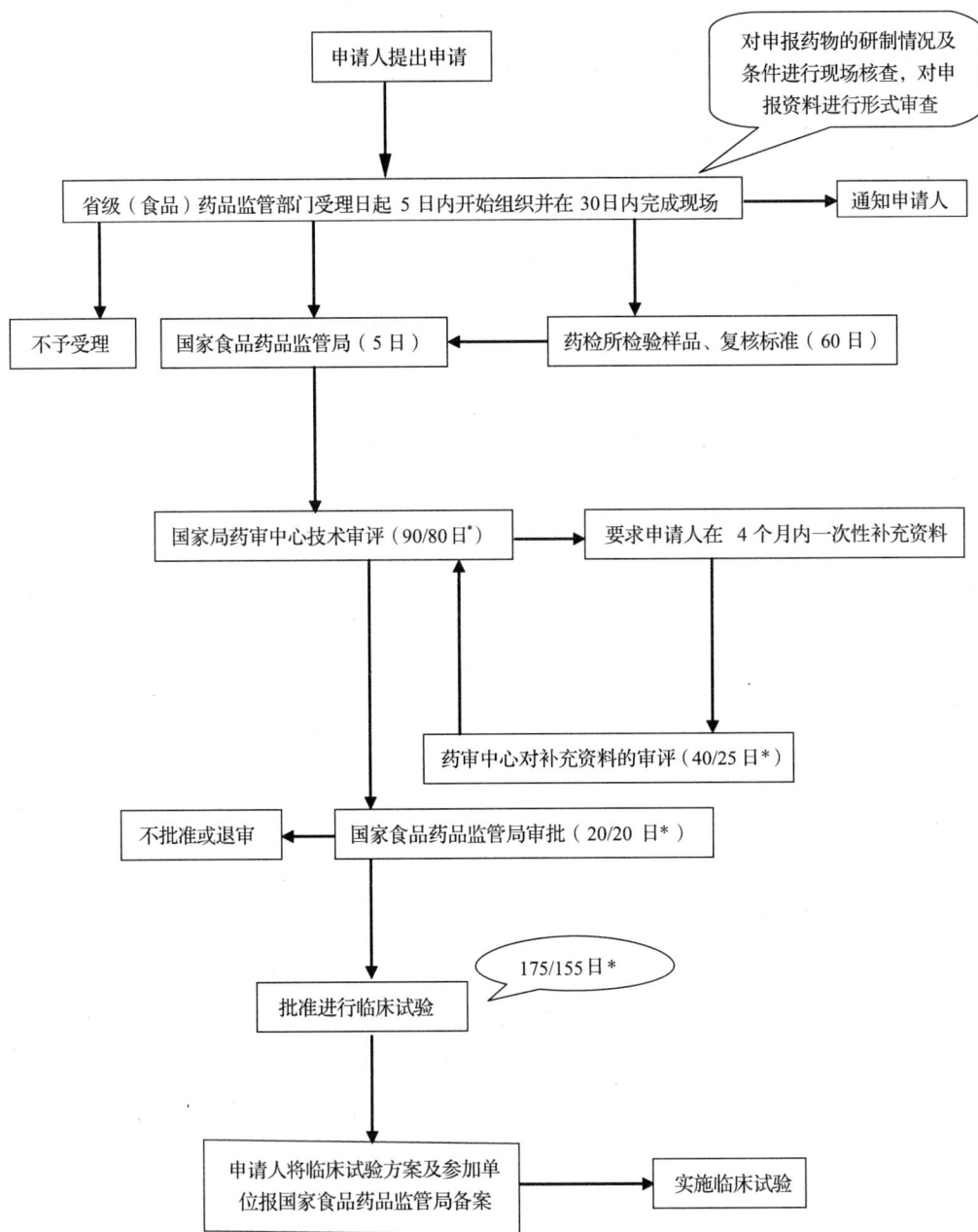

图 2-4　新药临床试验的申报与审批程序

*：指获准进入特殊审批程序的品种

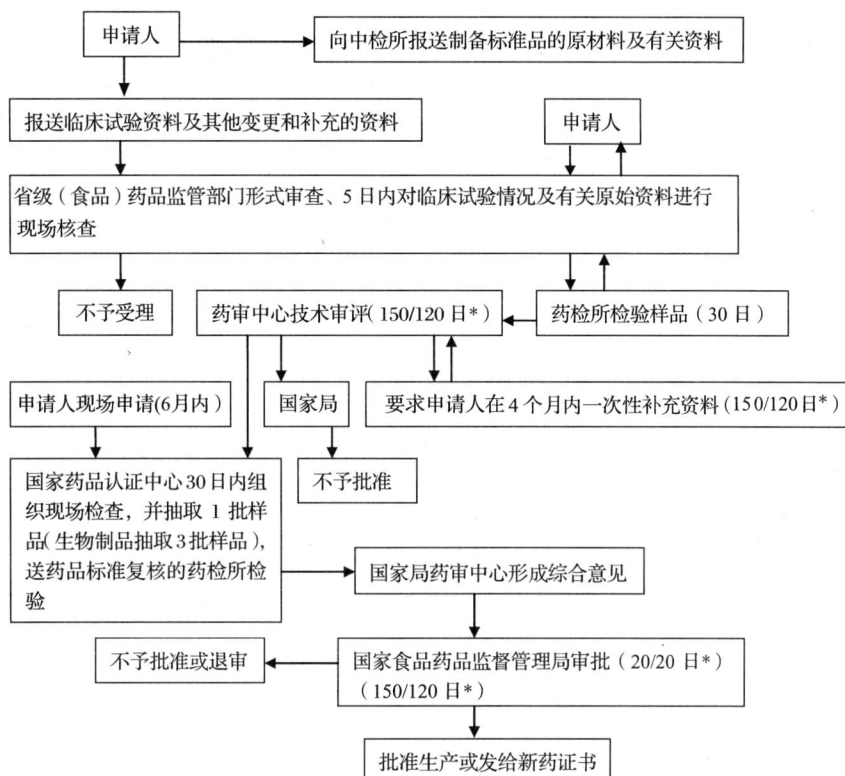

图 2-5 新药生产的申报与审批程序

* ：指获准进入特殊审批程序的品种

知识链接

新修订的《药品注册管理办法》实施以来药品注册变化情况

　　自 2007 年 10 月 1 日修订的《药品注册管理办法》实施以来，国家食品药品监督管理局围绕法规建设、审评审批、现场核查、注册检验、风险管理等方面加强药品注册全过程的监管，经过两年多的努力，药品注册出现了如下变化：申报数量大幅减少，申报质量不断提高，申报机构更加趋于理性，药品研发呈现新的局面。从 2007 年 10 月 1 日至 2009 年 6 月 30 日，国家食品药品监督管理局共受理药品注册申请 4403 件，年申报数量减少 2/3。其中，创新药 84 个、仿制药 1682 个。此外，《药品注册管理办法》实施至今，同品种申报的比率也从 2006 年的 1:6 下降为 2009 年的 1:3，中药几乎没有重复申报现象。从批准情况看，2008 年，国家食品药品监督管理局共批准新药临床申请 434 件，其中有 52 种属于新化合物；批准新药生产申请 165 件，涉及 119 种药品，其中包括 1 类新药 5 个；批准仿制药生产申请 1502 件，涉及 614 种药品；批准药品进口申请 99 件，涉及 83 种药品。2009 年 1~6 月国家食品药品监督管理局批准新药临床申请 173 件；新药生产申请 238 件，其中一类新药 8 件；仿制药申请 1074 件；进口药申请 388 件。综上可见，药品注册申报总量减少，重复申报减少，质量明显提高，结构发生改变，药品注册逐渐回归正常，药品研发日益符合国情。

（六）仿制药申请的申报与审批程序

　　《管理办法》第五章对仿制药申请的申报与审批程序做了规定，明确仿制药申请人应当是药品生产企业，其申请的药品应当与《药品生产许可证》载明的生产范围一致。

1. 申请人的职责

应当填写《药品注册申请表》，向所在地省级（食品）药品监督管理部门报送有关资料和生产现场检查申请。

2. 省级（食品）药品监督管理部门的职责

省级（食品）药品监督管理部门对申报资料进行形式审查，符合要求的，出具药品注册申请受理通知书；不符合要求的，出具药品注册申请不予受理通知书，并说明理由。已申请中药品种保护的，自中药品种保护申请受理之日起至做出行政决定期间，暂停受理同品种的仿制药申请。

省级（食品）药监部门应当自受理申请之日起5日内组织对研制情况和原始资料进行现场核查，并应当根据申请人提供的生产工艺和质量标准组织进行生产现场检查，现场抽取连续生产的3批样品，送药品检验所检验。样品的生产应当符合本办法第六十三条的规定。省级（食品）药监部门应当在规定的时限内对申报资料进行审查，提出审查意见。符合规定的，将审查意见、核查报告、生产现场检查报告及申报资料送交国家食品药品监督管理局药品审评中心，同时通知申请人；不符合规定的，发给《审批意见通知件》，并说明理由，同时通知药品检验所停止该药品的注册检验。

3. 承担注册检验工作的药检所的职责

药品检验所应当对抽取的样品进行检验，并在规定的时间内将药品注册检验报告送交国家食品药品监督管理局药品审评中心，同时抄送通知其检验的省、自治区、直辖市药品监督管理部门和申请人。

4. 国家食品药品监督管理局的职责

国家食品药品监督管理局药品审评中心应当在规定的时间内组织药学、医学及其他技术人员对审查意见和申报资料进行审核，必要时可以要求申请人补充资料，并说明理由。国家食品药品监督管理局药品审评中心依据技术审评意见、样品生产现场检查报告和样品检验结果，形成综合意见，连同相关资料报送国家食品药品监督管理局，国家食品药品监督管理局依据综合意见，做出审批决定。符合规定的，发给药品批准文号或者《药物临床试验批件》；不符合规定的，发给《审批意见通知件》，并说明理由。申请人完成临床试验后，应当向国家食品药品监督管理局药品审评中心报送临床试验资料。国家食品药品监督管理局依据技术意见，发给药品批准文号或者《审批意见通知件》。已确认存在安全性问题的上市药品，国家食品药品监督管理局可以决定暂停受理和审批其仿制药申请。

（七）药品补充申请的申报与审批程序

《管理办法》第八章对补充申请的申报与审批程序做出了规定。

1. 申请人应当填写《药品补充申请表》，向所在地省级（食品）药品监督管理部门报送有关资料和说明。省级（食品）药品监督管理部门对申报资料进行形式审查，符合要求的，出具药品注册申请受理通知书；不符合要求的，出具药品注册申请不予受理通知书，并说明理由。

2. 修改药品注册标准、变更药品处方中已有药用要求的辅料、改变影响药品质量的生产工艺等的补充申请，由省级（食品）药品监督管理部门提出审核意见后，报送国家食品药品监督管理局审批，同时通知申请人。

修改药品注册标准的补充申请，必要时由药品检验所进行标准复核。

3. 改变国内药品生产企业名称、改变国内生产药品的有效期、国内药品生产企业内部改变药品生产场地等的补充申请，由省级（食品）药品监督管理部门受理并审批，符合规定的，发给《药品补充申请批件》，并报送国家食品药品监督管理局备案；不符合规定的，发给《审批意见通知件》，并说明理由。

4. 按规定变更药品包装标签、根据国家食品药品监督管理局的要求修改说明书等的补充申请，报省级（食品）药品监督管理部门备案。

5. 进口药品的补充申请，由国家食品药品监督管理局审批。其中改变进口药品制剂所用原料药的产地、变更进口药品外观但不改变药品标准、根据国家药品标准或国家食品药品监督管理局的要求修改进口药说明书、补充完善进口药说明书的安全性内容、按规定变更进口药品包装标签、改变注册代理机构的补充申请，由国家食品药品监督管理局备案。

6. 对药品生产技术转让、变更处方和生产工艺可能影响产品质量等的补充申请，省级（食品）药品监督管理部门应当根据其《药品注册批件》附件或者核定的生产工艺，组织进行生产现场检查，药品检验所应当对抽取的 3 批样品进行检验。

7. 国家食品药品监督管理局对药品补充申请进行审查，必要时可以要求申请人补充资料，并说明理由。符合规定的，发给《药品补充申请批件》；不符合规定的，发给《审批意见通知件》，并说明理由。

8. 补充申请获得批准后，换发药品批准证明文件的，原药品批准证明文件由国家食品药品监督管理局予以注销；增发药品批准证明文件的，原批准证明文件继续有效。

管理办法附件 4 对补充申请事项审批权限进行了界定。

（1）国家食品药品监督管理局审批的补充申请事项：

①持有新药证书的药品生产企业申请该药品的批准文号；②使用药品商品名称；③增加中药的功能主治、天然药物适应症或者化学药品、生物制品国内已有批准的适应症；④变更用法用量或者变更适用人群范围但不改变给药途径；⑤变更药品规格；⑥变更药品处方中已有药用要求的辅料；⑦改变影响药品质量的生产工艺；⑧修改药品注册标准；⑨替代或减去国家药品标准处方中的毒性药材或处于濒危状态的药材；⑩进口药品、国内生产的注射剂、眼用制剂、气雾剂、粉雾剂、喷雾剂变更直接接触药品的包装材料或者容器；使用新型直接接触药品的包装材料或者容器；⑪申请药品组合包装；⑫新药的技术转让；⑬修订或增加中药、天然药物说明书中药理毒理、临床试验、药代动力学等项目；⑭改变进口药品注册证的登记项目，如药品名称、制药厂商名称、注册地址、药品有效期、包装规格等；⑮改变进口药品的产地；⑯改变进口药品的国外包装厂；⑰进口药品在中国国内分包装；⑱其他。

（2）省级食品药品监督管理部门批准国家食品药品监督管理局备案或国家食品药品监督管理局直接备案的进口药品补充申请事项：

①改变国内药品生产企业名称；②国内药品生产企业内部改变药品生产场地；③

变更直接接触药品的包装材料或者容器（除上述第 10 事项外）；④改变国内生产药品的有效期；⑤改变进口药品制剂所用原料药的产地；⑥变更进口药品外观，但不改变药品标准的；⑦根据国家药品标准或者国家食品药品监督管理局的要求修改进口药品说明书；⑧补充完善进口药品说明书安全性内容；⑨按规定变更进口药品包装标签；⑩改变进口药品注册代理机构；⑪其他。

（3）省级（食品）药品监督管理部门备案的补充申请事项：

①根据国家药品标准或者国家食品药品监督管理局的要求修改国内生产药品说明书。②补充完善国内生产药品说明书安全性内容。③按规定变更国内生产药品包装标签。④变更国内生产药品的包装规格。⑤改变国内生产药品制剂的原料药产地。⑥变更国内生产药品外观，但不改变药品标准的。⑦其他。

（八）新药监测期的管理

《管理办法》第六十六条规定　国家食品药品监督管理局根据保护公众健康的要求，可以对批准生产的新药品种设立监测期。监测期自新药批准生产之日起计算，最长不得超过 5 年。监测期内的新药，国家食品药品监督管理局不批准其他企业生产、改变剂型和进口。

《管理办法》第六十七条至第七十二条分别对监测期内的新药做出如下规定：

1. 监测期内的新药，药品生产企业应当考察生产工艺、质量、稳定性、疗效及不良反应等情况，每年向所在地省级（食品）药品监督管理部门报告。药品生产企业未履行监测期责任的，省级（食品）药品监督管理部门应当责令其改正。

2. 药品生产、经营、使用及检验、监督单位发现新药存在严重质量问题、严重或者非预期的不良反应时，应当及时向省、自治区、直辖市药品监督管理部门报告。省、自治区、直辖市药品监督管理部门收到报告后应当立即组织调查，并报告国家食品药品监督管理局。

3. 设立监测期的新药从批准之日起 2 年内未组织生产的，国家食品药品监督管理局可以批准其他药品生产企业生产该新药的申请，并继续对该新药进行监测。

4. 新药进入监测期时，已获准临床试验的新药，可以按照药品注册申报与审批程序继续办理，符合规定的，可以批准生产或者进口，对境内药品生产企业生产的该新药一并进行监测。

5. 新药进入监测期之日起，不再受理其他申请人的同品种注册申请。已经受理但尚未批准进行药物临床试验的其他申请人同品种申请予以退回；新药监测期满后，申请人可以提出仿制药申请或者进口药品申请。

6. 进口药品注册申请首先获得批准后，已经批准境内申请人进行临床试验的，可以按照药品注册申报与审批程序继续办理其申请，符合规定的，国家食品药品监督管理局批准其进行生产；申请人也可以撤回该项申请，重新提出仿制药申请。对已经受理但尚未批准进行药物临床试验的其他同品种申请予以退回，申请人可以提出仿制药申请。

（九）实行新药特殊审批的规定

《管理办法》第四十五条规定国家食品药品监督管理局对下列申请可以实行特殊

审批：

1. 未在国内上市销售的从植物、动物、矿物等物质中提取的有效成份及其制剂、新发现的药材及其制剂；

2. 未在国内外获准上市的化学原料药及其制剂、生物制品；

3. 治疗艾滋病、恶性肿瘤、罕见病等疾病且具有明显临床治疗优势的新药；

4. 治疗尚无有效治疗手段的疾病的新药。

申请人在药品注册过程中可以提出特殊审批的申请，由国家食品药品监督管理局药品审评中心组织专家会议讨论确定是否实行特殊审批。

知识链接

2009 年重大疾病和涉及公共健康危机药物注册审批情况

国家食品药品监督管理局在做好治疗常见疾病药物的注册审批工作的同时，积极做好治疗艾滋病、肿瘤等重大疾病和涉及公共健康危机的药物的注册审批工作。①抗艾滋病药物：在现有抗艾滋病药物的基础上，批准了拉替拉韦钾片和依他韦仑片两个药物的进口注册；批准了一个国产复方制剂奈韦拉平齐多拉米双夫定片和一个拉米夫定片的临床试验（生物等效性试验）。②阿尔茨海默氏病治疗药物：目前该病是国际药物开发领域研究的热点，也是尚未解决的医学难题。国家食品药品监督管理局批准了一个国产盐酸多奈哌齐片用于治疗"重度阿尔茨海默病"增加适应症的临床研究申请。③抗肿瘤药物：为保证肿瘤患者尽快获得安全有效的药物，对符合减免临床试验条件的索拉非尼片，苹果酸舒尼替尼胶囊，注射用地西他滨等几个品种减免了临床研究，并对上市后的研究作出了明确的要求。④抗甲型 H1N1 流感药物和疫苗：面对严峻的疫情形势，国家食品药品监督管理局将防治新型甲型 H1N1 流感药物的审评审批作为工作的重中之重，及时调整了审评审批策略，采取提前介入、主动跟进研究生产进展、与申请人加强沟通交流等方式加快审评审批工作，根据《新药注册特殊审批管理规定》（国食药监注〔2009〕17 号）的要求，批准了磷酸奥司他韦改进生产工艺、扎那米韦吸入粉雾剂进口、甲型 H1N1 流感疫苗生产上市。

（十）药物临床前研究包括的内容

《管理办法》第二十一条对药物临床前研究的内容进行了规定，包括：

1. 药学研究：包括药物的合成工艺、提取方法、理化性质及纯度、剂型选择、处方筛选、制备工艺、检验方法、质量指标、稳定性等；

2. 药理毒理研究：包括药理、毒理、动物药代动力学等；

3. 中药制剂除（1）和（2）的要求外，还包括原药材的来源、加工及炮制等；

4. 生物制品还包括菌毒种、细胞珠、生物组织等起始原材料的来源、质量标准、保存条件、生物学特征、遗传稳定性及免疫学的研究等。

（十一）药物临床试验的要求及分期

《管理办法》第三十条　对药物临床试验提出要求。药物临床试验（包括生物等效性试验）必须经国家食品药品监督管理局批准，且必须执行《药物临床试验质量管理规范》（GCP）。药品监督管理部门应当对批准的临床试验进行监督检查。

《管理办法》三十一条　明确药物临床实验的范围及分期。申请新药注册，应当进行临床试验。仿制药申请和补充申请，根据管理办法附件规定进行临床试验。临床试验分为Ⅰ、Ⅱ、Ⅲ、Ⅳ期。

Ⅰ期临床试验：初步的临床药理学及人体安全性评价试验。其目的是观察人体对于新药的耐受程度和药代动力学，为制定给药方案提供依据。

Ⅱ期临床试验：治疗作用初步评价阶段。其目的是初步评价药物对目标适应症患者的治疗作用和安全性，也包括为Ⅲ期临床试验研究设计和给药剂量方案的确定提供依据。可以根据具体的研究目的，采用多种形式，包括随机盲法对照临床试验。

Ⅲ期临床试验：治疗作用确证阶段。其目的是进一步验证药物对目标适应症患者的治疗作用和安全性，评价利益与风险关系，最终为药物注册申请的审查提供充分的依据。试验一般应为具有足够样本量的随机盲法对照试验。

Ⅳ期临床试验：新药上市后应用研究阶段。其目的是考察在广泛使用条件下的药物的疗效和不良反应，评价在普通或者特殊人群中使用的利益与风险关系以及改进给药剂量等。

《管理办法》第三十二条　要求药物临床试验的受试例数应当符合临床试验的目的和相关统计学的要求，并且不得少于管理办法附件规定的最低临床试验病例数。罕见病、特殊病种等情况，要求减少临床试验病例数或者免做临床试验的，应当在申请临床试验时提出，并经国家食品药品监督管理局审查批准。管理办法附件要求，临床试验的最低病例数：Ⅰ期为20至30例，Ⅱ期为100例，Ⅲ期为300例，Ⅳ期为2000例。

（十二）药品再注册的管理

药品再注册是指对药品批准证明文件有效期满后继续生产、进口的药品实施审批的过程。《管理办法》第一百二十二条至一百二十五条，对药品再注册的申报与审批程序进行了规定。

1. 由药品批准文号的持有者向省级（食品）药品监督管理部门提出，按照规定填写《药品再注册申请表》，并提供有关申报资料。进口药品的再注册申请由申请人向国家食品药品监督管理局提出。

2. 省级（食品）药品监督管理部门对申报资料进行审查，符合要求的，出具药品再注册申请受理通知书；不符合要求的，出具药品再注册申请不予受理通知书，并说明理由。省级（食品）药品监督管理部门应当自受理申请之日起6个月内对药品再注册申请进行审查，符合规定的，予以再注册；不符合规定的，报国家食品药品监督管理局。

3. 进口药品的再注册申请由国家食品药品监督管理局受理，并在6个月内完成审查，符合规定的，予以再注册；不符合规定的，发出不予再注册的通知，并说明理由。

4. 对不予再注册情形的规定，《管理办法》第一百二十六条，对不予再注册的情形进行了规定。有下列情形之一的药品，不予再注册。

①有效期届满前未提出再注册申请的；②未达到国家食品药品监督管理局批准上市时提出的有关要求的；③未按照要求完成Ⅳ期临床试验的；④未按照规定进行药品不良反应监测的；⑤经国家食品药品监督管理局再评价属于疗效不确、不良反应大或

者其他原因危害人体健康的；⑥按照《药品管理法》的规定应当撤销药品批准证明文件的；⑦不具备《药品管理法》规定的生产条件的；⑧未按规定履行监测期责任的；⑨其他不符合有关规定的情形的。

（十三）药品注册检验、国家药品标准与药品注册标准的概念

《管理办法》第一百二十八条，对药品注册检验的内涵进行了界定。药品注册检验，包括样品检验和药品标准复核。样品检验是指药品检验所按照申请人申报的药品标准对样品进行的检验。药品标准复核是指药品检验所对申报的药品标准中检验方法的可行性、科学性、设定的项目和指标能否控制药品质量等进行的实验室检验和审核工作。

《管理办法》第一百三十六条　对国家药品标准与药品注册标准的概念进行了界定。国家药品标准是指国家为保证药品质量所制定的质量指标、检验方法以及生产工艺等的技术要求，包括国家食品药品监督管理局颁布的《中华人民共和国药典》、药品注册标准和其他药品标准。药品注册标准是指国家食品药品监督管理局批准给申请人特定药品的标准，生产该药品的药品生产企业必须执行该注册标准。药品注册标准不得低于中国药典的规定。

知识链接

我国加快提高国家药品标准行动计划的实施

为加强药品监督管理，改变现有部分国家药品标准已严重滞后于我国药品生产质量控制技术的现状，2004年2月22日，国家食品药品监督管理局下发了《关于印发提高国家药品标准行动计划的通知》（国食药监注〔2004〕35号），计划用3~5年时间，实现国家药品标准的检测技术达到国际先进水平。主要工作包括：分期分批完成原部颁标准、历版药典遗留品种的标准和部分新药已转正标准的提高工作。

党中央、国务院历来十分重视药品标准工作，并将其作为重要的民生工程来抓。中央财政在2008年安排1个亿资金来用于提高1000个药品的标准，2009年又安排近2个亿资金支持标准提高工作，这是前所未有的。国家食品药品监督管理局在2009年加快推进提高国家药品标准行动计划的实施，并制定了翔实的计划和安排，此次标准提高将向注射剂等安全风险高的品种、民族药和列入国家基本药物目录的品种倾斜。对列入基本药物目录的品种，逐项安排标准提高，确保基本药物质量和公众用药安全；对民族药和风险较高的注射剂品种，特别是中药注射剂的标准提高工作，加大了人力和资金投入，计划安排2450万元专门用于民族药的标准提高，安排2100万元用于中药注射剂品种的标准提高。除了国家加强资金投入之外，还通过政策措施引导和鼓励企业积极参与标准提高工作。对主动提高药品标准的，优先收录入国家药典，对经评价，标准不能控制质量的，利用标准淘汰机制逐步予以淘汰。争取通过几年的努力，逐步达到"生物制品标准与发达国家标准接轨，化学药品标准基本达到国际标准水平，中药质量更加安全、可控"的目标。

（十四）药品批准文号、注册证及新药证书的格式要求

《管理办法》第一百七十一条，对药品批准文号、注册证及新药证书的格式进行了规定。

1. 药品批准文号的格式规定

药品批准文号的格式为：国药准字 H（Z、S、J）+4 位年号 +4 位顺序号，其中 H 代表化学药品，Z 代表中药，S 代表生物制品，J 代表进口药品分包装。

2. 注册证的格式规定

《进口药品注册证》证号的格式为：H（Z、S）+4 位年号 +4 位顺序号；《医药产品注册证》证号的格式为：H（Z、S）C +4 位年号 +4 位顺序号，其中 H 代表化学药品，Z 代表中药，S 代表生物制品。对于境内分包装用大包装规格的注册证，其证号在原注册证号前加字母 B。

3. 新药证书号的格式规定

新药证书号的格式为：国药证字 H（Z、S）+4 位年号 +4 位顺序号，其中 H 代表化学药品，Z 代表中药，S 代表生物制品。

（十五）复审程序

《管理办法》第一百五十六条至一百五十八条，对复审程序就行了规定。

1. 申请人对国家食品药品监督管理局做出的不予批准决定有异议的，可以在收到不予批准的通知之日起 60 日内填写《药品注册复审申请表》，向国家食品药品监督管理局提出复审申请并说明复审理由。复审的内容仅限于原申请事项及原申报资料。

2. 接到复审申请后，国家食品药品监督管理局应当在 50 日内做出复审决定，并通知申请人。维持原决定的，国家食品药品监督管理局不再受理再次的复审申请。

复审需要进行技术审查的，国家食品药品监督管理局应当组织有关专业技术人员按照原申请时限进行。

（十七）国家食品药品监督管理局注销药品批准文号并予以公布的情形

《管理办法》第一百五十六条规定　由国家食品药品监督管理局注销药品批准文号并予以公布的情形为：

1. 批准证明文件的有效期未满，申请人自行提出注销药品批准文号的；

2. 按照本办法第一百二十六条的规定不予再注册的；

3. 《药品生产许可证》被依法吊销或者缴销的；

4. 按照《药品管理法》第四十二条和《药品管理法实施条例》第四十一条的规定，对不良反应大或者其他原因危害人体健康的药品，撤销批准证明文件的；

5. 依法做出撤销药品批准证明文件的行政处罚决定的；

6. 其他依法应当撤销或者撤回药品批准证明文件的情形。

三、学习小结

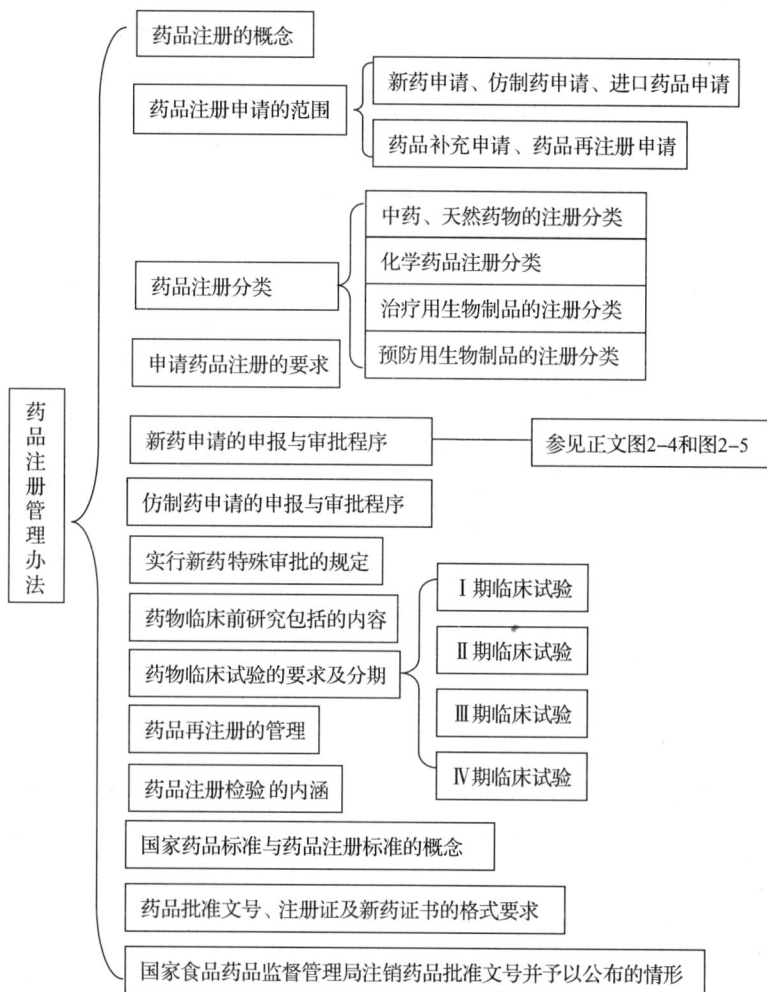

药品注册管理办法
- 药品注册的概念
- 药品注册申请的范围
  - 新药申请、仿制药申请、进口药品申请
  - 药品补充申请、药品再注册申请
- 药品注册分类
  - 中药、天然药物的注册分类
  - 化学药品注册分类
  - 治疗用生物制品的注册分类
  - 预防用生物制品的注册分类
- 申请药品注册的要求
- 新药申请的申报与审批程序 —— 参见正文图2-4和图2-5
- 仿制药申请的申报与审批程序
- 实行新药特殊审批的规定
- 药物临床前研究包括的内容
- 药物临床试验的要求及分期
  - Ⅰ期临床试验
  - Ⅱ期临床试验
  - Ⅲ期临床试验
  - Ⅳ期临床试验
- 药品再注册的管理
- 药品注册检验的内涵
- 国家药品标准与药品注册标准的概念
- 药品批准文号、注册证及新药证书的格式要求
- 国家食品药品监督管理局注销药品批准文号并予以公布的情形

四、思考题

1. 简述药品注册的概念。
2. 简述药品注册申请的范围和内涵。
3. 简述中药、天然药物的注册分类。
4. 新药在临床试验申报与审批时省级食品药品监督管理部门的职责是什么？
5. 简述国家食品药品监督管理局实行新药特殊审批的情形。

（侯鸿军）

药物非临床研究质量管理规范

为了提高药物非临床研究的质量，确保实验资料的真实性、完整性和可靠性，保障人民用药安全，根据《中华人民共和国药品管理法》的有关规定，国家药品监督管理局于 2003 年 6 月 4 日经局务会审议通过《药物非临床研究质量管理规范》，自 2003 年 9 月 1 日起施行。

知识链接

我国药物非临床研究质量管理发展历史

为了提高药物非临床研究的质量，确保实验资料真实、完整、可靠，我国于 1993 年由国家科委发布了《药品非临床研究质量管理规定（试行）》，并于 1994 年 1 月 1 日起施行。为配合该规范的实施，1994 年国家科委确定由军事医学科学院药物毒物研究所、上海医药工业研究院、卫生部药品生物制品研究所三个单位筹建 GLP 中心。1997 年又启动了由广州医工所承担的以大动物安全评价为主的 GLP 实验室、由浙江省医学科学院承担的以皮肤毒理与缓释制剂毒理等为主的 GLP 实验室以及由沈阳药科大学和化工研究院联合承担的以小动物为主的 GLP 实验室。

1998 年，随着我国药品监督管理体制的调整变化，1999 年由国家药品监督管理局重新制定了《药品非临床研究质量管理规定（试行）》；2003 年，国家食品药品监督管理局再次对《药品非临床研究质量管理规定（试行）》进行了修订，并将名称更改为《药物非临床研究质量管理规范》。并从 2007 年 4 月起实施药物 GLP 认证。截止 2009 年底，共有 36 家药物非临床研究机构通过了药物 GLP 认证。

一、学习要点

通过学习《药物非临床研究质量管理规范》，使学员掌握非临床安全性评价研究机构的负责人和质量保证部门负责人的主要职责，实验用供试品与对照品的管理要求；熟悉国家食品药品监督管理局对机构的监督检查职责，非临床安全性评价研究机构的组织机构设置；了解非临床研究、非临床安全性评价研究机构、质量保证部门、专题负责人、批号的概念及非临床安全性评价研究机构的档案资料管理。

二、学习内容

《药物非临床研究质量管理规范》的英文全称为 Good Laboratory Practice for Non - clinical Laboratory Studies 或 Non - clinical Good Laboratory Practice，简称 GLP。它是为申请药品注册而进行的非临床研究必须遵守的规定。全文共计九章四十五条，包括总则、组织机构和人员、试验设施、仪器设备和实验材料、标准操作规程、研究工作的实施、资料档案、监督检查及附则。其主要内容可概括为以下几点。

1. 非临床研究、非临床安全性评价研究机构等相关概念

GLP 第四十三条对非临床研究、非临床安全性评价研究机构、实验系统、质量保证部门、专题负责人、供试品和对照品、委托单位、批号八个概念做了界定。

非临床研究系指为评价药物安全性，在实验室条件下，用实验系统进行的各种毒性试验，包括单次给药的毒性试验、反复给药的毒性试验、生殖毒性试验、遗传毒性试验、致癌试验、局部毒性试验、免疫原性试验、依赖性试验、毒代动力学试验及与评价药物安全性有关的其他试验。

非临床安全性评价研究机构指从事药物非临床研究的实验室。

实验系统指用于毒性试验的动物、植物、微生物以及器官、组织、细胞、基因等。

质量保证部门指非临床安全性评价研究机构内履行有关非临床研究工作质量保证职能的部门。

专题负责人指负责组织实施某项研究工作的人员。

供试品和对照品系指供非临床研究的药品或拟开发为药品的物质和非临床研究中与供试品作比较的物质。

委托单位指委托非临床安全性评价研究机构进行非临床研究的单位。

批号系指用于识别"批"的一组数字或字母加数字，以保证供试品或对照品的可追溯性。

2. 组织机构设置

GLP 第三、五~七条规定，非临床安全性评价研究机构应建立完善的组织管理体系，并设立独立的质量保证部门，配备机构的负责人、质量保证部门负责人和相应的工作人员。其中非临床安全性评价研究机构负责人应具备医学、药学或其他相关专业本科以上学历及相应的业务素质和工作能力。质量保证部门的人员数量应根据非临床安全性评价研究机构的规模而定。此外，每项研究工作必须聘任专题负责人，对实验全过程进行运行管理。

3. 人员要求

GLP 第四~七条规定，非临床安全性评价研究机构配备有机构负责人、质量保证部门负责人、专题负责人及研究机构的一般工作人员。各类人员的主要职责各不相同，具体见表2-16。

4. 实验设施设备

GLP 第八~十五、十九~二十条规定，各种实验设施应保持清洁卫生，运转正常；各类设施布局应合理，防止交叉污染；环境条件及调控应符合不同设施的要求。实验动物设施条件应与所使用的实验动物级别相符。各实验设施应根据非临床研究的需要合理布局，放置地点合理，并指定专人负责保管，定期进行检查、保养、测试和校正，确保设备性能稳定可靠。易腐败变质的动物用品应有适当的保管措施。

表2-16　非临床安全性评价研究机构各类人员主要职责表

人 员 分 类	主 要 职 责
机构的负责人	①全面负责非临床安全性评价研究机构的建设和组织管理； ②建立工作人员学历、专业培训及专业工作经历的档案材料； ③确保各种设施、设备和实验条件符合要求； ④确保有足够数量的工作人员，并按规定履行其职责； ⑤聘任质量保证部门的负责人，并确保其履行职责； ⑥制定主计划表，掌握各项研究工作的进展； ⑦组织制定和修改标准操作规程，确保工作人员掌握相关的标准操作规程； ⑧每项研究工作开始前，聘任专题负责人，有必要更换时，应记录更换的原因和时间； ⑨审查批准实验方案和总结报告； ⑩及时处理质量保证部门的报告，详细记录采取的措施； ⑪确保供试品、对照品的质量和稳定性符合要求； ⑫与协作或委托单位签订书面合同
质量保证部门负责人	①保存非临床研究机构的主计划表、实验方案和总结报告的副本； ②审核实验方案、实验记录和总结报告； ③对每项研究实施检查，并根据其内容和持续时间制定审查和检查计划，详细记录检查的内容、发现的问题、采取的措施等，并在记录上签名，保存备查； ④定期检查动物饲养设施、实验仪器和档案管理； ⑤向机构负责人和/或专题负责人书面报告检查发现的问题及建议； ⑥参与标准操作规程的制定，保存标准操作规程的副本
专题负责人	①全面负责该项研究工作的运行管理； ②制定实验方案，严格执行实验方案，分析研究结果，撰写总结报告； ③执行标准操作规程的规定，及时提出修订或补充相应的标准操作规程的建议； ④确保参与研究的工作人员明确所承担的工作，掌握相应的标准操作规程； ⑤掌握研究工作的进展，检查各种实验记录，确保其及时、直接、准确和清楚； ⑥详细记录实验中出现的意外情况和采取的措施； ⑦实验结束后，将实验方案、原始资料、应保存的标本、各种有关记录文件和总结报告等归档保存； ⑧及时处理质量保证部门提出的问题，确保研究工作各环节符合要求
研究机构的人员	①具备严谨的科学作风和良好的职业道德以及相应的学历，经过专业培训，具备所承担的研究工作需要的知识结构、工作经验和业务能力； ②熟悉本规范的基本内容，严格履行各自职责，熟练掌握并严格执行与所承担工作有关的标准操作规程； ③及时、准确和清楚地进行试验观察记录，对实验中发生的可能影响实验结果的任何情况应及时向专题负责人书面报告； ④根据工作岗位的需要着装，遵守健康检查制度，确保供试品、对照品和实验系统不受污染； ⑤定期进行体检，患有影响研究结果的疾病者，不得参加研究工作； ⑥经过培训、考核，并取得上岗资格

动物的饲料和饮水应定期检验，确保其符合营养和卫生标准。影响实验结果的污染因素应低于规定的限度，检验结果应作为原始资料保存。动物饲养室内使用的清洁剂、消毒剂及杀虫剂等，不得影响实验结果，并应详细记录其名称、浓度、使用方法及使用的时间，具体见表2－17。

表2－17　非临床安全性评价研究机构实验设施设备表

类　　别	设 施 设 备
实验动物饲养设施	①不同种属动物或不同实验系统的饲养和管理设施； ②动物的检疫和患病动物的隔离治疗设施； ③收集和处置试验废弃物的设施； ④清洗消毒设施； ⑤供试品和对照品含有挥发性、放射性或生物危害性等物质时，应设置相应的饲养设施； ⑥饲料、垫料、笼具及其他动物用品的存放设施。
供试品、对照品处置设施	①接收和贮藏供试品和对照品的设施； ②供试品和对照品的配制和贮存设施。
文件、资料保管设施	保管实验方案、各类标本、原始记录、总结报告及有关文件档案的设施。如：详细记录动物饲养室内使用的清洁剂、消毒剂及杀虫剂等名称、浓度、使用方法及使用时间的原始记录。
环境调控设施	具备调控温度、湿度、空气洁净度、通风和照明等设备。

5．实验用供试品、对照品及标准操作规程的管理要求

GLP第十七～十八、二十二～二十四条对实验用供试品和对照品及标准操作规程的管理做出相应要求，具体见表2－18。

表2－18　实验用供试品、对照品及标准操作规程管理要求表

类　　别	管 理 要 求
实验用供试品和对照品	①供试品和对照品应有专人保管，有完善的接收、登记和分发的手续，供试品和对照品的批号、稳定性、含量或浓度、纯度及其他理化性质应有记录，对照品为市售商品时，可用其标签或其他标示内容； ②供试品和对照品的贮存保管条件应符合要求，贮存的容器应贴有标签，标明品名、缩写名、代号、批号、有效期和贮存条件；

类　　别	管　理　要　求
实验用供试品 和对照品	③供试品和对照品在分发过程中应避免污染或变质，分发的供试品和对照品应及时贴上准确的标签，并按批号记录分发、归还的日期和数量； ④需要将供试品和对照品与介质混合时，应在给药前测定其混合的均匀性，必要时还应定期测定混合物中供试品和对照品的浓度和稳定性，混合物中任一组分有失效期的，应在容器标签上标明，两种以上组分均有失效日期的，以最早的失效日期为准； ⑤实验室的试剂和溶液等均应贴有标签，标明品名、浓度、贮存条件、配制日期及有效期等。试验中不得使用变质或过期的试剂和溶液
标准操作规程	标准操作规程应经质量保证部门签字确认和机构负责人批准后方可生效。失效的标准操作规程除一份存档之外，其他应及时销毁。其存放应方便使用；研究过程中任何偏离标准操作规程的操作，都应经专题负责人批准，并加以记录。标准操作规程的改动，应经质量保证部门负责人确认，并经机构负责人书面批准。其制定、修改、生效日期及分发、销毁情况均应有记录并归档保存

6. 研究工作流程

　　GLP 第二十五～二十七、二十九～三十三、三十五条规定，每项研究均应有专题名称或代号，并在有关文件资料及实验记录中统一使用该名称或代号。实验中所采集的各种标本应标明专题名称或代号、动物编号和收集日期。所有数据的记录应做到及时、直接、准确、清楚和不易消除，并应注明记录日期，记录者签名。记录的数据需要修改时，应保持原记录清楚可辨，并注明修改的理由及修改日期，修改者签名。

　　动物在试验中出现非供试品引起的疾病或出现干扰研究目的的异常情况时，应立即隔离或处死。需要用药物治疗时，应经专题负责人批准，并详细记录治疗的理由、批准手续、检查情况、药物处方、治疗日期和结果等。治疗措施不得干扰研究。

　　研究工作的具体流程见图 2-6。

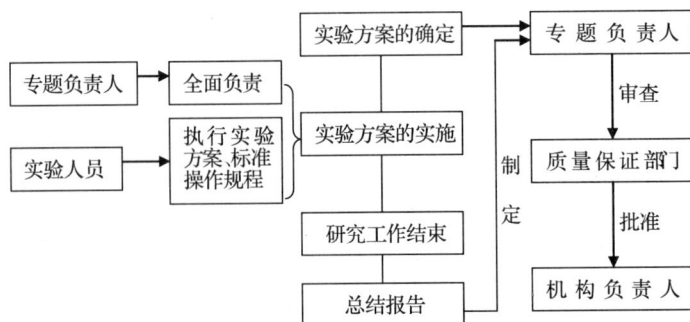

图 2-6　药物非临床研究工作流程图

知识链接

国家药监局发文规范新药非临床安全性评价研究

2006 年 11 月 20 日，为进一步推进药物非临床研究实施 GLP，从源头上提高药物研究水平，保证药物研究质量，国家食品药品监督管理局以"国食药监安［2006］587 号"文下发了"关于推进实施《药物非临床研究质量管理规范》的通知"。通知指出，自 2007 年 1 月 1 日起，未在国内上市销售的化学原料药及其制剂、生物制品；未在国内上市销售的从植物、动物、矿物等物质中提取的有效成分、有效部位及其制剂和从中药、天然药物中提取的有效成分及其制剂；中药注射剂的新药非临床安全性评价研究必须在经过 GLP 认证，符合 GLP 要求的实验室进行。否则，其药品注册申请将不予受理。2007 年 1 月以前已开展的上述药物的非临床安全性评价研究，其药品注册申请资料可予以受理。

7. 标准操作规程、实验方案及总结报告的内容

GLP 第 21、28、34 条对非临床安全性评价研究的标准操作规程、实验方案和总结报告的主要内容做出明确规定，具体内容见表 2－19。

表 2－19　非临床安全性评价研究的标准操作规程、实验方案和总结报告主要内容表

分类	标准操作规程	实验方案	总结报告
内容	①标准操作规程编辑和管理； ②质量保证程序； ③供试品和对照品的接收、标识、保存、处理、配制、领用及取样分析； ④动物房和实验室的准备及环境因素的调控； ⑤实验设施和仪器设备的维护、保养、校正、使用和管理； ⑥计算机系统的操作和管理； ⑦实验动物的运输、检疫、编号及饲养管理； ⑧实验动物的观察记录及实验操作； ⑨各种实验样品的采集、各种指标的检查和测定等操作技术； ⑩濒死或已死亡动物检查处理；	①研究专题的名称或代号及研究目的； ②非临床安全性评价研究机构和委托单位的名称及地址； ③专题负责人和参加实验的工作人员姓名； ④供试品和对照品的名称、缩写名、代号、批号、有关理化性质及生物特性； ⑤实验系统及选择理由； ⑥实验动物种、系、数量、年龄、性别、体重范围、来源和等级； ⑦实验动物的识别方法； ⑧实验动物饲养管理环境条件； ⑨饲料名称或代号；	①研究专题的名称或代号及研究目的； ②非临床安全性评价研究机构和委托单位的名称和地址； ③研究起止日期； ④供试品和对照品的名称、缩写名、代号、批号、稳定性、含量、浓度、纯度、组分及其他特性； ⑤实验动物的种、系、数量、年龄、性别、体重范围、来源、动物合格证号及签发单位、接收日期和饲养条件； ⑥供试品和对照品的给药途径、剂量、方法、频率和给药期限； ⑦供试品和对照品的剂量设计依据；

分类	标准操作规程	实验方案	总结报告
内容	⑪动物尸检、组织病理学检查； ⑫实验标本采集、编号和检验； ⑬各种实验数据的管理和处理； ⑭工作人员的健康检查制度； ⑮动物尸体及其他废弃物处理； ⑯需要制定标准操作规程的其他工作	⑩实验用的溶媒、乳化剂及其他介质； ⑪供试品和对照品的给药途径、方法、剂量、频率和用药期限及选择的理由； ⑫所用毒性研究指导原则的文件及文献； ⑬各种指标的检测方法和频率； ⑭数据统计处理方法； ⑮实验资料的保存地点	⑧影响研究可靠性和造成研究工作偏离实验方案异常情况； ⑨各种指标检测方法和频率； ⑩专题负责人与所有参加工作的人员姓名和承担的工作内容； ⑪分析数据所采用统计方法； ⑫实验结果和结论； ⑬原始资料和标本保存地点

8. 档案资料管理

GLP 第三十六～四十条规定，专题负责人应在研究工作结束后将实验方案、标本、原始资料、文字记录和总结报告的原件、与实验有关的各种书面文件、质量保证部门的检查报告等资料按标准操作规程的要求整理交资料档案室，并按标准操作规程的要求进行编号归档，至少保存至药物上市后五年（对于质量容易变化的标本，如组织器官、电镜标本、血液涂片等的保存期，应以能够进行质量评价为时限）。若研究项目被取消或中止，专题负责人应书面说明取消或中止原因，并将实验资料整理归档保存。为了保证资料档案保存的规范与安全，非临床安全性评价研究机构应设立资料档案室，指定专人按照标准操作规程的要求负责资料档案保管工作。

9. 监督检查

GLP 第四十一～四十二条规定，国家食品药品监督管理局负责组织实施对非临床安全性评价研究机构的检查。在中华人民共和国申请药品注册而进行的非临床研究，应接受药品监督管理部门的监督检查。

知识链接

国家食品药品监督管理局公布的通过 GLP 认证的机构名单（截止 2009 年底）

序号	机构名称	公告时间（批件编号）
1	中国药品生物制品检定所（国家药物安全评价监测中心）	2003 年 5 月 22 日（第 1 号）
2	上海医药工业研究院（国家上海新药安全评价研究中心）	2003 年 5 月 22 日（第 1 号）

序号	机构名称	公告时间（批件编号）
3	江苏省药物研究所（江苏省药物安全性评价中心）	2003 年 5 月 22 日（第 1 号）
4	沈阳化工研究院安全评价中心（国家沈阳新药安全评价研究中心）	2003 年 5 月 22 日（第 1 号）
5	四川省天然药物研究所（安全性评价中心）	2004 年 3 月 18 日（第 2 号） 2006 年 3 月 20 日（第 12 号）
6	中国科学院上海药物研究所（药物安全评价研究中心）	2004 年 8 月 3 日（第 3 号）
7	广州市医药工业研究所（新药安全评价研究重点实验室）	2004 年 9 月 6 日（第 4 号）
8	浙江省医学科学院（新药安全评价研究重点实验室）	2004 年 9 月 7 日（第 5 号）
9	国家成都中药安全性评价中心	2004 年 12 月 9 日（第 6 号）
10	吉林天药科技药物安全评价有限公司	2004 年 12 月 23 日（第 7 号）
11	北京协和建昊医药技术开发有限责任公司（中国医学科学院中国协和医科大学新药安全评价研究中心）	2004 年 12 月 23 日（第 7 号）
12	湖北省医药工业研究院有限公司（湖北省药物安全性评价中心）	2005 年 1 月 24 日（第 8 号）
13	军事医学科学院毒物药物研究所（国家北京药物安全评价中心）	2005 年 2 月 6 日（第 9 号）
14	山东大学（新药评价中心药物安全性评价实验室）	2005 年 2 月 6 日（第 10 号）
15	北京昭衍新药研究中心	2005 年 7 月 5 日（第 11 号）
16	中国辐射防护研究院（药物安全性评价中心）	2006 年 3 月 20 日（第 12 号）
17	山东省医药工业研究所（药物安全性评价中心）	2006 年 3 月 20 日（第 12 号）
18	云南省药物研究所（药物安全性评价中心）	2006 年 3 月 20 日（第 12 号）
19	新疆维吾尔自治区维吾尔医研究所（药物安全性评价中心）	2006 年 3 月 20 日（第 12 号）
20	四川抗菌素工业研究所有限公司（国药控股安全性评价研究中心）	2006 年 3 月 20 日（第 12 号）
21	上海中医药大学（药物安全评价研究中心）	2006 年 7 月 27 日（第 13 号）
22	第二军医大学（药物安全性评价中心）	2006 年 11 月 8 日（第 14 号）
23	湖北省预防医学科学院（食品药品安全性评价研究所）	GLP07001001
24	中国医学科学院实验动物研究所	GLP07002002
25	天津药物研究院（天津市新药安全评价研究中心）	GLP07003003
26	广州中医药大学科技产业园有限公司（新南方药物安全性评价中心）	GLP07004004
27	辽宁省食品药品检验所（药物安全评价中心）	GLP07005005
28	北京市药品检验所（药物安全评价中心）	GLP08001006
29	青岛市药品检验所（新药安全评价中心）	GLP08002007
30	山东大学（新药评价中心药物安全性评价实验室）	GLP08003008
31	上海市计划生育科学研究所（中国生育调节药物毒理检测中心）	GLP09001009
32	山东绿叶制药有限公司（山东绿叶药物安全评价中心）	GLP09002010
33	苏州西山中科实验动物有限公司	GLP09003011
34	重庆市中药研究院（重庆市药物安全评价中心）	GLP09004012
35	浙江省医学科学院（安全性评价研究中心）	GLP09005013
36	郑州大学（郑州大学药物安全性评价研究中心）	GLP09006014

三、学习小结

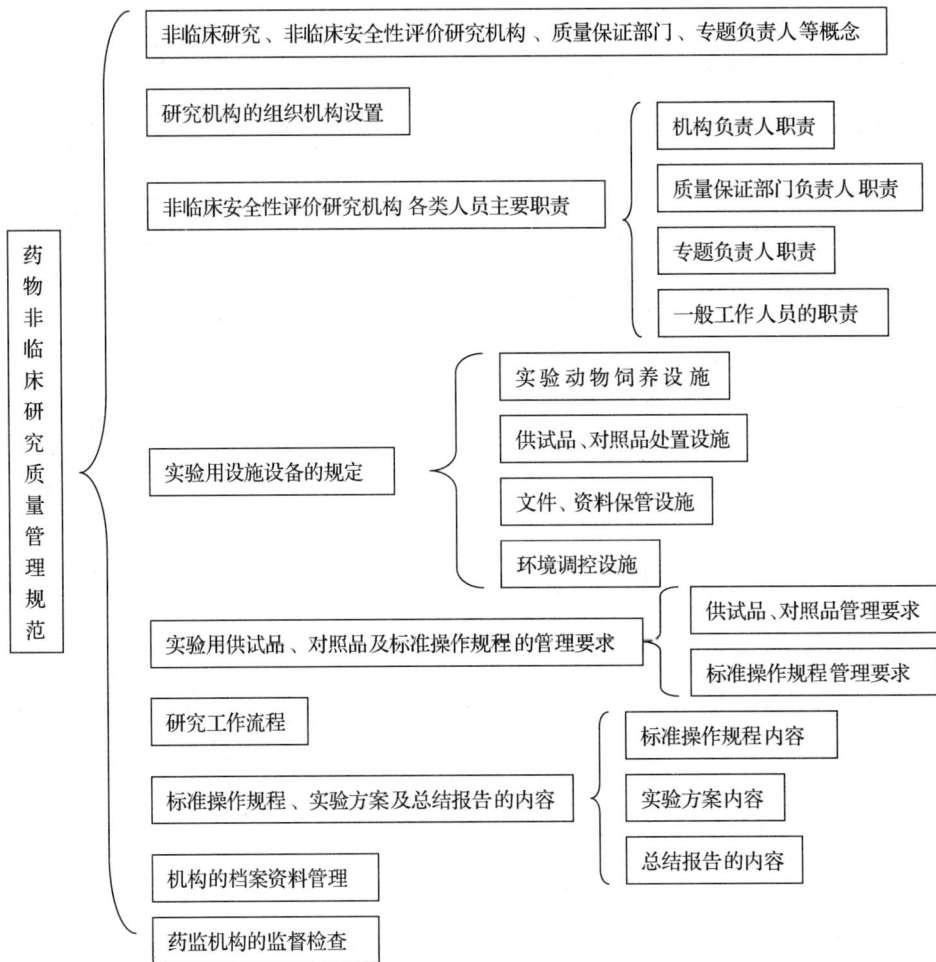

药物非临床研究质量管理规范
- 非临床研究、非临床安全性评价研究机构、质量保证部门、专题负责人等概念
- 研究机构的组织机构设置
- 非临床安全性评价研究机构 各类人员主要职责
  - 机构负责人职责
  - 质量保证部门负责人职责
  - 专题负责人职责
  - 一般工作人员的职责
- 实验用设施设备的规定
  - 实验动物饲养设施
  - 供试品、对照品处置设施
  - 文件、资料保管设施
  - 环境调控设施
- 实验用供试品、对照品及标准操作规程的管理要求
  - 供试品、对照品管理要求
  - 标准操作规程管理要求
- 研究工作流程
- 标准操作规程、实验方案及总结报告的内容
  - 标准操作规程内容
  - 实验方案内容
  - 总结报告的内容
- 机构的档案资料管理
- 药监机构的监督检查

四、思考题

1. 非临床安全性评价研究机构质量保证部门负责人的职责有哪些?

2. 非临床安全性评价研究的实验方案包括哪些内容?

3. 请简述药物非临床研究标准操作规程的内容。

4. 非临床安全性评价研究机构负责人的职责有哪些?

5. 请简述药物非临床研究机构档案资料的管理要求。

6. 药物非临床研究工作的具体流程是什么?

（冯变玲）

药物临床试验质量管理规范

为了保证药物临床试验过程的规范，结果科学可靠、保护受试者的权益并保障其安全，根据《中华人民共和国药品管理法》有关条款的规定，国家食品药品监督管理局于 2003 年 6 月 4 日经国家食品药品监督管理局局务会审议通过，以国家食品药品监督管理局第 3 号令发布了《药物临床试验质量管理规范》，自 2003 年 9 月 1 日起施行。

一、学习要点

通过学习《药物临床试验质量管理规范》，使学员掌握伦理委员会审议试验方案的内容、受试者享有的权利及获得知情同意书的要求，临床试验方案的内容，临床试验中各类人员的要求，受试者权益的保障，临床试验总结报告的内容及临床试验记录的要求；熟悉临床研究的总体要求，试验用药品及多中心临床试验的管理要求，数据管理及质量保证的要求；了解临床试验、试验方案、知情同意书、伦理委员会等 8 个相关概念和临床试验前的必要准备。

二、学习内容

《药物临床试验质量管理规范》的英文全称为 Good Clinical Practice，简称 GCP。它是进行各期临床试验、人体生物利用度或生物等效性试验时必须遵守的规定。全文共计 13 章 70 条，包括总则、临床试验前的准备与必要条件、受试者的权益保障、试验方案、研究者的职责、申办者的职责、监查员的职责、记录与报告、数据管理与统计分析、试验用药品的管理、质量保证、多中心试验及附则。其主要内容可概括为以下几点：

1. 临床试验、试验方案、知情同意书、伦理委员会等相关概念

GCP 第六十八条对临床试验、试验方案、研究者手册、知情同意书、伦理委员会、病例报告表、试验用药品、设盲 8 个概念做了界定，

临床试验指任何在人体（病人或健康志愿者）进行药物的系统性研究，以证实或揭示试验药物的作用、不良反应及/或试验药物的吸收、分布、代谢和排泄，目的是确定试验药物的疗效与安全性。

试验方案是叙述试验的背景、理论基础和目的，试验设计、方法和组织，包括统计学考虑、试验执行和完成的条件。方案必须由参加试验的主要研究者、研究机构和申办者签章并注明日期。

研究者手册是有关试验药物在进行人体研究时已有的临床与非临床研究资料。

知情同意书是每位受试者表示自愿参加某一试验的文件证明。研究者需向受试

者说明试验性质、试验目的、可能的受益和风险、可供选用的其他治疗方法以及符合《赫尔辛基宣言》规定的受试者的权利和义务等，使受试者充分了解后表达其同意。

伦理委员会由医学专业人员、法律专家及非医务人员组成的独立组织，其职责为核查临床试验方案及附件是否合乎道德，并为之提供公众保证，确保受试者的安全、健康和权益受到保护。该委员会的组成和一切活动不应受临床试验组织和实施者的干扰或影响。

病例报告表指按试验方案所规定设计的一种文件，用以记录每一名受试者在试验过程中的数据。

试验用药品指用于临床试验中的试验药物、对照药品或安慰剂。

设盲指临床试验中使一方或多方不知道受试者治疗分配的程序。单盲指受试者不知，双盲指受试者、研究者、监查员或数据分析者均不知治疗分配。

2. 临床研究的总体要求

GCP第二、四条对药物临床研究提出总体要求，指出药物临床试验质量管理规范是对临床试验全过程所做的标准性的规定，其包括方案设计、组织实施、监查、稽查、记录、分析总结和报告等环节。

各环节的研究工作必须符合《世界医学大会赫尔辛基宣言》（即公正、尊重人格、力求使受试者最大程度受益和尽可能避免伤害）的要求。

3. 临床试验前的必要准备

GCP第五~七条对临床试验前的准备与必要条件作出明确规定，指出进行药物临床试验必须有充分的科学依据，在进行人体试验前，必须周密考虑该试验的目的及要解决的问题，应权衡对受试者和公众健康预期的受益及风险，预期的受益应超过可能出现的损害。选择临床试验方法必须符合科学和伦理要求。进行临床试验前，申办者应准备和提供按照《药品生产质量管理规范》要求制备的供临床试验用的临床试验用药品，以及该药物的临床前研究资料（包括处方组成、制造工艺和质量检验结果等）。所提供的临床前资料必须符合各期临床试验的要求，此外，申办者还应提供试验药物已完成的和其他地区正在进行的与临床试验有关的有效性和安全性资料。

药物临床试验机构的设施与条件应满足安全有效地进行临床试验的需要。所有研究者都应具备承担该项临床试验的专业特长、资格和能力，并经过培训。临床试验开始前，研究者和申办者应就试验方案、试验的监查、稽查和标准操作规程以及试验中的职责分工等达成书面协议。

4. 受试者权益的保障

GCP第八~十一、十三条指出，伦理委员会与知情同意书是保障受试者权益的主要措施。为了确保临床试验中受试者的权益，必须成立独立的伦理委员会，并向国家食品药品监督管理局备案。伦理委员会应有从事医药相关专业人员、非医药专业人员、法律专家及来自其他单位的人员，至少五人组成，并有不同性别的委员。伦理委员会的组成和工作不应受任何参与试验者的影响。

药物临床试验时，试验方案在确保试验的科学性和可靠性的前提下必需对受试者的个人权益给予充分的保障，同时经伦理委员会审议同意并签署批准意见后方可实施。在试验进行期间，试验方案的任何修改均应经伦理委员会批准；试验中发生严重不良事件，应及时向伦理委员会报告。

伦理委员会对临床试验方案的审查意见应在讨论后以投票方式作出决定，参与该临床试验的委员应当回避。因工作需要可邀请非委员的专家出席会议，但不投票。伦理委员会应建立工作程序，所有会议及其决议均应有书面记录，记录保存至临床试验结束后五年。

伦理委员会在接到临床试验申请后应及时召开会议，审阅讨论，签发书面意见，并附出席会议的委员名单、专业情况及本人签名。伦理委员会的意见可以是：①同意；②作必要的修正后同意；③不同意；④终止或暂停已批准的试验。

5. 伦理委员会审议试验方案的内容、受试者享有的权利及获得知情同意书的要求

GCP 第十二、十四~十五条对伦理委员会审议试验方案的内容、受试者享有的权利及获得知情同意书的要求作出明确规定，具体见表 2 – 20。

表 2 – 20　伦理委员会审议试验方案的内容、受试者享有的权利及获得知情同意书的要求表

类别	具体内容
伦理委员会审议试验方案	①研究者的资格、经验、是否有充分的时间参加临床试验，人员配备及设备条件等是否符合试验要求； ②试验方案是否充分考虑了伦理原则，包括研究目的、受试者及其他人员可能遭受的风险和受益及试验设计的科学性； ③受试者入选的方法，向受试者（或其家属、监护人、法定代理人）提供有关本试验的信息资料是否完整易懂，获取知情同意书的方法是否适当； ④受试者因参加临床试验而受到损害甚至发生死亡时，给予的治疗和/或保险措施； ⑤对试验方案提出的修正意见是否可接受； ⑥定期审查临床试验进行中受试者的风险程度
受试者享有的权利	①受试者参加试验应是自愿的，而且有权在试验的任何阶段随时退出试验而不会遭到歧视或报复，其医疗待遇与权益不会受到影响； ②必须使受试者了解，参加试验及在试验中的个人资料均属保密。必要时，药品监督管理部门、伦理委员会或申办者，按规定可以查阅参加试验的受试者资料； ③试验目的、试验的过程与期限、检查操作、受试者预期可能的受益和风险，告知受试者可能被分配到试验的不同组别； ④必须给受试者充分的时间以便考虑是否愿意参加试验，对无能力表达同意的受试者，应向其法定代理人提供上述介绍与说明。知情同意过程应采用受试者或法定代理人能理解的语言和文字，试验期间，受试者可随时了解与其有关的信息资料； ⑤如发生与试验相关的损害时，受试者可获得治疗和相应的补偿

类别	具 体 内 容
获得知情同意书的要求	①由受试者或其法定代理人在知情同意书上签字并注明日期，执行知情同意过程的研究者也需在知情同意书上签署姓名和日期； ②对无行为能力的受试者，如果伦理委员会原则上同意、研究者认为受试者参加试验符合其本身利益时，则这些病人也可以进入试验，同时应经其法定监护人同意并签名及注明日期； ③儿童作为受试者，必须征得其法定监护人的知情同意并签署知情同意书，当儿童能做出同意参加研究的决定时，还必须征得其本人同意； ④在紧急情况下，无法取得本人及合法代表人的知情同意书，如缺乏已被证实有效的治疗方法，而试验药物有望挽救生命，恢复健康，或减轻病痛，可考虑作为受试者，但需要在试验方案和有关文件中清楚说明接受这些受试者的方法，并事先取得伦理委员会同意； ⑤如发现涉及试验药物的重要新资料则必须将知情同意书作书面修改送伦理委员会批准后，再次取得受试者同意

6. 临床试验方案的内容

GCP第十六～十七条对临床试验方案的内容作出规定，临床试验开始前应制定试验方案，该方案应由研究者与申办者共同商定并签字，报伦理委员会审批后实施。临床试验方案的内容包括：①试验题目；②试验目的，试验背景，临床前研究中有临床意义的发现和与该试验有关的临床试验结果、已知对人体的可能危险与受益，及试验药物存在人种差异的可能；③申办者的名称和地址，进行试验的场所，研究者的姓名、资格和地址；④试验设计的类型，随机化分组方法及设盲的水平；⑤受试者的入选标准，排除标准和剔除标准，选择受试者的步骤，受试者分配的方法；⑥根据统计学原理计算要达到试验预期目的所需的病例数；⑦试验用药品的剂型、剂量、给药途径、给药方法、给药次数、疗程和有关合并用药的规定，以及对包装和标签的说明；⑧拟进行临床和实验室检查的项目、测定的次数和药代动力学分析等；⑨试验用药品的登记与使用记录、递送、分发方式及储藏条件；⑩临床观察、随访和保证受试者依从性的措施；⑪中止临床试验的标准，结束临床试验的规定；⑫疗效评定标准，包括评定参数的方法、观察时间、记录与分析；⑬受试者的编码、随机数字表及病例报告表的保存手续；⑭不良事件的记录要求和严重不良事件的报告方法、处理措施、随访的方式、时间和转归；⑮试验用药品编码的建立和保存，揭盲方法和紧急情况下破盲的规定；⑯统计分析计划，统计分析数据集的定义和选择；⑰数据管理和数据可溯源性的规定；⑱临床试验的质量控制与质量保证；⑲试验相关的伦理学；⑳临床试验预期的进度和完成日期；㉑试验结束后的随访和医疗措施；㉒各方承担的职责及其他有关规定；㉓参考文献。

临床试验中，若确有需要，可以按规定程序对试验方案作修正。

7. 临床试验中各类人员的要求

（1）GCP第十九～三十一条提出了临床试验的研究者应具备的条件，并对研究者的工作做出具体要求。

负责临床试验的研究者应具备下列条件：即

①在医疗机构中具有相应专业技术职务任职和行医资格；

②具有试验方案中所要求的专业知识和经验；

③对临床试验方法具有丰富经验或者能得到本单位有经验的研究者在学术上的指导；

④熟悉申办者所提供的与临床试验有关的资料与文献；

⑤有权支配参与该项试验的人员和使用该项试验所需的设备。

对临床试验的研究者的具体要求有：

①临床试验研究者在开展临床试验前必须详细阅读和了解试验方案的内容，并熟悉试验药物的性质、作用、疗效及安全性（包括该药物临床前研究的有关资料），同时也应掌握临床试验进行期间发现的所有与该药物有关的新信息。

②研究者必须在有良好医疗设施、实验室设备、人员配备的医疗机构进行临床试验，该机构应具备处理紧急情况的一切设施，以确保受试者的安全。实验室检查结果应准确可靠。

③研究者应获得所在医疗机构或主管单位的同意，保证有充分的时间在方案规定的期限内负责和完成临床试验。研究者须向参加临床试验的所有工作人员说明有关试验的资料、规定和职责，确保有足够数量并符合试验方案的受试者进入临床试验。

④研究者应向受试者说明经伦理委员会同意的有关试验的详细情况，并取得知情同意书。

⑤研究者负责作出与临床试验相关的医疗决定，保证受试者在试验期间出现不良事件时得到适当的治疗。

⑥研究者有义务采取必要的措施以保障受试者的安全，并记录在案。在临床试验过程中如发生严重不良事件，研究者应立即对受试者采取适当的治疗措施，同时报告药品监督管理部门、卫生行政部门、申办者和伦理委员会，并在报告上签名及注明日期。

⑦研究者应保证将数据真实、准确、完整、及时、合法地载入病历和病例报告表。

⑧研究者应接受申办者派遣的监查员或稽查员的监查和稽查及药品监督管理部门的稽查和视察，确保临床试验的质量。

⑨研究者应与申办者商定有关临床试验的费用，并在合同中写明。研究者在临床试验过程中，不得向受试者收取试验用药所需的费用。

⑩临床试验完成后，研究者必须写出总结报告，签名并注明日期后送申办者。此外，研究者中止一项临床试验必须通知受试者、申办者、伦理委员会和药品监督管理部门，并阐明理由。

（2）GCP第三十二～四十四条指出，临床试验申办者负责发起、申请、组织、监查和稽查临床试验，并提供试验经费。按国家法律、法规等有关规定，向国家食品药品监督管理局递交临床试验的申请，也可委托合同研究组织执行临床试验中的某些工作和任务。其在临床研究中的职责如下：

①申办者选择临床试验的机构和研究者，认可其资格及条件以保证试验的完成。

②申办者提供研究者手册，其内容包括试验药物的化学、药学、毒理学、药理学和临床的（包括以前的和正在进行的试验）资料和数据。

③申办者在获得国家食品药品监督管理局批准并取得伦理委员会批准件后方可按方案组织临床试验。临床试验方案应由申办者和研究者共同设计，其中必须述明方案实施、数据管理、统计分析、结果报告、发表论文方式等方面双方的职责与分工，其后双方签署合同。若研究者不遵从已批准的方案或有关法规而进行试验时，申办者有权指出并加以纠正，如情况严重或研究者坚持不改，则应终止研究者参加临床试验，并向药品监督管理部门报告。

④申办者应向研究者提供具有易于识别、正确编码并贴有特殊标签的试验药物、标准品、对照药品或安慰剂，并保证质量合格。试验用药品应按试验方案的需要进行适当包装、保存。申办者应建立试验用药品的管理制度和记录系统。

⑤申办者任命合格的监查员，并为研究者所接受。

⑥申办者应建立对临床试验的质量控制和质量保证系统，可组织对临床试验的稽查以保证质量。

⑦申办者应与研究者对所发生的严重不良事件迅速采取必要的措施以保证受试者的安全和权益，并及时向药品监督管理部门和卫生行政部门报告，同时向涉及同一药物的临床试验的其他研究者通报。

⑧申办者应对参加临床试验的受试者提供保险，对于发生与试验相关的损害或死亡的受试者承担治疗的费用及相应的经济补偿。申办者应向研究者提供法律上与经济上的担保，但由医疗事故所致者除外。

⑨申办者负责向国家食品药品监督管理局递交试验的总结报告。

⑩申办者中止一项临床试验前，须通知研究者、伦理委员会和国家食品药品监督管理局，并述明理由。

（3）GCP 第四十五～四十七条提出了临床试验监查员的工作职责。

临床试验中应专门设立监查员，它是申办者与研究者之间的主要联系人。其人数及访视的次数取决于临床试验的复杂程度和参与试验的医疗机构的数目。监查员应有适当的医学、药学或相关专业学历，并经过必要的训练，熟悉药品管理有关法规，熟悉有关试验药物的临床前和临床方面的信息及临床试验方案。

具体职责包括：

①在试验前确认试验承担单位已具有适当的条件，包括人员配备与培训情况，实验室设备齐全、运转良好，具备各种与试验有关的检查条件，估计有足够数量的受试者，参与研究人员熟悉试验方案中的要求；

②在试验过程中监查研究者对试验方案的执行情况，确认在试验前取得所有受试者的知情同意书，了解受试者的入选率及试验的进展状况，确认入选的受试者合格；

③确认所有数据的记录与报告正确完整，所有病例报告表填写正确，并与原始资料一致。所有错误或遗漏均已改正或注明，经研究者签名并注明日期。每一受试者的剂量改变、治疗变更、合并用药、间发疾病、失访、检查遗漏等均应确认并记录。核实入选受试者的退出与失访已在病例报告表中予以说明；

④确认所有不良事件均记录在案，严重不良事件在规定时间内作出报告并记录在案；

⑤核实试验用药品按照有关法规进行供应、储藏、分发、收回，并做相应的记录；

⑥协助研究者进行必要的通知及申请事宜，向申办者报告试验数据和结果；

⑦应清楚如实记录研究者未能做到的随访、未进行的试验、未做的检查，以及是否对错误、遗漏作出纠正；

⑧每次访视后作一书面报告递送申办者，报告应述明监查日期、时间、监查员姓名、监查的发现等。

8. 临床试验记录的要求

GCP第四十八~五十、五十二条对临床试验记录做出要求，病历是临床试验的原始文件，应完整保存。病例报告表中的数据来自原始文件并与原始文件一致，试验中的任何观察、检查结果均应及时、准确、完整、规范、真实地记录于病历和正确地填写至病例报告表中，不得随意更改，确因填写错误，作任何更正时应保持原记录清晰可辩，由更正者签署姓名和时间。

临床试验中各种实验室数据均应记录或将原始报告复印件粘贴在病例报告表上，在正常范围内的数据也应具体记录。对显著偏离或在临床可接受范围以外的数据须加以核实。检测项目必须注明所采用的计量单位。

为保护受试者隐私，病例报告表上不应出现受试者的姓名。研究者应按受试者的代码确认其身份并记录。

临床试验中的资料均须按规定保存及管理。研究者应保存临床试验资料至临床试验终止后五年。申办者应保存临床试验资料至试验药物被批准上市后五年。

9. 临床试验总结报告的内容

GCP第五十一条明确规定了临床试验总结报告应包括的内容，即：①随机进入各组的实际病例数，脱落和剔除的病例及其理由；②不同组间的基线特征比较，以确定可比性；③对所有疗效评价指标进行统计分析和临床意义分析。统计结果的解释应着重考虑其临床意义；④安全性评价应有临床不良事件和实验室指标合理的统计分析，对严重不良事件应详细描述和评价；⑤多中心试验评价疗效，应考虑中心间存在的差异及其影响；⑥对试验药物的疗效和安全性以及风险和受益之间的关系作出简要概述和讨论。

10. 数据管理及质量保证的要求

为了将试验数据迅速、完整、无误地纳入临床试验报告，GCP第五十三~五十五条规定，临床试验机构必须建立数据管理制度。所有涉及数据管理的各种步骤均需记录在案，以便对数据质量及试验实施进行检查。此外，还应采用计算机数据库等适当的程序保证数据库的保密性。

临床试验中受试者的分配必须按试验设计确定的随机分配方案进行，每名受试者的处理分组编码应作为盲底由申办者和研究者分别保存。设盲试验应在方案中规定揭盲的条件和执行揭盲的程序，并配有相应处理编码的应急信件。在紧急情况下，允许对个别受试者紧急破盲而了解其所接受的治疗，但必须在病例报告表上说明理由。

临床试验资料的统计分析过程及其结果的表达必须采用规范的统计学方法。临床试验各阶段均需有生物统计学专业人员参与。临床试验方案中需有统计分析计划，并在正式统计分析前加以确认和细化。若需作中期分析，应说明理由及操作规程。对治疗作用的评价应将可信区间与假设检验的结果一并考虑。所选用统计分析数据集需加以说明。对于遗漏、未用或多余的资料须加以说明，临床试验的统计报告必须与临床试验总结报告相符。

GCP第六十二～六十三条规定，临床试验的申办者及研究者均应履行各自职责，并严格遵循临床试验方案，采用标准操作规程，以保证临床试验的质量控制和质量保证系统的实施。此外，药品监督管理部门会对研究者与申办者在实施试验中各自的任务与执行状况进行视察。

临床试验中所有的观察结果和发现都应加以核实，在数据处理的每一阶段必须进行质量控制，以保证数据完整、准确、真实、可靠。药品监督管理部门、申办者可委托稽查人员对临床试验相关活动和文件进行系统性检查，以评价试验是否按照试验方案、标准操作规程以及相关法规要求进行，试验数据是否及时、真实、准确、完整地记录。

稽查应由不直接涉及该临床试验的人员执行。

11. 试验用药品及多中心临床试验的管理要求

GCP第五十六～六十、六十五～六十七条对试验用药品及多中心临床试验的管理做出规定，具体见表2-21。

表2-21 试验用药品及多中心临床试验的管理要求

类　别	管　理　要　求
试验用药品	①申办者负责对临床试验用药品进行适当的包装，并标明为临床试验专用。在双盲临床试验中，试验药物与对照药品或安慰剂在外形、气味、包装、标签和其他特征上均应一致； ②试验用药品的使用由研究者负责，研究者必须保证所有试验用药品仅用于该临床试验的受试者，其剂量与用法应遵照试验方案，剩余的试验用药品退回申办者，其过程需由专人负责并记录在案，试验用药品须有专人管理。研究者不得把试验用药品转交任何非临床试验的参加者； ③试验用药品的使用记录应包括数量、装运、递送、接受、分配、应用后剩余药物的回收与销毁等方面的信息； ④试验用药品的供给、使用、储藏及剩余药物的处理过程应接受相关人员的检查； ⑤临床试验用药品不得销售
多中心试验	是由多位研究者按同一试验方案在不同地点和单位同时进行的临床试验。其要求： ①试验方案由各中心的主要研究者与申办者共同讨论认定，伦理委员会批准后执行； ②在临床试验开始时及进行的中期应组织研究者会议； ③各中心同期进行临床试验； ④各中心临床试验样本大小及中心间的分配应符合统计分析的要求； ⑤保证在不同中心以相同程序管理试验用药品，包括分发和储藏； ⑥根据同一试验方案培训参加该试验的研究者； ⑦建立标准化的评价方法，试验中所采用的实验室和临床评价方法均应有统一的质量控制，实验室检查也可由中心实验室进行； ⑧数据资料应集中管理与分析，应建立数据传递、管理、核查与查询程序； ⑨保证各试验中心研究者遵从试验方案，包括在违背方案时终止其参加试验

三、学习小结

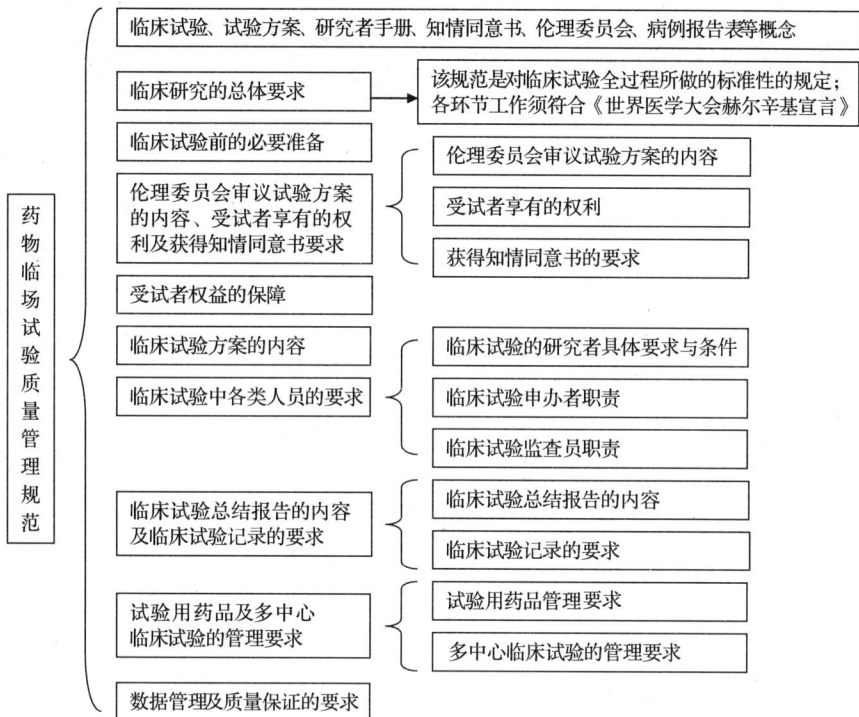

四、学习测试

（一）思考题

1. 临床试验中受试者享有哪些权利？

2. 获得知情同意书的要求有哪些？

3. 为了保证试验的质量，对临床试验的研究者有哪些要求？

4. 多中心临床试验的管理要求有哪些？

5. 临床试验方案的内容有哪些？

6. 受试者的权益如何保障？

（二）案例分析

为加强对伦理委员会药物临床试验伦理审查工作的指导，规范伦理委员会药物临床试验伦理审查工作，切实保护受试者的安全和权益，国家局组织起草了《伦理委员会药物临床试验伦理审查工作指导原则》（征求意见稿）于 2009 年 8 月 5 日以"食药监办注函〔2009〕306 号"文下发了"关于征求《伦理委员会药物临床试验伦理审查工作指导原则》（征求意见稿）修改意见的函"。

分析与讨论

请结合征求意见稿的相关内容说明伦理委员会在审查药物临床试验伦理工作时应遵循哪些方面的原则？

（冯变玲）

《中药材生产质量管理规范》（试行）

为规范中药材生产，保证中药材质量，促进中药标准化、现代化，国家药品监督管理局制定了《中药材生产质量管理规范》（Good Agricultural practice. 简称为 GAP），2002 年 3 月 18 日经国家药品监督管理局局务会审议通过，2002 年 4 月 17 日以第 32 号局令发布，自 2002 年 6 月 1 日起施行。

一、学习要点

通过学习《中药材生产质量管理规范》，使学员掌握制定中药材生产质量管理规范的目的、GAP 规范的适用范围、中药材 GAP 认证管理部门的职责及其 GAP 认证的程序，熟悉 GAP 的主要内容和常用术语的内涵，了解通过 GAP 认证的品种。

二、学习内容

GAP 的主要内容可概括如下。

1. 产地生态环境

要求中药材生产企业按照中药材产地适宜性优化原则，因地制宜，合理布局。中药材产地的环境如空气、土壤、灌溉水、动物饮用水应符合国家相应标准。药用动物养殖企业应满足动物种群对生态因子的需求及与生活、繁殖相适应的条件。

2. 种质和繁殖材料

对生产中药材采用的物种的种名、亚种、变种或品种应准确鉴定和审核。对种子、菌种和繁殖材料在生产、储运过程中应实行检验和检疫制度，以防止伪劣种子菌种和繁殖材料的交易和传播。对动物应按习性进行药用动物的引种及驯化。加强中药材良种选育、配种工作，建立良种繁殖基地，保护药用动植物种质资源。

3. 药用植物栽培

根据药用植物生产发育要求确定栽培区域，制定种植规程。根据其营养特点及土壤的供肥能力，确定施肥种类、时间和数量，施用肥料的种类以有机肥为主，根据不同药用植物物种生长发育的需要有限度地使用化学肥料。允许施用经充分腐熟达到无害化卫生标准的农家肥；根据药用植物不同生长发育时期的需水规律及气候条件、土壤水分状况，适时、合理灌溉和排水，根据其生长发育特性和不同的药用部位，加强田间管理，及时打顶、摘蕾、整枝、修剪、覆盖遮荫，调控植株生长发育。药用植物病虫害的防治采取综合措施，必须施用农药时，采用最小有效剂量并选用高效、低毒、低残留农药，以降低其残留和重金属污染。

4. 药用动物养殖管理

根据其生存环境、食性、行为特点及对环境的适应能力，确定养殖方式和方法。

应科学配制饲料，定时定量投喂，适时适量地补充精料、维生素、矿物质及必需的添加剂，不得添加激素、类激素等添加剂；应确定适宜的给水时间及次数；草食动物应尽可能通过多食青绿多汁的饲料补充水分。养殖环境应保持清洁卫生，建立消毒制度；对药用动物的疫病防治，应以预防为主，定期接种疫苗。禁止将中毒、感染疫病的药用动物加工成中药材。

5. 采收与初加工

（1）采集应坚持"最大持续产量"原则

最大持续产量即不危害生态环境，可持续生产（采收）的最大产量。野生或半野生药用动植物的采集应坚持"最大持续产量"的原则，有计划地进行野生抚育、轮采与封育，以利生物的繁衍与资源的更新。

（2）确定适宜的采收时间和方法

根据产品质量及植物单位面积产量或动物养殖数量，并参考传统采收经验等因素确定适宜的采收时间，包括采收期、采收年限，以及采收方法。

（3）对采收机械、器具、加工场地的要求

采收机械、器具应保护清洁、无污染，存放在无虫鼠和禽畜的干燥场所。

加工场地应清洁、通风，具有遮阳、防雨和防鼠、虫及禽畜的设施。

（4）对药用部分采收后的要求

药用部分采收后，经过拣选、清洗、切制或修整等适宜的加工，需干燥的应采用适宜的方法和技术迅速干燥，并控制温度和湿度，使中药材不受污染，有效成分不被破坏。

鲜用药材可采用冷藏、砂藏、罐储、生物保鲜等适宜的保鲜方法，尽可能不使用保鲜剂和防腐剂。如必须使用时，应符合国家对食品添加剂的有关规定。

（5）地道药材的加工

地道药材应按传统方法进行加工。如有改动，应提供充分试验数据，不得影响药材质量。

6. 对包装、运输与储藏的规定

（1）包装

包装材料应清洁、干燥、无污染、无破损，并符合药材质量要求。包装应按标准操作规程操作，并有批包装记录。包装记录应包括品名、规格、产地、批号、重量、包装工号、包装日期等。在每件药材包装上，应标明品名、规格、产地、批号、包装日期、生产单位，并附有质量合格的标志。

易破碎的药材应使用坚固的箱盒包装，毒性、麻醉性、贵细药材应使用特殊包装，并应贴上相应的标记。

（2）运输

药材批量运输时，不应与其他有毒、有害、易串味物质混装。运输容器应具有较好的通气性，以保持干燥，并应有防潮措施。

（3）储藏

药材仓库应通风、干燥、避光，必要时安装空调及除湿设备，并具有防鼠、虫、禽畜的措施。地面应整洁、无缝隙、易清洁。药材应存放在货架上，与墙壁保持足够距离,防止虫蛀、霉变、腐烂、泛油等现象发生,并定期检查。

7. 质量管理

(1) 设置质量管理部门

生产企业应设质量管理部门,负责中药材生产全过程的监督管理和质量监控,并应配备与药材生产规模、品种检验要求相适应的人员、场所、仪器和设备。

质量管理部门的主要职责:①负责环境监测、卫生管理;②负责生产资料、包装材料及药材的检验,并出具检验报告;③负责制定培训计划,并监督实施;④负责制定和管理质量文件,并对生产、包装、检验等各种原始记录进行管理。

(2) 药材包装前应对每批药材进行检验

药材包装前,质量检验部门应对每批药材按中药材国家标准或经审核批准的中药材标准进行检验。检验项目应至少包括药材性状与鉴别、杂质、水分、灰分与酸不溶性灰分、浸出物、指标性成分或有效成分含量。农药残留量、重金属及微生物限度均应符合国家标准和有关规定。

不合格的中药材不得出厂和销售。

8. 人员和设备

生产企业的技术负责人、质量管理部门负责人应有相关专业的大专以上学历和药材生产实践经验,或药材质量管理经验。

从事中药材生产的人员应具有基本的中药学、农学或畜牧学常识,并经生产技术、安全及卫生学知识培训;从事田间工作的人员应熟悉栽培技术、农药的施用及防护技术;从事养殖的人员应熟悉养殖技术。并规定从事加工、包装、检验的人员应定期进行健康检查,患有传染病、皮肤病或外伤性疾病等不得从事直接接触药材的工作。对从事中药材生产的有关人员应定期培训与考核。

对生产企业的环境卫生、生产和检验用的仪器、仪表、量具、衡器等其适用范围和精密度应符合生产和检验的要求,有明显的状态标志,并定期校验。

9. 文件管理

生产企业应有生产管理、质量管理等标准操作规程。对每种中药材的生产全过程均应详细记录,必要时可附照片或图象。记录应包括:

(1) 种子、菌种和繁殖材料的来源;

(2) 生产技术与过程:

①药用植物播种的时间、数量及面积;育苗、移栽以及肥料的种类、施用时间、施用量、施用方法;农药中包括杀虫剂、杀菌剂及除莠剂的种类、施用量、施用时间和方法等。

②药用动物养殖日志、周转计划、选配种记录、产仔或产卵记录、病例病志、死亡报告书、死亡登记表、检免疫统计表、饲料配合表、饲料消耗记录、谱系登记表、后裔鉴定表等。

③药用部分的采收时间、采收量、鲜重和加工、干燥、干燥减重、运输、贮藏等。

④气象资料及小气候的记录等。

⑤药材的质量评价;药材性状及各项检测的记录。

要求所有原始记录、生产计划及执行情况、合同及协议书等均应存档,至少保存5年。

知识链接

中药材 GAP 规范常用术语的含义

1. 中药材　指药用植物、动物的药用部分采收后经产地初加工形成的原料药材。

2. 中药材生产企业　指具有一定规模、按一定程序进行药用植物栽培或动物养殖、药材初加工、包装、储存等生产过程的单位。

3. 最大持续产量　即不危害生态环境,可持续生产(采收)的最大产量。

4. 地道药材　传统中药材中具有特定的种质、特定的产区或特定的生产技术和加工方法所生产的中药材。

5. 种子、菌种和繁殖材料　植物(含菌物)可供繁殖用的器官、组织、细胞等,菌物的菌丝、子实体等;动物的种物、仔、卵等。

6. 病虫害综合防治　从生物与环境整体观点出发,本着预防为主的指导思想和安全、有效、经济、简便的原则,因地制宜,合理运用生物的、农业的、化学的方法及其他有效生态手段,把病虫的危害控制在经济阈值以下,以达到提高经济效益和生态效益之目的。

7. 半野生药用动植物　指野生或逸为野生的药用动植物辅以适当人工抚育和中耕、除草、施肥或喂料等管理的动植物种群。

知识链接

中药材 GAP 认证的程序

1. 申请中药材 GAP 认证的中药材生产企业,申报时需填写《中药材 GAP 认证申请表》,并向所在地省级食品药品监督管理局提交有关资料。省级食品药品监督管理局应当自收到申报资料之日起 40 个工作日内提出初审意见,符合规定的,将初审意见和认证资料转报 SFDA。

2. SFDA 对初审合格的认证资料在 5 日内进行形式审查,必要时可请专家论证(时限可延长至 30 个工作日)。符合要求的予以受理并转局认证中心。

3. 局认证中心在 30 个工作日内提出技术审查意见,制定现场检查方案,安排检查时间,检查组一般由 3~5 名检查员组成。

4. 检查组对企业实施中药材 GAP 的情况进行检查,一般在 3~5 天内完成。检查中如实记录缺陷项目,现场检查结束后,形成书面报告,并在 5 个工作日内将检查报告及相关资料报局认证中心。

5. 局认证中心在收到现场检查报告后 20 个工作日内进行技术审核,符合规定的,报 SFDA 审批。对符合《中药材生产质量管理规范》的,SFDA 向其颁发《中药材 GAP 证书》并予以公告。中药材 GAP 认证的程序,如下图所示。

中药材生产企业

↓ 填写《中药材 GAP 认证申请表》
　　提交有关资料

省级食品药品监督管理部门初审

↓ 符合规定的，转报 SFDA

国家食品药品监督管理局形式审查

↓ 符合要求的予以受理，并转局认证中心

局认证中心技术审查

↓ 制定现场检查方案，组成检查组

检查组实施现场检查

↓ 报送现场检查报告、记录、相关资料

局认证中心对现场检查报告技术审核

↓ 符合规定的，报 SFDA

国家食品药品监督管理局审批

↓

核发《中药材 GAP 证书》，发布公告

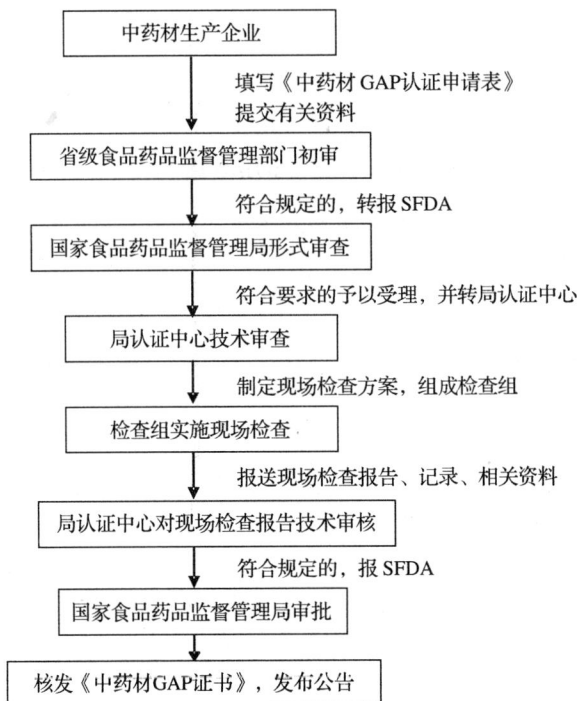

中药材 GAP 认证的程序图

知识链接

中药材 GAP 认证企业和品种

　　根据国家食品药品监督管理局《中药材 GAP 认证管理办法（试行）》的有关规定，国家食品药品监督管理局组织专家对有关中药材生产企业种植的中药材品种的生产质量管理进行现场检查，经审核，对符合《中药材生产质量管理规范》要求的，颁发《中药材 GAP 证书》并予以公告。2004 年 3 月 16 日，国家食品药品监督管理局发布了中药材 GAP 检查公告（第 1 号），对陕西天士力植物药业有限责任公司等 8 家中药材生产企业种植的丹参等 8 个中药材品种进行了公告，截止 2009 年 12 月 31 日，国家食品药品监督管理局共计发布了 8 期 GAP 检查公告，50 种中药材品种通过了国家食品药品监督管理局 GAP 检查，分别是：丹参、三七、山茱萸、鱼腥草、西红花、板蓝根、西洋参、人参、麦冬、栀子、青蒿（仅供提取青蒿素使用）、罂粟壳、黄连、穿心莲、灯盏花、何首乌、桔梗、党参、薏苡仁、绞股蓝、铁皮石斛、天麻、荆芥、黄芪、广藿香、川芎、泽泻、白芷、苦地丁、银杏叶、太子参、龙胆、玄参、地黄、山药、当归、款红花、头花蓼、平贝母、延胡索（元胡）、附子、五味子、云木香、金银花、苦参、淫羊藿（巫山淫羊藿）、罂粟、紫斑罂粟、红花罂粟、美洲大蠊。

三、学习小结

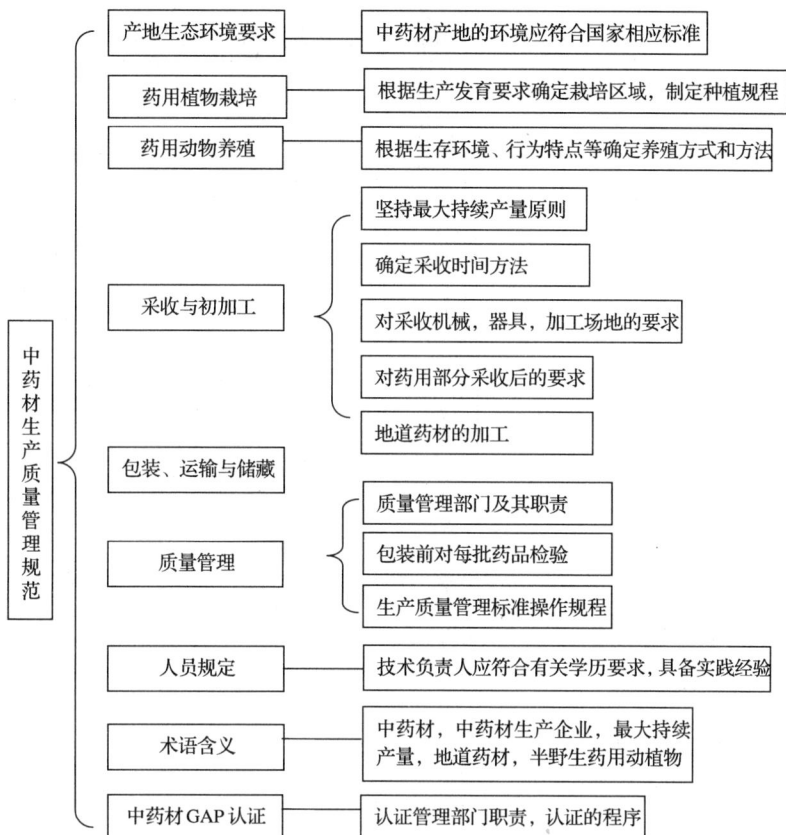

中药材生产质量管理规范

- 产地生态环境要求 → 中药材产地的环境应符合国家相应标准
- 药用植物栽培 → 根据生产发育要求确定栽培区域，制定种植规程
- 药用动物养殖 → 根据生存环境、行为特点等确定养殖方式和方法
- 采收与初加工
  - 坚持最大持续产量原则
  - 确定采收时间方法
  - 对采收机械，器具，加工场地的要求
  - 对药用部分采收后的要求
  - 地道药材的加工
- 包装、运输与储藏
- 质量管理
  - 质量管理部门及其职责
  - 包装前对每批药品检验
  - 生产质量管理标准操作规程
- 人员规定 → 技术负责人应符合有关学历要求，具备实践经验
- 术语含义 → 中药材，中药材生产企业，最大持续产量，地道药材，半野生药用动植物
- 中药材 GAP 认证 → 认证管理部门职责，认证的程序

四、思考题

1. 简述中药材生产企业、最大持续产量、地道药材的含义。
2. 结合工作实际，谈谈加强中药材生产质量管理的重要性。
3. 简述中药材 GAP 认证管理部门的职责。
4. 简述中药材 GAP 认证的程序。
5. 药监部门如何加强对通过 GAP 认证企业的监督管理工作。

（杨世民）

药品生产质量管理规范

为规范药品生产质量管理，根据《中华人民共和国药品管理法》规定，原国家药品监督管理局制定了《药品生产质量管理规范》（1998 年修订），并于 1999 年 6 月 18 日，以局令第 9 号发布，自 1999 年 8 月 1 日起施行。

一、学习要点

通过学习《药品生产质量管理规范》，使学员掌握该规范的适用范围，对机构和人员的要求，特殊药品厂房设施要求，工艺用水的要求，不同物料储存的要求，药品标签和说明书管理，防止药品被混淆和污染的措施，药品生产管理和质量管理文件的内容，批生产记录的内容，清场记录的内容，质量管理的相关内容；熟悉对一般厂房、洁净室（区）以及其他设施的要求，生产用设备的要求，对生产区、洁净区和工作服等的卫生要求，批包装记录内容，产品销售和收回的内容；了解投诉与不良反应报告，自检等相关规定。

二、学习内容

《药品生产质量管理规范》（以下简称《规范》或 GMP），该规范的主要内容可概括为以下 11 部分：

（一）适用范围

《规范》第二条，对该规范的适用范围作了规定：

本规范是药品生产和质量管理的基本准则。适用于药品制剂生产的全过程、原料药生产中影响成品质量的关键工序。

（二）机构和人员的相关要求

1. 机构

《规范》第三条指出，药品生产企业应建立生产和质量管理机构。各级机构和人员职责应明确，并配备一定数量的与药品生产相适应的具有专业知识、生产经验及组织能力的管理人员和技术人员。

2. 人员

《规范》第四～七条，对从事药品生产的各级人员提出了相关的要求，并指出各级人员均应按该规范的要求进行培训和考核。

（1）企业主管药品生产管理和质量管理的负责人：应具有医药或相关专业大专以上学历，有药品生产和质量管理经验，对本规范的实施和产品质量负责。

（2）药品生产管理部门和质量管理部门的负责人

①应具有医药或相关专业大专以上学历,有药品生产和质量管理的实践经验;

②有能力对药品生产和质量管理中的实际问题作出正确的判断和处理;

③药品生产管理部门和质量管理部门负责人不得互相兼任。

(3)从事药品生产操作及质量检验的人员:应经专业技术培训,具有基础理论知识和实际操作技能。

对从事高生物活性、高毒性、强污染性、高致敏性及有特殊要求的药品生产操作和质量检验人员应经相应专业的技术培训。

(三)厂房与设施的相关要求

1. 药品生产环境与布局

《规范》第八条,对药品生产环境与和总体布局作出了如下规定。

(1)生产环境:药品生产企业必须有整洁的生产环境;厂区的地面、路面及运输等不应对药品的生产造成污染。

(2)总体布局:生产、行政、生活和辅助区的总体布局应合理,不得互相妨碍。

2. 厂房要求

规范第九、十、十一、二十四条,对厂房的建设和布局作出了如下要求。

(1)厂房应按生产工艺流程及所要求的空气洁净级别进行合理布局。同一厂房内以及相邻厂房之间的生产操作不得相互妨碍。

(2)在设计和建设厂房时,应考虑使用时便于进行清洁工作。

(3)生产区和储存区应有与生产规模相适应的面积和空间用以安置设备、物料,便于生产操作,存放物料、中间产品、待验品和成品,应最大限度地减少差错和交叉污染。

(4)厂房应有防止昆虫和其他动物进入的设施。

(5)厂房必要时应有防尘及捕尘设施。

3. 洁净室(区)的要求

洁净室(区),是指需要对尘粒及微生物含量进行控制的房间(区域)。其建筑结构、装备及其使用均具有减少该区域内污染源的介入、产生和滞留的功能。

规范第十一、十三~十九条,对洁净室(区)作出了如下要求:

(1)洁净室(区)的内表面应平整光滑、无裂缝、接口严密、无颗粒物脱落,并能耐受清洗和消毒,墙壁与地面的交界处宜成弧形或采取其他措施,以减少灰尘积聚和便于清洁。

(2)洁净室(区)内各种管道、灯具、风口以及其他公用设施,在设计和安装时应考虑使用中避免出现不易清洁的部位。

(3)洁净室(区)应根据生产要求提供足够的照明。主要工作室的照度宜为300勒克斯;对照度有特殊要求的生产部位可设置局部照明。厂房应有应急照明设施。

(4)进入洁净室(区)的空气必须净化,并根据生产工艺要求划分空气洁净级别。洁净室(区)内空气的微生物数和尘粒数应定期监测,监测结果应记录存档。

(5)洁净室(区)的窗户、天棚及进入室内的管道、风口、灯具与墙壁或天棚的连接部位均应密封。空气洁净级别不同的相邻房间之间的静压差应大于5帕,洁净室(区)与室外大气的静压差应大于10帕,并应有指示压差的装置。

（6）洁净室（区）的温度和相对湿度应与药品生产工艺要求相适应。无特殊要求时，温度应控制在 18～26℃，相对湿度控制在 45%～65%。

（7）洁净室（区）内安装的水池、地漏不得对药品产生污染。

（8）不同空气洁净度级别的洁净室（区）之间的人员及物料出入，应有防止交叉污染的措施。

知识链接

洁净室（区）空气洁净度相关要求

药品生产洁净室（区）的空气洁净度可划分为四个级别：100 级、1 万级、10 万级、30 万级。其中，100 级洁净室的洁净程度最高。具体级别见下表：

洁净度级别	尘粒最大允许数/立方米		微生物最大允许数	
	≥0.5μm	≥5μm	浮游菌/立方米	沉降菌/皿
100 级	3,500	0	5	1
10,000 级	350,000	2,000	100	3
100,000 级	3,500,000	20,000	500	10
300,000 级	10,500,000	60,000	1,000	15

1. 对于不同的空气洁净级别，洁净室（区）的管理有着相应的要求：

（1）100 级洁净室（区）内不得设置地漏，操作人员不应裸手操作，当不可避免时，手部应及时消毒。

（2）10,000 级洁净室（区）使用的传输设备不得穿越较低级别区域。

（3）100,000 级以上区域的洁净工作服应在洁净室（区）内洗涤、干燥、整理，必要时应按要求灭菌。

2. 对于不同类别药品的生产，其空气洁净级别要求也是不同的，见下表：

药品种类			洁净级别
无菌药品	最终灭菌	大容量注射剂的灌封	100 级或局部 100 级
		小容量注射剂的灌封	10,000 级
	非最终灭菌	注射剂的灌封、分装和压塞	100 级或局部 100 级
		灌装前除菌滤过的药液配制	10,000 级
	角膜创伤和手术用滴眼剂		10,000 级
非无菌药品	非最终灭菌	深部组织、眼用、直肠外腔道用药	100,000 级
	最终灭菌	口服、表皮外用用药	300,000 级

其中，无菌药品，是指法定药品标准中列有无菌检查项目的制剂。非无菌药品，是指法定药品标准中未列无菌检查项目的制剂。

4. 特殊药品对厂房设施的要求

《规范》第二十～二十四条，就特殊药品对厂房设施的要求进行了明确的规定，具体内容见表 2 - 22：

表 2 - 22　特殊药品对厂房设施的要求

药品类别	要求
青霉素类等高致敏性药品	(1) 独立的厂房与设施，分装室应保持相对负压； (2) 排至室外的废气应经净化处理并符合要求，排风口应远离其他空气净化系统的进风口
β - 内酰胺结构类药品	(1) 使用专用设备和独立的空气净化系统； (2) 与其他药品生产区域严格分开
避孕药品	(1) 其生产厂房应与其他药品生产厂房分开； (2) 独立的专用的空气净化系统
激素类、抗肿瘤类化学药品	(1) 应避免与其他药品使用同一设备和空气净化系统； (2) 不可避免时，应采用有效的防护措施和必要的验证
放射性药品	(1) 其生产、包装和储存应使用专用的、安全的设备； (2) 生产区排出的空气不应循环使用，排气中应避免含有放射性微粒，符合国家关于辐射防护的要求与规定
生物制品和疫苗类制品	(1) 不同用途、类别和性质的生物制品和疫苗类产品，其加工或灌装不得同时在同一生产厂房内进行，其贮存要严格分开； (2) 强毒微生物及芽胞菌制品的区域与相邻区域应保持相对负压，并有独立的空气净化系统
中药材	(1) 前处理、提取、浓缩等生产操作，必须与其制剂生产严格分开； (2) 其蒸、炒、炙、煅等炮制操作应有良好的通风、除烟、除尘、降温设施； (3) 筛选、切片、粉碎等操作应有有效的除尘、排风设施

5. 辅助设施和设备的相关要求

《规范》第二十五～二十七条，对厂房的辅助设施和设备要求作出了相关的规定：

(1) 与药品直接接触的干燥用空气、压缩空气和惰性气体应经净化处理，符合生产要求。

(2) 仓储区要保持清洁和干燥。照明、通风等设施及温度、湿度的控制应符合储存要求并定期监测。

(3) 仓储区可设原料取样室，取样环境的空气洁净度级别应与生产要求一致。如不在取样室取样，取样时应有防止污染和交叉污染的措施。

(4) 根据药品生产工艺要求，洁净室（区）内设置的称量室和备料室，空气洁净度级别应与生产要求一致，并有捕尘和防止交叉污染的设施。

6. 质量控制设施的相关要求

《规范》第二十八～三十条，对药品的质量控制设施作出了相关的规定。

(1) 质量管理部门根据需要设置的检验、中药标本、留样观察以及其他各类实验室应与药品生产区分开。生物检定、微生物限度检定和放射性同位素检定要分室进行。

(2) 对有特殊要求的仪器、仪表，应安放在专门的仪器室内，并有防止静电、震动、潮湿或其他外界因素影响的设施。

（3）实验动物房应与其他区域严格分开，其设计建造应符合国家有关规定。

（四）设备的相关要求

1. 生产用设备

《规范》第三十一~三十三条，对生产用设备进行了如下的要求：

（1）设备的设计、选型、安装应符合生产要求，易于清洗、消毒或灭菌，便于生产操作和维修、保养，并能防止差错和减少污染。

（2）与药品直接接触的设备表面应光洁、平整、易清洗或消毒、耐腐蚀，不与药品发生化学变化或吸附药品。

（3）设备所用的润滑剂、冷却剂等不得对药品或容器造成污染。

（4）与设备连接的主要固定管道应标明管内物料名称、流向。

2. 工艺用水

工艺用水，是指药品生产工艺中使用的水，包括：饮用水、纯化水、注射用水。

其中，纯化水指的是使用蒸馏法、离子交换法、反渗透法或其他适宜的方法制得供药用的水，不含任何附加剂。

《规范》第三十四条，对工艺用水进行了如下的要求：

（1）纯化水、注射用水的制备、储存和分配应能防止微生物的滋生和污染。

（2）储罐和输送管道：所用材料应无毒、耐腐蚀；管道的设计和安装应避免死角、盲管；并且要规定清洗、灭菌周期。

（3）注射用水储罐的通气口应安装不脱落纤维的疏水性除菌滤器。

（4）储存条件，具体要求见表2-23。

表2-23　工艺用水的储存方式及温度要求

储存方式	温度要求
保温	80℃以上
保温循环	65℃以上
存放	4℃以下

3. 设备的使用与维护

《规范》第三十五~三十七条，对生产、检验用设备的使用和维护等处置要求进行了如下规定。

（1）用于生产和检验的仪器、仪表、量具、衡器等，其适用范围和精密度应符合生产和检验要求，有明显的合格标志，并定期校验。

（2）生产设备应有明显的状态标志，并定期维修、保养和验证；设备安装、维修、保养的操作不得影响产品的质量；不合格的设备如有可能应搬出生产区，未搬出前应有明显标志。

（3）记录：生产、检验设备均应有使用、维修、保养记录，并由专人管理。

（五）物料的相关要求

1. 物料的管理规定

物料，是指药品生产所需的原料、辅料、包装材料等。

《规范》第三十八～四十二条，对物料的一般使用进行了规定：

（1）药品生产所用物料的购入、储存、发放、使用等应制定管理制度。

（2）药品生产所用的物料，应符合药品标准、包装材料标准、生物制品规程或其他有关标准，不得对药品的质量产生不良影响。进口原料药应有口岸药品检验所的药品检验报告。

（3）药品生产所用的中药材，应按质量标准购入，其产地应保持相对稳定。

（4）药品生产所用物料应从符合规定的单位购进，并按规定入库。

（5）待验、合格、不合格物料要严格管理。不合格的物料要专区存放，有易于识别的明显标志，并按有关规定及时处理。

其中，待验是指物料在允许投料或出厂前所处的搁置、等待检验结果的状态。

2．不同物料的储存

《规范》第四十三条，对不同物料的储存条件作出了明确规定，指出：对温度、湿度或其他条件有特殊要求的物料、中间产品和成品，应按规定条件储存。

对于其他物料的储存，可见表2-24：

表2-24　不同物料的储存要求

不同物料	储存要求
固体、液体原料	应分开储存
挥发性物料	应注意避免污染其他物料
净药材（炮制、整理加工后）	应使用清洁容器或包装；与未加工、炮制的药材严格分开

3．特殊药品的要求

《规范》第四十四条，对特殊药品作出了如下规定。

（1）麻醉药品、精神药品、毒性药品（包括药材）、放射性药品及易燃、易爆和其他危险品的验收、储存、保管要严格执行国家有关的规定。

（2）菌毒种的验收、储存、保管、使用、销毁应执行国家有关医学微生物菌种保管的规定。

4．物料的储存期

《规范》第四十五条，对物料的储存作出了如下规定。

（1）物料应按规定的使用期限储存，无规定使用期限的，其储存一般不超过三年，期满后应复验。

（2）储存期内如有特殊情况应及时复验。

5．药品标签、说明书管理

《规范》第四十六、四十七条，对药品标签、说明书的使用作出了如下规定。

（1）药品的标签、使用说明书必须与药品监督管理部门批准的内容、式样、文字相一致。标签、使用说明书须经企业质量管理部门校对无误后印制、发放、使用。

（2）药品的标签、使用说明书应由专人保管、领用，其具体要求如下：

①标签和使用说明书均应按品种、规格有专柜或专库存放，凭批包装指令发放，

按实际需要量领取。

②标签要计数发放，领用人核对、签名，使用数、残损数及剩余数之和应与领用数相符，印有批号的残损或剩余标签应由专人负责计数销毁。

③标签发放、使用、销毁应有记录。

（六）卫生的相关要求

1. 对卫生的一般要求

《规范》第四十八～五十一条，对药品生产企业卫生的一般要求作出了规定，如下。

（1）药品生产企业应有防止污染的卫生措施，制定各项卫生管理制度，并由专人负责。

（2）药品生产车间、工序、岗位均应按生产和空气洁净度级别的要求制定厂房、设备、容器等清洁规程。

清洁规程内容应包括：清洁方法、程序、间隔时间，使用的清洁剂或消毒剂，清洁工具的清洁方法和存放地点。

（3）生产区不得存放非生产物品和个人杂物。生产中的废弃物应及时处理。

（4）更衣室、浴室及厕所的设置不得对洁净室（区）产生不良影响。

2. 工作服要求

《规范》第五十二条，对工作服要求作出了如下规定。

（1）选材、式样及穿戴方式应与生产操作和空气洁净度级别要求相适应，并不得混用。

（2）洁净工作服的质地应光滑、不产生静电、不脱落纤维和颗粒性物质。

（3）无菌工作服必须包盖全部头发、胡须及脚部，并能阻留人体脱落物。

（4）不同空气洁净度级别使用的工作服应分别清洗、整理，必要时消毒或灭菌。

（5）工作服洗涤、灭菌时不应带入附加的颗粒物质。

（5）工作服应制定清洗周期。

3. 洁净室（区）卫生要求

《规范》第五十三～五十五条，对洁净室（区）的卫生要求作出了如下规定。

（1）洁净室（区）仅限于该区域生产操作人员和经批准的人员进入。

（2）进入洁净室（区）的人员不得化妆和佩带饰物，不得裸手直接接触药品。

（3）洁净室（区）应定期消毒。使用的消毒剂不得对设备、物料和成品产生污染。消毒剂品种应定期更换，防止产生耐药菌株。

4. 药品生产人员的卫生要求

《规范》第五十六条，对药品生产人员的健康状况作出了如下规定。

（1）药品生产人员应有健康档案。

（2）直接接触药品的生产人员每年至少体检一次。

（3）传染病、皮肤病患者和体表有伤口者不得从事直接接触药品的生产。

（七）验证的相关要求

所谓验证，是指证明任何程序、生产过程、设备、物料、活动或系统确实能达到预期结果的有文件证明的一系列活动。

《规范》对验证的内容、条件、程序以及文件均作了相关要求：

1. 验证内容

《规范》第五十七条，对药品生产验证内容作出了规定。

药品生产验证应包括厂房、设施及设备安装确认、运行确认、性能确认和产品验证。

2. 验证条件

《规范》第五十八条，对药品生产验证条件作出了规定。

（1）产品的生产工艺及关键设施、设备应按验证方案进行验证。

（2）再验证：当影响产品质量的主要因素，如工艺、质量控制方法、主要原辅料、主要生产设备等发生改变时，以及生产一定周期后，应进行再验证。

3. 验证程序

《规范》第五十九条，对药品生产验证程序作出了规定。

（1）应根据验证对象提出验证项目、制定验证方案，并组织实施。

（2）验证工作完成后应写出验证报告，由验证工作负责人审核、批准。

4. 验证文件

《规范》第六十条，对药品生产验证文件作出了规定。

（1）验证过程中的数据和分析内容应以文件形式归档保存。

（2）验证文件应包括验证方案、验证报告、评价和建议、批准人等。

（八）生产管理的相关要求

1. 产品生产管理文件

《规范》第六十二条，产品生产管理文件主要有。

（1）生产工艺规程、岗位操作法或标准操作规程。

生产工艺规程，是指规定为生产一定数量成品所需起始原料和包装材料的数量，以及工艺、加工说明、注意事项，包括生产过程中控制的一个或一套文件。

标准操作规程，是指经批准用以指示操作的通用性文件或管理办法。

（2）批生产记录。

批生产记录，是指一个批次的待包装品或成品的所有生产记录。批生产记录能提供该批产品的生产历史、以及与质量有关的情况。

2. 生产管理的一般规定

《规范》第六十六、六十七、六十九条，对药品生产管理作出了一般规定。

（1）生产工艺规程、岗位操作法和标准操作规程不得任意更改。如需更改时，应按制定时的程序办理修订、审批手续。

（2）每批产品应按产量和数量的物料平衡进行检查。如有显著差异，必须查明原因，在得出合理解释，确认无潜在质量事故后，方可按正常产品处理。

这里提到的物料平衡，是指产品或物料的理论产量或理论用量与实际产量或用量之间的比较，并应适当考虑可允许的正常偏差。

（3）批：在规定限度内具有同一性质和质量，并在同一连续生产周期中生产出来的一定数量的药品为一批。

每批药品均应编制生产批号。批号，是指用于识别"批"的一组数字或字母加数字。用以追溯和审查该批药品的生产历史。

知识链接

几种常用产品批的划分原则

根据《药品生产质量管理规范附录》及《关于印发中药饮片、医用氧 GMP 补充规定的通知》的相关要求，对于各种产品批的划分原则，总结见下表：

几种常用产品批的划分原则

药 品 种 类		批的划分原则
无菌药品	大、小容量注射剂	以同一配液罐一次所配药液所生产的均质产品为一批
	粉针剂	以同一批原料药在同一连续生产周期内生产的均质产品为一批
	冻干粉针剂	以同一批药液使用同一台冻干设备在同一生产周期内生产的均质产品为一批
非无菌药品	固体、半固体制剂	在成型、分装前使用同一台混合设备一次混合量所生产的均质产品为一批
	液体制剂	以灌装（封）前经最后混合的药液所生产的均质产品为一批
原料药	连续生产的原料药	在一定时间间隔内生产的在规定限度内的均质产品为一批
	间歇生产的原料药	由一定数量的产品经最后混合所得的在规定限度内的均质产品为一批
中药	固体制剂	在成型、分装前使用同一台混合设备一次混合量所生产的均质产品为一批
	液体制剂、膏滋、浸膏、流浸膏	以灌装（封）前经最后混合的药液所生产的均质产品为一批
中药饮片		以同一批中药材在同一连续生产周期生产一定数量的相对均质的中药饮片为一批
医用氧		以同一连续生产周期中充装的氧气为同一个批次

3. 批生产记录

《规范》第六十八条，对药品的批生产记录管理作出了如下规定。

（1）批生产记录应字迹清晰、内容真实、数据完整，并由操作人及复核人签名。

（2）记录应保持整洁，不得撕毁和任意涂改；更改时，在更改处签名，并使原数据仍可辨认。

（3）记录保存时间：批生产记录应按批号归档，保存至药品有效期后一年。未规定有效期的药品，其批生产记录至少保存三年。

4. 防止药品被污染和混淆的措施

《规范》第七十条指出，生产操作应采取如下措施，以防止药品被污染和混淆。

（1）生产前应确认无上次生产遗留物；

（2）应防止尘埃的产生和扩散；

（3）不同产品品种、规格的生产操作不得在同一生产操作间同时进行；有数条包装线同时进行包装时，应采取隔离或其他有效防止污染或混淆的设施；

（4）生产过程中应防止物料及产品所产生的气体、蒸汽、喷雾物或生物体等引起的交叉污染；

（5）每一生产操作间或生产用设备、容器应有所生产的产品或物料名称、批号、数量等状态标志；

（6）拣选后药材的洗涤应使用流动水，用过的水不得用于洗涤其他药材。不同药性的药材不得在一起洗涤。洗涤后的药材及切制和炮制品不宜露天干燥。

（7）药材及其中间产品的灭菌方法应以不改变药材的药效、质量为原则。直接入药的药材粉末，配料前应做微生物检查。

5. 批包装记录的内容

《规范》第七十二条指出，批包装记录应包括如下内容。

（1）待包装产品的名称、批号、规格。

（2）印有批号的标签和使用说明书以及产品合格证。

（3）待包装产品和包装材料的领取数量及发放人、领用人、核对人签名。

（4）已包装产品的数量。

（5）前次包装操作的清场记录（副本）及本次包装清场记录（正本）。

（6）本次包装操作完成后的检验核对结果、核对人签名。

（7）生产操作负责人签名。

6. 清场记录要求

《规范》第七十三条，对清场记录作出了如下规定。

（1）每批药品的每一生产阶段完成后必须由生产操作人员清场，填写清场记录。

（2）清场记录内容包括：工序、品名、生产批号、清场日期、检查项目及结果、清场负责人及复查人签名。

（3）清场记录应纳入批生产记录。

（九）质量管理

1. 产品质量管理文件

《规范》第六十三条，产品质量管理文件主要有。

（1）药品的申请和审批文件。

（2）物料、中间产品和成品质量标准及其检验操作规程。

（3）产品质量稳定性考察。

（4）批检验记录。

2. 企业质量管理部门

《规范》第七十四条，对企业质量管理部门应具备的条件和工作范围进行了规定。

（1）药品生产企业的质量管理部门应负责药品生产全过程的质量管理和检验，受企业负责人直接领导。

（2）质量管理部门应配备一定数量的质量管理和检验人员，并有与药品生产规模、品种、检验要求相适应的场所、仪器、设备。

3. 质量管理部门的主要职责

《规范》第七十五条，对质量管理部门的主要职责进行了明确。

（1）制定和修订物料、中间产品和成品的内控标准和检验操作规程，制定取样和留样制度。

（2）制定检验用设备、仪器、试剂、试液、标准品（或对照品）、滴定液、培养基、实验动物等管理办法。

（3）决定物料和中间产品的使用。

（4）审核成品发放前批生产记录，决定成品发放。

（5）审核不合格品处理程序。

（6）对物料、中间产品和成品进行取样、检验、留样，并出具检验报告。

（7）监测洁净室（区）的尘粒数和微生物数。

（8）评价原料、中间产品及成品的质量稳定性，为确定物料贮存期、药品有效期提供数据。

（9）制定质量管理和检验人员的职责。

（十）产品销售与收回

1. 销售记录

《规范》第七十七、七十八条，对药品的销售记录作出了规定。

（1）每批成品均应有销售记录。根据销售记录能追查每批药品的售出情况，必要时应能及时全部追回。

（2）内容应包括：品名、剂型、批号、规格、数量、收货单位和地址、发货日期。

（3）保存时间：应保存至药品有效期后一年。未规定有效期的药品，其记录应保存三年。

2. 药品退货和收回

《规范》第七十九条，对药品退货和收回作出了要求。

（1）药品生产企业应建立药品退货和收回的书面程序，并有记录。

（2）药品退货和收回记录内容应包括：品名、批号、规格、数量、退货和收回单位及地址、退货和收回原因及日期、处理意见。

（3）因质量原因退货和收回的药品制剂，应在质量管理部门监督下销毁，涉及其他批号时，应同时处理。

（十一）其他

1. 投诉与不良反应

《规范》第八十～八十二条，对药品生产企业投诉和不良反应报告作出了要求。

（1）企业应建立药品不良反应监察报告制度，指定专门机构或人员负责管理。

（2）对用户的药品质量投诉和药品不良反应应详细记录和调查处理。对药品不良反应应及时向当地药品监督管理部门报告。

（3）药品生产出现重大质量问题时，应及时向当地药品监督管理部门报告。

2．自检

《规范》第八十三、八十四条，要求药品生产企业进行自检。

（1）药品生产企业应定期组织自检。自检应按预定的程序，对人员、厂房、设备、文件、生产、质量控制、药品销售、用户投诉和产品收回的处理等项目定期进行检查，以证实与本规范的一致性。

（2）自检应有记录。自检完成后应形成自检报告，内容包括自检的结果、评价的结论以及改进措施和建议。

三、学习小结

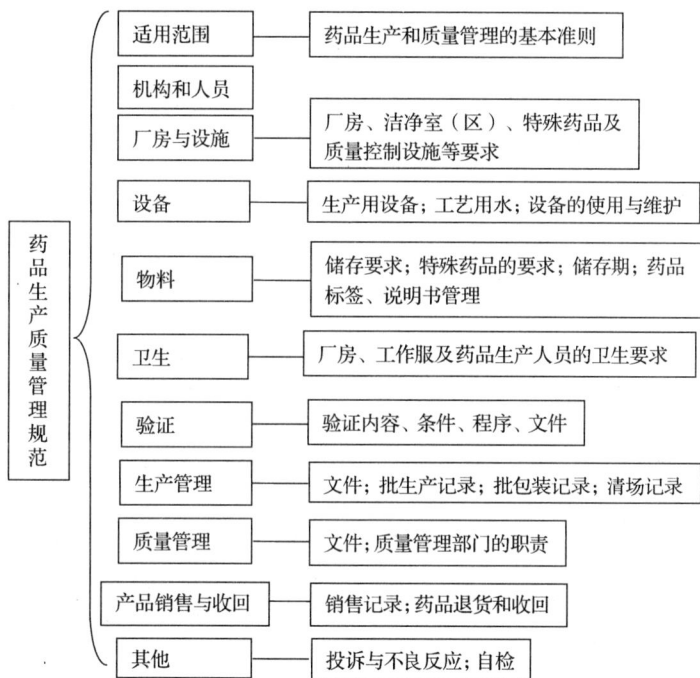

四、思考题

1．简述药品生产管理部门和质量管理部门的负责人应具备的条件。

2．简述药品的标签和使用说明书管理中的具体要求。

3．简述 GMP 中有关产品生产管理文件和产品质量管理文件的主要内容。

4．简述药品质量管理部门的主要职责。

（杨　悦）

药品生产监督管理办法

为加强药品生产的监督管理，根据《中华人民共和国药品管理法》、《中华人民共和国药品管理法实施条例》，国家食品药品监督管理局制定了《药品生产监督管理办法》，并于2004年8月5日，以局令第14号发布，自公布之日起施行。

一、学习要点

通过学习《药品生产监督管理办法》，使学员掌握药品生产监督管理概念，药品监督管理部门的职责划分，开办药品生产企业的条件和审批程序，申请材料的受理，《药品生产许可证》变更分类及程序，药品委托生产的管理要求及审批程序，各级药品监管部门的监督检查职责，监督检查相关情况及措施，药品生产企业相关的法律责任；熟悉开办药品生产企业的申请材料，申请GMP认证的要求，《药品生产许可证》内容和换发、缴销及遗失的要求，药品委托生产申请及延期申请材料项目，监督检查程序及相关要求，药品监督管理部门相关的法律责任；了解《药品生产许可证》备案管理，监督检查的主要内容。

二、学习内容

《药品生产监督管理办法》（以下简称《管理办法》）的主要内容可概括为以下6部分：

（一）相关概念及监管职责划分

1. 药品生产监督管理概念

《管理办法》第二条，对药品生产监督管理做出了明确界定。

药品生产监督管理，是指（食品）药品监督管理部门依法对药品生产条件和生产过程进行审查、许可、监督检查等管理活动。

2. 药品监督管理部门的职责划分

《管理办法》第三条，对各级药品监督管理部门的药品生产监督管理职责作出了规定。

（1）国家食品药品监督管理局：主管全国药品生产监督管理工作；

（2）省、自治区、直辖市（食品）药品监督管理部门：负责本行政区域内的药品生产监督管理工作。

（二）开办药品生产企业的申请与审批

1. 开办药品生产企业的条件

《管理办法》第四条，规定开办药品生产企业需符合以下条件。

（1）具有依法经过资格认定的药学技术人员、工程技术人员及相应的技术工人，企业法定代表人或者企业负责人、质量负责人无《药品管理法》第七十六条规定的情形；

（2）具有与其药品生产相适应的厂房、设施和卫生环境；

（3）具有能对所生产药品进行质量管理和质量检验的机构、人员以及必要的仪器设备；

（4）具有保证药品质量的规章制度。

国家有关法律、法规对生产麻醉药品、精神药品、医疗用毒性药品、放射性药品、药品类易制毒化学品等另有规定的，依照其规定。

2. 开办药品生产企业的申请材料

《管理办法》第五条，指出开办药品生产企业的申请人，应当向拟办企业所在地省、自治区、直辖市（食品）药品监督管理部门提出申请，并且应当对其申请材料全部内容的真实性负责。所需提交的材料有。

（1）申请人的基本情况及其相关证明文件；

（2）拟办企业的基本情况，包括拟办企业名称、生产品种、剂型、设备、工艺及生产能力；拟办企业的场地、周边环境、基础设施等条件说明以及投资规模等情况说明；

（3）工商行政管理部门出具的拟办企业名称预先核准通知书，生产地址及注册地址、企业类型、法定代表人或者企业负责人；

（4）拟办企业的组织机构图（注明各部门的职责及相互关系、部门负责人）；

（5）拟办企业的法定代表人、企业负责人、部门负责人简历，学历和职称证书；依法经过资格认定的药学及相关专业技术人员、工程技术人员、技术工人登记表，并标明所在部门及岗位；高级、中级、初级技术人员的比例情况表；

（6）拟办企业的周边环境图、总平面布置图、仓储平面布置图、质量检验场所平面布置图；

（7）拟办企业生产工艺布局平面图，空气净化系统的送风、回风、排风平面布置图，工艺设备平面布置图；

（8）拟生产的范围、剂型、品种、质量标准及依据；

（9）拟生产剂型及品种的工艺流程图，并注明主要质量控制点与项目；

（10）空气净化系统、制水系统、主要设备验证概况；生产、检验仪器、仪表、衡器校验情况；

（11）主要生产设备及检验仪器目录；

（12）拟办企业生产管理、质量管理文件目录。

3. 申请材料的受理

《管理办法》第七条，省、自治区、直辖市（食品）药品监督管理部门收到申请后，应当根据情况分别作出处理，具体见表2-25。

药品生产企业开办申请的，应当出具加盖本部门受理专用印章并注明日期的《受理通知书》或者《不予受理通知书》。

表 2 - 25　开办药品生产企业申请材料的受理方式

不同情况	受理方式
申请事项依法不属于本部门职权范围的	应当即时作出不予受理的决定，并告知申请人向有关行政机关申请
申请材料存在可以当场更正的错误的	应当允许申请人当场更正
申请材料不齐全或者不符合形式审查要求的	应当当场或者在 5 个工作日内发给申请人《补正材料通知书》，一次性告知申请人需要补正的全部内容，逾期不告知的，自收到申请材料之日起即为受理
申请材料齐全、符合形式审查要求，或者申请人按照要求提交全部补正材料的	予以受理

4. 开办药品生产企业的审批程序

《管理办法》第八、九条，规定了药品监督管理部门对开办药品生产企业的申请进行审批的程序，具体可见图 2 - 7。

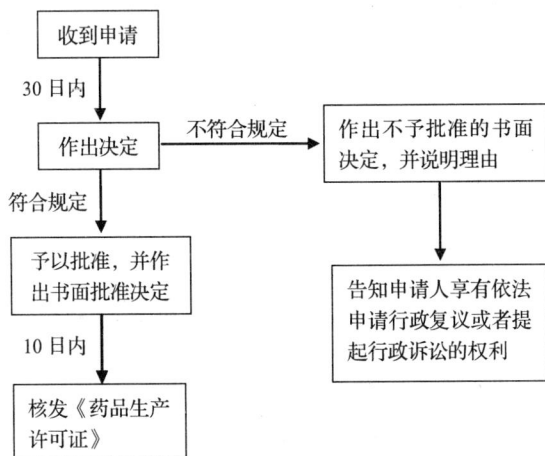

图 2 - 7　开办药品生产企业的申请审批流程

5. 申请 GMP 认证

《管理办法》第九条，对新开办生产企业等申请 GMP 认证作出了规定：

新开办药品生产企业、药品生产企业新建药品生产车间或者新增生产剂型的，应当自取得药品生产证明文件或者经批准正式生产之日起 30 日内，按照国家食品药品监督管理局的规定向相应的（食品）药品监督管理部门申请《药品生产质量管理规范》认证。

（三）药品生产许可证管理

1.《药品生产许可证》内容

《管理办法》第十三、十四条，对《药品生产许可证》包含的内容进行了规定。

《药品生产许可证》分正本和副本，均具有同等法律效力，有效期为 5 年。

《药品生产许可证》应当载明许可证编号、企业名称、法定代表人、企业负责人、企业类型、注册地址、生产地址、生产范围、发证机关、发证日期、有效期限等项目。

其中，由（食品）药品监督管理部门核准的许可事项为：企业负责人、生产范围、生产地址。企业名称、法定代表人、注册地址、企业类型等项目应当与工商行政管理部门核发的营业执照中载明的相关内容一致。

2.《药品生产许可证》变更

（1）变更分类

《管理办法》第十五条，对《药品生产许可证》变更作出了分类及界定：

《药品生产许可证》变更分为许可事项变更和登记事项变更。

许可事项变更，是指企业负责人、生产范围、生产地址的变更。

登记事项变更，是指企业名称、法定代表人、注册地址、企业类型等项目的变更。

（2）许可事项变更程序

《管理办法》第十六条，对《药品生产许可证》许可事项变更的程序作出了规定，具体可见图2-8。

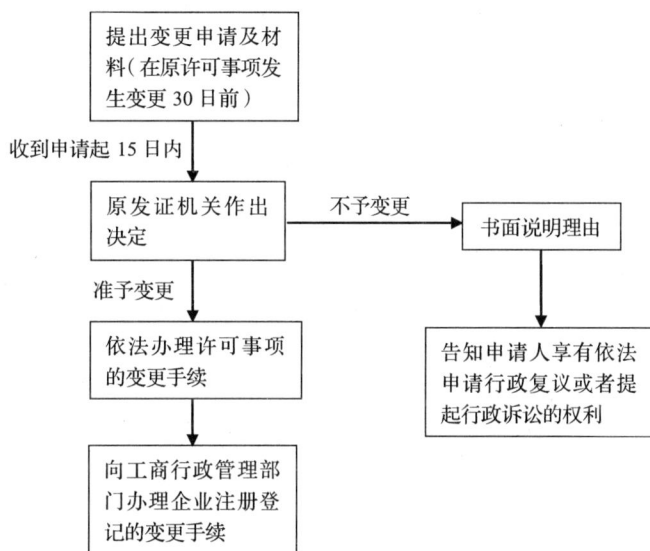

图2-8　《药品生产许可证》许可事项变更程序图

（3）登记事项变更程序

管理办法第十七条，对《药品生产许可证》登记事项变更的程序作出了规定，具体可见图2-9。

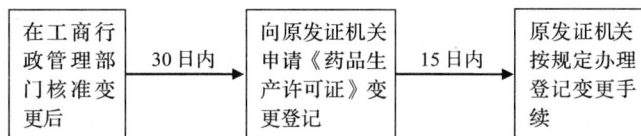

图2-9　《药品生产许可证》登记事项变更程序图

（4）变更后手续

《管理办法》第十八条，对《药品生产许可证》变更后的一些手续作出了规定：原发证机关应当在《药品生产许可证》副本上记录变更的内容和时间，并按照变更后的内容重新核发《药品生产许可证》正本，收回原《药品生产许可证》正本，变更后的《药品生产许可证》有效期不变。

3.《药品生产许可证》换发、缴销及遗失

（1）《药品生产许可证》换发

《管理办法》第十九条，对《药品生产许可证》的换发作出了规定：《药品生产许可证》有效期届满，需要继续生产药品的，药品生产企业应当在有效期届满前6个月，向原发证机关申请换发《药品生产许可证》。原发证机关按照规定进行审查，在《药品生产许可证》有效期届满前作出是否准予其换证的决定。主要的处理方式有以下几种：①符合规定准予换证的，收回原证，换发新证；②不符合规定的，作出不予换证的书面决定，并说明理由，同时告知申请人享有依法申请行政复议或者提起行政诉讼的权利；③逾期未作出决定的，视为同意换证，并予补办相应手续。

（2）《药品生产许可证》缴销

《管理办法》第二十条药品生产企业终止生产药品或者关闭的，由原发证机关缴销《药品生产许可证》，并通知工商行政管理部门。

（3）《药品生产许可证》遗失

《管理办法》第二十一条，对《药品生产许可证》遗失的情况作出了明确规定：药品生产企业应当立即向原发证机关申请补发，并在原发证机关指定的媒体上登载遗失声明。原发证机关在企业登载遗失声明之日起满1个月后，按照原核准事项在10个工作日内补发《药品生产许可证》。

4.《药品生产许可证》备案管理

《管理办法》第二十三条，对《药品生产许可证》备案管理作出了规定。

省、自治区、直辖市（食品）药品监督管理部门应当将《药品生产许可证》核发、换发、变更、补发、吊销、撤销、缴销、注销等办理情况，在办理工作完成后20个工作日内报国家食品药品监督管理局备案。

对依法收回、作废的《药品生产许可证》，发证机关应当建档保存5年。

（四）药品委托生产的管理

1. 委托方和受托方的相关要求

《管理办法》第二十四～二十七条，对药品委托生产中委托方和受托方的责任及相关要求作出了规定。

（1）委托方要求

药品委托生产的委托方，应当是取得该药品批准文号的药品生产企业。

委托方，负责委托生产药品的质量和销售。委托方应当对受托方的生产条件、生产技术水平和质量管理状况进行详细考查，应当向受托方提供委托生产药品的技术和质量文件，对生产全过程进行指导和监督。

（2）受托方要求

药品委托生产的受托方，应当是持有与生产该药品的生产条件相适应的《药品生产质量管理规范》认证证书的药品生产企业。

受托方，应当按照《药品生产质量管理规范》进行生产，并按照规定保存所有受托生产文件和记录。

（3）合同要求

委托生产药品的双方应当签署合同，内容应当包括双方的权利与义务，并具体规定双方在药品委托生产技术、质量控制等方面的权利与义务，且应当符合国家有关药品管理的法律法规。

2. 不同类别药品的管理要求

《管理办法》第二十八、二十九条，对不同类别药品的委托生产作出了规定，详见表2-26。

表2-26 不同类别药品委托生产的管理要求

药 品 类 别	委托生产的管理要求
注射剂、生物制品（不含疫苗制品、血液制品）和跨省、自治区、直辖市的药品委托生产申请	由国家食品药品监督管理局负责受理和审批
疫苗制品、血液制品以及国家食品药品监督管理局规定的其他药品	不得委托生产
麻醉药品、精神药品、医疗用毒性药品、放射性药品、药品类易制毒化学品	按照有关法律法规规定办理
其他药品	由委托生产双方所在地省、自治区、直辖市药品监督管理部门负责受理和审批

3. 药品委托生产的审批程序

（1）药品委托生产申请的受理

《管理办法》第三十条，对药品委托生产申请的受理作出如下规定：药品委托生产的，由委托方向国家食品药品监督管理局或者省、自治区、直辖市药品监督管理部门提出申请，并按要求提交申请所需的申请材料（详见"药品委托生产申请及延期申请材料项目"）。药品监督管理部门参照本办法第七条（见表1）的规定进行受理。

（2）药品委托生产申请的审批

《管理办法》第三十一条，对药品委托生产申请的审批作出了规定，详见图2-10。

4.《药品委托生产批件》

《管理办法》第三十二、三十三条，对《药品委托生产批件》的有效期、延期手续，注销手续等作了规定：

（1）有效期

《药品委托生产批件》有效期不得超过2年，且不得超过该药品批准证明文件规定的有效期限。

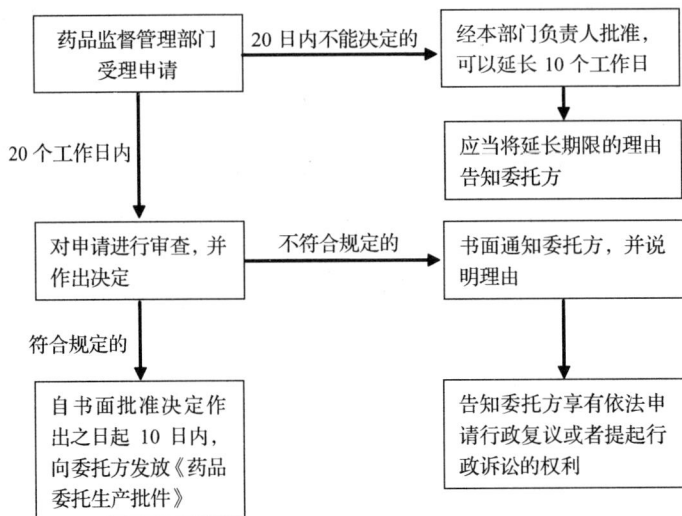

图 2 - 10　药品委托生产申请的审批流程图

（2）延期

《药品委托生产批件》有效期届满需要继续委托生产的，委托方应当在有效期届满30 日前，按照本办法第三十四条的规定提交有关材料，办理延期手续。

（3）注销

委托生产合同终止的，委托方应当及时办理《药品委托生产批件》的注销手续。

5. 药品委托生产申请及延期申请材料项目

《管理办法》第三十四条，对药品委托生产申请及延期申请材料作出了如下规定：

（1）药品委托生产申请材料项目：

①委托方和受托方的《药品生产许可证》、营业执照复印件；

②受托方《药品生产质量管理规范》认证证书复印件；

③委托方对受托方生产和质量保证条件的考核情况；

④委托方拟委托生产药品的批准证明文件复印件并附质量标准、生产工艺，包装、标签和使用说明书实样；

⑤委托生产药品拟采用的包装、标签和使用说明书式样及色标；

⑥委托生产合同；

⑦受托方所在地省级药品检验所出具的连续三批产品检验报告书。委托生产生物制品的，其三批样品由受托方所在地省级药品检验所抽取、封存，由中国药品生物制品检定所负责检验并出具检验报告书；

⑧受托方所在地省、自治区、直辖市（食品）药品监督管理部门组织对企业技术人员，厂房、设施、设备等生产条件和能力，以及质检机构、检测设备等质量保证体系考核的意见。

（2）药品委托生产延期申请所需要的申请材料项目：

①委托方和受托方的《药品生产许可证》、营业执照复印件；

②受托方《药品生产质量管理规范》认证证书复印件；

③前次批准的《药品委托生产批件》复印件；

④前次委托生产期间，生产、质量情况的总结；

⑤与前次《药品委托生产批件》发生变化的证明文件。

6. 药品委托生产的其他要求

（1）委托生产药品的质量标准

《管理办法》第三十五条，指出委托生产药品的质量标准需要符合以下要求：

①应当执行国家药品质量标准，其处方、生产工艺、包装规格、标签、使用说明书、批准文号等应当与原批准的内容相同；

②在委托生产的药品包装、标签和说明书上，应当标明委托方企业名称和注册地址、受托方企业名称和生产地址。

（2）委托方为境外制药厂商的相关要求

《管理办法》第三十七条规定，药品生产企业接受境外制药厂商的委托在中国境内加工药品的，应当在签署委托生产合同后 30 日内向所在地省、自治区、直辖市（食品）药品监督管理部门备案。所加工的药品不得以任何形式在中国境内销售、使用。

（3）对监管工作的相关要求

《管理办法》第三十八条规定，省、自治区、直辖市（食品）药品监督管理部门应当将药品委托生产的批准、备案情况报国家食品药品监督管理局。

（五）监督检查

1. 各级药品监管部门的监督检查职责

《管理办法》第三十九条，对各级药品监管部门的监督检查职责作出了如下规定。

（1）省、自治区、直辖市（食品）药品监督管理部门

负责本行政区域内药品生产企业的监督检查工作，应当建立实施监督检查的运行机制和管理制度，明确设区的市级（食品）药品监督管理机构和县级（食品）药品监督管理机构的监督检查职责。

（2）国家食品药品监督管理局

可以直接对药品生产企业进行监督检查，并对省、自治区、直辖市（食品）药品监督管理部门的监督检查工作及其认证通过的生产企业《药品生产质量管理规范》的实施及认证情况进行监督和抽查。

2. 监督检查的主要内容

《管理办法》第四十条，指出监督检查的主要内容是药品生产企业执行有关法律、法规及实施《药品生产质量管理规范》的情况，监督检查包括《药品生产许可证》换发的现场检查、《药品生产质量管理规范》跟踪检查、日常监督检查等。

知识链接

向药品生产企业派驻监督员的相关规定

2007 年 02 月 15 日，国家食品药品监督管理局发布《关于向药品生产企业试行派驻监督员的通知》（以下简称"通知"）（国食药监电［2007］13 号），指出国家局决定对注射

剂、生物制品和特殊药品三类高风险品种的生产企业试行派驻监督员。

《通知》指出，为加强药品生产监督管理，进一步规范药品生产秩序，国家局要求各省市应于2007年3月底前向血液制品、疫苗生产企业派驻监督员，并在总结派驻监督员工作的基础上，逐步安排向静脉注射剂和重点监管的特殊药品生产企业派驻监督员的工作。

2007年12月18日，国家局组织制定并发布了《派驻监督员管理暂行规定》。

《暂行规定》明确，派驻监督员受省级药品监督管理部门的委派，对辖区内指定药品生产企业的药品生产行为实施现场监督检查。国家食品药品监督管理局负责全国派驻监督员的监督管理及协调工作。省、自治区、直辖市药品监督管理部门负责辖区内派驻监督员的管理，以及派驻监督员的选派、考核、培训、经费及后勤保障等事项的组织、协调工作。

《暂行规定》指出，派驻监督员对所派驻企业依法按GMP要求组织生产的情况，质量保证体系建立和执行的情况，特殊药品生产、购销及储存等情况，依照《药品生产监督管理办法》规定应当进行监督的其他行为履行监督检查职责，同时承担国家食品药品监督管理局委托的其他工作。

3. 监督检查程序及相关要求

《管理办法》第四十一～四十四条，对监督检查程序及相关要求作出了规定。

（1）各级药品监督管理部门组织监督检查时，应当制订检查方案，明确检查标准，如实记录现场检查情况，检查结果应当以书面形式告知被检查单位。需要整改的应当提出整改内容及整改期限，并实施跟踪检查。

（2）在进行监督检查时，药品监督管理部门应当指派两名以上检查人员实施监督检查，检查人员应当向被检查单位出示执法证明文件。药品监督管理部门工作人员对知悉的企业技术秘密和业务秘密应当保密。

（3）监督检查时，药品生产企业应当提供有关情况和以下材料：

①企业生产情况和质量管理情况自查报告；

②《药品生产许可证》副本和营业执照复印件，《药品生产许可证》事项变动及审批情况；

③企业组织机构、生产和质量主要管理人员以及生产、检验条件的变动及审批情况；

④药品生产企业接受监督检查及整改落实情况；

⑤不合格药品被质量公报通告后的整改情况；

⑥检查机关需要审查的其他必要材料。

（4）监督检查完成后，（食品）药品监督管理部门在《药品生产许可证》副本上载明检查情况。主要记载以下内容：

①检查结论；

②生产的药品是否发生重大质量事故，是否有不合格药品受到药品质量公报通告；

③药品生产企业是否有违法生产行为，及其查处情况。

（5）监管档案：县级以上地方药品监督管理部门应当在法律、法规、规章赋予的权限内，建立本行政区域内药品生产企业的监管档案。

监管档案包括药品生产许可、生产监督检查、产品质量监督抽查、不良行为记录和投诉举报等内容。

（6）药品监督管理部门实施监督检查，不得妨碍药品生产企业的正常生产活动，不得索取或者收受药品生产企业的财物，不得谋取其他利益。

4. 相关情况及措施

《管理办法》第四十六～四十九条，对检查监督过程中可能出现的情况及对应的措施作出了明确规定，详见表2-27：

表2-27　监督检查中可能出现的情况及对应措施

出现的情况	对应的措施
药品生产企业质量负责人、生产负责人发生变更的	应在变更后15日内，将变更人员简历及学历证明等有关情况报所在地省级药品监督管理部门备案
药品生产企业的关键生产设施等条件与现状发生变化的	应当自发生变化30日内，报所在地省级药品监督管理部门备案，省级药品监督管理部门根据需要进行检查
药品生产企业发生重大药品质量事故的	立即报告所在地省级药品监督管理部门和有关部门，省级药品监督管理部门应当在24小时内报告SFDA
有《中华人民共和国行政许可法》第七十条情形之一的	原发证机关应依法注销《药品生产许可证》，并自注销之日起5个工作日内通知有关工商行政管理部门，同时向社会公布

（六）法律责任

1. 药品生产企业相关的法律责任

《管理办法》第五十条～五十六条，对药品生产监督管理中发现的药品生产企业违规行为所应承担的法律责任作出了明确规定，具体见表2-28：

表2-28　药品生产企业相关的法律责任

违规行为	法律责任
有《行政许可法》第六十九条情形之一的	SFDA或省级药品监督管理部门根据利害关系人的请求或者依据职权，可以撤销《药品生产许可证》
申请人隐瞒有关情况或者提供虚假材料申请《药品生产许可证》的	省级药品监督管理部门不予受理或者不予批准，并给予警告，且在1年内不受理其申请
申请人提供虚假材料或者采取其他欺骗手段取得《药品生产许可证》的	省级药品监督管理部门予以吊销《药品生产许可证》，且在5年内不受理其申请，并处1万元以上3万元以下的罚款
未取得《药品生产许可证》生产药品的	依法予以取缔，没收违法生产的药品和违法所得，并处违法生产、销售的药品货值金额二倍以上五倍以下的罚款；构成犯罪的，依法追究刑事责任

续表

违 规 行 为	法 律 责 任
未经批准擅自委托或者接受委托生产药品的	对委托方和受托方均依照《药品管理法》第七十四条的规定给予处罚
药品生产企业有下列情形之一的： ①药品生产企业未按照规定实施《药品生产质量管理规范》的； ②开办药品生产企业、药品生产企业新建药品生产车间、新增生产剂型，在《药品管理法实施条例》第六条规定的时间内未通过《药品生产质量管理规范》认证，仍进行生产的	给予警告，责令限期改正；逾期不改正的，责令停产、停业整顿，并处五千元以上二万元以下的罚款；情节严重的，吊销《药品生产许可证》
经监督检查，认定药品生产企业达不到《药品生产质量管理规范》评定标准的	原认证机关应当作出收回其《药品生产质量管理规范》认证证书的处理决定
药品生产企业有下列情形之一的： ①未按照规定办理《药品生产许可证》登记事项变更的； ②接受境外制药厂商委托在中国境内加工药品，未按照规定进行备案的； ③企业质量负责人、生产负责人发生变更，未按照规定报告的； ④企业的关键生产设施等条件与现状发生变化，未按照规定进行备案的； ⑤发生重大药品质量事故未按照规定报告的； ⑥监督检查时，隐瞒有关情况、提供虚假材料或者拒不提供相关材料的	由所在地省级药品监督管理部门给予警告，责令限期改正； 逾期不改正的，可以处5000元以上1万元以下的罚款

2. 药品监督管理部门相关的法律责任

《管理办法》第五十七条，对药品监督管理部门在药品生产监督管理中的违规行为所应承担的法律责任作出了明确规定。

对药品监督管理部门有如下情况之一者：①对不符合《药品生产质量管理规范》的发给《药品生产质量管理规范》认证证书；②对取得认证证书的企业未按照规定履行跟踪检查的职责；③对不符合认证条件的企业未依法责令其改正；④对不符合法定条件的单位发给《药品生产许可证》的。

按照《药品管理法》第九十四条的规定，由其上级主管机关或者监察机关责令收回违法发给的证书、撤销药品批准证明文件，对直接负责的主管人员和其他直接责任人员依法给予行政处分；构成犯罪的，依法追究刑事责任。

三、学习小结

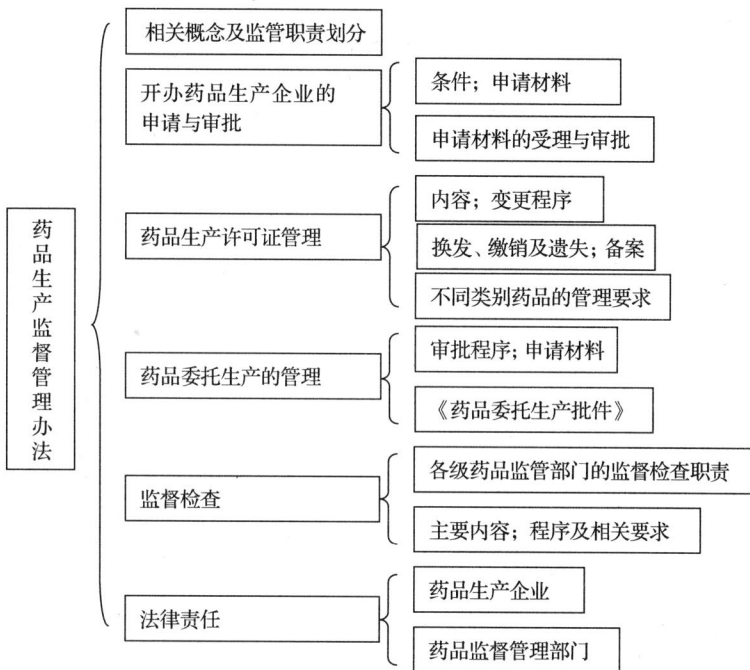

```
                          ┌ 相关概念及监管职责划分
                          │
                          │ 开办药品生产企业的    ┌ 条件；申请材料
                          │ 申请与审批          └ 申请材料的受理与审批
                          │
          药              │                   ┌ 内容；变更程序
          品              │ 药品生产许可证管理   ├ 换发、缴销及遗失；备案
          生              │                   └ 不同类别药品的管理要求
          产              │
          监              │ 药品委托生产的管理    ┌ 审批程序；申请材料
          督              │                   └《药品委托生产批件》
          管              │
          理              │                   ┌ 各级药品监管部门的监督检查职责
          办              │ 监督检查           └ 主要内容；程序及相关要求
          法              │
                          │ 法律责任           ┌ 药品生产企业
                          └                   └ 药品监督管理部门
```

四、思考题

1. 《药品生产许可证》变更可分为几类？各类别的主要内容是什么？

2. 简述药品委托生产的管理中，对委托方和受托方的要求。

3. 简述药品委托生产管理中，对委托方为境外制药厂商的相关要求。

4. 简述药品监管部门对药品生产监督检查的职责。

5. 对于申请人隐瞒有关情况或者提供虚假材料申请《药品生产许可证》的情况，药品监督管理部门应当如何处理？

6. 对于药品生产企业发生重大药品质量事故未按照规定报告的情况，药品监督管理部门应当如何处理？

（杨　悦）

药品召回管理办法

为加强药品安全监管，保障公众用药安全，根据《中华人民共和国药品管理法》、《中华人民共和国药品管理法实施条例》、《国务院关于加强食品等产品安全监督管理的特别规定》，国家食品药品监督管理局制定了《药品召回管理办法》，并于2007年12月10日，以局令第29号发布，自发布之日起施行。

一、学习要点

通过学习《药品召回管理办法》，使学员掌握药品安全隐患的概念，药品召回的概念及分类，生产企业在药品安全隐患调查与评估中的主体作用，药品安全隐患调查的内容，药品安全隐患评估的内容，药品主动召回和责令召回的界定和程序，药品召回的相关时间要求，对责令召回的界定，与药品生产、经营企业、使用单位相关的法律责任；熟悉药品生产、经营企业、使用单位及各级药品监督管理监管部门的职责，调查评估报告的内容，召回计划的内容；了解责令召回通知书的内容。

二、学习内容

《药品召回管理办法》（以下简称《管理办法》）的主要内容可概括为以下6部分：

（一）药品召回的相关概念及分类

1. 安全隐患

《管理办法》第四条，对安全隐患的概念作出了明确的界定：安全隐患，是指由于研发、生产等原因可能使药品具有的危及人体健康和生命安全的不合理危险。

2. 概念及分类

《管理办法》第三条，对药品召回的概念作出了明确的界定：药品召回，是指药品生产企业（包括进口药品的境外制药厂商，下同）按照规定的程序收回已上市销售的存在安全隐患的药品。

《管理办法》第十四条，根据药品安全隐患的严重程度，药品召回可分为以下三类：

（1）一级召回：使用该药品可能引起严重健康危害的；

（2）二级召回：使用该药品可能引起暂时的或者可逆的健康危害的；

（3）三级召回：使用该药品一般不会引起健康危害，但由于其他原因需要收回的。

（二）药品生产、经营、使用单位及监管部门的职责

1. 药品生产企业的职责

《管理办法》第五、七条，对药品生产企业在药品召回管理中的职责进行了以下

要求：

（1）药品生产企业应当建立和完善药品召回制度，收集药品安全的相关信息，对可能具有安全隐患的药品进行调查、评估，召回存在安全隐患的药品。

（2）药品生产企业应当建立和保存完整的购销记录，保证销售药品的可溯源性。

2. 药品经营企业和使用单位的职责

《管理办法》第五～七条，对药品经营企业和使用单位在药品召回管理中的职责作出了以下要求。

（1）药品经营企业、使用单位应当协助药品生产企业履行召回义务，按照召回计划的要求及时传达、反馈药品召回信息，控制和收回存在安全隐患的药品。

（2）药品经营企业、使用单位发现其经营、使用的药品存在安全隐患的，应当立即停止销售或者使用该药品，通知药品生产企业或者供货商，并向药品监督管理部门报告。

（3）药品经营企业和使用单位应当建立和保存完整的购销记录，保证销售药品的可溯源性。

3. 药品监管部门的职责

《管理办法》第八、九条，对药品监督管理部门在药品召回管理中的职责作出了明确规定：

（1）召回药品的生产企业所在地药品监督管理部门负责药品召回的监督管理工作，其他省、自治区、直辖市药品监督管理部门应当配合、协助做好药品召回的有关工作。

（2）国家食品药品监督管理局监督全国药品召回的管理工作。

（3）各级药品监督管理部门应当建立药品召回信息公开制度，采用有效途径向社会公布存在安全隐患的药品信息和药品召回的情况。

（三）药品安全隐患的调查与评估

1. 安全隐患调查与评估的主体

药品生产企业是药品安全隐患的调查与评估的主体。

《管理办法》第十、十一条，对生产企业在药品安全隐患调查与评估中的作用作出了规定：

（1）药品生产企业应当建立健全药品质量保证体系和药品不良反应监测系统，收集、记录药品的质量问题与药品不良反应信息，并按规定及时向药品监督管理部门报告。

（2）药品生产企业应当对药品可能存在的安全隐患进行调查。

（3）药品监督管理部门对药品可能存在的安全隐患开展调查时，药品生产企业应当予以协助。

在药品安全隐患的调查与评估中，药品经营企业、使用单位应当配合药品生产企业或者药品监督管理部门开展有关药品安全隐患的调查，提供有关资料。

2. 药品安全隐患调查的内容

《管理办法》第十二条，指出药品安全隐患调查的内容应当根据实际情况确定，可以包括以下内容。

（1）已发生药品不良事件的种类、范围及原因；

（2）药品使用是否符合药品说明书、标签规定的适应症、用法用量的要求；

（3）药品质量是否符合国家标准，药品生产过程是否符合 GMP 等规定，药品生产与批准的工艺是否一致；

（4）药品储存、运输是否符合要求；

（5）药品主要使用人群的构成及比例；

（6）可能存在安全隐患的药品批次、数量及流通区域和范围；

（7）其他可能影响药品安全的因素。

3．药品安全隐患评估的主要内容

《管理办法》第十三条，规定了药品安全隐患评估的主要内容，包括以下几种情况。

（1）该药品引发危害的可能性，以及是否已经对人体健康造成了危害；

（2）对主要使用人群的危害影响；

（3）对特殊人群，尤其是高危人群的危害影响，如老年、儿童、孕妇、肝肾功能不全者、外科病人等；

（4）危害的严重与紧急程度；

（5）危害导致的后果。

（四）药品主动召回

1．药品主动召回的界定

《管理办法》第十五条，对主动召回进行了界定，具体如下：

主动召回，是指药品生产企业应当对收集的信息进行分析，对可能存在安全隐患的药品进行调查评估，发现药品存在安全隐患的，应当决定召回。

进口药品的境外制药厂商在境外实施药品召回的，应当及时报告国家食品药品监督管理局；在境内进行召回的，由进口单位按照该管理办法的规定负责具体实施。

2．药品主动召回的程序

《管理办法》第十六、十七、十九～二十四条，对药品主动召回的程序进行了以下要求。

（1）药品生产企业在作出药品召回决定后，应当制定召回计划并组织实施，并在规定时间内，通知有关药品经营企业、使用单位停止销售和使用，同时向所在地省、自治区、直辖市药品监督管理部门报告。

（2）药品生产企业在启动药品召回后，应当在规定时间内，将调查评估报告和召回计划提交给所在地省、自治区、直辖市药品监督管理部门备案。

省、自治区、直辖市药品监督管理部门应当将收到一级药品召回的调查评估报告和召回计划报告国家食品药品监督管理局。

（3）省、自治区、直辖市药品监督管理部门可以根据实际情况组织专家对药品生产企业提交的召回计划进行评估，认为药品生产企业所采取的措施不能有效消除安全隐患的，可以要求药品生产企业采取扩大召回范围、缩短召回时间等更为有效的措施。

（4）药品生产企业对上报的召回计划进行变更的，应当及时报药品监督管理部门备案。

（5）药品生产企业在实施召回的过程中，应在规定时间内，向所在地省、自治区、直辖市药品监督管理部门报告药品召回进展情况。

（6）药品生产企业对召回药品的处理应当有详细的记录，并向药品生产企业所在地省、自治区、直辖市药品监督管理部门报告。必须销毁的药品，应当在药品监督管理部门监督下销毁。

（7）药品生产企业在召回完成后，应当对召回效果进行评价，向所在地省、自治区、直辖市药品监督管理部门提交药品召回总结报告。

（8）省、自治区、直辖市药品监督管理部门应当自收到总结报告之日起10日内对报告进行审查，并对召回效果进行评价，必要时组织专家进行审查和评价。审查和评价结论应当以书面形式通知药品生产企业。

经过审查和评价，认为召回不彻底或者需要采取更为有效的措施的，药品监督管理部门应当要求药品生产企业重新召回或者扩大召回范围。

药品主动召回程序见图2-11。

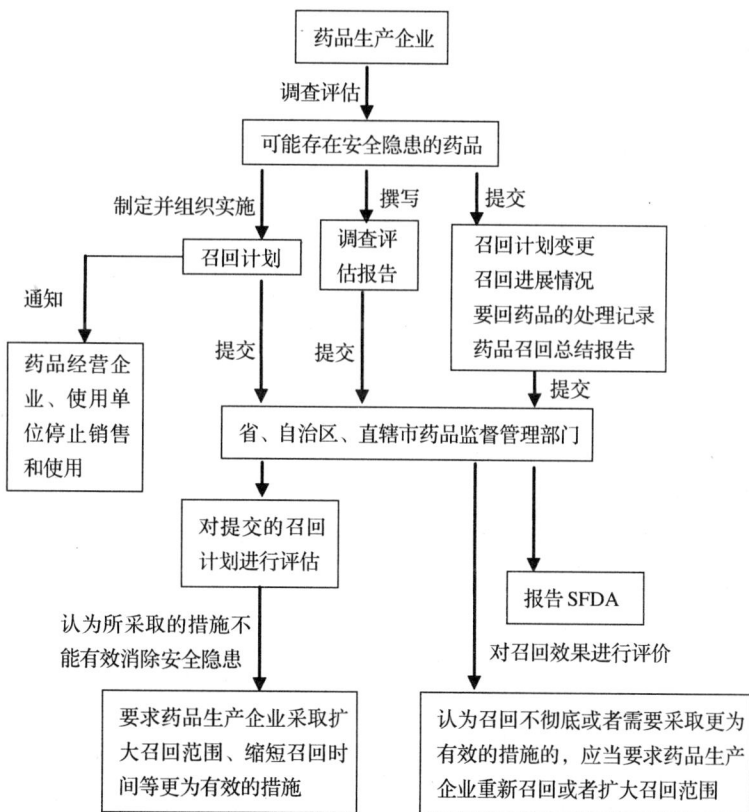

图2-11　药品主动召回程序示意图

3. 药品召回的时间要求

管理办法第十六、十七、二十一条，根据不同的药品召回级别，对几个规定时间作了不同的要求，具体见表2-29。

表2-29　药品主动召回中相关时间要求

不 同 情 况	一级召回	二级召回	三级召回
决定药品召回后，通知有关药品经营企业、使用单位，并向所在地药监部门报告的期限	24 小时内	48 小时内	72 小时内
启动药品召回后，提交调查评估报告和召回计划的期限	1 日内	3 日内	7 日内
实施召回的过程中，报告药品召回进展情况的频率	每日	每3 日	每7 日

4. 调查评估报告的内容

管理办法第十八条指出，调查评估报告应当包括以下内容。

（1）召回药品的具体情况，包括名称、批次等基本信息；

（2）实施召回的原因；

（3）调查评估结果；

（4）召回分级。

5. 召回计划的内容

管理办法第十八条指出，召回计划应当包括以下内容。

（1）药品生产销售情况及拟召回的数量；

（2）召回措施的具体内容，包括实施的组织、范围和时限等；

（3）召回信息的公布途径与范围；

（4）召回的预期效果；

（5）药品召回后的处理措施；

（6）联系人的姓名及联系方式。

（五）药品责令召回

1. 责令召回的界定

管理办法第二十五条，对责令召回进行了界定，具体内容如下。

责令召回，是指药品监督管理部门经过调查评估，认为存在安全隐患的，药品生产企业应当召回药品而未主动召回的，应当责令药品生产企业召回药品。

必要时，药品监督管理部门可以要求药品生产企业、经营企业和使用单位立即停止销售和使用该药品。

2. 责令召回的程序

管理办法第二十六~二十八条，对责令召回的程序作出了相关要求，规定如下。

（1）药品监督管理部门作出责令召回决定，应当将责令召回通知书送达药品生产企业。

（2）药品生产企业在收到责令召回通知书后，应当通知药品经营企业和使用单位，制定、提交召回计划，并组织实施。相关时间要求与主动召回要求一致。

（3）与主动召回程序（5）~（8）相同，药品生产企业应当按照相关规定向药品监督管理部门报告药品召回的相关情况，进行召回药品的后续处理。

（4）药品监督管理部门应当按照规定对药品生产企业提交的药品召回总结报告进行审查，并对召回效果进行评价。经过审查和评价，认为召回不彻底或者需要采取更为有效的措施的，药品监督管理部门可以要求药品生产企业重新召回或者扩大召回范围。

药品责令召回程序见图 2 – 12。

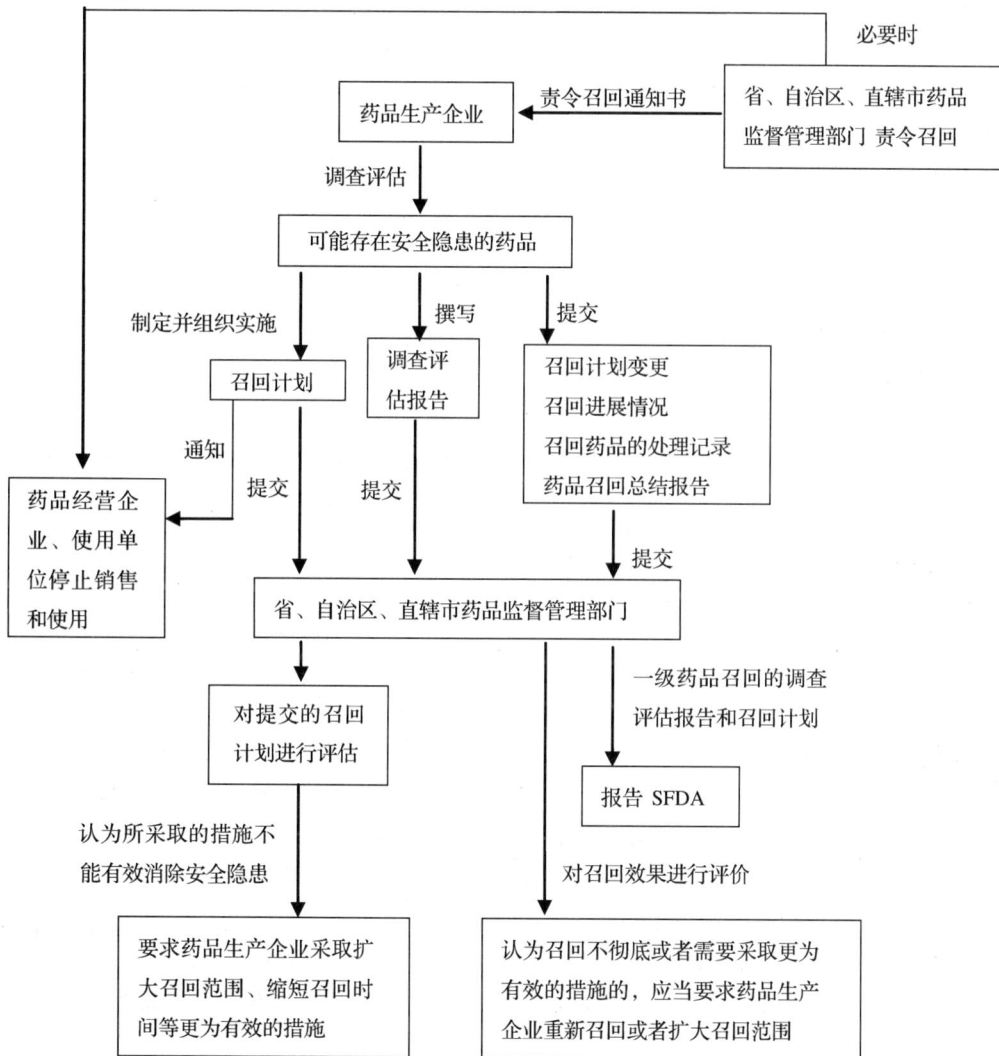

图 2 – 12　药品责令召回程序示意图

3. 责令召回通知书的内容

管理办法第二十六条指出，责令召回通知书包括以下内容。

（1）召回药品的具体情况，包括名称、批次等基本信息；

（2）实施召回的原因；

（3）调查评估结果；

（4）召回要求，包括范围和时限等。

知识链接

完达山"刺五加注射液"不良事件发生后的药品召回管理

1. 云南省红河州发生"刺五加注射液"不良事件

2008年10月6日，国家食品药品监督管理局接到云南省食品药品监督管理局报告，云南省红河州6名患者使用了标示为黑龙江省完达山制药厂生产的两批刺五加注射液出现严重不良反应，其中有3例死亡。随后，卫生部和国家食品药品监督管理局要求暂停销售使用该种药物。

2008年10月14日，卫生部、国家食品药品监督管理局联合通报，中国药品生物制品检定所检验初步结果显示，黑龙江省完达山制药厂生产的刺五加注射液部分批号的部分样品有被细菌污染的问题。

2. 黑龙江省完达山制药厂被"责令召回"已上市刺五加注射液

为了确保暂控问题药品不再销售使用，消除药品安全隐患，10月13日，国家食品药品监督管理局发出通知，要求黑龙江省食品药品监督管理局按照《药品召回管理办法》的有关规定，立即责成黑龙江省完达山制药厂（黑龙江省完达山药业股份有限公司），召回其已上市的全部刺五加注射液（所有规格和批号的产品），并严格监督企业召回工作，每日报告药品召回情况。

2008年10月16日，国家食品药品监督管理局召开"刺五加注射液不良事件处置工作"电视电话会议，要求各地要配合、督促召回工作，对召回药品要查清流向、召回入库。各地还要进一步落实药品不良反应报告责任，严密监测刺五加注射液不良反应报告。

3. 黑龙江省完达山制药厂主动召回所有注射剂产品

2008年10月17日，黑龙江省完达山制药厂（黑龙江完达山药业股份有限公司）依据《药品召回办理办法》有关规定，主动召回其所有规格和批号的注射剂产品。

为了消除药品安全隐患，确保用药安全，10月17日，卫生部和国家食品药品监督管理局联合下发通知，要求各地食品药品监督管理部门立即通知辖区内有关药品经营和使用单位暂停销售、使用标示为黑龙江省完达山制药厂（黑龙江完达山药业股份有限公司）的所有注射剂产品，配合做好药品召回工作。同时，要求各省（区、市）食品药品监督管理部门监督企业召回情况，并密切关注其注射剂药品不良反应，有情况立即报告，妥善处置。

（六）法律责任

1. 药品生产企业相关的法律责任

《管理办法》第二十九～三十五条，对生产企业药品召回违法行为的法律责任给予了明确的规定，具体可见表2－30。

表2－30　生产企业药品召回违法行为的法律责任

违 法 行 为	违反条款	法 律 责 任
药品生产企业因违反法律、法规、规章规定造成上市药品存在安全隐患的	法律、法规、规章	依法应当给予行政处罚； 但该企业已经采取召回措施主动消除或者减轻危害后果的，依照《行政处罚法》的规定从轻或者减轻处罚； 违法行为轻微并及时纠正，没有造成危害后果的，不予处罚； 药品生产企业召回药品的，不免除其依法应当承担的其他法律责任
发现药品存在安全隐患而不主动召回药品的	第十五条	责令召回药品，并处应召回药品货值金额3倍的罚款； 造成严重后果的，由原发证部门撤销药品批准证明文件，直至吊销《药品生产许可证》
药品监督管理部门责令召回，药品生产企业拒绝召回药品的	第二十五条	应召回药品货值金额3倍的罚款； 造成严重后果的，由原发证部门撤销药品批准证明文件，直至吊销《药品生产许可证》
生产企业在作出药品召回决定后，未在规定时间内通知药品经营企业、使用单位停止销售和使用需召回药品的	第十六条	予以警告，责令限期改正，并处3万元以下罚款。
未按照药品监督管理部门要求采取改正措施或者召回药品的	第十九条、二十四条第二款、二十八条第二款	予以警告，责令限期改正，并处3万元以下罚款
①药品生产企业对召回药品的处理没有详细的记录；	第二十二条	予以警告，责令限期改正，并处3万元以下罚款

违 法 行 为	违反条款	法 律 责 任
②生产企业没有向药品生产企业所在地药品监督管理部门报告； ③药品生产企业必须销毁的药品，没有在药品监督管理部门监督下销毁	第二十二条	
①未建立药品召回制度、药品质量保证体系与药品不良反应监测系统的； ②拒绝协助药品监督管理部门开展调查的； ③未按照本办法规定提交药品召回的调查评估报告和召回计划、药品召回进展情况和总结报告的； ④变更召回计划，未报药品监督管理部门备案的	第十条、 第十一条、 第十七条、 第二十条、 第二十一条、 第二十三条	予以警告，责令限期改正；逾期未改正的，处2万元以下罚款。

2. 药品经营、使用单位相关的法律责任

《管理办法》第三十六、三十七条，对药品经营企业、使用单位药品召回中违法行为的法律责任作出了规定，具体见表2-31。

表2-31　药品经营、使用单位药品召回违法行为的法律责任

违 法 行 为	违反条款	法 律 责 任
药品经营企业、使用单位发现其经营、使用的药品存在安全隐患时， ①未立即停止销售或者使用该药品； ②未通知药品生产企业或者供货商； ③未向药品监督管理部门报告	第六条	责令停止销售和使用，并处1000元以上5万元以下罚款； 造成严重后果的，由原发证部门吊销《药品经营许可证》或者其他许可证。
药品经营企业、使用单位， ①拒绝配合药品生产企业或者药品监督管理部门开展有关药品安全隐患调查； ②拒绝协助药品生产企业召回药品的	第五条， 第十一条	予以警告，责令改正，可以并处2万元以下罚款。

3. 药品监督管理部门及人员的相关法律责任

《管理办法》第三十八条指出，药品监督管理部门及其工作人员不履行职责或者滥用职权的，按照有关法律、法规规定予以处理。

三、学习小结

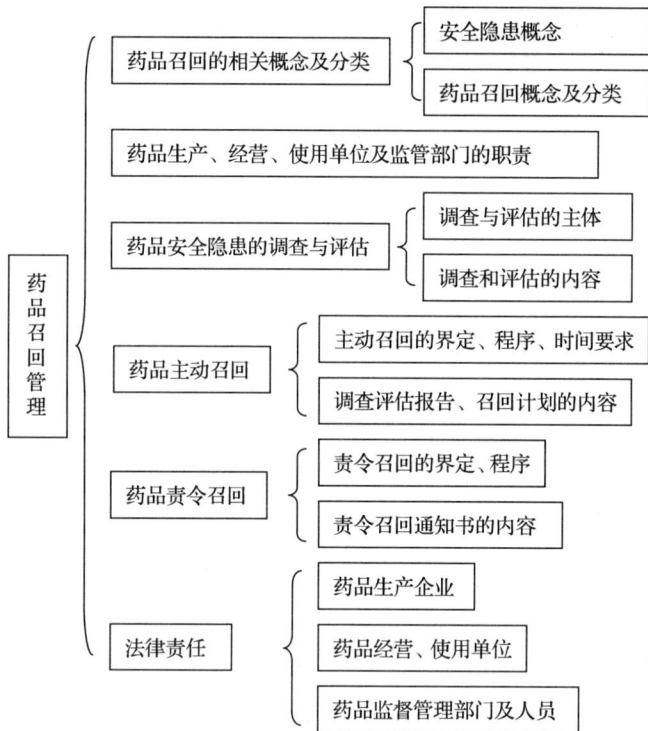

药品召回管理
- 药品召回的相关概念及分类
  - 安全隐患概念
  - 药品召回概念及分类
- 药品生产、经营、使用单位及监管部门的职责
- 药品安全隐患的调查与评估
  - 调查与评估的主体
  - 调查和评估的内容
- 药品主动召回
  - 主动召回的界定、程序、时间要求
  - 调查评估报告、召回计划的内容
- 药品责令召回
  - 责令召回的界定、程序
  - 责令召回通知书的内容
- 法律责任
  - 药品生产企业
  - 药品经营、使用单位
  - 药品监督管理部门及人员

四、思考题

1. 简述药品召回的定义和药品召回的级别划分。

2. 简述药品安全隐患调查和评估的主要内容。

3. 简述药品召回相关的几个时间要求，比较各召回级别的要求有何不同。

4. 简述药品责令召回的条件。

5. 发生药品生产企业发现药品存在安全隐患而不主动召回药品的情况时，药品监督管理部门应当对其如何处理？

6. 发生药品经营企业、使用单位发现其经营、使用的药品存在安全隐患，但并未立即停止销售或者使用该药品的情况，药品监督管理部门应当对其如何处理？

（杨　悦）

药品流通监督管理办法

为加强药品监督管理，规范药品流通秩序，保证药品质量，国家食品药品监督管理局根据《中华人民共和国药品管理法》、《中华人民共和国药品管理法实施条例》和有关法律、法规的规定，制定《药品流通监督管理办法》，自 2007 年 5 月 1 日起施行。要求药品生产、经营企业、医疗机构应当对其生产、经营、使用的药品质量负责，同时要求药品生产、经营企业在确保药品质量安全的前提下，应当适应现代药品流通发展方向，进行改革和创新。但实行特殊管理的药品、疫苗、军队用药品的流通监督管理，有关法律、法规、规章另有规定的，从其规定。

一、学习要点

通过学习《药品流通监督管理办法》，使学员掌握药品生产企业、经营企业购销药品所需的材料、销售凭证的内容以及购进、储存药品的具体规定，医疗机构购进、保管、储存药品的具体规定，药品生产企业、经营企业和医疗机构不得从事的经营活动；熟悉药品生产企业、经营企业和医疗机构从事禁止性经营活动应受的行政处罚；了解药品生产企业、经营企业购销人员的管理要求。

二、学习内容

《药品流通监督管理办法》（以下简称《管理办法》）的主要内容可概括为以下几方面。

1. 监管对象和社会监督

《管理办法》第二条对监管对象做了规定：其为在中华人民共和国境内从事药品购销及监督管理的单位或者个人。

《管理办法》第四条对社会监督做了规定：药品监督管理部门鼓励个人和组织对药品流通实施社会监督。对违反本办法的行为，任何个人和组织都有权向药品监督管理部门举报和控告。

知识链接

《药品流通监督管理办法》的出台背景

1999 年《管理办法》（暂行）的公布实施，对加强药品市场监管、整顿规范药品流通秩序，保障公众用药安全发挥了重要作用。与此同时，我国的药品市场状况、流通模式、监督重点也发生了较大变化，并出现一些新的问题，如有些药品展示会、博览会秩序混乱，不法分子借机销售假劣药品；无证经营者参与药品经营活动；医疗机构制剂进入流通领域；药品零售企业违规销售处方药；一些非法经营者通过挂靠等手段，以药品生产、经营企业名义从事非法药品经营活动等等。此外，2001 年修订的药品管理法公布实施后，原管理办法的立法依据发生了变化。因此，根据现行药品管理法、药品管理法实施条例和药品流通监管需要，对原办法进行了修订。修订后的《管理办法》，自 2007 年 5 月 1 日起施行。

2. 购销人员的管理要求

《管理办法》第六条、第七条、第十条第三款对人员要求进行了规定。

（1）药品生产、经营企业应当对其购销人员进行药品相关的法律、法规和专业知识培训，建立培训档案，培训档案中应当记录培训时间、地点、内容及接受培训的人员。

（2）加强对药品销售人员的管理，并对其销售行为作出具体规定。

（3）销售人员销售药品时，必须出具相应的资料及本人身份证原件，供药品采购方核实。

3. 销售药品所需的材料

《管理办法》第十条药品生产企业、药品批发企业销售药品时，应当提供下列资料。

（1）加盖本企业原印章的《药品生产许可证》或《药品经营许可证》和营业执照的复印件；

（2）加盖本企业原印章的所销售药品的批准证明文件复印件；

（3）销售进口药品的，按照国家有关规定提供相关证明文件。

（4）派出销售人员销售药品的，除本条前款规定的资料外，还应当提供加盖本企业原印章的授权书复印件。授权书原件应当载明授权销售的品种、地域、期限，注明销售人员的身份证号码，并加盖本企业原印章和企业法定代表人印章（或者签名）。

4. 销售药品开具销售凭证的内容

《管理办法》第十一条规定：药品生产企业、药品批发企业应当开具标明供货单位名称、药品名称、生产厂商、批号、数量、价格等内容的销售凭证。药品零售企业应当开具标明药品名称、生产厂商、数量、价格、批号等内容的销售凭证。

5. 零售企业销售药品的规定

《管理办法》第十三条规定：药品零售企业应当按照国家食品药品监督管理局药品分类管理规定的要求，凭处方销售处方药。经营处方药和甲类非处方药的药品零售企业，执业药师或者其他依法经资格认定的药学技术人员不在岗时，应当挂牌告知，并停止销售处方药和甲类非处方药。

知识链接

现代药品流通的发展方向

现代药品流通发展方向是现代物流、第三方物流、网上药品交易和信息服务。药品现代物流普遍采用电子数据交换（EDI）方式，传统的手写单证、记录、台账等都将消失，各类数据、记录被保存在系统数据库中，对过程的监控和查询可以通过仓库管理系统（WMS）实现。以日本为例，日本的药品流通市场中批发企业很多，其中最大的7家批发企业占业务量的95%以上，而生产企业直接销售的药品仅占市场总额的1%。因此，在日本批发企业之间形成了很紧密的商业关系。其药品流通管理的主要特点就是拥有现代化的物流配送系统和发达的信息网络技术，许多生产企业建立了自动化的立体仓库，基本施行标准化、自动化的操作。

因此，在药品流通环节的监管中，除了保障药品生产、经营企业购销药品的质量安全，还应当逐步形成新的监管模式以适应现代药品流通发展的方向。

6. 药品生产、经营企业购进药品的规定

《管理办法》第十二条规定：药品生产、经营企业采购药品时，应按本办法第十条规定索取、查验、留存供货企业有关证件、资料，按本办法第十一条规定索取、留存销售凭证。药品生产、经营企业按照本条前款规定留存的资料和销售凭证，应当保存至超过药品有效期1年，但不得少于3年。

7. 药品生产、经营企业储存药品的规定

《管理办法》第十九条规定：药品说明书要求低温、冷藏储存的药品，药品生产、经营企业应当按照有关规定，使用低温、冷藏设施设备运输和储存。

8. 医疗机构购进药品的规定

《管理办法》第二十四条、第二十五条、第二十九条规定：①医疗机构购进药品时，应当按照本办法第十二条规定，索取、查验、保存供货企业有关证件、资料、票据。②医疗机构购进药品，必须建立并执行进货检查验收制度，并建有真实完整的药品购进记录。药品购进记录必须注明药品的通用名称、生产厂商（中药材标明产地）、剂型、规格、批号、生产日期、有效期、批准文号、供货单位、数量、价格、购进日期。药品购进记录必须保存至超过药品有效期1年，但不得少于3年。③医疗机构以集中招标方式采购药品的，应当遵守《药品管理法》、《药品管理法实施条例》及本办法的有关规定。

9. 医疗机构保管、储存药品的规定

《管理办法》第二十三条、第二十六条规定：①医疗机构设置的药房，应当具有与所使用药品相适应的场所、设备、仓储设施和卫生环境，配备相应的药学技术人员，并设立药品质量管理机构或者配备质量管理人员，建立药品保管制度。②医疗机构储存药品，应当制订和执行有关药品保管、养护的制度，并采取必要的冷藏、

防冻、防潮、避光、通风、防火、防虫、防鼠等措施，保证药品质量。医疗机构应当将药品与非药品分开存放；中药材、中药饮片、化学药品、中成药应分别储存、分类存放。

10. 药品生产、经营企业不得从事的经营活动

（1）《管理办法》第八条规定，药品生产、经营企业不得在经药品监督管理部门核准的地址以外的场所储存或者现货销售药品。药品现货销售是指药品生产、经营企业或其委派的销售人员，在药品监督管理部门核准的地址以外的其他场所，携带药品现货向不特定对象现场销售药品的行为。

（2）《管理办法》第九条规定，药品生产企业只能销售本企业生产的药品，不得销售本企业受委托生产的或者他人生产的药品。

（3）《管理办法》第十三条规定，药品生产、经营企业知道或者应当知道他人从事无证生产、经营药品行为的，不得为其提供药品。

（4）《管理办法》第十四条规定，药品生产、经营企业不得为他人以本企业的名义经营药品提供场所，或者资质证明文件，或者票据等便利条件。

（5）《管理办法》第十五条规定，药品生产、经营企业不得以展示会、博览会、交易会、订货会、产品宣传会等方式现货销售药品。

（6）《管理办法》第十六条规定，药品经营企业不得购进和销售医疗机构配制的制剂。

（7）《管理办法》第十七条规定，未经药品监督管理部门审核同意，药品经营企业不得改变经营方式。药品经营企业应当按照《药品经营许可证》许可的经营范围经营药品。

（8）《管理办法》第二十条规定，药品生产、经营企业不得以搭售、买药品赠药品、买商品赠药品等方式向公众赠送处方药或者甲类非处方药。

（9）《管理办法》第二十一条规定，药品生产、经营企业不得采用邮售、互联网交易等方式直接向公众销售处方药。

（10）《管理办法》第二十二条规定，禁止非法收购药品。

11. 医疗机构不得从事的销售活动

（1）《管理办法》第二十七条规定，医疗机构和计划生育技术服务机构不得未经诊疗直接向患者提供药品。

（2）《管理办法》第二十八条规定，医疗机构不得采用邮售、互联网交易等方式直接向公众销售处方药。

12. 法律责任

《管理办法》第三十条到第四十四条对法律责任做出了规定，见表2-32。

表2-32　违反《药品流通监督管理办法》应承担的法律责任

处罚对象	违 法 行 为	行 政 处 罚
药品生产、经营企业	①违反第6条，对销售人员没有进行药品相关法律、法规等专业知识培训，建立培训档案 ②违反第12条，购销药品时未按照规定留存有关资料、销售凭证的 ③违反第11条第1款，生产、批发企业销售药品时未提交相关销售凭证	①责令限期改正，给予警告； ②逾期不改正的，处以5000元以上2万元以下的罚款
	违反第11条第2款，药品零售企业销售药品时未提交相关销售凭证	①责令限期改正，给予警告； ②逾期不改正的，处以500元以下的罚款
	违法第7条，未对药品销售人员和其销售行为作出具体规定并管理	责令限期改正，给予警告
	①违反第9条，生产企业销售本企业受委托生产的或者他人生产的药品 ②违反第17条，经营企业未经药品监督管理部门审核同意，改变经营方式，或经营经营范围外的药品 ③违反第8条，在经药品监督管理部门核准的地址以外的场所现货销售药品 ④违反第15条，以展示会、博览会、交易会、订货会、产品宣传会等方式现货销售药品	①没收违法销售的药品和违法所得 ②并处违法销售的药品货值金额2倍以上5倍以下的罚款
	违反第8条，在药品监督管理部门核准的地址以外的场所储存药品 按照《药品管理法实施条例》第74条的规定予以处罚	①责令限期限期补办变更登记手续，给予警告； ②逾期不办的，宣布其《药品生产许可证》、《药品经营许可证》无效； ③仍从事药品生产经营活动的，按照《药品管理法》第73条的规定予以处罚
	违反第13条，知道或者应当知道他人从事无证生产、经营药品行为而为其提供药品的	①责令限期改正，给予警告； ②并处1万元以下的罚款，情节严重的，处1万元以上3万元以下的罚款
	违反第14条，为他人以本企业的名义经营药品提供场所，或者资质证明文件，或者票据等便利条件 按照《药品管理法》第82条的规定予以处罚	①没收违法所得，并处违法所得1倍以上3倍以下罚款； ②没有违法所得的处2万以上10万以下罚款； ③情节严重的吊销卖方、出租方、出借方的《药品生产许可证》、《药品经营许可证》

处罚对象	违 法 行 为	行 政 处 罚
药品生产、经营企业	违反第16条，药品经营企业购进或者销售医疗机构配制的制剂 按照《药品管理法》第80条的规定予以处罚	①没收违法购进的药品，并处违法购进药品货值金额2倍以上5倍以下罚款； ②有违法所得的没收违法所得； ③情节严重的吊销《药品生产许可证》、《药品经营许可证》
	违反第20条，搭售、买药品赠药品、买商品赠药品等方式向公众赠送处方药或者甲类非处方药	①责令限期改正，给予警告； ②逾期不改正或者情节严重的，处以赠送药品货值金额2倍以下的罚款，但是最高不超过3万元。
	违反第22条，非法收购药品的 按照《药品管理法》第73条的规定予以处罚	①没收违法销售的药品和违法所得 ②并处违法收购的药品货值金额2倍以上5倍以下的罚款
药品零售企业	①违反第18条第1款，不按照国家食品药品监督管理局药品分类管理规定的要求，凭处方销售处方药	①责令限期改正，给予警告； ②逾期不改正或者情节严重的，处以1000元以下的罚款
	②违反第18条第2款，在执业药师或者其他依法经过资格认定的药学技术人员不在岗时销售处方药或者甲类非处方药的	①责令限期改正，给予警告； ②逾期不改正的，处以1000元以下的罚款
药品生产、批发企业	①违反第19条，未在药品说明书规定的低温、冷藏条件下运输药品	①责令限期改正，给予警告； ②逾期不改正的，处以5000元以上2万元以下的罚款；
	②违反第19条，未在药品说明书规定的低温、冷藏条件下储存药品 按照《药品管理法》第79条的规定予以处罚	①责令限期改正，给予警告； ②逾期不改正的，责令停产停业整顿，并处以5000元以上2万元以下的罚款； ③情节严重的吊销《药品生产许可证》、《药品经营许可证》
医疗机构	违反本办法第23条至第27条， ①药房不具有与所使用药品相适应设施条件和药学技术人员 ②购进药品时，未按规定索取、查验、保存供货企业有关证件、资料、票据 ③购进药品，未按照进货检查验收制度，建立完整的药品购进记录 ④未执行药品保管、养护的制度；没有采取必要的储存措施；没有将药品分类储存 ⑤医疗机构和计划生育技术服务机构不得未经诊疗直接向患者提供药品	责令限期改正，情节严重的，给予通报

续表

处罚对象	违 法 行 为	行 政 处 罚
药品生产、经营企业、医疗机构	分别违反第21、28条规定,以邮售、互联网交易等方式直接向公众销售处方药	①责令改正,给予警告; ②并处销售药品货值金额2倍以下的罚款,但是最高不超过3万元
药品监督管理部门及其工作人员	玩忽职守,对应当予以制止和处罚的违法行为不予制止、处罚的	对直接负责的主管人员和其他直接责任人员给予行政处分;构成犯罪的,依法追究刑事责任。

三、学习小结

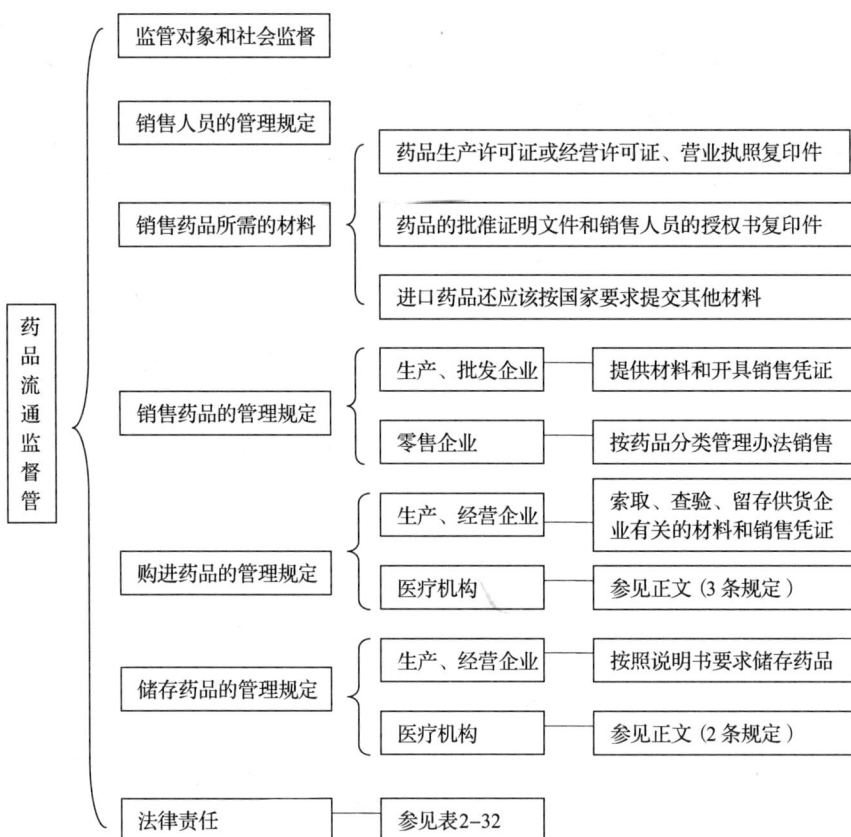

四、学习测试

(一)思考题

1. 药品生产、批发企业在销售药品时应该提供哪些材料?

2. 对药品生产、经营企业购销药品的过程有哪些规定?

3. 医疗机构购进药品应建立哪些制度和记录?

4. 医疗机构对药品保管、储存的具体规定有哪些？

（二）案例分析

某药监局执法人员在日常检查时发现 B 药房某柜台内有 3 箱产品批号为 20080203，标示为 A 公司生产的药品共计 300 盒，现场药房的店员均未能提供该产品发票以及供货单位的资质材料。药监局遂展开立案调查，药房的负责人称该柜台是"借"给自己的好友王某的，而王某就是 A 公司的业务员，且保证是正规生产厂家进货不会有任何质量问题。经调查，该柜台的确由王某经营，但双方并未签订任何关于柜台出借（租）的合同，王某也确实为 A 公司的业务员。王某也声称这批货是 A 公司直接发货过来的，没有任何质量问题，并提供了生产厂家的资质材料、授权委托书及客户名称为该药房的销售发票。最后据店员透露王某每个月会将一部分经营收入分红给药房负责人。

问题与讨论

该药房的行为是否属于药店柜台出租行为？应该如何定性并做出处罚？

（陈永法）

药品经营质量管理规范、
药品经营质量管理规范实施细则

为加强药品经营质量管理，保证人民用药安全有效，国家药品监督管理局依据《中华人民共和国药品管理法》等有关法律、法规，制定《药品经营质量管理规范》（GSP）。该规范于 2000 年 4 月 30 日发布，2000 年 7 月 1 日起施行。为贯彻执行《药品经营质量管理规范》，根据《药品经营质量管理规范》第八十六条的规定，国家药品监督管理局制定了《药品经营质量管理规范实施细则》，于 2000 年 11 月 16 日发布，即日施行。

一、学习要点

通过学习《药品经营质量管理规范》，使学员掌握 GSP 概念，GSP 的精髓、目的、地位及适用范围，药品批发和零售连锁企业中有关设施与设备、进货、验收与检验、储存养护、出库运输的要求，药品零售企业中有关设施与设备、进货与验收、陈列与存储、销售和服务的要求；熟悉药品批发和零售连锁企业与药品零售企业中有关管理职责、人员与培训的要求；了解药品批发和零售连锁企业中销售与售后服务的要求。

二、学习内容

（一）药品批发和零售连锁企业的质量管理

1. 管理职责

1）企业主要负责人：应保证企业执行国家有关法律、法规及本规范，对企业经营药品的质量负领导责任。

2）质量领导组织：企业应建立以企业主要负责人为首，包括进货、销售、储运等业务部门负责人和企业质量管理机构负责人在内的质量领导组织。

（1）其主要职责是：建立企业的质量体系，实施企业质量方针，并保证企业质量管理工作人员行使职权。

（2）其具体职能是：①组织并监督企业实施《中华人民共和国药品管理法》等药品管理的法律、法规和行政规章；②组织并监督实施企业质量方针；③负责企业质量管理部门的设置，确定各部门质量管理职能；④审定企业质量管理制度；⑤研究和确定企业质量管理工作的重大问题；⑥确定企业质量奖惩措施。

知识链接

GSP 概述

GSP 是英文 Good Supplying Practice 缩写,翻译为优良药品供应规范,在我国称为《药品经营质量管理规范》。GSP 是指在药品经营过程中,针对药品经营企业的人员与设施设备、进货验收、存储养护、销售及售后服务等多个环节制定的一项管理制度,通过严格的管理标准来对药品经营过程进行质量控制。

我国从 1982 年开始 GSP 的起草工作,1984 年中国医药公司组织制定的《医药商品质量管理规范(试行)》,由原国家医药管理局发文在全国医药商业范围内试行。在经历几年的试行后,1991 年中国医药商业协会对 1984 年版 GSP 进行了修订,1992 年由原国家医药管理局正式发布实施,使 GSP 成为政府实行医药行业管理的部门规章。

1998 年,国家药品监督管理局成立后,在 1992 版 GSP 的基础上重新进行修订,并于 2000 年 4 月 30 日颁布,同年 7 月 1 日起正式施行。

GSP 的精髓:药品经营企业应在药品的购进、储运、销售等环节实行质量管理,建立包括组织结构、职责制度、过程管理和设施设备等方面的质量体系,并使之有效运行。制定实施 GSP 的目的:加强药品经营质量管理,保证人民用药安全有效。GSP 的地位和适用范围:我国《药品经营质量管理规范》是药品经营企业药品质量管理的基本准则,适用于中华人民共和国境内经营药品的专营或兼营企业。

3)质量管理机构:企业应设置专门的质量管理机构,行使质量管理职能,在企业内部对药品质量具有裁决权。机构下设质量管理组、质量验收组、检验室和养护组。

质量管理机构的主要职能是:①贯彻执行有关药品质量管理的法律、法规和行政规章;②起草企业药品质量管理制度,并指导、督促制度的执行;③负责首营企业和首营品种的质量审核;④负责建立企业所经营药品并包含质量标准等内容的质量档案;⑤负责药品质量的查询和药品质量事故或质量投诉的调查、处理及报告;⑥负责药品的验收和检验,指导和监督药品保管、养护和运输中的质量工作;⑦负责质量不合格药品的审核,对不合格药品的处理过程实施监督;⑧收集和分析药品质量信息;⑨协助开展对企业职工药品质量管理方面的教育或培训;⑩其他相关工作。

2. 质量管理制度

企业应依据有关法律、法规及本规范,结合企业实际制定质量管理制度,并定期检查和考核制度执行情况。

药品批发和零售连锁企业制定的质量管理制度应包括以下内容:①质量方针和目标管理;②质量体系的审核;③有关部门、组织和人员的质量责任;④质量否决的规定;⑤质量信息管理;⑥首营企业和首营品种的审核;⑦质量验收和检验的管理;⑧仓储保管、养护和出库复核的管理;⑨有关记录和凭证的管理;⑩特殊管理药品的管理;⑪有效期药品、不合格药品和退货药品的管理;⑫质量事故、质量查询和质量投诉的管理；⑬药品不良反应报告的规定；⑭卫生和人员健康状况的管理；⑮质量方面的教育、培训及考核的规定。

3. 人员与培训

（1）人员资质要求 GSP 及实施细则对药品经营企业负责人、质量管理、质量检验以及其他相关人员的资质要求做出规定，见表 2 – 33。

表 2 – 33　药品经营企业人员资质要求

人　员		要　求
领导	主要负责人	专业技术职称
	质量管理工作负责人	有药学专业技术职称
各部门负责人	质量机构负责人	执业药师或具有相应的药学专业技术职称
	检验部门负责人	药学专业技术职称
	大中型批发企业质量管理负责人	大中型企业应具有主管药师（含主管中药师、主管中药师）或药学相关专业（指医学、生物、化学等专业）工程师以上的技术职称
	小型批发企业质量管理负责人	药师（含药师、中药师）或药学相关专业助理工程师以上的技术职称
	跨地域连锁企业质量管理工作负责人	执业药师
其他相关人员	质量管理检验人员	药师（含药师、中药师）以上技术职称，或者具有中专以上药学或相关专业的学历，且不得为兼职人员
	验收、养护、销售人员	高中（含）以上的文化程度

（2）培训上岗

企业从事质量管理和检验工作的人员，经专业培训和省级药品监督管理部门考试合格后，取得岗位合格证书方可上岗。

从事验收、养护、计量、保管等工作的人员，应经岗位培训和地市级（含）以上药品监督管理部门考试合格后，取得岗位合格证书方可上岗。

在国家有就业准入规定岗位工作的人员，需通过职业技能鉴定并取得职业资格证书后方可上岗。

（3）培训与继续教育

企业应定期对各类人员进行药品法律、法规、规章和专业技术、药品知识、职业道德等教育或培训，并建立档案。

药品批发和零售连锁企业从事质量管理、检验的人员，每年应接受省级药品监督管理部门组织的继续教育；从事验收、养护、计量等工作的人员，应定期接受企业组织的继续教育。以上人员的继续教育应建立档案。

（4）健康检查

药品批发和零售连锁企业在质量管理、药品检验、验收、养护、保管等直接接触药品的岗位工作的人员，每年应进行健康检查并建立档案。发现患有精神病、传染病或者其他可能污染药品疾病的患者，应调离直接接触药品的岗位。

4. 设施与设备

1）经营场所：企业应有与经营规模相适应的营业场所及辅助、办公用房。营业场所应明亮、整洁。

2）仓库环境及库区

（1）库区：库区地面平整，无积水和杂草，无污染源，并做到　①药品储存作业区、辅助作业区、办公生活区分开一定距离或有隔离措施，装卸作业场所有顶棚。②有适宜药品分类保管和符合药品储存要求的库房。库房内墙壁、顶棚和地面光洁、平整，门窗结构严密。

（2）仓库：

①仓库划分：仓库应划分待验库（区）、合格品库（区）、发货库（区）、不合格品库（区）、退货库（区）等专用场所，经营中药饮片还应划分零货称取专库（区）。以上各库（区）均应设有明显标志。

②仓库面积：应按经营规模设置相应的仓库，其面积（指建筑面积，下同）大型企业不应低于1500平方米，中型企业不应低于1000平方米，小型企业不应低于500平方米。

③仓库温度湿度：应根据所经营药品的储存要求，设置不同温、湿度条件的仓库。其中冷库温度为2～10℃；阴凉库温度不高于20℃；常温库温度为0～30℃；各库房相对湿度应保持在45%～75%之间。

④仓库设施设备：保持药品与地面之间有一定距离的设备；避光、通风和排水的设备；检测和调节温、湿度的设备；防尘、防潮、防霉、防污染以及防虫、防鼠、防鸟等设备；符合安全用电要求的照明设备；适宜拆零及拼箱发货的工作场所和包装物料等的储存场所和设备。

（3）药品检验室：药品检验室应有用于仪器分析、化学分析、滴定液标定的专门场所，并有用于易燃易爆、有毒等环境下操作的安全设施和温、湿度调控的设备。药品检验室的面积，大型企业不小于150平方米；中型企业不小于100平方米；小型企业不小于50平方米。

（4）验收养护室：应在仓库设置验收养护室，其面积大型企业不小于50平方米；中型企业不小于40平方米；小型企业不小于20平方米。验收养护室应有必要的防潮、防尘设备。

（5）分装室：分装中药饮片应有符合规定的专门场所，其面积和设备应与分装要求相适应。分装室环境应整洁，墙壁、顶棚无脱落物。

（6）配货场所：应设置单独的、便于配货活动展开的配货场所

（7）设备养护：对所用设施和设备应定期进行检查、维修、保养并建立档案

5. 进货

1）购进的药品应符合以下基本条件：①合法企业所生产或经营的药品。②具有法定的质量标准。③除国家未规定的以外，应有法定的批准文号和生产批号。进口药品应有符合规定的、加盖了供货单位质量检验机构原印章的《进口药品注册证》和《进

口药品检验报告书》复印件。④包装和标识符合有关规定和储运要求。⑤中药材应标明产地。

2）对首营企业及品种的审核：对首营企业应进行包括资格和质量保证能力的审核。审核由业务部门会同质量管理机构共同进行。除审核有关资料外，必要时应实地考察。经审核批准后，方可从首营企业进货。

对首营品种应进行合法性和质量基本情况的审核，包括核实药品的批准文号和取得质量标准，审核药品的包装、标签、说明书等是否符合规定，了解药品的性能、用途、检验方法、储存条件以及质量信誉等内容。审核合格后方可经营。

3）购货合同中应明确质量条款

（1）工商间购销合同中应明确：①药品质量符合质量标准和有关质量要求；②药品附产品合格证；③药品包装符合有关规定和货物运输要求。

（2）商商间购销合同中应明确：①药品质量符合质量标准和有关质量要求；②药品附产品合格证；③购入进口药品，供应方应提供符合规定的证书和文件；④药品包装符合有关规定和货物运输要求。

4）进货程序：购进药品应按照可以保证药品质量的进货质量管理程序进行。此程序应包括以下环节：①确定供货企业的法定资格及质量信誉。②审核所购入药品的合法性和质量可靠性。③对与本企业进行业务联系的供货单位销售人员，进行合法资格的验证。④对首营品种，填写"首次经营药品审批表"，并经企业质量管理机构和企业主管领导的审核批准。⑤签订有明确质量条款的购货合同。⑥购货合同中质量条款的执行。

5）购进记录

购进药品，应按国家有关规定建立完整的购进记录。记录应注明药品的品名、剂型、规格、有效期、生产厂商、供货单位、购进数量、购货日期等项内容。购进记录应保存至超过药品有效期1年，但不得少于3年。

6）购进特殊管理的药品，应严格按照国家有关管理规定进行。

知识链接

我国现行 GSP 的特点

我国现行 GSP 是 2000 年 4 月 30 日由国家药品监督管理局发布的，自 2000 年 7 月 1 日起施行。现行 GSP 与前两部 GSP 具有一定的历史联系和传承关系，但是又具有自己鲜明的特点：

（1）过去的 GSP 仅仅是推荐性的行业管理标准。现行 GSP 是国家药品监督管理局发布的一部在推行上具有强制性的行政规章，是我国第一部纳入法的范畴的 GSP。

（2）现行 GSP 将其管理范围变为单纯而又外延完整的药品，既与国际上 GSP 接轨，又与《药品管理法》中的药品概念完全一致。GSP 的中文名称由《医药商品质量管理规范》变为《药品经营质量管理规范》。

（3）以往的 GSP 对药品批发和零售没有分别要求，给实际执行带来了一些概念上的模糊和操作上的不便。现行 GSP 在文件结构上对药品批发和药品零售的质量要求分别设章表述，便于实际执行。

（4）现行 GSP 更充分地吸收了现代质量管理学的理论成果，特别是对药品经营企业提出了建立质量体系，并使之有效运行的基本要求。在结构上将质量体系组成要素与药品经营过程密切结合起来，行文脉络非常清晰流畅。

（5）现行 GSP 与一些新发布的药品管理行政规章进行了较好的衔接。比如体现了《处方药与非处方药分类管理办法》、《药品流通监督管理办法》等行政规章的有关管理要求。

（6）GSP 已经成为衡量药品经营企业是否具有继续经营药品资格的一道硬杠杆，成为药品市场准入的技术壁垒。由药品监督管理部门组织开展的药品经营企业换证工作所采用的换证验收标准，实际上就是实施 GSP 的一个最低标准。

6. 验收与检验

1）药品质量验收和检验管理的主要内容是：①药品质量标准及有关规定的收集、分发和保管。②抽样的原则和程序、验收和检验的操作规程。③发现有问题药品的处理方法。④仪器设备、计量工具的定期校准和检定，仪器的使用、保养和登记等。⑤原始记录和药品质量档案的建立、收集、归档和保管。⑥中药标本的收集和保管。

2）药品验收

（1）药品质量验收要求：①严格按照法定标准和合同规定的质量条款对购进药品、销后退回药品的质量进行逐批验收。②验收时应同时对药品的包装、标签、说明书以及有关要求的证明或文件进行逐一检查。③验收抽取的样品应具有代表性。④验收应按有关规定做好验收记录。验收记录应保存至超过药品有效期一年，但不得少于三年。⑤验收首营品种，还应进行药品内在质量的检验。⑥验收应在符合规定的场所进行，在规定时限内完成。

（2）药品验收检查内容

药品质量验收，包括药品外观的性状检查和药品内外包装及标识的检查。包装、标识主要检查以下内容：①每件包装中，应有产品合格证。②药品包装的标签和所附说明书上，有生产企业的名称、地址，有药品的品名、规格、批准文号、产品批号、生产日期、有效期等；标签或说明书上还应有药品的成分、适应症或功能主治、用法、用量、禁忌、不良反应、注意事项以及贮藏条件等。③特殊管理药品、外用药品包装的标签或说明书上有规定的标识和警示说明。处方药和非处方药按分类管理要求，标签、说明书上有相应的警示语或忠告语；非处方药的包装有国家规定的专有标识。④进口药品，其包装的标签应以中文注明药品的名称、主要成分以及注册证号，并有中文说明书。进口药品应有符合规定的《进口药品注册证》和《进口药品检验报告书》复印件；进口预防性生物制品、血液制品应有《生物制品进口批件》复印件；进口药材应有《进口药材批件》复印件。以上批准文件应加盖供货单位质量检验机构或质量管理机构原印章。⑤中药材和中药饮片应有包装，并附有质量合格的标志。每件包装上，中药材标明品名、产地、供货单位；中药饮片标明品名、生产企业、生产日期等。实施文号管理的中药材和中药饮片，在包装上还应标明批准文号。

（3）对销后退回的药品，验收人员按进货验收的规定验收，必要时应抽样送检验部门检验。

（4）对特殊管理的药品，应实行双人验收制度。

（5）验收记录

药品验收应做好记录。验收记录记载供货单位、数量、到货日期、品名、剂型、规格、批准文号、批号、生产厂商、有效期、质量状况、验收结论和验收人员等项内容。验收记录按 GSP 第三十五条要求保存。

3）药品检验

（1）企业的药品检验部门承担本企业药品质量的检验任务，提供准确、可靠的检验数据。药品检验部门抽样检验批数应达到总进货批数的规定比例，药品抽样检验（包括自检和送检）的批数，大中型企业不应少于进货总批次数的 15%，小型企业不应少于进货总批次数的 1%。药品检验部门或质量管理机构负责药品质量标准的收集。

（2）检验记录

药品检验应有完整的原始记录，并做到数据准确、内容真实、字迹清楚、格式及用语规范。记录保存 5 年。

用于药品验收、检验、养护的仪器、计量器具及滴定液等，应有使用和定期检定的记录。

7. 储存与养护

1）储存

（1）存储要求：药品应按规定的储存要求专库、分类存放，并遵循以下要求：①药品按温、湿度要求储存于相应的库中。②在库药品均应实行色标管理。其统一标准是：待验药品库（区）、退货药品库（区）为黄色；合格药品库（区）、零货称取库（区）、待发药品库（区）为绿色；不合格药品库（区）为红色。③搬运和堆垛应严格遵守药品外包装图式标志的要求，规范操作。药品堆垛应留有一定距离，怕压药品应控制堆放高度，定期翻垛。④药品与仓间地面、墙、顶、散热器之间应有相应的间距或隔离措施。药品与墙、屋顶（房梁）的间距不小于 30 厘米，与库房散热器或供暖管道的间距不小于 30 厘米，与地面的间距不小于 10 厘米。⑤药品应按批号集中堆放。有效期的药品应分类相对集中存放，按批号及效期远近依次或分开堆码并有明显标志。⑥药品与非药品、内用药与外用药、处方药与非处方药之间应分开存放；易串味的药品、中药材、中药饮片以及危险品等应与其他药品分开存放。⑦麻醉药品、一类精神药品、医疗用毒性药品、放射性药品应当专库或专柜存放，双人双锁保管，专账记录。⑧对销后退回的药品，凭销售部门开具的退货凭证收货，存放于退货药品库（区），由专人保管并做好退货记录。经验收合格的药品，由保管人员记录后方可存入合格药品库（区）；不合格药品由保管人员记录后放入不合格药品库（区）。

（2）记录：退货记录应保存 3 年。不合格药品的确认、报告、报损、销毁应有完善的手续和记录。

2）养护

（1）对库存药品应根据流转情况定期进行养护和检查，并做好记录。检查中，对由于异常原因可能出现问题的药品、易变质药品、已发现质量问题药品的相邻批号药品、储存时间较长的药品，应进行抽样送检。

库存养护中如发现质量问题，应悬挂明显标志和暂停发货，并尽快通知质量管理机构予以处理。

应做好库房温、湿度的监测和管理。

（2）药品养护工作的主要职责是：①指导保管人员对药品进行合理储存。②检查在库药品的储存条件，配合保管人员进行仓间温、湿度等管理。③对库存药品进行定期质量检查，并做好检查记录。④对中药材和中药饮片按其特性，采取干燥、降氧、熏蒸等方法养护。⑤对由于异常原因可能出现质量问题的药品和在库时间较长的中药材，应抽样送检。⑥对检查中发现的问题及时通知质量管理机构复查处理。⑦定期汇总、分析和上报养护检查、近效期或长时间储存的药品等质量信息。⑧负责养护用仪器设备、温湿度检测和监控仪器、仓库在用计量仪器及器具等的管理工作。⑨建立药品养护档案。

（3）记录

每日应上、下午各一次定时对库房温、湿度进行记录。如库房温、湿度超出规定范围，应及时采取调控措施，并予以记录。

8. 出库与运输

1）出库

（1）药品出库原则：药品出库应遵循"先产先出"、"近期先出"和按批号发货的原则。

（2）药品出库复核

①药品出库时，应按发货或配送凭证对实物进行质量检查和数量、项目的核对。如发现以下问题应停止发货或配送，并报有关部门处理：药品包装内有异常响动和液体渗漏；外包装出现破损、封口不牢、衬垫不实、封条严重损坏等现象；包装标识模糊不清或脱落；药品已超出有效期。

②复核记录

药品批发企业在药品出库复核时，为便于质量跟踪所做的复核记录，应包括购货单位、品名、剂型、规格、批号、有效期、生产厂商、数量、销售日期、质量状况和复核人员等项目。

药品零售连锁企业配送出库时，也应按规定做好质量检查和复核。其复核记录包括药品的品名、剂型、规格、批号、有效期、生产厂商、数量、出库日期，以及药品送至门店的名称和复核人员等项目。

③双人核对制度。麻醉药品、一类精神药品、医疗用毒性药品应建立双人核对制度。

2）运输

药品运输时，应针对运送药品的包装条件及道路状况，采取相应措施，防止药品的破损和混淆。运送有温度要求的药品，途中应采取相应的保温或冷藏措施。

麻醉药品、一类精神药品、医疗用毒性药品和危险品的运输应按有关规定办理。

由生产企业直调药品时，须经经营单位质量验收合格后方可发运。

搬运、装卸药品应轻拿轻放，严格按照外包装图示标志要求堆放和采取防护措施。

9. 销售与售后服务

1）销售

（1）药品销售原则

①企业应依据有关法律、法规和规章，将药品销售给具有合法资格的单位。

②销售特殊管理的药品应严格按照国家有关规定执行。

③销售人员应正确介绍药品，不得虚假夸大和误导用户

④因特殊需要从其他商业企业直调的药品，本企业应保证药品质量，并及时做好有关记录。

⑤药品营销宣传应严格执行国家有关广告管理的法律、法规，宣传的内容必须以国家药品监督管理部门批准的药品使用说明书为准。

（2）销售记录

药品批发企业应按规定建立药品销售记录，记载药品的品名、剂型、规格、有效期、生产厂商、购货单位、销售数量、销售日期等项内容。销售记录应保存至超过药品有效期1年，但不得少于3年。

2）售后服务

对质量查询、投诉、抽查和销售过程中发现的质量问题要查明原因，分清责任，采取有效的处理措施，并做好记录。企业已售出的药品如发现质量问题，应向有关管理部门报告，并及时追回药品和做好记录。

药品批发和零售连锁企业应按照国家有关药品不良反应报告制度的规定和企业相关制度，注意收集由本企业售出药品的不良反应情况。发现不良反应情况，应按规定上报有关部门。

（二）药品零售的质量管理

1. 管理职责

（1）药品零售和零售连锁企业应遵照依法批准的经营方式和经营范围从事经营活动，应在营业店堂的显著位置悬挂药品经营企业许可证、营业执照以及与执业人员要求相符的执业证明。

（2）企业主要负责人对企业经营药品的质量负领导责任。

（3）企业应设置质量管理机构或专职质量管理人员，具体负责企业质量管理工作。小型零售企业如果因经营规模较小而未能设置质量管理机构的，应设置质量管理人员，其工作可参照管理机构的职能进行。

2. 质量管理制度

企业应根据国家有关法律、法规和本规范，并结合企业实际，制定各项质量管理制度。管理制度应定期检查和考核，并建立记录。

药品零售企业制定的质量管理制度，应包括以下内容：①有关业务和管理岗位的

质量责任；②药品购进、验收、储存、陈列、养护等环节的管理规定；③首营企业和首营品种审核的规定；④药品销售及处方管理的规定；⑤拆零药品的管理规定；⑥特殊管理药品的购进、储存、保管和销售的规定；⑦质量事故的处理和报告的规定；⑧质量信息的管理；⑨药品不良反应报告的规定；⑩卫生和人员健康状况的管理；⑪服务质量的管理规定；⑫经营中药饮片的，有符合中药饮片购、销、存管理的规定。

药品零售连锁门店的质量管理制度，除不包括购进、储存等方面的规定外，应与药品零售企业有关制度相同。

3．人员与培训

（1）人员资质要求：GSP 及实施细则对药品零售企业质量管理负责人及其他相关人员的资质要求做出规定，见表 2 - 34。

表 2 - 34　药品零售企业人员资质要求

人　员		要　求
质量管理负责人	大中型企业质量管理负责人	具有药师（含药师和中药师）以上的技术职称
	小型企业质量管理负责人	有药士药士和中药士）以上的技术职称
	药品零售连锁门店质量管理负责人	药士（含药士和中药士）以上技术职称的人员负责质量管理工作
其他相关人员	质量管理检验人员	有药师（含药师和中药师）以上技术职称，或者具有中专（含）以上药学或相关专业的学历，应在职在岗，不得在其他企业兼职
	验收、养护、销售人员	高中（含）以上文化程度。如为初中文化程度，须具有 5 年以上从事药品经营工作的经历。
	药品零售中处方审核人员	执业药师或有药师以上（含药师和中药师）的专业技术职称

（2）培训上岗

企业从事质量管理、检验、验收、保管、养护、营业等工作的人员应经过专业培训，并经地市级（含）以上药品监督管理部门考试合格，发给岗位合格证书后方可上岗。国家有就业准入规定的岗位，工作人员需通过职业技能鉴定并取得职业资格证书后方可上岗。

（3）培训与继续教育

药品零售企业从事质量管理的人员，每年应接受省级药品监督管理部门组织的继续教育；从事验收、养护、计量等工作的人员，应定期接受企业组织的继续教育。以上人员的继续教育应建立档案。

（4）健康检查

药品零售企业在质量管理、验收、养护、保管、销售等直接接触药品的岗位工作的人员，每年应进行健康检查并建立档案。发现患有精神病、传染病或者其他可能污染药品疾病的患者，应调离直接接触药品的岗位。

4. 设施与设备

1）营业场所与药品仓库

（1）总体要求：

药品零售企业应有与经营规模相适应的营业场所和药品仓库，并且环境整洁、无污染物。企业的营业场所、仓库、办公生活等区域应分开。

（2）面积要求

用于药品零售的营业场所和仓库，面积不应低于以下标准：①大型零售企业营业场所面积 100 平方米，仓库 30 平方米；②中型零售企业营业场所面积 50 平方米，仓库 20 平方米；③小型零售企业营业场所面积 40 平方米，仓库 20 平方米；④零售连锁门店营业场所面积 40 平方米。

（3）配置要求

药品零售企业营业场所和药品仓库应配置以下设备：

①便于药品陈列展示的设备；②特殊管理药品的保管设备；③符合药品特性要求的常温、阴凉和冷藏保管的设备；④必要的药品检验、验收、养护的设备；⑤检验和调节温、湿度的设备；⑥保持药品与地面之间有一定距离的设备；⑦药品防尘、防潮、防污染和防虫、防鼠、防霉变等设备；⑧经营中药饮片所需的调配处方和临方炮制的设备。

2）其他设施与设备

药品零售连锁企业应设立与经营规模相适应的配送中心，其仓储、验收、检验、养护等设施要求与同规模的批发企业相同。零售连锁门店的药品陈列、保管等设备要求应与零售企业相同。

5. 进货与验收

（1）进货

企业购进药品应以质量为前提，从合法的企业进货。对首营企业应确认其合法资格，并做好记录。药品零售企业购入首营品种时，应进行药品质量审核，审核合格后方可经营。

（2）验收

①药品零售企业药品验收和检验应按照药品批发和零售连锁企业质量管理中相关要求进行。②药品零售连锁门店在接收企业配送中心药品配送时，可简化验收程序，但验收人员应按送货凭证对照实物，进行品名、规格、批号、生产厂商以及数量的核对，并在凭证上签字。送货凭证应按零售企业购进记录的要求保存。③验收时，如发现有质量问题的药品，应及时退回配送中心并向总部质量管理机构报告。

6. 陈列与存储

（1）总体原则

药品应按剂型或用途以及储存要求分类陈列和储存：

①药品与非药品、内服药与外用药应分开存放，易串味的药品与一般药品应分开存放。②药品应根据其温湿度要求，按照规定的储存条件存放。③处方药与非处方药

应分柜摆放。④特殊管理的药品应按照国家的有关规定存放。⑤危险品不应陈列。如因需要必须陈列时，只能陈列代用品或空包装。危险品的储存应按国家有关规定管理和存放。⑥拆零药品应集中存放于拆零专柜，并保留原包装的标签。⑦中药饮片装斗前应做质量复核，不得错斗、串斗，防止混药。饮片斗前应写正名正字。

（2）陈列

除上述原则外，陈列药品还应做到：①陈列药品的货柜及橱窗应保持清洁和卫生，防止人为污染药品。②陈列药品应按品种、规格、剂型或用途分类整齐摆放，类别标签应放置准确、字迹清晰。③对陈列的药品应按月进行检查，发现质量问题要及时处理。

（3）存储

零售企业药品的存储同批发企业与零售连锁企业的要求。

对储存中发现的有质量疑问的药品，不得摆上柜台销售，应及时通知质量管理机构或质量管理人员进行处理。

（4）养护

陈列和储存药品的养护工作包括：①定期检查陈列与储存药品的质量并记录。近效期的药品、易霉变、易潮解的药品视情况缩短检查周期，对质量有疑问及储存日久的药品应及时抽样送检；②检查药品陈列环境和储存条件是否符合规定要求；③对各种养护设备进行检查；④检查中发现的问题应及时向质量负责人汇报并尽快处理。

7. 销售与服务

1）销售

（1）店应按国家药品分类管理的有关规定销售药品，遵循以下要求：①营业时间内，应有执业药师或药师在岗，并佩戴标明姓名、执业药师或其技术职称等内容的胸卡。②销售药品时，应由执业药师或药师对处方进行审核并签字后，方可依据处方调配、销售药品。无医师开具的处方不得销售处方药。③处方药不应采用开架自选的销售方式。④非处方药可不凭处方出售。但如顾客要求，执业药师或药师应负责对药品的购买和使用进行指导。⑤药品销售不得采用有奖销售、附赠药品或礼品销售等方式。

（2）销售特殊管理药品：应严格按照国家有关规定，凭盖有医疗单位公章的医生处方限量供应，销售及复核人员均应在处方上签字或盖章，处方保存两年。

（3）销售中药饮片：药品零售企业和零售连锁门店销售的中药饮片应符合炮制规范，并做到计量准确。

（4）广告宣传 药品零售企业和零售连锁门店在营业店堂内进行的广告宣传，应符合国家有关规定。

2）服务

①明示服务公约：药品零售企业和零售连锁门店应在营业店堂明示服务公约，公布监督电话和设置顾客意见簿。对顾客反映的药品质量问题，应认真对待、详细记录、及时处理。②药品零售企业和零售连锁门店应按照药品批发和零售连锁企业有关不良反应报告的规定，做好药品不良反应报告工作。

三、学习小结

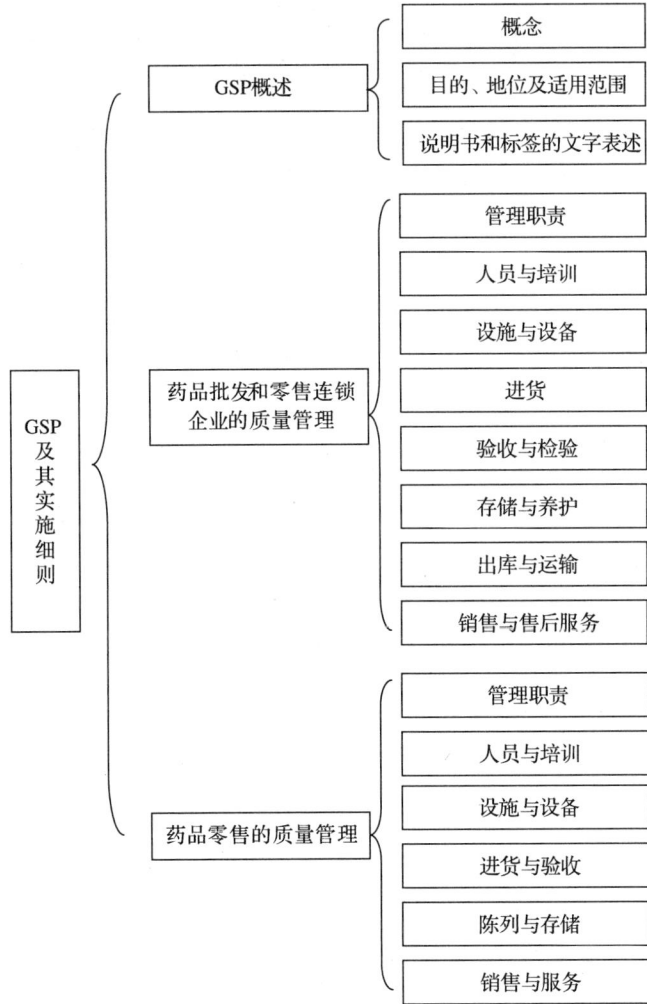

四、思考题

1. 药品经营企业对人员有哪些要求？

2. 药品批发企业的进货程序有哪些环节？

3. 药品批发企业在质量验收环节对包装、标识检查有什么要求？

4. 药品零售企业的进货验收要求有哪些？

5. 药品零售企业药品分类存储的原则是什么？

（陈永法）

药品经营质量管理规范认证管理办法

为加强药品经营质量管理，规范《药品经营质量管理规范》认证工作，国家食品药品监督管理局根据《中华人民共和国药品管理法》及《药品管理法实施条例》，制定了《药品经营质量管理规范认证管理办法》，于 2003 年 4 月 24 日发布，即日施行。

一、学习要点

通过学习《药品经营质量管理规范认证管理办法》，使学员掌握 GSP 认证的概念，GSP 认证的程序，GSP 认证的监督检查；熟悉 GSP 认证的组织及实施机构；了解 GSP 认证机构及认证检查员。

二、学习内容

（一）GSP 认证的概念

GSP 认证是药品监督管理部门依法对药品经营企业药品经营质量管理进行监督检查的一种手段，是对药品经营企业实施《药品经营质量管理规范》情况的检查、评价并决定是否发给认证证书的监督管理过程。实施 GSP 认证管理，有利于为加强药品经营质量管理，规范 GSP 认证工作。

（二）GSP 认证的组织及实施机构

1. 国家食品药品监督管理局

负责全国 GSP 认证工作的统一领导和监督管理；负责与国家认证认可监督管理部门在 GSP 认证方面的工作协调；负责国际间药品经营质量管理认证领域的互认工作。

2. 国家食品药品监督管理局药品认证管理中心

负责实施国家食品药品监督管理局组织的有关 GSP 认证的监督检查；负责对省、自治区、直辖市 GSP 认证机构进行技术指导。

3. 省、自治区、直辖市药品监督管理部门

负责组织实施本地区药品经营企业的 GSP 认证，并建立 GSP 认证检查员库，设置 GSP 认证机构，制定适应本地区认证管理需要的规章制度和工作程序。

（三）GSP 认证机构及认证检查员

1. 认证机构

（1）GSP 认证机构，须经本地区省、自治区、直辖市药品监督管理部门授权后方可从事 GSP 认证工作。GSP 认证机构不得从事与《药品经营质量管理规范》相关的咨询活动。

（2）GSP认证机构应具备以下条件：

①机构主要负责人有大专以上学历或中级以上专业技术职称。

②至少有3名具有药品质量管理工作2年以上经历，并具有药学或医学、化学、生物等相关专业技术职称的人员从事认证审查工作。

③建立了适应机构管理需要的制度和工作程序。

④具有相应的办公场所和设施。

2. 认证检查员

（1）具体要求：GSP认证检查员是在GSP认证工作中专职或兼职从事认证现场检查的人员，应该具有大专以上学历或中级以上专业技术职称，并从事5年以上药品监督管理工作或者药品经营质量管理工作。

（2）培训

省、自治区、直辖市药品监督管理部门负责选派本地区符合条件的人员，参加由国家食品药品监督管理局组织的培训和考试。考试合格的可列入本地区认证检查员库。

（3）继续教育

国家食品药品监督管理局根据认证工作的要求，对GSP认证检查员进行继续教育。省、自治区、直辖市药品监督管理部门对列入本地区认证检查员库的检查员进行管理，建立检查员个人档案和定期进行考评。

（4）GSP认证检查员在认证检查中应严格遵守国家法律和GSP认证工作的规章制度，公正、廉洁地从事认证检查的各项活动。GSP认证检查员如违反以上规定，省、自治区、直辖市药品监督管理部门应将其撤出认证检查员库，违规情节严重的，不得再次列入认证检查员库。

知识链接

GSP 检查员的行为准则

GSP检查员的行为应受到药品监督管理部门、国家药品监督管理局药品认证管理中心以及受检查企业的共同监督。GSP检查员的行为准则是：

（1）遵守国家法律和有关GSP认证工作的规章制度；

（2）忠于职守，做到准确公正；

（3）努力提高检查技能和维护检查工作声誉；

（4）不得泄露任何有关检查工作和涉及受检查企业利益的信息；

（5）不接受任何组织和个人的馈赠物品或其他形式的好处。

（四）GSP 认证程序

1. 申请与受理

（1）申请条件

申请GSP认证的药品经营企业，应符合以下条件。①属于以下情形之一的药品经营单位：具有企业法人资格的药品经营企业；非专营药品的企业法人下属的药品经营企业；不具有企业法人资格且无上级主管单位承担质量管理责任的药品经营实体。

②具有依法领取的《药品经营许可证》和《企业法人营业执照》或《营业执照》。③企业经过内部评审，基本符合《药品经营质量管理规范》及其实施细则规定的条件和要求。④在申请认证前 12 个月内，企业没有因违规经营造成的经销假劣药品问题（以药品监督管理部门给予行政处罚的日期为准，下同）。

（2）报送资料

申请 GSP 认证的药品经营企业，应填报《药品经营质量管理规范认证申请书》，同时报送以下资料：①《药品经营许可证》和营业执照复印件；②企业实施《药品经营质量管理规范》情况的自查报告；③企业非违规经销假劣药品问题的说明及有效的证明文件；④企业负责人员和质量管理人员情况表；企业药品验收、养护人员情况表；⑤企业经营场所、仓储、验收养护等设施、设备情况表；⑥企业所属非法人分支机构情况表；⑦企业药品经营质量管理制度目录；⑧企业质量管理组织、机构的设置与职能框图；⑨企业经营场所和仓库的平面布局图。

企业填报的《药品经营质量管理规范认证申请书》及上述相关资料，应按规定做到详实和准确。企业不得隐瞒、谎报、漏报，否则将驳回认证申请、中止认证现场检查或判定其认证不合格。

（3）初审

①初审部门：药品经营企业将认证申请书及资料报所在地设区的市级药品监督管理机构或者省、自治区、直辖市药品监督管理部门直接设置的县级药品监督管理机构（以下简称为初审部门）进行初审。

②初审内容：对认证申请的初审，一般仅限于对申请书及申报资料的审查。有特殊情况应对申请认证企业进行现场核查，并根据核查结果对认证申请予以处理。

③初审期限：初审部门应在收到认证申请书及资料起 10 个工作日内完成初审，初审合格的将其认证申请书和资料移送省、自治区、直辖市药品监督管理部门审查。

（4）审查及受理

①省、自治区、直辖市药品监督管理部门在收到认证申请书及资料之日起 25 个工作日内完成审查，并将是否受理的意见填入认证申请书，在 3 个工作日内以书面形式通知初审部门和申请认证企业。②对同意受理的认证申请，省、自治区、直辖市药品监督管理部门应在通知初审部门和企业的同时，将认证申请书及资料转送本地区设置的认证机构。不同意受理的，应说明原因。③审查中对认证申请书和资料中有疑问的，省、自治区、直辖市药品监督管理部门应一次性通知初审部门，由初审部门要求企业限期予以说明或补充资料。逾期未说明或资料仍不符合要求的，由省、自治区、直辖市药品监督管理部门予以退审。

2. 现场检查

（1）相关期限：认证机构收到省、自治区、直辖市药品监督管理部门转送的企业认证申请书和资料之日起 15 个工作日内，应组织对企业的现场检查。检查前，应将现场检查通知书提前 3 日发至被检查企业，同时抄送省、自治区、直辖市药品监督管理部门和初审部门。通过现场检查的企业，应针对检查结论中提出的缺陷项目提交整改报告，并于现场检查结束后 7 个工作日内报送认证机构。

（2）检查组

认证机构应按照预先规定的方法，从认证检查员库随机抽取 3 名 GSP 认证检查员组成现场检查组，实行组长负责制。检查组依照《GSP 认证现场检查工作程序》、《GSP 认证现场检查评定标准》和《GSP 认证现场检查项目》实施现场检查，检查结果将作为评定和审核的主要依据。

（3）对企业所属非法人分支机构的检查，按以下规定进行抽查

①药品批发企业分支机构按其数量以 30% 的比例抽查；②药品零售连锁企业门店数量小于或等于 30 家的，按照 20% 的比例抽查，但不得少于 3 家；大于 30 家的，按 10% 比例抽查，但不得少于 6 家。③被抽查的门店如属于跨省（区、市）开办的，组织认证的省、自治区、直辖市药品监督管理部门应委托门店所在地省、自治区、直辖市药品监督管理部门进行检查。

（4）检查结论及报告

现场检查结束后，检查组应依据检查结果对照《GSP 认证现场检查评定标准》作出检查结论并提交检查报告。如企业对检查结论产生异议，可向检查组作出说明或解释，直至提出复议。检查组应对异议内容和复议过程予以记录。如最终双方仍未达成一致，应将上述记录和检查报告等有关资料一并送交认证机构。

3. 审批与发证

（1）审批发证流程：

①根据检查组现场检查报告并结合有关情况，认证机构在收到报告的 10 个工作日内提出审核意见，送交省、自治区、直辖市药品监督管理部门审批。

②省、自治区、直辖市药品监督管理部门在收到审核意见之日起 15 个工作日内进行审查，作出认证是否合格或者限期整改的结论。

③被要求限期整改的企业，应在接到通知的 3 个月内向省、自治区、直辖市药品监督管理部门和认证机构报送整改报告，提出复查申请。认证机构应在收到复查申请的 15 个工作日内组织复查。对超过规定期限未提出复查申请或经过复查仍未通过现场检查的不再给予复查，应确定为认证不合格。

④对通过认证现场检查的企业，省、自治区、直辖市药品监督管理部门在进行审查前应通过媒体（其中药品批发企业还应通过国家食品药品监督管理局政府网站）向社会公示。在审查的规定期间内，如果没有出现针对这一企业的投诉、举报等问题，省、自治区、直辖市药品监督管理部门即可根据审查结果作出认证结论；如果出现问题，省、自治区、直辖市药品监督管理部门必须在组织核查后，根据核查结果再作结论。

⑤对认证合格的企业，省、自治区、直辖市药品监督管理部门应向企业颁发《药品经营质量管理规范认证证书》；对认证不合格的企业，省、自治区、直辖市药品监督管理部门应书面通知企业。企业可在通知下发之日 6 个月后，重新申请 GSP 认证。

⑥对认证合格的企业，省、自治区、直辖市药品监督管理部门应在本地区公布；对认证合格的药品批发企业，除在本地区公布外，还应通过国家食品药品监督管理局政府网站向全国公布。

（2）认证证书的有效期、换发及收回撤销

《药品经营质量管理规范认证证书》有效期5年，有效期满前3个月内，由企业提出重新认证的申请。省、自治区、直辖市药品监督管理部门依照本办法的认证程序，对申请企业进行检查和复审，合格的换发证书。审查不合格以及认证证书期满但未重新申请认证的，应收回或撤销原认证证书，并予以公布。对撤销认证证书以及认证证书过期失效的企业，如再次申请认证，需在撤销证书和证书失效之日6个月后方可提出。

（五）GSP认证的监督检查

各级药品监督管理部门应对认证合格的药品经营企业进行监督检查，以确认认证合格企业是否仍然符合认证标准。监督检查包括跟踪检查、日常抽查和专项检查三种形式。跟踪检查按照认证现场检查的方法和程序进行；日常抽查和专项检查应将结果记录在案。

1. 跟踪检查

省、自治区、直辖市药品监督管理部门应在企业认证合格后24个月内，组织对其认证的药品经营企业进行一次跟踪检查，检查企业质量管理的运行状况和认证检查中出现问题的整改情况。

2. 日常抽查

设区的市级药品监督管理机构或者省、自治区、直辖市药品监督管理部门直接设置的县级药品监督管理机构应结合日常监督管理工作，定期对辖区内认证合格企业进行一定比例的抽查，检查企业是否能按照《药品经营质量管理规范》的规定从事药品经营活动。

3. 专项检查

认证合格的药品经营企业在认证证书有效期内，如果改变了经营规模和经营范围，或在经营场所、经营条件等方面以及零售连锁门店数量上发生了以下变化，省、自治区、直辖市药品监督管理部门应组织对其进行专项检查：①药品批发企业和药品零售连锁企业（总部）的办公、营业场所和仓库迁址。②企业经营规模的扩大，导致企业类型改变。③零售连锁企业增加了门店数量。以认证检查时为基数，门店数在30家（含30家）以下的每增加50%，应对新增门店按50%比例抽查；门店数在30家以上的每增加20%，对新增门店按30%比例抽查。

4. 监督检查结果处理

对监督检查中发现的不符合《药品经营质量管理规范》要求的认证合格企业，药品监督管理部门应按照《药品管理法》第七十九条的规定，要求限期予以纠正或者给予行政处罚。对其中严重违反或屡次违反《药品经营质量管理规范》规定的企业，其所在地省、自治区、直辖市药品监督管理部门应依法撤销其《药品经营质量管理规范认证证书》，并予以公布。

三、学习小结

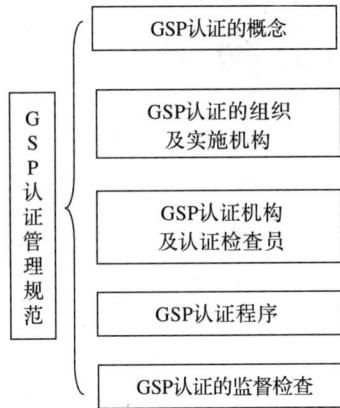

四、学习检测

（一）思考题

1. 申请 GSP 认证的药品经营企业应符合哪些条件？
2. GSP 认证的监督检查包括哪些形式？

（二）案例分析

2007 年 1 月，某市药监局执法人员对该市某医药公司进行日常监督检查时，该公司提供了两份《药品经营质量管理认证证书》（以下简称 GSP 证书）。其中一份为旧证书，于 2006 年 10 月 6 日失效，另一份为新证书，是该公司经过重新认证于 2006 年 12 月 20 日取得的，新旧两份证书之间存在一个时间差，在此期间内该医药公司仍继续经营药品。后经查明，该医药公司在原认证证书有效期届满前向当地药品监管部门提出了 GSP 重新认证申请，有当地省药监局的《申请 GSP 重新认证受理通知书》为证，受理时间为 2006 年 9 月 21 日。

问题与讨论

本案中医药公司无证经营的行为如何定性？是否应当进行处罚？

（陈永法）

药品不良反应报告和监测管理办法

为了加强上市药品的安全监管，规范药品不良反应报告和监测的管理，保障公众用药安全，为上市后药品的评价、监管提供科学依据，给临床用药提供信息，根据《中华人民共和国药品管理法》的有关规定，国家药品监督管理局会同卫生部于1999年11月25日制定出台了《药品不良反应监测管理办法（试行）》，并于2004年3月4日对其进行重新修订，且更名为《药品不良反应报告和监测管理办法》（以下简称《办法》），并规定从即日起正式实施。

一、学习要点

通过学习《办法》，使学员掌握药品不良反应（简称 ADR）、新的药品不良反应、药品严重不良反应的概念，药品不良反应的报告范围，药品不良反应主管部门与职责（包括国家食品药品监督管理局、国家药品不良反应监测中心、省级（食品）药品监督管理局、省级药品不良反应监测中心以及国务院卫生主管部门和地方各级卫生主管部门），药品不良反应的报告程序；熟悉药品不良反应的管理方式，《办法》的适用范围，药品不良反应评价与控制要求；了解药品生产、经营企业和药品使用单位出现违法行为应给予的处罚。

二、学习内容

《办法》共计6章33条，包括总则、职责、报告、评价与控制、处罚、附则的内容。其主要内容可概括为以下几点：

1. 药品不良反应、新的药品不良反应、药品严重不良反应概念

《办法》第二十九条对药品不良反应、新的药品不良反应、药品严重不良反应几个概念做了界定：

药品不良反应是指合格药品在正常用法用量下出现的与用药目的无关的或意外的有害反应。

新的药品不良反应指药品使用说明书中未载明的不良反应。

药品严重不良反应是指因服用药品引起以下损害情形之一的反应，即①引起死亡；②致癌、致畸、致出生缺陷；③对生命有危险并能够导致人体永久的或显著的伤残；对器官功能产生永久损伤；导致住院或住院时间延长。

2. 药品不良反应的报告范围

《办法》第十五～十六条规定，处于新药监测期内的药品，应报告该药品发生的所有不良反应；新药监测期已满的药品，应报告该药品引起的新的和严重的不良反应。

对于进口药品，自首次获准进口之日起 5 年内，报告该进口药品发生的所有不良反应；进口满 5 年的药品，报告该进口药品发生的新的和严重的不良反应。

3. 药品不良反应主管部门与职责

《办法》第三条及第六～十条规定，药品不良反应的管理部门及职责见表 2－35。

表 2－35　药品不良反应的管理部门及职责表

管理部门	主要职责
国家食品药品监督管理局	负责全国药品不良反应监测管理工作，并履行以下主要职责： ①会同卫生部制定药品不良反应报告的管理规章和政策，并监督实施； ②通报全国药品不良反应报告和监测情况； ③组织检查药品生产、经营企业的药品不良反应报告和监测工作的开展情况，并会同卫生部组织检查医疗卫生机构的药品不良反应报告和监测工作的开展情况； ④对突发、群发、影响较大并造成严重后果的药品不良反应组织调查、确认和处理； ⑤对已确认发生严重不良反应的药品，国家食品药品监督管理局可以采取紧急控制措施，并依法作出行政处理决定
国家药品不良反应监测中心	①承担全国药品不良反应报告资料的收集、评价、反馈和上报工作； ②对省、自治区、直辖市药品不良反应监测中心进行技术指导； ③承办国家药品不良反应信息资料库和监测网络的建设及维护工作； ④组织药品不良反应宣传、教育、培训和药品不良反应信息刊物的编辑、出版工作； ⑤参与药品不良反应监测的国际交流； ⑥组织药品不良反应监测方法的研究
省、自治区、直辖市（食品）药品监督管理局	负责本行政区域内药品不良反应监测管理工作，并履行以下主要职责： ①会同同级卫生主管部门制定本行政区域内药品不良反应报告及管理规定，并监督实施； ②会同同级卫生主管部门组织本行政区域内药品不良反应报告和监测的宣传、教育、培训工作； ③组织检查本行政区域内药品生产、经营企业的药品不良反应报告和监测工作的开展情况；并会同同级卫生主管部门组织检查本行政区域内医疗卫生机构的药品不良反应报告和监测工作的开展情况； ④对本行政区域内发生的药品严重不良反应组织调查、确认和处理； ⑤对在本行政区域内已确认发生严重不良反应的药品，省、自治区、直辖市（食品）药品监督管理局可以采取紧急控制措施，并依法作出行政处理决定
省、自治区、直辖市药品不良反应监测中心	承办本行政区域内药品不良反应报告资料的收集、核实、评价、反馈、上报及其他有关工作
国务院卫生主管部门和地方各级卫生主管部门	在职责范围内，依法对已确认的药品不良反应采取相关的紧急措施

4. 药品不良反应的报告

《办法》第十三、十五～二十条规定，药品生产、经营企业和医疗卫生机构必须指定专（兼）职人员负责本单位生产、经营、使用药品的不良反应报告和监测工作，发现可能与用药有关的不良反应详细记录、调查、分析、评价、处理，并填写《药品不良反应/事件报告表》，每季度集中向所在地的省级药品不良反应监测中心报告，其中新的或严重的药品不良反应于发现之日起 15 日内报告，死亡病例须及时报告。

药品生产企业应以《药品不良反应/事件定期汇总表》的形式进行年度汇总，向所在地的省级药品不良反应监测中心报告。

新药监测期内的药品，每年汇总报告一次；监测期已满的药品，在首次药品批准证明文件有效期届满当年汇总报告一次，以后每 5 年汇总报告一次。进口药品发生的不良反应也应进行年度汇总报告，自首次获准进口之日起 5 年内，每年汇总报告一次；满 5 年的，每 5 年汇总报告一次。

进口药品在其他国家和地区发生新的或严重的不良反应，代理经营该进口药品的单位应于不良反应发现之日起一个月内报告国家药品不良反应监测中心。

药品生产、经营企业和医疗卫生机构如发现群体不良反应，应立即向所在地的省级（食品）药品监督管理局、卫生厅（局）以及药品不良反应监测中心报告。省级（食品）药品监督管理局应立即会同同级卫生厅（局）组织调查核实，并向国家食品药品监督管理局、卫生部和国家药品不良反应监测中心报告。

个人发现药品引起的新的或严重的不良反应，可直接向所在地的省级药品不良反应监测中心或（食品）药品监督管理局报告。

省级药品不良反应监测中心，应每季度向国家药品不良反应监测中心报告所收集的一般不良反应报告；对新的或严重的不良反应报告应当进行核实，并于接到报告之日起 3 日内报告，同时抄报省级（食品）药品监督管理局和卫生厅（局）；每年向国家药品不良反应监测中心报告所收集的定期汇总报告。

国家药品不良反应监测中心应每半年向国家食品药品监督管理局和卫生部报告药品不良反应监测统计资料，其中新的或严重的不良反应报告和群体不良反应报告资料应分析评价后及时报告。

药品不良反应报告程序见图 2 - 13。

5. 药品不良反应管理方式

《办法》第二条规定，我国对药品不良反应实行逐级、定期的报告制度。必要时可以越级报告。

药品生产与经营企业、医疗卫生机构应按规定报告所发现的药品不良反应。国家鼓励有关单位和个人报告药品不良反应。

6. 药品不良反应评价与控制

《办法》第二十二～二十四、二十六条规定，药品生产、经营企业和医疗卫生机构应经常对本单位生产、经营、使用的药品所发生的不良反应进行分析、评价，并采取有效措施减少和防止药品不良反应的重复发生。省级药品不良反应监测中心及时对药品不良反应报告进行核实，作出客观、科学、全面的分析，提出关联性评价意见，并将分析评价意见上报国家药品不良反应监测中心，由国家药品不良反应监测中心作进

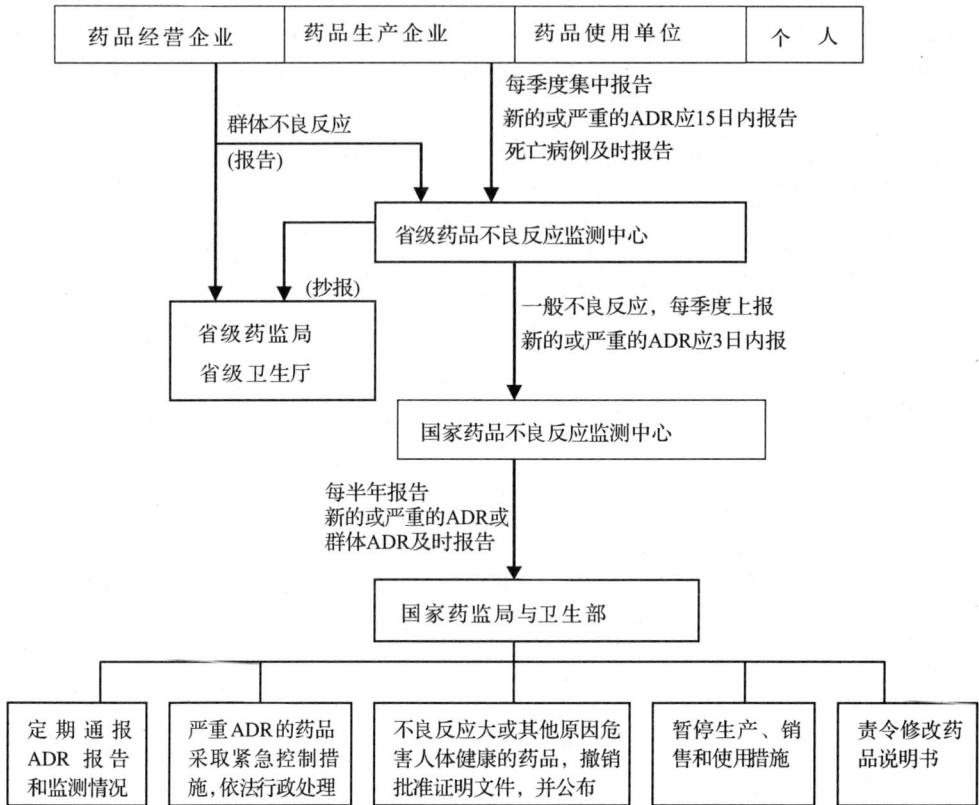

图 2－13　药品不良反应报告程序图

一步的分析评价。

根据分析评价结果，国家食品药品监督管理局可以采取责令修改药品说明书，暂停生产、销售和使用的措施；对不良反应大或者其他原因危害人体健康的药品，应当撤销该药品批准证明文件，并予以公布。已被撤销批准证明文件的药品，不得生产或者进口、销售和使用；已经生产或者进口的，由当地（食品）药品监督管理部门监督销毁或者处理。

国家食品药品监督管理局定期通报国家药品不良反应报告和监测情况。

7. 处罚规定

《办法》第二十七～二十八条规定，省级以上（食品）药品监督管理部门对药品生产、经营企业和除医疗机构外的药品使用单位有下列情形之一的，视情节严重程度，予以责令改正、通报批评或警告，并可处以一千元以上三万元以下的罚款；情节严重并造成不良后果的，按照有关法律法规的规定进行处罚。即①无专职或兼职人员负责本单位药品不良反应监测工作的；②未按要求报告药品不良反应的；③发现药品不良反应匿而不报的；④未按要求修订药品说明书的；⑤隐瞒药品不良反应资料。

医疗卫生机构有以上行为之一的，由（食品）药品监督管理部门移交同级卫生主管部门进行处理。

（食品）药品监督管理部门及其有关工作人员在药品不良反应监测管理工作中违反规定、延误不良反应报告、未采取有效措施控制严重药品不良反应重复发生并造成严重后果的，依照有关规定给予行政处分。

8.《办法》适用范围

《办法》第 4 条规定，中华人民共和国境内的药品生产、经营企业和医疗卫生机构，药品不良反应监测专业机构，（食品）药品监督管理部门和其他有关主管部门均适用于本法。

知识链接

药品不良反应百年案例警诫

1900 年：在欧美地区发生了蓝色人事件。这是因为硝酸银、弱蛋白银等被认为对皮肤及黏膜有抗菌作用而用于局部消毒。

20 世纪 20 年代：很多地区发生了儿童中毒事件。这是因为当时没有抗霉菌药物，皮肤科医生使用醋酸铊治疗头部癣症。铊属于重金属之一。

20 世纪 30 年代：欧美、巴西等地，突然出现一大批白内障患者。是服用了一种含二硝基酚的减肥药。

20 世纪 40 年代：欧美发现很多"粒细胞缺乏症"患者对各种感染失去防卫能力。造成骨髓中毒是由于服用了氨基比林，以致其白细胞减少。

20 世纪 50 年代：美国默尔药厂的"新药"三苯醇，使 100 多万人患白内障。

20 世纪 60 年代：西欧各国发生了骇人听闻的"海豹儿"事件。据称"反应停"可以治愈妊娠反应，制止孕妇恶心呕吐现象。但服用反应停生下的胎儿却是畸形儿。

20 世纪 80 年代：我国庆大霉素事件。单独使用庆大霉素轻者会出现耳鸣，听力下降，重者会造成永久性失聪。

2000 年：我国有患者服用了含有 PPA 的药品制剂后，发生过敏、心律失常、高血压、急性肾衰、失眠等严重不良反应。

2004 年：美国默沙东制药公司宣布，召回解热镇痛药———万洛。原因是患者连续服药超过 18 个月，患心脏病、消化道出血和中风的几率会大大增加。

2006 年：我国苯甲醇蛙腿事件。个别医院将苯甲醇作为青霉素的溶媒使用，造成了儿童臀肌挛缩，走路呈八字。

2006 年：鱼腥草注射液等 7 种产品在临床中出现了过敏性休克、全身过敏反应、胸闷、心急、呼吸困难和重症药疹等严重不良反应，甚至有引起死亡病例报告。鱼腥草注射剂致人死亡事件给我们再次敲响警钟。

知识链接

《药品不良反应信息通报》制度的建立

药品不良反应信息通报制度是我国药品监督管理部门为保障公众用药安全而采取的一项举措。自2001年11月开始，为了加强药品不良反应监测工作，进一步保障广大人民群众用药安全有效，国家药品监督管理局实行了国家药品不良反应信息通报制度。它是由国家药品不良反应监测中心针对已批准生产、销售的药品在使用中发现的安全隐患进行及时反馈的技术信息发布。其目的在于提醒药品生产、经营单位及医疗机构注意被通报品种的安全性隐患；提高医务工作者对药品不良反应的正确认识，促进合理用药，提高用药水平，避免一些严重药品不良反应的重复发生；提醒相关药品生产企业加强其生产品种的追踪监测，不断加强研究，改进工艺，提高产品质量。从某种意义上说，《药品不良反应信息通报》为保障社会公众用药安全筑起了一道屏障。目前，广大医务工作者在提高对药品不良反应认知的基础上，结合临床用药的品种、剂量、疗程及特殊人群用药，更加积极地开展药品不良反应信息的收集和报告工作。药品生产和经营企业由此增强了对防范药品安全性隐患的高度责任意识，不仅开始有意识收集药品不良反应事件病例，部分企业还针对被通报问题开展了主动安全性监测工作。

截至2010年3月19日，国家食品药品监督管理局已发布了27期《药品不良反应信息通报》。按照国家食品药品监督管理局《关于建立药品不良反应信息通报制度有关问题的通知》要求，经国家食品药品监督管理局批准，《药品不良反应信息通报》从第4期开始由国家药品不良反应监测中心向社会公开发布。

如《药品不良反应信息通报》第27期提出应警惕鼻炎宁制剂引起的严重过敏反应，指出鼻炎宁制剂（颗粒剂、胶囊）是由蜜蜂巢脾提取制成的中药制剂，具有清湿热，通鼻窍，疏肝气，健脾胃的作用。临床用于慢性鼻炎，慢性副鼻窦炎，过敏性鼻炎，亦可用于急性传染性肝炎，慢性肝炎，迁延性肝炎。在国家药品不良反应监测中心病例报告数据库中，鼻炎宁制剂安全性问题较为突出，尤其作为口服制剂引起过敏性休克更应值得关注。建议：①鉴于鼻炎宁制剂会引起严重过敏反应，且为处方药，提醒患者应住医师指导下严格按照说明书用药，对有药物过敏史或过敏体质的患者应避免使用。②首次用药及用药后30分钟内加强用药监护，出现面色潮红、皮肤瘙痒等早期症状应引起重视并密切观察，必要时及时停药并对症治疗。③药品生产企业尽快完善产品说明书的相关全性信息，加强产品上市后安全性研究及不良反应的跟踪监测上传，并确保产品风险信息能及时传达给医务人员和患者。

三、学习小结

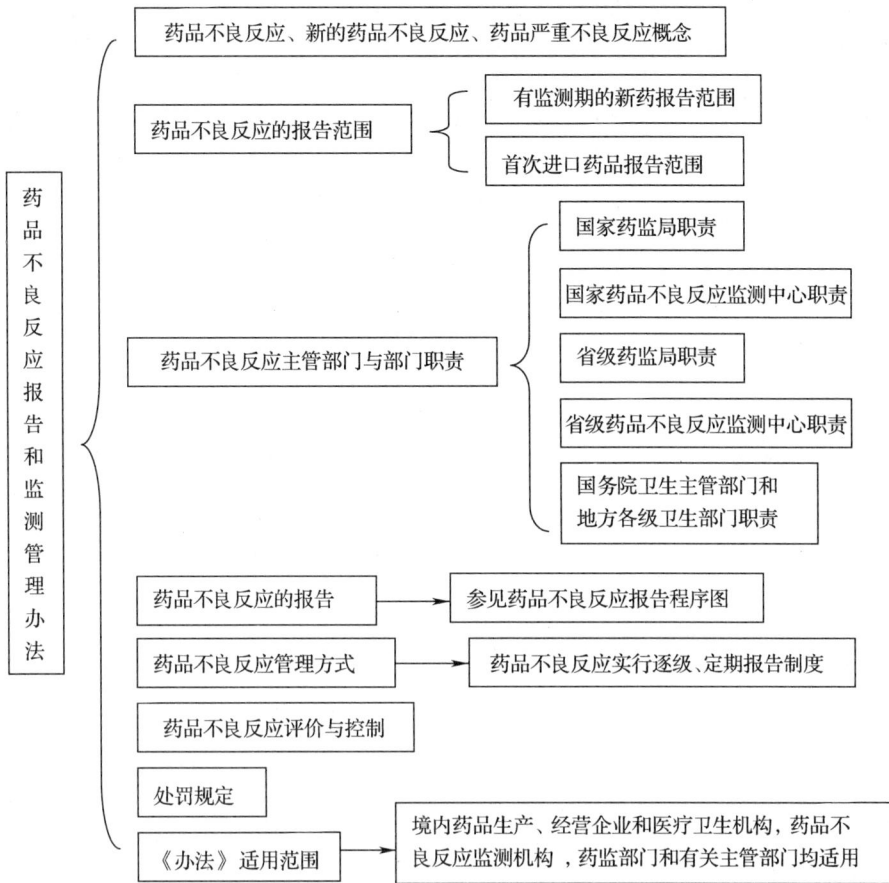

四、学习测试

(一) 思考题

1. 简述国家药品不良反应监测中心的任务。
2. 我国药品不良反应的报告程序是什么？
3. 监测期药品及进口药品不良反应的报告范围有何异同？
4. 简述国家食品药品监督管理局有关药品不良反应监测管理工作的职责。
5. 药品生产企业对本企业所生产的产品如何报送其不良反应报告？
6. 国家药监部门对经分析评价已确定不良反应的药品如何处理？

(二) 案例分析

PPA 即苯丙醇胺，是一种人工合成的拟交感神经性胺类的物质，它与肾上腺素、去氧肾上腺素、麻黄碱和苯丙胺的结构类似，很多治疗感冒和抑制食欲药品中都含有这种成分。国内含 PPA 的药品制剂品种有：复方盐酸苯丙醇胺稀释胶囊（康泰克稀释胶囊）、复方氨酚英沙芬片（康得、复方右英沙芬片、复方英沙芬片）、复方美沙胶囊、复方右美沙芬胶囊、复方氢溴酸右英沙芬糖浆、复方美沙芬溶液、复方盐酸苯丙醇胺颗粒、复方盐酸苯丙醇胺糖浆、复方苯丙醇胺片、复方苯丙醇胺胶囊、盐酸苯丙醇胺片、复方氯化铵糖浆、感冒灵胶囊、斯可服糖浆等。

国家药品监督管理局于 2000 年 11 月 16 日紧急告诫病患者,立即停止服用所有含 PPA 成分的药品,要求各医药部门暂停使用和销售含 PPA 成分的药品,同时暂停国内含 PPA 成分的新药、仿制药、进口药的审批工作。该类制剂暂停使用的原因是国家药品不良反应监察中心的统计资料表明,由于 PPA 能使血管收缩和刺激中枢神经系统兴奋,服用含 PPA 成分的制剂后可能引起服用者人体外周血管收缩,血压升高,还可能加重出血性中风长期病患者的病情,以及过敏、心律失常、高血压、紧张头痛等不良反应,存在较大安全隐患。曾有文献报道,孕妇即使服用正常剂量的此类药物,也可能出现子宫收缩、腹痛、先天性流产等症状,小孩可能发生颠痫症状。

问题与讨论

1. 国家食品药品监督管理局及国家药品不良反应监测中心在处理上述药品不良反应事件的依据是什么?

2. 我国药品不良反应的处理结果除上述情形外还有哪些?

(冯变玲)

药品广告审查发布标准

为了保证药品广告的真实、合法和科学，中华人民共和国国家工商行政管理总局和国家食品药品监督管理局于 2007 年 3 月 3 日以国家食品药品监督管理局第 27 号局令发布《药品广告审查发布标准》（以下简称《发布标准》），自 2007 年 5 月 1 日起施行。

一、学习要点

通过学习《发布标准》，使学员掌握药品发布广告时其内容的规定以及在药品广告宣传中的几项禁止性的规定（包括不得发布广告的药品、药品广告中不得出现的情形、药品广告不得含有的内容），药品广告的忠告语；熟悉药品广告管理的要求，药品广告的媒介；了解在药品宣传中构成虚假广告或出现其他违法行为应承担的法律责任。

二、学习内容

《发布标准》共计十九条内容，其主要内容可概括为以下几点。

1. 药品广告的内容

《发布标准》第六～七、九、十六、十七条对药品广告的内容作了明确规定。指出药品广告中必须标明药品的通用名称、忠告语、药品广告批准文号、药品生产批准文号以及药品生产企业或者药品经营企业的名称；如果是非处方药广告，必须同时标明非处方药专用标识（OTC）。且字体和颜色必须清晰可见、易于辨认，上述内容在电视、电影、互联网、显示屏等媒体发布时，出现时间不得少于 5 秒。

药品广告内容涉及药品适应症或者功能主治、药理作用等内容的宣传，应当以国务院食品药品监督管理部门批准的说明书为准。不得单独出现"咨询热线"、"咨询电话"等内容。

药品广告中如涉及改善和增强性功能内容的，必须与经批准的药品说明书中的适应症或者功能主治完全一致，且电视台、广播电台不得在 7：00～22：00 发布此类内容的广告。

药品广告中不得含有医疗机构的名称、地址、联系办法、诊疗项目、诊疗方法以及有关义诊、医疗（热线）咨询、开设特约门诊等医疗服务的内容。

以非处方药商品名称为各种活动冠名的，可以只发布药品商品名称。

2. 药品广告的忠告语

《发布标准》第八条规定了药品广告的忠告语：处方药广告的忠告语是本广告仅供医学药学专业人士阅读。非处方药广告的忠告语是请按药品说明书或在药师指导下购买和使用。

3. 药品广告宣传中的禁令

《发布标准》第三、十、十二条对药品广告宣传中不得广告的药品、广告中不得有的情形以及广告中不得有的内容等禁止性的规定作了明确要求。具体情况见表2-36。

表2-36　药品广告宣传中的禁止性规定

类　别	内　容
不得发布广告的药品	①麻醉药品、精神药品、医疗用毒性药品、放射性药品； ②医疗机构配制的制剂； ③军队特需药品； ④国家食品药品监督管理局依法明令停止或者禁止生产、销售和使用的药品； ⑤批准试生产的药品。
药品广告中不得出现的情形	①含有不科学地表示功效的断言或者保证的； ②说明治愈率或者有效率的； ③与其他药品的功效和安全性进行比较的； ④违反科学规律，明示或者暗示包治百病、适应所有症状的； ⑤含有"安全无毒副作用"、"毒副作用小"等内容的；含有明示或者暗示中成药为"天然"药品，因而安全性有保证等内容的； ⑥含有明示或者暗示该药品为正常生活和治疗病症所必需等内容的； ⑦含有明示或暗示服用该药能应付现代紧张生活和升学、考试等需要，能够帮助提高成绩、使精力旺盛、增强竞争力、增高、益智等内容的； ⑧其他不科学的用语或者表示，如"最新技术"、"最高科学"、"最先进制法"等。
药品广告不得含有的内容	①含有不科学的表述或者使用不恰当的表现形式，引起公众对所处健康状况和所患疾病产生不必要的担忧和恐惧，或者使公众误解不使用该药品会患某种疾病或加重病情的； ②含有免费治疗、免费赠送、有奖销售、以药品作为礼品或者奖品等促销药品内容的； ③含有"家庭必备"或者类似内容的； ④含有"无效退款"、"保险公司保险"等保证内容的； ⑤含有评比、排序、推荐、指定、选用、获奖等综合性评价内容的。

4. 药品广告的要求

《发布标准》第二、四~五条对药品广告宣传中的相关规定作出明确要求。发布药品广告，应当遵守《中华人民共和国广告法》、《中华人民共和国药品管理法》和《中华人民共和国药品管理法实施条例》、《中华人民共和国反不正当竞争法》及国家有关法规。处方药可以在卫生部和国家食品药品监督管理局共同指定的医学、药学专业刊物上发布广告，但不得在大众传播媒介发布广告或以其他方式进行以公众为对象的广告宣传。同时也不得以赠送医学、药学专业刊物等形式向公众发布处方药广告。处方药名称与该药品的商标、生产企业字号相同的，不得使用该商标、企业字号在医学、药学专业刊物以外的媒介变相发布广告，也不得以处方药名称或者以处方药名称注册的商标以及企业字号为各种活动冠名。

5. 药品广告的媒介

《发布标准》第十三～十五条对以各种媒介进行广告宣传的药品做出禁止性的规定。药品广告不得含有利用国家机关、军队单位、医药科研单位、学术机构、医疗机构或者国家机关工作人员、军队人员、专家、医生、患者的名义和形象作证明的内容。

药品广告不得含有涉及公共信息、公共事件或其他与公共利益相关联的内容，如各类疾病信息、经济社会发展成果或医药科学以外的科技成果。

药品广告不得以儿童为诉求对象，以儿童名义介绍药品。也不可在未成年人出版物和广播电视频道、节目、栏目上发布广告。

6. 法律责任（表2-37）

表2-37　药品宣传违法行为及处罚表

违法情形	处罚
药品宣传中构成虚假广告或者引人误解的	依照《广告法》第三十七条规定，由广告监督管理机关责令广告主停止发布、以等额广告费用在相应范围内公开更正消除影响，并处广告费用一倍以上五倍以下的罚款；对负有责任的广告经营者、广告发布者没收广告费用，并处广告费用一倍以上五倍以下的罚款；情节严重的，依法停止其广告业务。构成犯罪的，依法追究刑事责任 《反不正当竞争法》第二十四条规定，经营者利用广告或其他方法，对商品作引人误解的虚假宣传的，监督检查部门应当责令停止违法行为，消除影响，可以根据情节处以一万元以上二十万元以下的罚款。广告的经营者，在明知或应知的情况下，代理、设计、制作、发布虚假广告的，监督检查部门应当责令停止违法行为，没收违法所得，并依法处以罚款
①违反处方药广告媒介的规定，同时以赠送医药学专业刊物的形式向公众发布广告；②使用与处方药名称相同的商标、企业字号在医药学专业刊物以外的媒介变相发布广告及以处方药名称或处方药名称注册的商标、企业字号冠名各种活动的。	依照《广告法》第三十九条，由广告监督管理机关责令负有责任的广告主、广告经营者、广告发布者停止发布公开更正，没收广告费用，并处广告费用一倍以上五倍以下的罚款；情节严重的，依法停止其广告业务。构成犯罪的，依法追究刑事责任
①不得发布广告的药品发布广告；②药品广告内容涉及药品适应症或功能主治、药理作用等内容的宣传超出了说明书的范围。	依照《广告法》第四十一条规定，由广告监督管理要产责令负有责任的广告主、广告经营者、广告发布者改正或者停止发布，没收广告费用，可以并处广告费用一倍以上五倍以下的罚款；情节严重的，依法停止其广告业务
违反《发布标准》其他规定发布广告	依照《广告法》进行处罚；《广告法》没有具体规定的，对负有责任的广告主、广告经营者、广告发布者，处以一万元以下罚款；有违法所得的，处以违法所得三倍以下但不超过三万元的罚款

三、学习小结

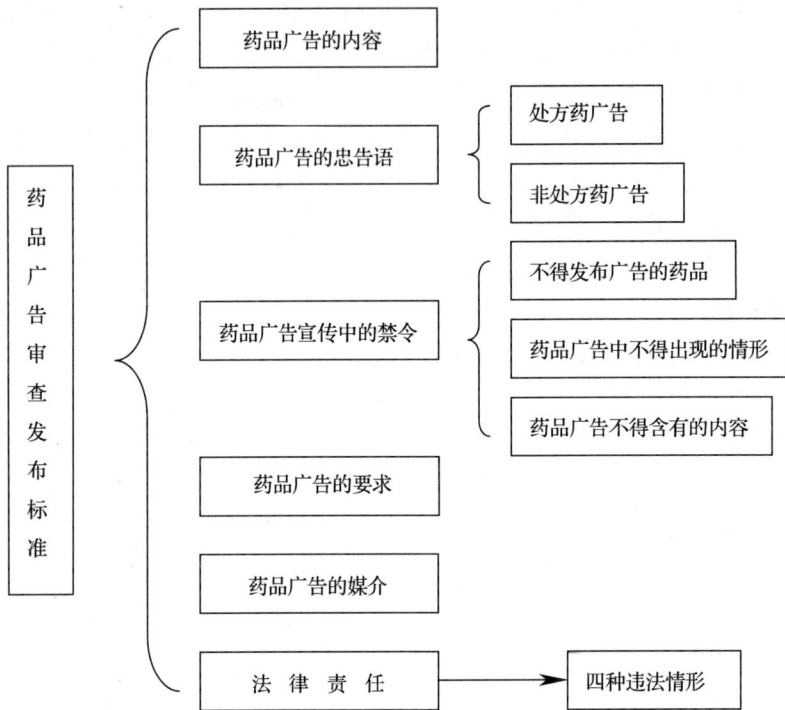

四、学习测试

（一）思考题

1. 简述处方药与非处方药的忠告语。
2. 不得发布广告的药品有哪些？
3. 简述药品广告中不得出现的情形。
4. 药品广告中不得含有的内容有哪些？

（二）案例分析

2007 年 10 月 27 日，在《海南特区报》第 15 版上刊登的陕西君碧莎制药有限公司生产的处方药——心宁片药品广告，其广告批准文号：陕药广审（文）第 2007070438 号。该广告以患者自述的方式宣称，产品经 8 大医院权威验证，4 个疗程根治心脏病。服用一个疗程，不适症状得到改善，服用二个疗程心绞痛发作次数减少，血压、血脂逐渐平稳下降，服用三个疗程后心肌心血管得到前所未有的改善，服用四个疗程，症状全部消失，冠心病、心绞痛、心肌梗塞等全面好转，并且杜绝二次复发。

问题与讨论

1. 该药品广告存在哪些违法内容？
2. 药监部门对上述违法行为应如何处理？

（冯变玲）

药品广告审查办法

为加强药品广告管理，保证药品广告的真实性和合法性，根据《中华人民共和国广告法》、《中华人民共和国药品管理法》和《中华人民共和国药品管理法实施条例》及国家有关广告、药品监督管理的规定，国家食品药品监督管理局、中华人民共和国国家工商行政管理总局于 2007 年 3 月 13 日审议通过《药品广告审查办法》（以下简称《审查办法》），并以国家食品药品监督管理局第 27 号局令发布，自 2007 年 5 月 1 日起施行。

一、学习要点

通过学习《审查办法》，使学员掌握药品广告的概念，申请审查的药品广告符合的法律法规，药品广告批准文号申请人的资质，申请药品广告批准文号及异地发布药品广告提交的材料，药品广告批准文号的格式及有效期限，药品广告内容的审查程序；熟悉药品广告管理部门，违反《审查办法》的相关规定应承担的法律责任；了解异地发布药品广告的审批规定。

二、学习内容

《审查办法》共计 31 条内容，其主要内容可概括为以下几点。

1. 药品广告的概念

《审查办法》第二条对药品广告的概念做了界定，药品广告是指凡利用各种媒介或者形式发布的广告中含有药品名称、药品适应症（功能主治）或者与药品有关的其他内容的广告。

药品广告应当由相应部门对其内容进行审查。

非处方药仅宣传药品名称（含药品通用名称和药品商品名称）的，或者处方药在指定的医学药学专业刊物上仅宣传药品名称（含药品通用名称和药品商品名称）的，则无需审查。

2. 药品广告管理部门

《审查办法》第四~五条明确了药品广告管理部门的职责，省、自治区、直辖市药品监督管理部门是药品广告的审查机关，负责本行政区域内药品广告的审查工作。国家食品药品监督管理局对药品广告审查机关的工作进行指导和监督，对药品广告审查机关的违法行为予以处理。

县级以上工商行政管理部门是药品广告的监督管理机关。

3. 药品广告批准文号的规定

《审查办法》第三、六、八、十三、十五、三十条对药品广告批准文号的审核批准做了明确要求，具体规定见表 2-38。

表 2 – 38　药品广告批准文号的审核批准规定

项目	内　容
申请审查的药品广告符合的法律法规	①《广告法》； ②《药品管理法》； ③《药品管理法实施条例》； ④《药品广告审查发布标准》； ⑤国家有关广告管理的其他规定
药品广告批准文号申请人的资质	药品广告批准文号的申请人必须是具有合法资格的药品生产企业或药品经营企业。药品经营企业作为申请人的，必须征得药品生产企业的同意 申请人可以委托代办人代办药品广告批准文号的申办事宜
申请药品广告批准文号提交的文件	①《药品广告审查表》； ②与发布内容相一致的样稿（样片、样带）； ③申请人的《营业执照》复印件； ④申请人《药品生产许可证》或《药品经营许可证》复印件； ⑤申请人是药品经营企业的，提交药品生产企业同意其作为申请人的证明文件原件； ⑥代办人代为申办药品广告批准文号的，应提交申请人的委托书原件和代办人的营业执照复印件等主体资格证明文件； ⑦药品批准证明文件（含《进口药品注册证》、《医药产品注册证》）复印件、批准的说明书复印件和实际使用的标签及说明书； ⑧非处方药品提交非处方药品审核登记证书复印件或相关证明文件的复印件； ⑨申请进口药品广告批准文号的，应提供进口药品代理机构的相关资格证明文件的复印件； ⑩广告中涉及商品名、注册商标、专利等内容，提交相关有效证明文件复印件及其他确认广告内容真实性的证明文件
异地发布药品广告提交的材料	①《药品广告审查表》复印件； ②批准的药品说明书复印件； ③电视广告和广播广告需提交与通过审查的内容相一致的录音带、光盘或者其他介质载体
药品广告批准文号的格式	药品广告批准文号为： "X药广审（视）第0000000000号" "X药广审（声）第0000000000号" "X药广审（文）第0000000000号" 其中"X"为各省、自治区、直辖市的简称。"0"为由10位数字组成，前6位代表审查年月，后4位代表广告批准序号。"视"、"声"、"文"代表用于广告媒介形式的分类代号
药品广告批准文号的有效期限	1年

4. 药品广告内容的审查程序

《审查办法》第十~十一条对药品广告内容的审查程序做出规定，药品广告审查机关收到药品广告批准文号申请后，对申请材料齐全并符合法定要求的，发给《药品广告受理通知书》；申请材料不齐全或不符合法定要求的，应当场或在5个工作日内一次告知申请人需要补正的全部内容；逾期不告知的，自收到申请材料之日起即为受理。

药品广告审查机关应自受理之日起10个工作日内，对申请人提交的证明文件的真实性、合法性、有效性进行审查，并依法对广告内容进行审查。对审查合格的药品广告，发给药品广告批准文号；对审查不合格的药品广告，应当作出不予核发药品广告批准文号的决定，书面通知申请人并说明理由，同时告知申请人享有依法申请行政复议或者提起行政诉讼的权利。

对批准的药品广告，药品广告审查机关应报国家食品药品监督管理局备案，并将批准的《药品广告审查表》送同级广告监督管理机关备案。国家食品药品监督管理局对备案中存在问题的药品广告，应责成药品广告审查机关予以纠正。具体见图2-14。

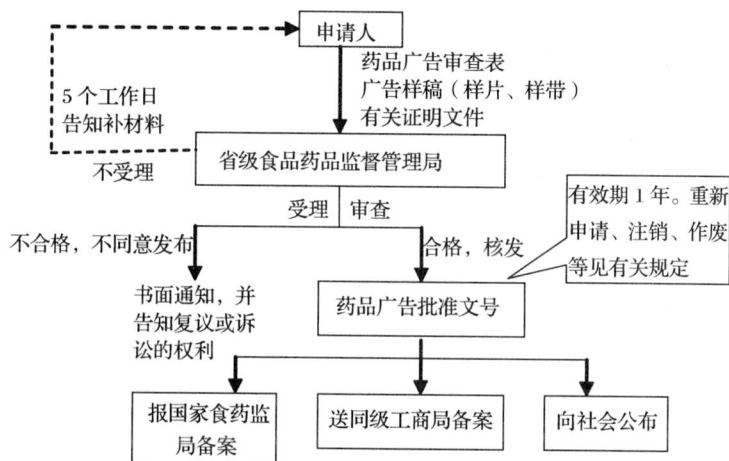

图2-14 药品广告内容的审查程序图

5. 异地发布药品广告的审批

《审查办法》第十二、十四条对异地发布药品广告的审批做出规定，在药品生产企业所在地和进口药品代理机构所在地以外的省、自治区、直辖市发布药品广告的，在发布前应到发布地药品广告审查机关办理备案。

药品广告审查机关在受理备案申请后5个工作日内应给予备案，在《药品广告审查表》上签注"已备案"，加盖药品广告审查专用章，并送同级广告监督管理机关备查。

备案地药品广告审查机关认为药品广告不符合有关规定的，应当填写《药品广告备案意见书》，交原审批的药品广告审查机关进行复核，并抄报国家食品药品监督管理局。

原审批的药品广告审查机关应在收到《药品广告备案意见书》后的5个工作日内，将意见告知备案地药品广告审查机关。原审批的药品广告审查机关与备案地药品广告审查机关意见无法达成一致的，可提请国家食品药品监督管理局裁定。

6. 法律责任

违反《药品广告审查管理办法》的相关规定应承担的法律责任见表2-39。

表 2－39　　违反《药品广告审查管理办法》应承担的法律责任

违法情形	处　罚
1. 国家食品药品监督管理局认为药品广告审查机关批准的药品广告内容不符合规定的； 2. 省级以上广告监督管理机关提出复审建议的； 3. 药品广告审查机关认为应当复审的其他情形。	原审批的药品广告审查机关应当向申请人发出《药品广告复审通知书》，进行复审。复审期间，该药品广告可以继续发布。 经复审，认为与法定条件不符的，收回《药品广告审查表》，原药品广告批准文号作废。
1. 药品生产、经营许可证被吊销的； 2. 药品批准证明文件被撤销、注销的； 3. 药品监督管理部门责令停止生产、销售和使用的药品。	药品广告审查机关应当注销药品广告批准文号
篡改经批准的药品广告内容进行虚假宣传的	由药品监督管理部门责令立即停止该药品广告的发布，撤销该品种药品广告批准文号，1 年内不受理该品种的广告审批申请
任意扩大产品适应症（功能主治）范围、绝对化夸大药品疗效、严重欺骗和误导消费者的违法广告	省以上药品监督管理部门，应采取行政强制措施，暂停该药品在辖区内的销售，责令违法发布药品广告的企业在当地相应的媒体发布更正启事。发布更正启事后，省以上药品监督管理部门应在 15 个工作日内做出解除行政强制措施的决定；需要进行药品检验的，应自检验报告书发出之日起 15 日内，做出是否解除行政强制措施的决定
提供虚假材料申请药品广告审批	药品广告审查机关在受理审查中发现的，1 年内不受理该企业该品种的广告审批申请
提供虚假材料申请药品广告审批，取得药品广告批准文号的	药品广告审查机关发现后应撤销该药品广告批准文号，并 3 年内不受理该企业该品种的广告审批申请
异地发布药品广告未向发布地药品广告审查机关备案的	发布地药品广告审查机关发现后，应责令限期办理备案手续，逾期不改正的，停止该药品品种在发布地的广告发布活动
发布违法药品广告情节严重的	省、自治区、直辖市药品监督管理部门予以公告，并及时上报国家食品药品监督管理局，国家食品药品监督管理局定期汇总发布
发布虚假违法药品广告情节严重的	必要时，由国家工商行政管理总局会同国家食品药品监督管理局联合予以公告
未经审查批准发布的药品广告，或者发布的药品广告与审查批准的内容不一致的	广告监督管理机关应当依据《广告法》第四十三条规定予以处罚，即由广告监督管理机关责令负有责任的广告主、广告经营者、广告发布者停止发布，没收广告费用，并处广告费用一倍以上五倍以下罚款
药品广告审查机关及其工作人员玩忽职守、滥用职权、徇私舞弊的	给予行政处分；构成犯罪的，依法追究刑事责任

知识链接

我国药品广告管理历史沿革

年份	药品广告管理名称	发布部门
1959 年	关于未大批生产的药品不登宣传广告的通知	卫生部、化工部和商业部
1982 年	广告管理暂行条例	国务院
1985 年	药品广告管理办法	国家工商局和卫生部
1994 年	中华人民共和国广告法	第八届全国人民代表大会常务委员会
1995 年	药品广告审查标准 药品广告审查办法	国家工商局、卫生部
2001 年	关于国家药品监督管理局停止受理药品广告申请的通知 关于停止在大众媒介发布小容量注射剂药品广告的通知 关于加强药品广告审查监督管理工作的通知	国家药品监督管理局
2007 年	药品广告审查办法 药品广告审查发布标准	国家食品药品监督管理局和国家工商行政管理总局

三、学习小结

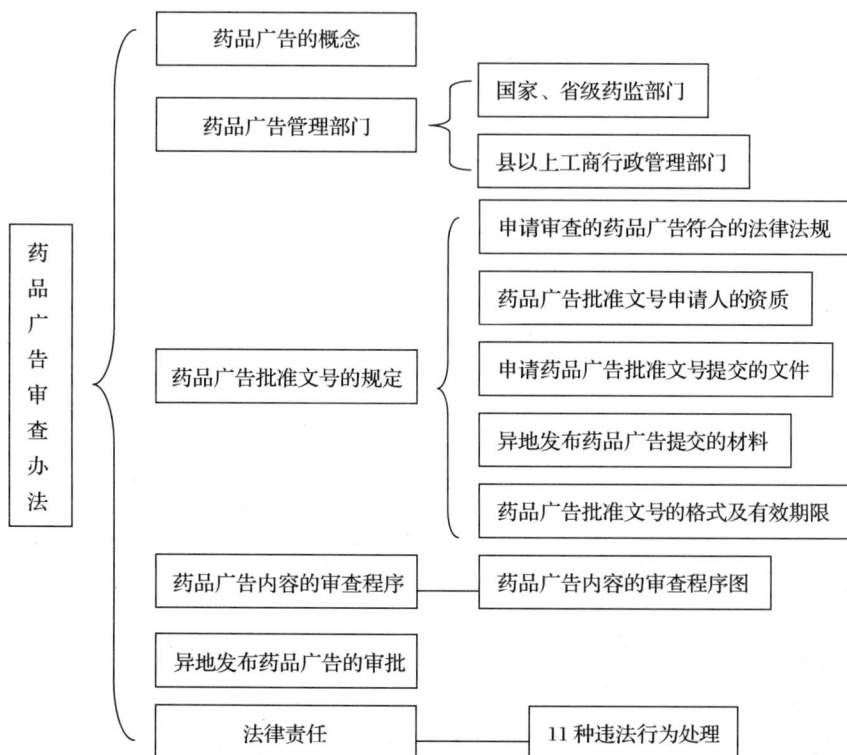

四、学习测试

（一）思考题

1. 简述药品广告内容的审查程序。

2. 省级药监部门及县以上工商行政管理部门管理药品广告的职责有哪些？

3. 简述药品广告批准文号申请人的资质。

4. 申请药品广告批准文号需提交的文件有哪些？

5. 简述药品广告批准文号的格式及有效期限。

6. 异地发布药品广告需提交的材料有哪些？

7. 简述异地发布药品广告的审批程序。

（二）案例分析

国家食品药品监管局于2007年6月6日发布2007年第1期违法药品广告公告汇总，公告通报了青海省格拉丹东药业有限公司生产的"巴桑母酥油丸"、哈药集团三精千鹤制药有限公司生产的"牛鲜茶"、山西正元盛邦制药有限公司生产的"三宝胶囊"、抚顺澎健药业有限公司生产的"抗骨增生片"、福建南少林药业有限公司生产的"降压袋泡茶"五种产品在广告宣传中广告内容与审批内容不符，对消费者造成一定程度的误导。

问题与讨论

1. 按照《药品管理法》及《药品广告审查办法》的规定，对上述违法行为应如何处理？

2. 药品监督管理部门在药品广告管理方面具有哪些职责？

（冯变玲）

药品说明书和标签管理规定

为规范药品说明书和标签的管理，根据《中华人民共和国药品管理法》和《中华人民共和国药品管理法实施条例》，国家食品药品监督管理局制定了《药品说明书和标签管理规定》，于 2006 年 3 月 15 日以第 24 号局令公布，自 2006 年 6 月 1 日起施行。

一、学习要点

通过学习《药品说明书和标签管理规定》，使学员掌握药品说明书和标签的文字表述、药品说明书的管理规定、药品标签的管理规定，熟悉药品名称和注册商标的使用规定，了解药品说明书和标签中必须印有规定标识的药品类别。

二、学习内容

（一）总则

1. 适用范围和核准部门

在中华人民共和国境内上市销售的药品，其说明书和标签应当符合本规定的要求。

药品说明书和标签由国家食品药品监督管理局予以核准。

2. 药品包装、标签的印制

药品的标签应当以说明书为依据，其内容不得超出说明书的范围，不得印有暗示疗效、误导使用和不适当宣传产品的文字和标识。

药品包装必须按照规定印有或者贴有标签，不得夹带其他任何介绍或者宣传产品、企业的文字、音像及其他资料。

药品生产企业生产供上市销售的最小包装必须附有说明书。

3. 药品说明书和标签的文字表述

（1）药品说明书和标签的文字表述应当科学、规范、准确。非处方药说明书还应当使用容易理解的文字表述，以便患者自行判断、选择和使用。

（2）药品说明书和标签中的文字应当清晰易辨，标识应当清楚醒目，不得有印字脱落或者粘贴不牢等现象，不得以粘贴、剪切、涂改等方式进行修改或者补充。

（3）药品说明书和标签应当使用国家语言文字工作委员会公布的规范化汉字，增加其他文字对照的，应当以汉字表述为准。

（4）出于保护公众健康和指导正确合理用药的目的，药品生产企业可以主动提出在药品说明书或者标签上加注警示语，国家食品药品监督管理局也可以要求药品生产企业在说明书或者标签上加注警示语。

（二）药品说明书的管理

1. 药品说明书的内容

（1）药品说明书应当包含药品安全性、有效性的重要科学数据、结论和信息，用以指导安全、合理使用药品。其具体格式、内容和书写要求由国家食品药品监督管理局制定发布。

（2）药品说明书对疾病名称、药学专业名词、药品名称、临床检验名称和结果的表述，应当采用国家统一颁布或规范的专用词汇，度量衡单位应当符合国家标准的规定。

（3）药品说明书应当列出全部活性成分或者组方中的全部中药药味。注射剂和非处方药还应当列出所用的全部辅料名称。

（4）药品处方中含有可能引起严重不良反应的成分或者辅料的，应当予以说明。

知识链接

化学药品和治疗用生物制品说明书格式

核准和修改日期

特殊药品、外用药品标识位置

×××说明书

请仔细阅读说明书并在医师指导下使用

警示语（位置）

【药品名称】	【成份】
【性状】	【适应症】
【规格】	【用法用量】
【不良反应】	【禁忌】
【注意事项】	【孕妇及哺乳期妇女用药】
【儿童用药】	【老年用药】
【药物相互作用】	【药物过量】
【临床试验】	【药理毒理】
【药代动力学】	【贮藏】
【包装】	【有效期】
【执行标准】	【批准文号】
【生产企业】	

中药、天然药物处方药说明书格式

核准和修改日期

特殊药品、外用药品标识位置

×××说明书

请仔细阅读说明书并在医师指导下使用

警示语（位置）

【药品名称】 通用名称： 汉语拼音： 【成份】

【性状】 【功能主治】／【适应症】

【规格】 【用法用量】

【不良反应】 【禁忌】

【注意事项】 【孕妇及哺乳期妇女用药】

【儿童用药】 【老年用药】

【药物相互作用】 【临床试验】

【药理毒理】 【药代动力学】

【贮藏】 【包装】

【有效期】 【执行标准】

【批准文号】 【生产企业】

企业名称： 生产地址：

邮政编码： 电话号码：

传真号码： 注册地址：

网址：

2. 药品不良反应信息的注明

药品说明书应当充分包含药品不良反应信息，详细注明药品不良反应。药品生产企业未根据药品上市后的安全性、有效性情况及时修改说明书或者未将药品不良反应在说明书中充分说明的，由此引起的不良后果由该生产企业承担。

3. 修改说明书的有关规定

（1）药品生产企业应当主动跟踪药品上市后的安全性、有效性情况，需要对药品说明书进行修改的，应当及时提出申请。根据药品不良反应监测、药品再评价结果等信息，国家食品药品监督管理局也可以要求药品生产企业修改药品说明书。

（2）药品说明书获准修改后，药品生产企业应当将修改的内容立即通知相关药品经营企业、使用单位及其他部门，并按要求及时使用修改后的说明书和标签。

（3）药品说明书核准日期和修改日期应当在说明书中醒目标示。

（三）药品标签的管理

1．药品的标签的分类

药品的标签是指药品包装上印有或者贴有的内容，分为内标签和外标签。药品内标签指直接接触药品的包装的标签，外标签指内标签以外的其他包装的标签。

2．药品内、外标签标示的内容

（1）药品的内标签应当包含药品通用名称、适应症或者功能主治、规格、用法用量、生产日期、产品批号、有效期、生产企业等内容。包装尺寸过小无法全部标明上述内容的，至少应当标注药品通用名称、规格、产品批号、有效期等内容。

（2）药品外标签应当注明药品通用名称、成分、性状、适应症或者功能主治、规格、用法用量、不良反应、禁忌、注意事项、贮藏、生产日期、产品批号、有效期、批准文号、生产企业等内容。适应症或者功能主治、用法用量、不良反应、禁忌、注意事项不能全部注明的，应当标出主要内容并注明"详见说明书"字样。

3．用于运输、储藏包装和原料药标签的内容

（1）用于运输、储藏的包装的标签，至少应当注明药品通用名称、规格、贮藏、生产日期、产品批号、有效期、批准文号、生产企业，也可以根据需要注明包装数量、运输注意事项或者其他标记等必要内容。

（2）原料药的标签应当注明药品名称、贮藏、生产日期、产品批号、有效期、执行标准、批准文号、生产企业，同时还需注明包装数量以及运输注意事项等必要内容。

4．同一药品生产企业的同一药品的标签规定

（1）同一药品生产企业生产的同一药品，药品规格和包装规格均相同的，其标签的内容、格式及颜色必须一致；药品规格或者包装规格不同的，其标签应当明显区别或者规格项明显标注。

（2）同一药品生产企业生产的同一药品，分别按处方药与非处方药管理的，两者的包装颜色应当明显区别。对贮藏有特殊要求的药品，应当在标签的醒目位置注明。

知识链接

药品有效期的表述形式

药品标签中的有效期应当按照年、月、日的顺序标注，年份用四位数字表示，月、日用两位数表示。其具体标注格式为"有效期至××××年××月"或者"有效期至××××年××月××日"；也可以用数字和其他符号表示为"有效期至××××.××."或者"有效期至××××／××／××"等。

预防用生物制品有效期的标注按照国家食品药品监督管理局批准的注册标准执行，治疗用生物制品有效期的标注自分装日期计算，其他药品有效期的标注自生产日期计算。

有效期若标注到日，应当为起算日期对应年、月、日的前一天，若标注到月，应当为起算月份对应年月的前一月。

（四）药品名称和注册商标的使用

1. 药品通用名称、商品名的印制与标注

（1）药品说明书和标签中标注的药品名称必须符合国家食品药品监督管理局公布的药品通用名称和商品名称的命名原则，并与药品批准证明文件的相应内容一致。

（2）药品通用名称应当显著、突出，其字体、字号和颜色必须一致，并符合以下要求：对于横版标签，必须在上三分之一范围内显著位置标出；对于竖版标签，必须在右三分之一范围内显著位置标出；不得选用草书、篆书等不易识别的字体，不得使用斜体、中空、阴影等形式对字体进行修饰；字体颜色应当使用黑色或者白色，与相应的浅色或者深色背景形成强烈反差；除因包装尺寸的限制而无法同行书写的，不得分行书写。

（3）药品商品名称不得与通用名称同行书写，其字体和颜色不得比通用名称更突出和显著，其字体以单字面积计不得大于通用名称所用字体的二分之一。

2. 注册商标的使用和印制

药品说明书和标签中禁止使用未经注册的商标以及其他未经国家食品药品监督管理局批准的药品名称。药品标签使用注册商标的，应当印刷在药品标签的边角，含文字的，其字体以单字面积计不得大于通用名称所用字体的四分之一。

（五）药品说明书和标签中必须印有规定标识的药品

麻醉药品、精神药品、医疗用毒性药品、放射性药品、外用药品和非处方药品等国家规定有专用标识的，其说明书和标签必须印有规定的标识。

三、学习小结

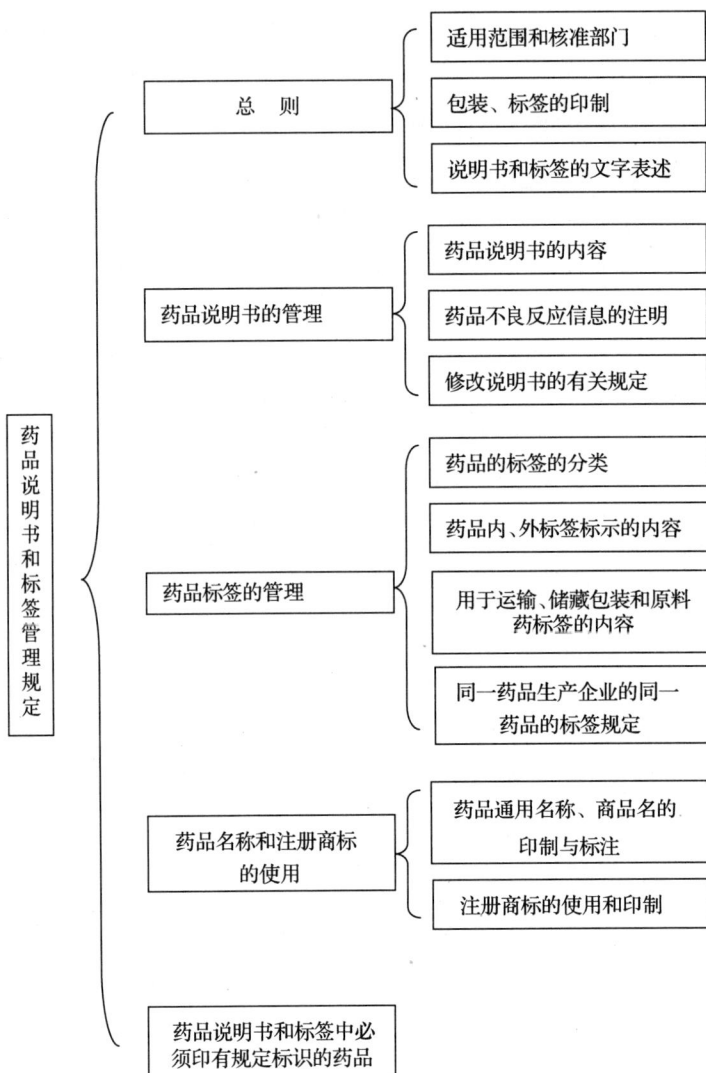

```
                                          ┌─ 适用范围和核准部门
                              总  则 ──────┼─ 包装、标签的印制
                                          └─ 说明书和标签的文字表述

                                          ┌─ 药品说明书的内容
                          药品说明书的管理 ─┼─ 药品不良反应信息的注明
                                          └─ 修改说明书的有关规定

                                          ┌─ 药品的标签的分类
  药品说明书和标签管理规定                   ├─ 药品内、外标签标示的内容
                          药品标签的管理 ───┼─ 用于运输、储藏包装和原料
                                          │   药标签的内容
                                          └─ 同一药品生产企业的同一
                                              药品的标签规定

                          药品名称和注册商标  ┌─ 药品通用名称、商品名的
                          的使用 ───────────┤   印制与标注
                                          └─ 注册商标的使用和印制

                          药品说明书和标签中必
                          须印有规定标识的药品
```

四、学习测试

（一）思考题

1. 药品包装、标签的印制应遵循什么规定？

2. 简述药品说明书和标签文字表述的具体要求。

3. 简述药品说明书内容应遵循的原则性要求。

4. 药品内、外标签标示的内容有何异同？

5. 药品通用名、商品名的印制与标注有哪些具体要求？

（二）案例分析

未经审批非法包装案例：某制药有限公司生产的四磨汤口服液包装盒，上面有商标、通用名、规格、厂家等，乍看上去，与普通的药品包装没什么两样，但到食品药品监管部门一查才知道，这个包装根本没有经过审批、备案，属于非法包装。

篡改包装夸大疗效案例：某药业有限责任公司生产的冬凌草片说明书中，功能主治一栏中赫然标着"试用于抗癌"。经查，这一适应症已超出规定范围。

故意回避不良反应案例：某药业有限公司生产的"立竿见影"牌清肝片，无论在包装标签上，还是说明书上都找不到不良反应、禁忌症这些国家规定必须注明的项目。

分析与讨论

1. 药品包装必须按照哪些规定的要求印制？

2. 药品说明书所标明的适应症或功能主治应遵循什么规定？超出规定范围应如何处罚？

3. 说明书中不标注不良反应、禁忌症等内容会给公众用药安全带来什么隐患？

（方 宇）

处方药与非处方药分类管理办法

为保障人民用药安全有效、使用方便，根据《中共中央、国务院关于卫生改革与发展的决定》，国家药品监督管理局制定了《处方药与非处方药分类管理办法》（试行），于1999年6月18日以第10号局令发布，自2000年1月1日起施行。

一、学习要点

通过学习《处方药与非处方药分类管理办法》，使学员掌握处方药与非处方药分类管理的依据，非处方药包装、标签和说明书的规定，处方药、非处方药生产、经营和使用的管理规定；熟悉处方药、非处方药的广告管理规定；了解处方药与非处方药分类监督管理部门及职责。

二、学习内容

1. 处方药与非处方药分类管理的依据

根据药品品种、规格、适应症、剂量及给药途径不同，对药品分别按处方药与非处方药进行分类管理。处方药必须凭执业医师或执业助理医师处方才可调配、购买和使用；非处方药不需要凭执业医师或执业助理医师处方即可自行判断、购买和使用。根据药品的安全性，非处方药又可以分为甲、乙两类。

知识链接

我国药品分类管理工作实施概况

根据国务院领导的指示，卫生部于1995年5月决定在我国开展制定和推行处方药与非处方药分类管理的工作。1996年2月6日，卫生部牵头召开了国家非处方药领导小组第一次会议。1997年1月，中共中央、国务院在《关于卫生改革与发展的决定》中提出："国家建立完善处方药与非处方药分类管理制度"。1998年，国家政府部门的职能进行了调整，将组织制定非处方药的工作划归国家药品监督管理局负责。1999年国家药品监督管理局发布了《处方药与非处方药分类管理办法》（试行）、公布了《非处方药专有标识及管理规定》（暂行）、制定了《处方药与非处方药流通管理暂行规定》，会同相关部委联合印发了《关于我国实施处方药与非处方药分类管理若干意见的通知》，开始实施药品分类管理。2001年修订颁布的《药品管理法》明确规定了国家对药品实行处方药与非处方药分类管理制度。

药品分类管理工作方针是"积极稳妥、分步实施、注重实效、不断完善"。

实施药品分类管理的指导思想是：从保证人民用药安全、有效和提高药品管理水平出发，坚持以监督管理为核心，充分考虑国情，建立科学、合理的管理思路。在制定法规和政策时，要先原则、后具体，先综合、后分类，实施工作建立在充分调查研究的基础上，既要积极，又要做细，按照分步实施、逐步到位的方式进行。

非处方药的遴选原则为"应用安全、疗效确切、质量稳定、使用方便"。

国家药品监督管理局于 1999 年 7 月 22 日公布了第一批国家非处方药（化学药品制剂和中成药制剂）目录，共有 325 个品种，其中化学药品制剂 165 个品种，中成药制剂 160 个品种。按照药品分类管理工作的整体部署和安排，至 2004 年，国家食品药品监督管理局共公布了六批 4326 个非处方药制剂品种。

2. 处方药与非处方药分类监督管理部门及职责

（1）国家药品监督管理局的职责：①负责处方药与非处方药分类管理办法的制定；②负责非处方药目录的遴选、审批、发布和调整工作；③负责批准非处方药的标签和说明书；④负责制定、公布非处方药专有标识及其管理规定。

（2）各级药品监督管理部门的职责：负责辖区内处方药与非处方药分类管理的组织实施和监督管理。

3. 非处方药包装、标签和说明书的规定

（1）包装上必须印有国家指定的非处方药专有标识。

（2）包装必须符合质量要求，方便储存、运输和使用。

（3）标签和说明书用语应当科学、易懂，便于消费者自行判断、选择和使用。

（4）标签和说明书必须经国务院药品监督管理部门批准。

（5）每个销售基本单元包装必须附有标签和说明书。

知识链接

非处方药专有标识的图案、颜色及使用范围

非处方药专有标识是用于已列入"国家非处方药目录"，并通过药品监督管理部门审核登记的非处方药药品标签、使用说明书、内包装、外包装的专有标识，也可用作经营非处方药药品的企业指南性标志。

甲类非处方药标识（红底白字）　　　　乙类非处方药标识（绿底白字）

非处方药专有标识图案分为红色和绿色，红色专有标识用于甲类非处方药药品，绿色专有标识用于乙类非处方药药品和用作企业指南性标志。

4. 处方药、非处方药的广告管理

处方药只准在专业性医药报刊进行广告宣传；非处方药经审批可以在大众传播媒

介进行广告宣传。

5．处方药、非处方药生产、经营和使用的管理

（1）对生产企业的要求

处方药、非处方药生产企业必须具有《药品生产许可证》，其生产品种必须取得药品批准文号。

（2）对药品经营企业的要求

经营处方药、非处方药批发企业和经营处方药、甲类非处方药的零售企业必须具有《药品经营许可证》。

经省级药品监督管理部门或其授权的药品监督管理部门批准的其他商业企业可以零售乙类非处方药。

零售乙类非处方药的商业企业必须配备专职的具有高中以上文化程度，经专业培训后，由省级药品监督管理部门或其授权的药品监督管理部门考核合格并取得上岗证的人员。

（3）对医疗机构的要求：医疗机构根据医疗需要可以决定或推荐使用非处方药。

（4）对消费者的要求：消费者有权自主选购非处方药，并须按非处方药标签和说明书所示内容使用。

知识链接

我国非处方药转换为处方药的情况

由于一种药品的所有不良反应在短时间内很难全部显现，人们对其认识需要一个较长的过程，因此，有的非处方药可能会被重新评价。随着医药水平的不断发展和非处方药的临床实践，要不断对已批准的非处方药进行调整，一旦有证据表明它在某些方面有缺陷，它将会被取消非处方药的资格。

2004年4月7日，国家食品药品监督管理局发布了《关于开展处方药与非处方药转换评价工作的通知》。决定从2004年开始开展处方药与非处方药转换评价工作，并对非处方药目录实行动态管理。以下是近年来我国非处方药转换为处方药的情况一览表。

通　　知	发布时间	品　　种
关于加强对龙胆泻肝丸监督管理的通知（国药监安〔2003〕79号）	2003年2月28日	龙胆泻肝丸
关于复方甘草口服溶液生产有关问题的补充通知（国食药监安〔2004〕323号）	2004年7月5日	"复方甘草合剂"已更名为"复方甘草口服溶液"，"复方甘草口服溶液"按处方药管理。

续表

通 知	发布时间	品 种
关于加强广防己等6种药材及其制剂监督管理的通知（国食药监注［2004］379号）	2004年8月5日	肺安片、朱砂莲胶囊、复方拳参片
关于氯霉素滴耳剂等12种非处方药转换为处方药的通知（食药监安［2005］624号）	2005年12月20日	化学药品：氯霉素滴耳液、氯霉素滴眼液、硫酸沙丁胺醇片、硫酸沙丁胺醇胶囊、硫酸沙丁胺醇缓释片、硫酸沙丁胺醇控释胶囊、复方甘草片、复方甘草含片、吲哚美辛栓 中成药：千柏鼻炎片、千柏鼻炎胶囊、源吉林甘和茶
关于三维B片等7种非处方药转换为处方药的通知（国食药监安［2007］217号）	2007年4月16日	化学药品：三维B片、二维钙赖氨酸片 中成药：治感佳胶囊、治感佳片、复方枇杷糖浆、克痤隐酮乳膏、紫松皮炎膏
关于盐酸麻黄碱滴鼻液转换为处方药的通知（国食药监安［2008］319号）	2008年6月27日	盐酸麻黄碱滴鼻液

三、学习小结

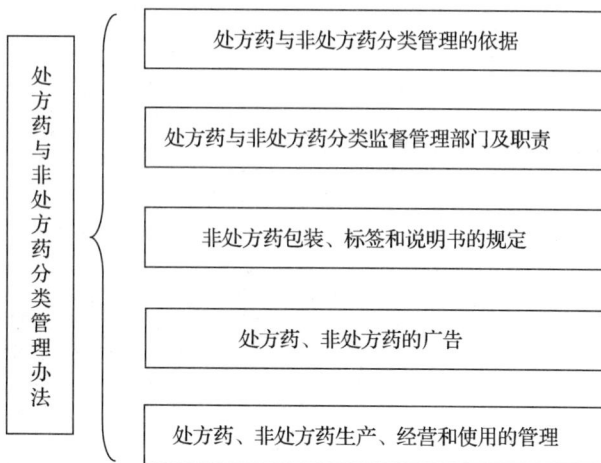

四、学习测试

（一）思考题

1. 简述药品分类管理的依据。

2. 非处方药包装、标签和说明书的规定有哪些？

3. 非处方药专有标识的图案及颜色各代表什么含义？使用范围是什么？

4. 处方药、非处方药的广告管理规定有哪些？

5. 简述处方药、非处方药生产、经营和使用的管理规定。

（二）案例分析

该局依据《药品流通监督管理办法》第三十八条规定，对 9 家违规销售处方药的药店分别做出责令立即改正，警告；并处 1000 元罚款的行政处罚。2008 年，××市食品药品监管局对辖区内药品流通开度专项检查，发现 9 家药店存在违反国家处方药非处方药分类管理规定，不凭医师处方销售阿莫西林胶囊、硫酸庆大霉素注射液、头孢拉定胶囊、醋酸地塞米松片等处方药的行为。

分析与讨论

1. 我国实行处方药非处方药分类管理制度的意义何在？
2. 药品经营企业经营处方药应遵循什么规定？
3. 你认为应该如何根除上述案例中提到的药店不凭处方销售处方药的现象？

（方　宇）

处方药与非处方药流通管理暂行规定

为了加强处方药、非处方药的流通管理，保证人民用药安全、有效、方便、及时，依据《中共中央、国务院关于卫生改革与发展的决定》和《处方药与非处方药分类管理办法》（试行），国家药品监督管理局制定了《处方药与非处方药流通管理暂行规定》，1999 年 12 月 28 日以"国药管市〔1999〕454 号"文发布，自 2000 年 1 月 1 日起施行。

一、学习要点

通过学习《处方药与非处方药流通管理暂行规定》，使学员掌握药店零售处方与非处方药的规定，医疗机构处方与使用的规定；熟悉普通商业企业、普通商业连锁超市销售乙类非处方药的规定；了解本规定的适用范围，以及药品生产、批发企业销售处方药与非处方药的规定。

二、学习内容

1. 适用范围

凡在国内从事药品生产、批发、零售的企业及医疗机构适用于本规定。国家实行特殊管理的处方药的生产销售、批发销售、调配、零售、使用按有关法律、法规执行。

2. 药品生产、批发企业销售处方药与非处方药的规定

（1）处方药、非处方药的生产销售、批发销售业务必须由具有《药品生产许可证》、《药品经营许可证》的药品生产企业、药品批发企业经营。

（2）药品生产、批发企业必须按照分类管理、分类销售的原则和规定向相应的具有合法经营资格的药品零售企业和医疗机构销售处方药和非处方药，并按有关药品监督管理规定保存销售记录备查。

（3）进入药品流通领域的处方药和非处方药，其相应的警示语或忠告语应由生产企业醒目地印制在药品包装或药品使用说明书上。

（4）药品生产、批发企业不得以任何方式直接向病患者推荐、销售处方药。

知识链接

处方药和非处方药的警示语或忠告语

处方药和非处方药相应的警示语或忠告语如下：

处方药：凭医师处方销售、购买和使用！

甲类非处方药、乙类非处方药：请仔细阅读药品使用说明书并按说明使用或在药师指导下购买和使用！

3. 药店零售处方药与非处方药的规定

（1）销售处方药和甲类非处方药的零售药店资格、条件

销售处方药和甲类非处方药的零售药店必须具有《药品经营许可证》。

销售处方药和甲类非处方药的零售药店必须配备驻店执业药师或药师以上药学技术人员。

《药品经营许可证》和执业药师证书应悬挂在醒目、易见的地方。执业药师应佩戴标明其姓名、技术职称等内容的胸卡。

（2）执业药师或药师销售处方药的责任

处方药必须凭执业医师或执业助理医师处方销售、购买和使用。

执业药师或药师必须对医师处方进行审核、签字后依据处方正确调配、销售药品。对处方不得擅自更改或代用。对有配伍禁忌或超剂量的处方，应当拒绝调配、销售，必要时，经处方医师更正或重新签字，方可调配、销售。

零售药店对处方必须留存2年以上备查。

处方药不得采用开架自选销售方式。

（3）执业药师或药师销售非处方药的责任

甲类非处方药、乙类非处方药可不凭医师处方销售、购买和使用，但病患者可以要求在执业药师或药师的指导下进行购买和使用。

执业药师或药师应对病患者选购非处方药提供用药指导或提出寻求医师治疗的建议。

（4）处方药、非处方药的摆放要求

处方药、非处方药应当分柜摆放。

（5）处方药、非处方药不得采用的销售方式

处方药、非处方药不得采用有奖销售、附赠药品或礼品销售等销售方式。

（6）处方药和非处方药的采购

零售药店必须从具有《药品经营许可证》、《药品生产许可证》的药品批发企业、药品生产企业采购处方药和非处方药，并按有关药品监督管理规定保存采购记录备查。

4. 医疗机构处方与使用的规定

处方药必须由执业医师或执业助理医师处方。医师处方必须遵循科学、合理、经济的原则，医疗机构应据此建立相应的管理制度。

医疗机构可以根据临床及门诊医疗的需要按法律、法规的规定使用处方药和非

处方药。

医疗机构药房的条件及处方药、非处方药的采购、调配等活动可参照零售药店进行管理。

5. 普通商业企业销售乙类非处方药的规定

在药品零售网点数量不足、布局不合理的地区，普通商业企业可以销售乙类非处方药。该企业必须经过当地地市级以上药品监督管理部门审查、批准、登记，符合条件的颁发乙类非处方药准销标志；

销售非处方药的商业企业应合理布局、便民利民；

销售人员及有关管理人员必须经过当地地市级以上药品监督管理部门适当的药品管理法律、法规和专业知识培训、考核并持证上岗；

普通商业企业不得销售处方药和甲类非处方药；不得采用有奖销售、附赠药品或礼品销售等销售方式销售乙类非处方药。

该企业应设立专门货架或专柜，并按法律法规的规定摆放药品。

该企业必须从具有《药品经营许可证》、《药品生产许可证》的药品批发企业、药品生产企业采购乙类非处方药，并按有关药品监督管理规定保存采购记录备查。

6. 普通商业连锁超市销售乙类非处方药的规定

必须由连锁总部统一从合法的供应渠道和供应商采购、配送，分店不得独自采购；连锁总部必须具备与所经营药品和经营规模相适应的仓储条件；连锁总部必须配备1名以上药师以上技术职称的药学技术人员负责进货质量验收和日常质量管理工作。

三、学习小结

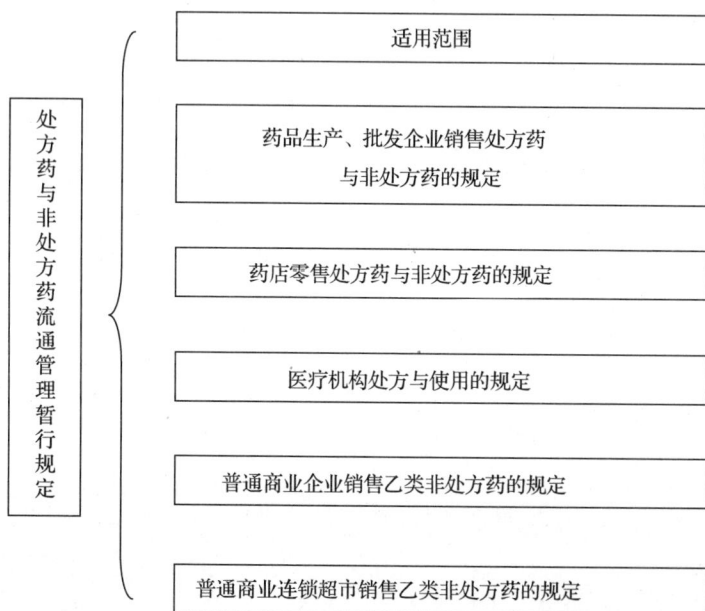

处方药与非处方药流通管理暂行规定
- 适用范围
- 药品生产、批发企业销售处方药与非处方药的规定
- 药店零售处方药与非处方药的规定
- 医疗机构处方与使用的规定
- 普通商业企业销售乙类非处方药的规定
- 普通商业连锁超市销售乙类非处方药的规定

四、学习测试

（一）思考题

1. 简述药品生产、批发企业销售处方药与非处方药的规定。
2. 执业药师或药师销售处方药和非处方药的责任有哪些？
3. 药店零售处方药与非处方药的规定是什么？
4. 普通商业企业销售乙类非处方药应遵循哪些规定？
5. 处方药和非处方药的警示语或忠告语分别是什么？

（二）案例分析

2006 年 8 月，成都 39 岁男子刘某因患感冒，从该市某药店购得药品回家服用后不到两小时猝死。经司法鉴定，药品无质量问题，而在于患者过量服用。刘某服用的"感冒药"中有 3 种处方药——"比特力"（盐酸西替利嗪）、乙酰螺旋霉素和复方甘草片，其服用的"比特力"超量，诱发冠心病死亡。"比特力"主要用于治疗鼻炎、荨麻疹、过敏和皮肤瘙痒等症，并非感冒类用药。刘某家属认为，药店店员吴某在患者没有出示医生处方情况下，擅自将盐酸西替利嗪、乙酰螺旋霉素片等处方药随意配方，结果导致刘某超剂量服用处方药，最终出现呼吸困难而死亡。遂将个体药店老板及药品零售企业告上法庭，索赔 21 万余元。2007 年 5 月，成都--法院开庭审理了这起因药店违规销售处方药导致患者猝死的人身损害赔偿纠纷案。

分析与讨论

1. 请你分析该案例中药店和药师在销售处方药过程中承担什么责任？
2. 患者和消费者在购买和使用处方药时应如何加强自我保护？

（方　宇）

关于建立国家基本药物制度的实施意见

为加快建立国家基本药物制度，卫生部、国家发展改革委、工业和信息化部、监察部、财政部、人力资源社会保障部、商务部、食品药品监管局、中医药局制定了《关于建立国家基本药物制度的实施意见》，经国务院深化医药卫生体制改革领导小组同意，2009 年 8 月 18 日以卫药政发〔2009〕78 号文印发，要求相关部门遵照执行。

一、学习要点

通过学习《关于建立国家基本药物制度的实施意见》，使学员掌握基本药物、国家基本药物制度的概念，熟悉基本药物使用、销售的规定，基本药物报销、基本药物质量安全监管的规定，了解基本药物零售指导价格的制定，实施基本药物制度的目标。

二、学习内容

《关于建立国家基本药物制度的实施意见》（以下简称《实施意见》），《实施意见》的主要内容可概括为以下点：

1. 基本药物的概念

《实施意见》第一条明确了基本药物的概念，基本药物是适应基本医疗卫生需求，剂型适宜，价格合理，能够保障供应，公众可公平获得的药品。

2. 国家基本药物制度的概念

《实施意见》第一条第二款规定：国家基本药物制度是对基本药物的遴选、生产、流通、使用、定价、报销、监测评价等环节实施有效管理的制度，与公共卫生、医疗服务、医疗保障体系相衔接。

知识链接

国家基本药物制度政策框架

国家基本药物制度政策框架包括以下 7 方面：①国家基本药物目录遴选调整管理；②保障基本药物生产供应；③合理制定基本药物价格及零差率销售；④促进基本药物优先和合理使用；⑤完善基本药物的医保报销政策；⑥加强基本药物质量安全监管；⑦健全完善基本药物制度绩效评估。

3. 制定和发布国家基本药物目录的原则

在充分考虑我国现阶段基本国情和基本医疗保障制度保障能力的基础上，按照防治必需、安全有效、价格合理、使用方便、中西药并重、基本保障、临床首选的原则，结合我国用药特点和基层医疗卫生机构配备的要求，参照国际经验，合理确定我国基本药物品种（剂型）和数量。

4. 基本药物采购的规定

政府举办的医疗卫生机构使用的基本药物，由省级人民政府指定以政府为主导的药品集中采购相关机构按《招标投标法》和《政府采购法》的有关规定，实行省级集中网上公开招标采购。由招标选择的药品生产企业、具有现代物流能力的药品经营企业或具备条件的其他企业统一配送。

其他医疗机构和零售药店基本药物采购方式由各地确定。

药品招标采购要坚持"质量优先、价格合理"的原则，坚持全国统一市场，不同地区、不同所有制企业平等参与、公平竞争。充分依托现有资源，逐步形成全国基本药物集中采购信息网络。

5. 医疗卫生机构基本药物零售价格的制定

国家发展改革委制定基本药物全国零售指导价格。制定零售指导价格要加强成本调查监审和招标价格等市场购销价格及配送费用的监测，在保持生产企业合理盈利的基础上，压缩不合理营销费用。基本药物零售指导价格原则上按药品通用名称制定公布，不区分具体生产经营企业。

在国家零售指导价格规定的幅度内，省级人民政府根据招标形成的统一采购价格、配送费用及药品加成政策确定本地区政府举办的医疗卫生机构基本药物具体零售价格。鼓励各地在确保产品质量和配送服务水平的前提下，探索进一步降低基本药物价格的采购方式，并探索设定基本药物标底价格，避免企业恶性竞争。

知识链接

制定基本药物零售指导价格原则

政府制定价格主要依据社会平均成本，并综合考虑经济发展水平、社会承受能力及市场供求状况。制定国家基本药物价格也要遵循这一基本原则。

制定基本药物零售指导价格主要遵循了以下三条具体原则：一是确保企业能够正常生产和经营基本药物，保障市场供应。基本药物价格要充分反映成本变化情况，合理补偿企业成本，正常盈利，有利于调动企业生产积极性。二是充分考虑当前我国基本医疗保障水平和群众承受能力。当前，我国不同医疗保险制度的筹资和支付水平是有差异的。制定基本药物价格，要在企业获得正常利润的前提下，切实压缩不合理的营销费用，使基本药物价格总体水平有所降低，以适应现阶段医疗保障水平和群众承受能力。三是结合市场实际和供求状况，区别不同情况，采取"有降、有升、有维持"的方法调整价格。对于市场竞争不够充分、价格相对偏高的品种，加大降价力度；对于市场需求不确定性强、供应存在短缺现象的品种，适当提高价格；对于市场竞争较为充分且价格相对低廉的品种，中药传统制剂及部分国家规定需较大幅度提高质量标准的品种，少降或维持现行价格。

6. 基本药物使用的规定

建立基本药物优先和合理使用制度。政府举办的基层医疗卫生机构全部配备和使用国家基本药物。在建立国家基本药物制度的初期，政府举办的基层医疗卫生机构确需配备、使用非目录药品，暂由省级人民政府统一确定，并报国家基本药物工作委员会备案。配备使用的非目录药品执行国家基本药物制度相关政策和规定。其他各类医疗机构也要将基本药物作为首选药物并达到一定使用比例，具体使用比例由卫生行政部门确定。

医疗机构要按照国家基本药物临床应用指南和基本药物处方集，加强合理用药管理，确保规范使用基本药物。

知识链接

卫生部印发《国家基本药物临床应用指南》和《国家基本药物处方集》

为积极稳妥地推进国家基本药物制度，指导基层医务人员合理使用基本药物，按照国务院医改领导小组《关于 2009 年实施国家基本药物制度工作方案》的要求，卫生部、国家中医药管理局组织编写了《国家基本药物临床应用指南（基层部分）》和《国家基本药物处方集（基层部分）》，2009 年 12 月 30 日印发，要求各地做好培训和推广使用工作。

《国家基本药物临床应用指南（基层部分）》（以下简称《指南》）和《国家基本药物处方集（基层部分）》（以下简称《处方集》）是根据《国家基本药物目录》2009 版基层部分编写的，主要用于指导和规范基层医务人员合理使用基本药物治疗基层常见病、多发病，也可供其他医疗机构医务人员使用基本药物时参考。

《指南》介绍了在疾病诊断明确的前提下，具有处方权的医生应当如何使用基本药物，以便规范医生的用药行为。《指南》基本覆盖了目前基层医疗卫生机构日常诊疗工作中的常见病、多发病。《指南》各类疾病的编写力求简明扼要、科学实用，内容包括概述、诊断要点、药物治疗与注意事项四个部分。

《处方集》根据《国家基本药物目录（化学药品和生物制品）》2009 版基层部分收载的药物排列顺序进行编写，由前言、使用说明、总论、各论、附录和索引等部分组成。基本药物剂型严格控制在国家基本药物目录所规定的剂型范围内，规格为临床常用规格。为便于医务人员检索所需信息，《处方集》还编制了附录和索引。

7. 基层医疗卫生机构使用非目录药品的规定

政府举办的基层医疗卫生机构增加使用非目录药品品种数量，应坚持防治必需、结合当地财政承受能力和基本医疗保障水平从严掌握。具体品种由省级卫生行政部门会同发展改革（价格）、工业和信息化、财政、人力资源社会保障、食品药品监管、中医药等部门组织专家论证，从国家基本医疗保险药品目录（甲类）范围内选择，确因地方特殊疾病治疗必需的，也可从目录（乙类）中选择。增加药品应是多家企业生产品种。

民族自治区内政府举办的基层医疗卫生机构配备使用国家基本药物目录以外的民族药，由自治区人民政府制定相应管理办法。

8. 基本药物销售的规定

患者凭处方可以到零售药店购买药物。零售药店必须按规定配备执业药师或其他依法经资格认定的药学技术人员为患者提供购药咨询和指导，对处方的合法性与合理性进行审核，依据处方正确调配、销售药品。

实行基本药物制度的县（市、区），政府举办的基层医疗卫生机构配备使用的基本药物实行零差率销售。各地要按国家规定落实相关政府补助政策。

9. 基本药物报销的规定

基本药物全部纳入基本医疗保障药品报销目录，报销比例明显高于非基本药物。具体办法按医疗保障有关规定执行。

10. 加强基本药物质量安全监管

完善基本药物生产、配送质量规范，对基本药物定期进行质量抽检，并向社会及时公布抽检结果。加强和完善基本药物不良反应监测，建立健全药品安全预警和应急处置机制，完善药品召回管理制度，保证用药安全。

11. 加强基本药物制度绩效评估

统筹利用现有资源，完善基本药物采购、配送、使用、价格和报销信息管理系统，充分发挥行政监督、技术监督和社会监督的作用，对基本药物制度实施情况进行绩效评估，发布监测评估报告等相关信息，促进基本药物制度不断完善。

12. 实施基本药物制度的目标

2009 年，每个省（区、市）在 30% 的政府办城市社区卫生服务机构和县（基层医疗卫生机构）实施基本药物制度，包括实行省级集中网上公开招标采购、统一配送，全部配备使用基本药物并实现零差率销售；到 2011 年，初步建立国家基本药物制度；到 2020 年，全面实施规范的、覆盖城乡的国家基本药物制度。

三、学习小结

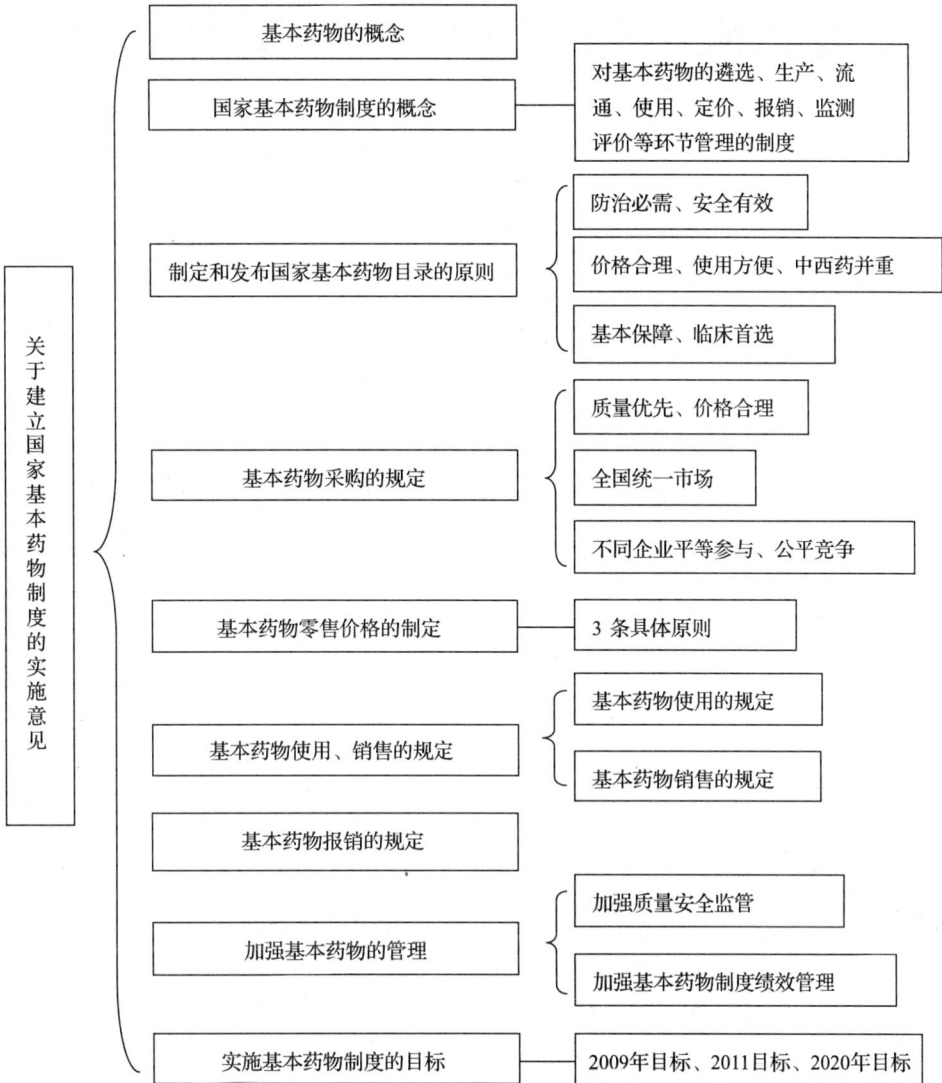

关于建立国家基本药物制度的实施意见

- 基本药物的概念
- 国家基本药物制度的概念 —— 对基本药物的遴选、生产、流通、使用、定价、报销、监测评价等环节管理的制度
- 制定和发布国家基本药物目录的原则
  - 防治必需、安全有效
  - 价格合理、使用方便、中西药并重
  - 基本保障、临床首选
- 基本药物采购的规定
  - 质量优先、价格合理
  - 全国统一市场
  - 不同企业平等参与、公平竞争
- 基本药物零售价格的制定 —— 3 条具体原则
- 基本药物使用、销售的规定
  - 基本药物使用的规定
  - 基本药物销售的规定
- 基本药物报销的规定
- 加强基本药物的管理
  - 加强质量安全监管
  - 加强基本药物制度绩效管理
- 实施基本药物制度的目标 —— 2009年目标、2011目标、2020年目标

四、思考题

1. 什么是基本药物，什么是基本药物制度？
2. 简述制定和发布国家基本药物目录的原则。
3. 简述基本药物采购的规定
4. 简述制定基本药物零售指导价格的原则。
5. 我国对基本药物使用和零售有何规定？
6. 简述我国实施基本药物制度的目标。

（杨世民）

国家基本药物目录管理办法（暂行）

为贯彻落实《中共中央国务院关于深化医药卫生体制改革的意见》，根据《国务院关于印发医药卫生体制改革近期重点实施方案（2009～2011年）的通知》，卫生部、国家发展改革委、工业和信息化部、监察部、财政部、人力资源社会保障部、商务部、食品药品监管局、中医药局制定了《国家基本药物目录管理办法（暂行）》，2009年8月18日，以卫药政发〔2009〕79号发布，自发布之日起施行。

一、学习要点

通过学习《国家基本药物目录管理办法（暂行）》，使学员掌握国家基本药物的概念，国家基本药物遴选原则，列入国家基本药物目录药品的品种，不能纳入国家基本药物目录遴选的范围；熟悉基本药物目录中药品分类的依据，制定国家基本药物目录的程序，基本药物品种和数量调整的依据；了解国家基本药物工作委员会的组成及其职责。

二、学习内容

《国家基本药物目录管理办法》（以下简称《管理办法》），该《管理办法》的主要内容可概括为以下8点。

1. 基本药物的概念

《管理办法》第一条 对基本药物的概念做了界定：基本药物是适应基本医疗卫生需求，剂型适宜，价格合理，能够保障供应，公众可公平获得的药品。政府举办的基层医疗卫生机构全部配备和使用基本药物，其他各类医疗机构也都必须按规定使用基本药物。

2. 基本药物目录中药品分类的依据

《管理办法》第二条将基本药物目录中药品分为化学药品、生物制品、中成药三类。化学药品和生物制品主要依据临床药理学分类，中成药主要依据功能分类。

3. 国家基本药物的遴选原则

《管理办法》第四条对国家基本药物的遴选原则做了规定，其原则为：防治必需、安全有效、价格合理、使用方便、中西药并重、基本保障、临床首选和基层能够配备的原则，结合我国用药特点，参照国际经验，合理确定品种（剂型）和数量。

国家基本药物目录是药品供应保障体系的主要内容，药品供应保障体系与基本公共卫生服务体系、基本医疗服务体系、基本医疗保障体系构成了医改意见的四大体系，因此国家基本药物目录的制定应当与基本公共卫生服务体系、基本医疗服务体系、基本医疗保障体系相衔接。

4. 列入国家基本药物目录的条件

《管理办法》第五条对列入国家基本药物目录的条件作了明确规定：国家基本药物目录中的化学药品、生物制品、中成药，应当是《中华人民共和国药典》收载的，卫生部、国家食品药品监督管理局颁布药品标准的品种。除急救、抢救用药外，独家生产品种纳入国家基本药物目录应当经过单独论证。

化学药品和生物制品名称采用中文通用名称和英文国际非专利药名中表达的化学成分的部分，剂型单列；中成药采用药品通用名称。

5. 不能纳入国家基本药物目录的遴选范围

《管理办法》第六条对不能纳入国家基本药物目录的情形作了规定，其规定为：①含有国家濒危野生动植物药材的；②主要用于滋补保健作用，易滥用的；③非临床治疗首选的；④因严重不良反应，国家食品药品监督管理部门明确规定暂停生产、销售或使用的；⑤违背国家法律、法规，或不符合伦理要求的；⑥国家基本药物工作委员会规定的其他情况。

知识链接

我国历版《国家基本药物目录》

发布调整（时间）	西药	中药	总计
1982 年	278 种		278 种
1996 年	699 种	1699 种	2398 种
1998 年	740 种	1333 种	2073 种
2000 年	770 种	1249 种	2019 种
2002 年	759 种	1242 种	2001 种
2004 年	773 种	1260 种	2033 种
2009 年	205 种	102 种	307 种

6. 制定国家基本药物目录的程序

《管理办法》第七条、第八条对制定基本药物目录的程序作了规定：按照国家基本药物工作委员会确定的原则，卫生部负责组织建立国家基本药物专家库，报国家基本药物工作委员会审核。专家库主要由医学、药学、药物经济学、医疗保险管理、卫生管理和价格管理等方面专家组成，负责国家基本药物的咨询和评审工作。卫生部会同有关部门起草国家基本药物目录遴选工作方案和具体的遴选原则，经国家基本药物工作委员会审核后组织实施。按照办法第八条的规定，制定国家基本药物目录的程序可参见图 2－15。

```
            ┌─────────────────────────┐
            │ 卫生部组建国家基本药物专家库 │
            └─────────────────────────┘
                        │
                  从专家库中抽取专家
        ┌───────────────┴───────────────┐
        │                    ┌─────────────────┐
        │                    │ 成立目录评审专家组 │
        │                    └─────────────────┘
┌─────────────────┐                 │
│ 成立目录咨询专家组 │          ┌─────────────┐
└─────────────────┘          │   备选目录   │
        │                    └─────────────┘
根据循证医学、药物经济学              │  审核投票
┌─────────────────────┐     ┌─────────────┐
│ 对纳入遴选范围的药品评价 │     │ 形成目录初稿 │
└─────────────────────┘     └─────────────┘
        │  提出遴选意见               │ 征求意见、修改
┌───────────────┐           ┌─────────────┐
│   形成备选目录   │           │   目录送审稿   │
└───────────────┘           └─────────────┘
                                    │
                            ┌───────────────────┐
                            │ 工作委员会审校送审稿 │
                            └───────────────────┘
                                    │
                            ┌─────────────┐
                            │   卫生部发布   │
                            └─────────────┘
```

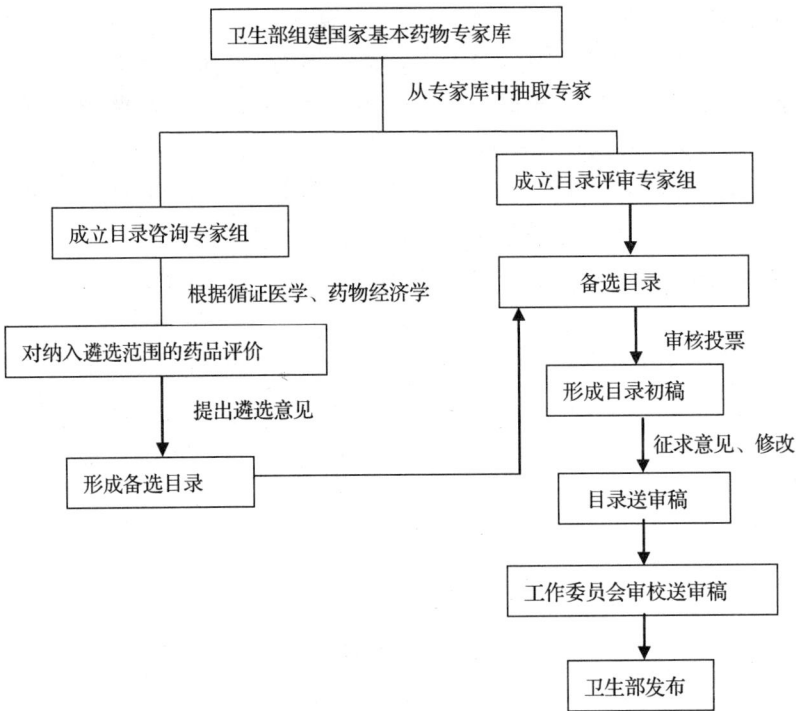

图 2 – 15　国家基本药物目录的制定程序

7. 基本药物品种和数量调整的依据

《管理办法》第九条、第十条对基本药物目录品种和数量的调整做了明确规定：国家基本药物目录在保持数量相对稳定的基础上，实行动态管理，原则上 3 年调整一次。必要时，经国家基本药物工作委员会审核同意，可适时组织调整。根据以下 6 种因素确定调整的品种和数量：

（1）我国基本医疗卫生需求和基本医疗保障水平变化；

（2）我国疾病谱变化；

（3）药品不良反应监测评价；

（4）国家基本药物应用情况监测和评估；

（5）已上市药品循证医学、药物经济学评价；

（6）国家基本药物工作委员会规定的其他情况。

《管理办法》第十条规定了应从国家基本药物目录中调出的 5 种情形：

（1）药品标准被取消的；

（2）国家食品药品监督管理部门撤销其药品批准证明文件的；

（3）发生严重不良反应的；

（4）根据药物经济学评价，可被风险效益比或成本效益比更优的品种所替代的；

（5）国家基本药物工作委员会认为应当调出的其他情形。

8. 国家基本药物工作委员会的组成及其职责

《管理办法》第三条对国家基本药物工作委员会的组成及其职责作了规定：委员会

由卫生部、国家发展和改革委员会、工业和信息化部、监察部、财政部、人力资源和社会保障部、商务部、国家食品药品监督管理局、国家中医药管理局组成。办公室设在卫生部，承担国家基本药物工作委员会的日常工作。委员会的职责为：负责协调解决制定和实施国家基本药物制度过程中各个环节的相关政策问题，确定国家基本药物制度框架，确定国家基本药物目录遴选和调整的原则、范围、程序和工作方案，审核国家基本药物目录。

知识链接

我国制定基本药物目录的历程

　　我国从 1979 年开始，卫生部、原国家医药管理局就开始了基本药物的遴选工作，并于 1982 年 1 月下发了《国家基本药物（西药部分）》。1992 年 3 月，卫生部颁发了《制定国家基本药物的工作方案》。1996 年卫生部、原国家医药管理局、国家中医药管理局、解放军总后勤部联合印发了《国家基本药物（全部品种目录)》。2006 年以来，按照职责分工，国家食药局组织拟订了《国家基本药物目录（征求意见稿)》。2008 年 11 月之后，根据国务院机构改革方案，将此项工作移交卫生部。2008 年 12 月初，按照国务院医改领导小组会议精神，为确保《国家基本药物目录》与《国家基本医疗保险药品目录》相互协调，由卫生部、发改委、工信部、财政部、人保部、食药局、中医药局等七部委有关司局组成国家基本药物目录工作协调小组，制定了完善《征求意见稿》的工作方案。确定了基本药物遴选的指导思想、原则和程序，目录包括化学药品（生物制剂）、中成药和中药饮片三部分。

　　2009 版《国家基本药物目录》分为基层医疗卫生机构配备使用和其他医疗机构配备使用部分，先公布《药物目录·基层部分》。据此，卫生部组织来自 11 个省（区、市）的 200 余名基层医药专家对《国家基本药物目录》送审稿中的品种进行了评价和投票，从中遴选出 307 个品种作为《药物目录·基层部分》品种，其中化药 205 个，中成药 102 个。《药物目录·基层部分》书面征求了有关部委和部分地方卫生行政部门的意见，并经国家基本药物工作委员会议审核通过，于 2009 年 8 月 18 日发布。

三、学习小结

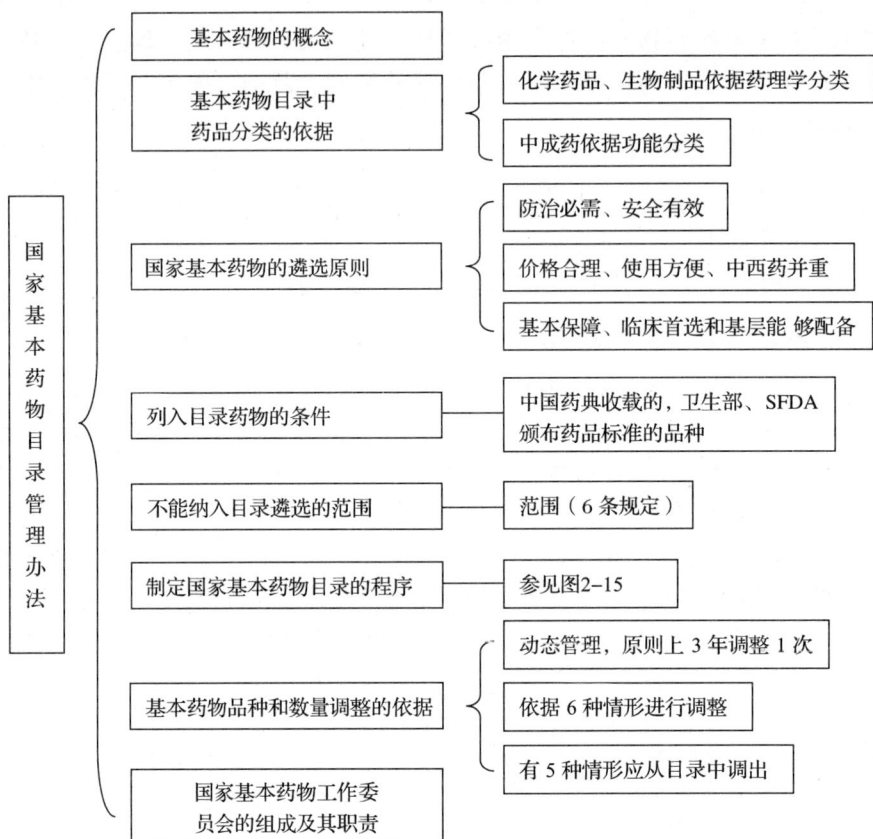

四、学习测试

（一）思考题

1. 简述国家基本药物的遴选原则。

2. 列入国家基本药物目录品种应具备什么条件？

3. 不能纳入国家基本药物目录遴选范围的情形有哪些？

4. 简述应从国家基本药物目录中调出的情形。

5. 简述国家基本药物工作委员会的职责。

（二）案例分析

国家基本药物目录包括两部分：基层医疗卫生机构配备使用部分和其他医疗机构配备使用部分。2009 年 8 月 18 日，卫生部公布了 2009 年版国家基本药物目录基层医疗卫生机构配备使用部分（以下简称《药物目录·基层部分》）。有关药物目录的构成、分类、目录中品种的剂型等情况介绍如下：

1. 目录的构成

《药物目录·基层部分》中的药品包括化学药品和生物制品、中成药、中药饮片

3 部分。

目录后附有索引。化学药品和生物制品为中文笔画索引、中文拼音索引和英文索引；中成药为中文笔画索引、中文拼音索引。

2．目录的分类

化学药品和生物制品主要依据临床药理学分类，共 205 个品种；中成药主要依据功能分类，共 102 个品种；中药饮片不列具体品种，用文字表述。

3．目录中品种的剂型

化学药品和生物制品剂型在《中华人民共和国药典》（2005 年版）"制剂通则"规定的基础上进行归类处理，未归类的剂型以《药物目录·基层部分》标注的为准。

化学药品和生物制品中的口服常释剂型包括口服普通片剂、肠溶片、分散片，硬胶囊、肠溶胶囊、软胶囊（胶丸）；口服缓释剂型包括缓释片、控释片，缓释胶囊、控释胶囊；外用软膏剂型包括软膏剂、乳膏剂；注射剂包括注射液、注射用无菌粉末、注射用浓溶液。剂型编排的先后次序无特别的涵义。

中成药的剂型不单列，以"药品名称"栏中标注的为准。

4．关于中药饮片

中药饮片的国家药品标准是指《中华人民共和国药典》、卫生部部颁标准和国家食品药品监督管理局局颁标准收载的药材及饮片标准。中药饮片的基本药物管理暂按国务院有关部门关于中药饮片定价、采购、配送、使用和基本医疗保险给付等政策规定执行。

问题与讨论

1．《药物目录·基层部分》中的药品包括哪几部分？

2．化学药品和生物制品中的口服常释剂型包括哪些剂型？

3．简述中药饮片的国家药品标准的含义。

（杨世民）

关于加强基本药物质量监督管理的规定

为贯彻落实《中共中央 国务院关于深化医药卫生体制改革的意见》和《国务院关于印发医药卫生体制改革近期重点实施方案（2009—2011 年）的通知》，加强基本药物质量监督管理，保证基本药物质量，国家食品药品监督管理局依据《药品管理法》、《药品管理法实施条例》等法律法规，组织制定了《关于加强基本药物质量监督管理的规定》，2009 年 9 月 22 日以国食药监［2009］632 号文件印发。

一、学习要点

通过学习《关于加强基本药物质量监督管理的规定》，使学员掌握药品监督管理部门在加强基本药物质量监督管理方面的职责，熟悉国家对基本药物生产企业、配送企业、医疗机构和零售药店的要求。

二、学习内容

《关于加强基本药物质量监督管理的规定》（以下简称《规定》），《规定》的主要内容可概括为以下四点：

1. 对药品监督管理部门的职责做了明确规定

（1）国家食品药品监督管理局的职责有 4 条

①负责组织协调、监督指导全国基本药物质量监督管理工作；②组织对基本药物的标准逐一进行评估，加快推进基本药物标准提高工作；③组织基本药物的评价抽验，在年度药品抽验计划中加大对基本药物的抽验比例；④组织开展基本药物品种的再评价工作，并将再评价结果及时通报卫生部。

（2）省级食品药品监督管理部门的职责有 5 条

①省级食品药品监督管理部门负责组织实施和指导协调本辖区内基本药物质量监督管理工作；②应当组织对基本药物生产企业进行处方和工艺核查，建立基本药物生产核查品种档案；③加强对基本药物生产企业的监督检查，应当根据生产企业的诚信记录、既往监督检查的情况，合理安排监管资源，提高监管效率，加强对本辖区内基本药物生产企业的监督检查，每年组织常规检查不得少于两次；④应当加强对基本药物配送企业的监督管理，对在监督检查中发现的违法行为，依法予以查处，并将查处结果通报本省基本药物招标采购机构；⑤应当制定基本药物的监督抽验年度计划，统一组织、统筹协调辖区内基本药物的监督抽验，每年至少对辖区内基本药物生产企业生产的基本药物进行一次抽验。

（3）各级食品药品监督管理局的职责有 5 条

①应当按照职责分工和属地管理的原则，各负其责，切实加强基本药物质量监督

管理，确保基本药物质量；②应当进一步加强对城市社区和农村基本药物质量监督管理，充分发挥农村药品监督网在保证基本药物质量监督管理中的作用；③食品药品监督管理部门应当加强对医疗机构和零售药店基本药物质量的日常监督检查，对违法行为要依法予以查处，对医疗机构的查处结果应当及时通报同级卫生行政部门。④应当结合本辖区实际，加强对辖区内基本药物经营企业和使用单位的监督抽验。⑤应当进一步加强药品不良反应报告与监测工作，及时分析评价基本药物不良反应病例报告，完善药品安全预警和应急处置机制。

2. 对基本药物生产企业的要求

①开展药品标准研究和修订工作　基本药物生产企业应当主动开展药品标准研究和修订工作，完善和提高药品标准；

②采用适宜包装，方便使用　应当根据基层医疗卫生机构和其他不同层级医疗机构的用药特点，在确保基本药物质量的前提下，采用适宜包装，方便使用；

③完善质量管理、强化风险控制体系建设　应当对处方和工艺进行自查，针对基本药物生产规模大、批次多的特点，严格按照《药品生产质量管理规范》组织生产，建立和实施质量受权人制度，完善质量管理、强化风险控制体系建设，对原辅料采购、投料、工艺控制及验证、产品检验、放行等环节加强管理，确保药品质量。

④基本药物生产企业应当建立健全药品不良反应报告、调查、分析、评价和处理制度，主动监测、及时分析、处理和上报药品不良反应信息，对存在安全隐患的，应当按规定及时召回。

3. 对基本药物配送企业的要求

①推动兼并重组、整合配送资源　国家鼓励和推动兼并重组、整合配送资源，发展现代物流，提高药品配送能力；

②执行 GSP，加强进存销各环节的管理　基本药物的配送企业应当严格按照《药品经营质量管理规范》的要求，加强对基本药物进货、验收、储存、出库、运输等环节的管理。对农村、偏远地区的药品配送，必须根据药品包装及道路、天气状况等采取相应措施，防止运输过程中不良因素对药品质量造成影响。

③基本药物配送企业应当建立健全药品不良反应报告、调查、分析、评价和处理制度，主动监测、及时分析、处理和上报药品不良反应信息，对存在安全隐患的，应当按规定及时召回。

4. 对医疗机构和零售药店的要求

①必须按照规定加强对基本药物进货、验收、储存、调配等环节的管理，保证基本药物质量。零售药店应当充分发挥执业药师等药学技术人员的作用，指导患者合理用药。

②医疗机构和零售药店应当建立健全药品不良反应报告、调查、分析、评价和处理制度，主动监测、及时分析、处理和上报药品不良反应信息，对存在安全隐患的，应当按规定及时召回。

知识链接

加强基本药物生产及质量监管工作

1. 强化药品企业质量安全第一责任人的责任，完善企业质量保证体系

药品生产企业必须严格遵守药品管理的相关法律法规，严格执行《药品生产质量管理规范》和药品生产及质量控制的各项标准要求，确保基本药物质量安全。

2. 结合药品安全专项整治，切实加强基本药物生产的日常监管

（1）开展基本药物生产工艺和处方核查。基本药物生产企业必须严格按照国家局《关于印发加强基本药物质量监督管理规定的通知》要求，对所生产的基本药物的生产工艺和处方开展自查。

（2）进一步加强基本药物生产现场的监督检查。各省局应当结合辖区内基本药物生产的实际情况，依据基本药物生产工艺及处方核查工作档案，制定监督检查方案，强化基本药物生产企业 GMP 跟踪检查和日常监督检查。

监督检查的重点为：基本药物是否按照药品 GMP 要求进行生产；药品生产用原辅料供应商审计和质量监控情况；生产工艺验证情况；产品质量检验及放行等关键环节。

各省局组织对辖区内基本药物生产企业开展的监督检查次数每年不应少于两次。对涉及药品生产及质量问题的群众举报，必须在第一时间内组织现场检查。对检查中发现的问题，应及时督促企业整改；对存在违法行为的，应严格依法予以查处；对存在安全隐患的药品应禁止出厂销售，已出厂的应予召回。

（3）建立健全中药制剂源头质量监管。生产基本药物中的中药制剂，直接使用中药材投料的，应固定药材的基原、药用部位、产地、采收期、产地加工、贮存条件等，建立相对稳定的药材基地，加强药材生产全过程的质量控制，并尽可能采用规范化种植（GAP）的药材；使用中药饮片投料的，应选择符合资质的、相对稳定的中药饮片供应商，并加强供应商审计；使用提取物投料的，必须采用注册批准的工艺，并对提取物使用原材料情况进行审计。

（4）强化基本药物委托生产的监管。对基本药物生产委托方，药品监管部门要检查其是否履行对受托方生产的质量监督责任；对基本药物生产的受托方，所在地药品监管部门应将其纳入属地监管范围，严格要求其按照委托方注册的药品生产工艺和质量标准进行生产，不得擅自变更原辅料及其来源。对委托方本身不进行生产的委托生产申请，原则上不予批准。

（5）全面实施药品质量受权人制度。为加强基本药物生产及质量监管，基本药物生产企业应在 2010 年内全面实施药品质量受权人制度，健全企业质量保证体系，强化风险控制体系建设，确保基本药物质量和安全。

3. 加强基本药物不良反应监测，

基本药物生产、经营、配送企业和使用单位应当按照《药品不良反应报告与监测管理办法》的规定，建立健全药品不良反应报告、调查、分析、评价和处理制度，主动监测并报告药品不良反应信息，主动开展基本药物安全性研究工作。药品生产企业应指定专门机构或人员，负责药品不良反应报告和监测工作，对发生的药品不良反应和质量投诉，要及

时分析调查，发现存在安全隐患的药品应按规定及时召回，确保临床用药安全。

——摘自"关于加强基本药物生产及质量监管工作的意见"（国食药监安〔2009〕771号）

三、学习小结

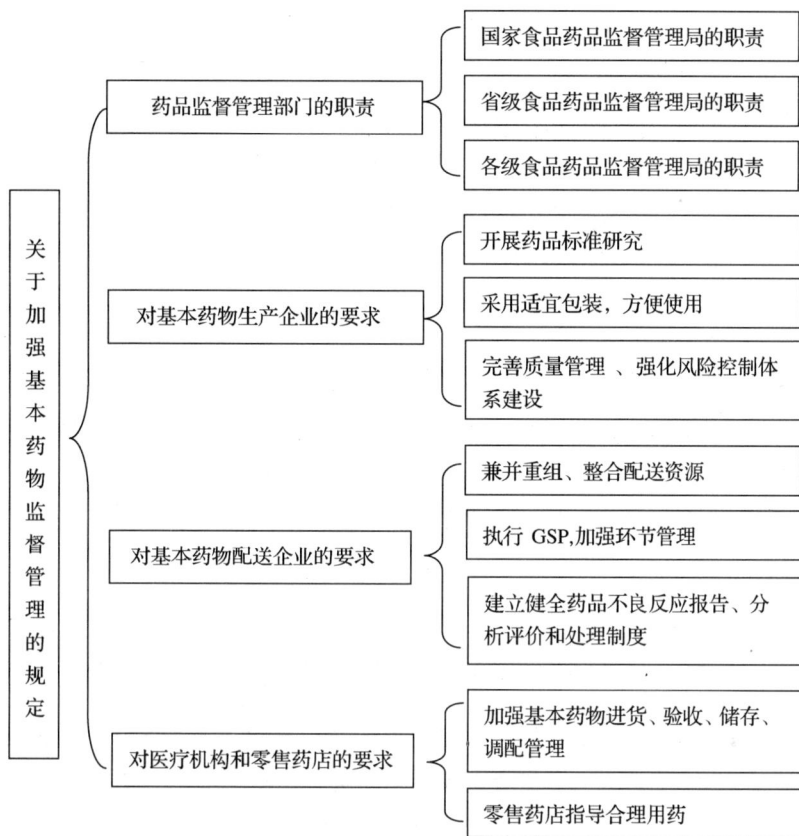

四、思考题

1. 本规定对药品监督管理部门的职责有哪些要求？
2. 简述本规定对基本药物生产企业的要求。
3. 本规定对基本药物配送企业有何要求？
4. 本规定对医疗机构和零售药店有何要求？
5. 简述加强基本药物生产及质量监督管理的措施。

（杨世民）

药品进口管理办法

为规范药品进口备案、报关和口岸检验工作，保证进口药品的质量和使用安全有效，维护我国人民的身体健康和国家的合法权益，根据《中华人民共和国药品管理法》、《中华人民共和国海关法》、《中华人民共和国药品管理法实施条例》及相关法律法规的规定，国家食品药品监督管理局、中华人民共和国海关总署制定了《药品进口管理办法》，于 2003 年 8 月 18 日以国家食品药品监督管理局令第 4 号发布，自 2004 年 1 月 1 日起实施。

一、学习要点

通过学习《药品进口管理办法》，使学员掌握口岸药监局的职责，药品不予进口备案的规定，监督管理的规定；熟悉办理进口备案时须报送的资料，口岸药品检验所的职责，不予抽样的情形规定，药品进口备案、口岸检验的程序。

知识链接

我国药品进口管理的发展概况

新中国成立以来，我国制定了一系列进口药品管理的措施和规定。建国初期，我国首次规定了麻醉药品的进出口必须经卫生部批准，并发给凭证，海关才准放行。从 1954 年开始，国家指定了广州、上海、天津等地为西药进口口岸及检验口岸，并规定了检验管理办法，开始进口药品的法定检验。1955 年 12 月，正式规定了进口成药检验项目，从 1961 年起对进口中药材施行检验。1983 年，国务院 5 个部委联合制定了《关于精神药物实行进出口准许证规定的通知》，对联合国《1971 年精神药物公约》所列的 40 种精神药物的进、出口，实行由卫生部审核批准并发给准许证的管理制度。

1984 年《药品管理法》颁布，对进口药品审批、检验等做出了规定。为了贯彻执行《药品管理法》，卫生部于 1985 年发出了《关于加强药品进口管理的通知》，卫生部和海关总署联合发布了《关于加强进口药品监督管理的通知》等，强调首次进口的药品，要填写《进口药品申报表》，经卫生部审批，未经批准和未经口岸药检所检验合格的药品，禁止销售使用。1987 年，卫生部规定，对进口药品实行许可证制度。1990 年，卫生部根据《药品管理法》及其他有关法律、法规的规定，总结了多年来对进口药品管理的实际经验，制定了《进口药品管理办法》，明确规定国家对进口药品实行注册制度，并对进口药品的注册审批，质量标准，进口检验，处罚等作了具体规定。国家药监局成立后，对进口药品管理办法又进行了修订，1999 年 3 月 12 日经国家药监局局务会审议通过，自 1999 年 5 月 1 日起施行。

2001 年，我国修订了《药品管理法》，根据修订的《药品管理法》的要求，国家药监局在原管理办法的基础上，修订《进口药品管理办法》，经过多次、多部门、多范围、多层次的讨论，广泛听取了口岸药检所、进口单位、外国公司、全国各级药品监督管理部门等相关部门和单位的意见，比较全面地吸收和归纳了各方面的合理建议。2003 年 8 月 18 日，正式公布了《药品进口管理办法》，自 2004 年 1 月 1 日起实施。进口药材是我国中药材资源的重要组成部分，是中医临床用药及中药饮片、中成药生产的重要物质基础。我国传统进口药材约有 40 余种，涉及的国家广泛分布于亚洲、非洲、欧洲、美洲、大洋洲等地区。为加强进口药材监督管理，保证进口药材质量，国家食品药品监督管理局制定了《进口药材管理办法（试行）》，于 2005 年 10 月 21 日经国家食品药品监督管理局局务会审议通过，自 2006 年 2 月 1 日起施行。

近年来，国家投资改造了 17 个口岸药检所，改造后的口岸药检所达到 100%全检水平。

二、学习内容

《药品进口管理办法》包括总则、进口备案、口岸检验、监督管理、附则，共计 5章 45 条，其主要内容可概括为进口备案、口岸检验、监督管理 3 个方面：

（一）进口备案的有关规定

1. 进口备案工作的管理部门及其职责

进口备案，应当向货物到岸地口岸药监局提出申请。

口岸药监局负责药品的进口备案工作，其具体职责为：受理进口备案申请，审查进口备案资料；办理进口备案或者不予进口备案的有关事项；联系海关办理与进口备案有关的事项；通知口岸药品检验所对进口药品实施口岸检验；对进口备案和口岸检验中发现的问题进行监督处理；承办国家食品药品监督管理局规定的其他事项。

2. 对报验单位的规定

报检单位应当是持有《药品经营许可证》的独立法人；药品生产企业进口本企业所需原料药和制剂中间体（包括境内分包装用制剂），应当持有《药品生产许可证》。

3. 办理进口备案时须报送的资料

办理进口备案，应当向所在地口岸药监局报送所进口品种的资料一式两份，这些资料包括以下内容。

（1）《进口药品注册证》（或者《医药产品注册证》）（正本或者副本）复印件，麻醉药品、精神药品的《进口准许证》复印件。

（2）报验单位的《药品经营许可证》和《企业法人营业执照》复印件。

药品生产企业自行进口本企业生产所需原料药和制剂中间体的本项资料应当提交其《药品生产许可证》和《企业法人营业执照》复印件。

（3）原产地证明复印件。

（4）购货合同复印件。

（5）装箱单、提运单和货运发票复印件。

（6）出厂检验报告书复印件。

（7）药品说明书及包装、标签的式样（原料药和制剂中间体除外）。

（8）国家食品药品监督管理局规定批签发的生物制品，需要提供生产检定记录摘要及生产国或者地区药品管理机构出具的批签发证明原件。

（9）除"国家食品药品监督管理局规定的生物制品；首次在中国境内销售的药品以及国务院规定的其他药品"以外的药品，应当提交最近一次《进口药品检验报告书》和《进口药品通关单》复印件。

上述复印件应当加盖单位公章。

4. 凭《进口药品批件》办理进口备案的规定

进口临床急需药品、捐赠药品、新药研究和药品注册所需样品或者对照药品等，必须经国家食品药品监督管理局批准，并凭该局核发的《进口药品批件》办理进口备案手续。

知识链接

药品不予进口备案的规定

下列情形之一的进口药品，不予进口备案，由口岸药监局发出《药品不予进口备案通知书》，对麻醉药品、精神药品，口岸药监局不予发放《进口药品口岸检验通知书》。

（1）不能提供《进口药品注册证》（或者（医药产品注册证）（正本或者副本）、《进口药品批件》或者麻醉药品、精神药品的《进口准许证》原件的。

（2）办理进口备案时，《进口药品注册证》（或者《医药产品注册证》），或者麻醉药品、精神药品的《进口准许证》已超过有效期的。

（3）办理进口备案时，药品的有效期限已不满12个月的。（对于药品本身有效期不足12个月的，进口备案时，其有效期限应当不低于6个月）。

（4）原产地证明所标示的实际生产地与《进口药品注册证》（或者《医药产品注册证》）规定的产地不符的，或者区域性国际组织出具的原产地证明未标明《进口药品注册证》（或者《医药产品注册证》）规定产地的。

（5）进口单位未取得《药品经营许可证》（生产企业应当取得《药品生产许可证》）和《企业法人营业执照》的。

（6）到岸品种的包装、标签与国家食品药品监督管理局的规定不符的。

（7）药品制剂无中文说明书或者中文说明书与批准的说明书不一致的。

（8）未在国务院批准的允许药品进口的口岸组织进口的，或者货物到岸地不属于所在地口岸药品监督管理局管辖范围的。

（9）国家食品药品监督管理局规定批签发的生物制品未提供有效的生产国或者地区药品监督管理机构出具的生物制品批签发证明文件的。

（10）伪造、变造有关文件和票据的。

（11）《进口药品注册证》（或者《医药产品注册证》）已被撤销的。

对不予进口备案的进口药品，进口单位应当予以退运。无法退运的，由海关移交口岸药监局监督处理。

（二）口岸检验的规定

1. 口岸药品检验所及其职责

口岸药品检验所由国家食品药品监督管理局根据进口药品口岸检验工作的需要确定。

口岸药品检验所的职责为：对到岸货物实施现场核验；核查出厂检验报告书和原产地证明原件；按照规定进行抽样；对进口药品实施口岸检验；对有异议的检验结果进行复验；承办国家食品药品监督管理局规定的其他事项。

口岸药品检验所应当按照《进口药品注册证》（或者《医药产品注册证》）载明的注册标准对进口药品进行检验。

口岸药检所接到《进口药品口岸检验通知书》后，应在2日内与进口单位联系，到规定的存货地点按照《进口药品抽样规定》进行现场抽样，应当注意核查进口品种的实际到货情况，做好抽样记录，填写《进口药品抽样记录单》，抽样完成后，口岸药品检验所应当在进口单位持有的《进口药品通关单》（麻醉药品、精神药品在《进口准许证》）原件上注明"已抽样"的字样，并加盖抽样单位的公章。

中国药品生物制品检定所负责进口药品口岸检验工作的指导和协调。口岸检验所需标准品、对照品由中国药品生物制品检定所负责审核、标定。

口岸药检所应当在抽样后20日内，完成检验工作，出具《进口药品检验报告书》。该报告书上应当明确标有"符合标准规定"或者"不符合标准规定"的检验结论。对检验符合标准规定的进口药品，口岸药品检验所应当将《进口药品检验报告书》送交所在地口岸药品监督管理局和进口单位，对检验不符合标准规定的进口药品，口岸药品检验所应当将《进口药品检验报告书》及时发送口岸药品监督管理局和其他口岸药检所，同时报送国家食品药品监督管理局和中国药品生物制品检定所。

进口药品的检验样品应当保存至有效期满，索赔或者退货检品的留样应当保存至该案完结时。

2. 进口单位对检验结果有异议的可申请复验

进口单位对检验结果有异议的，可以自收到检验结果之日起7日内向原口岸药品检验所申请复验，也可以直接向中国药品生物制品检定所申请复验。生物制品的复验直接向中国药品生物制品检定所申请。

口岸药品检验所在受理复验申请后，应当及时通知口岸药品监督管理局，并自受理复验之日起10日内，作出复验结论，通知口岸药品监督管理局、其他口岸药品检验所，报国家食品药品监督管理局和中国药品生物制品检定所。

3. 不予抽样的情形规定

对有下列情形之一的进口药品，口岸药品检验所不予抽样：未提供出厂检验报告书和原产地证明原件，或者所提供的原件与申报进口备案时的复印件不符的；装运唛头与单证不符的；进口药品批号或者数量与单证不符的；进口药品包装与标签与单证不符的；其他不符合国家药品监督管理法律、法规和规章规定的。

对不予抽样的药品，口岸药品检验所应当在 2 日内，将《进口药品抽样记录单》送交所在地口岸药品监督管理局。

（三）进口备案、口岸检验的程序

办理进口备案，报验单位应当填写《进口药品报验单》，持《进口药品注册证》（或者《医药产品注册证》）（正本或者副本）原件，进口麻醉药品、精神药品还应当持麻醉药品、精神药品《进口准许证》原件，向所在地口岸药品监督管理局报送所进口品种的有关资料。

口岸药品监督管理局接到《进口药品报验单》及相关资料后，应逐项核查所报资料是否完整、真实；查验《进口药品注册证》（或者《医药产品注册证》）（正本或者副本）原件，或者麻醉药品、精神药品的《进口准许证》原件真实性。

对"国家食品药品监督管理局规定的生物制品；首次在中国境内销售的药品；国务院规定的其他药品"，必须经口岸药品检验所检验符合标准规定后，方可办理进口备案手续。检验不符合标准规定的，口岸药品监督管理局不予进口备案。以上 3 类药品，口岸药品监督管理局审查全部资料无误后，应当向负责检验的口岸药品检验所发出《进口药品口岸检验通知书》，同时向海关发出《进口药品抽样通知书》口岸药品检验所按照《进口药品口岸检验通知书》规定的抽样地点，抽取检验样品，进行质量检验，并将检验结果送交所在地口岸药品监督管理局。检验符合标准规定的，准予进口备案，由口岸药品监督管理局发出《进口药品通关单》；不符合标准规定的，不予进口备案，由口岸药品监督管理局发出《药品不予进口备案通知书》。

"国家食品药品监督管理局规定的生物制品；首次在中国境内销售的药品；国务院规定的其他药品"以外的药品，口岸药品监督管理局审查全部资料无误后，准予进口备案，发出《进口药品通关单》。同时向负责检验的口岸药品检验所发出《进口药品口岸检验通知书》。对麻醉药品、精神药品，口岸药品监督管理局审查全部资料无误后，应当向负责检验的口岸药品检验所发出《进口药品口岸检验通知书》，附规定的资料一份，无需办理《进口药品通关单》。

药品进口备案分为备案资料验收、注册证明文件查验、受理、办理四个基本步骤。

1. 药品进口备案资料验收

按照《药品进口管理办法》第十三条的规定，逐项检查以下资料是否完整、真实：

①《进口药品注册证》（或者《医药产品注册证》）（正本或者副本）复印件；麻醉药品、精神药品的《进口准许证》复印件；

②报验单位的《药品经营许可证》和《企业法人营业执照》复印件；

③原产地证明复印件；

④购货合同复印件；

⑤装箱单、提运单和货运发票复印件；

⑥出厂检验报告书复印件；

⑦药品说明书及包装、标签的式样（原料药和制剂中间体除外）；

⑧国家食品药品监督管理局规定批签发的生物制品，需要提供生产检定记录摘要及生产国或者地区药品管理机构出具的批签发证明原件；

⑨《药品进口办理办法》第十条规定情形以外的药品，应当提交最近一次《进口药品检验报告书》和《进口药品通关单》复印件。

2. 注册证明文件查验

当场检查《进口药品注册证》、《医药产品注册证》（正本或副本）、《进口准许证》或者《进口药品批件》原件，并与国家食品药品监督管理局核发的原件或复印件的内容逐项进行核对。

3. 受理

药品进口备案资料和《进口药品注册证》、《医药产品注册证》（正本或副本）、《进口准许证》、《进口药品批件》原件当场检查无误后，予以受理，将原件交还进口单位，进入办理程序。

4. 办理

根据所进口品种是否为《药品进口管理办法》第十条规定情形的药品，其药品进口备案的办理程序不同，但所有手续必须在当日完成，所有办理的文件必须采用国家食品药品监督管理局制定的统一软件打印完成，并加盖国家食品药品监督管理局颁发的统一格式的"药品进口备案专用章"。所有印制完成的文件，应按照规定及时发给进口单位、口岸药品检验所和海关。

口岸药品检验所接到《进口药品口岸检验通知书》后，应当在2日内与进口单位联系，到规定的存货地点按照《进口药品抽样规定》进行现场抽样。口岸药品检验所现场抽样时，应当注意核查进口品种的实际到货情况，做好抽样记录并填写《进口药品抽样记录单》。抽样完成后，口岸药品检验所应当在进口单位持有的《进口药品通关单》原件上注明"已抽样"的字样，并加盖抽样单位的公章。

对麻醉药品、精神药品，抽样完成后，应当在《进口准许证》原件上注明"已抽样"的字样，并加盖抽样单位的公章。

口岸药品检验所应当及时对所抽取的样品进行检验，并在抽样后20日内，完成检验工作，出具《进口药品检验报告书》。特殊品种或者特殊情况不能按时完成检验时，可以适当延长检验期限，并通知进口单位和口岸药品监督管理局。

《进口药品检验报告书》应当明确标有"符合标准规定"或者"不符合标准规定"的检验结论。

国家食品药品监督管理局规定批签发的生物制品，口岸检验符合标准规定，审核符合要求的，应当同时发放生物制品批签发证明。

对检验符合标准规定的进口药品，口岸药品检验所应当将《进口药品检验报告书》送交所在地口岸药品监督管理局和进口单位。

对检验不符合标准规定的进口药品，口岸药品检验所应当将《进口药品检验报告书》及时发送口岸药品监督管理局和其他口岸药品检验所，同时报送国家食品药品监督管理局和中国药品生物制品检定所。

（四）监督管理的规定

1. 对列入不予抽样但已办结海关验放手续的药品

列入不予抽样但已办结海关验放手续的药品，口岸药监局应当对已进口的全部药品采取查封、扣押的行政强制措施。

2. 对检验不符合标准规定的药品

"国家药品监督管理局规定的生物制品，首次在中国境内销售的药品，国务院规定的其他药品"以外的药品，经口岸药检所检验不符合标准规定的，进口单位在收到《进口药品检验报告书》后2日内，将全部进口药品流通、使用的详细情况，报告所在地口岸药监局。所在地口岸药监局收到《进口药品检验报告书》后，应当及时采取对全部药品予以查封、扣押的行政强制措施，并在7日内作出行政处理决定。对申请复验的，必须自检验报告书发出之日起15日内作出行政处理决定。有关情况应当及时报告国家食品药品监督管理局，并通告各省级药品监督管理局和其他口岸药品监督管理局。

3. 未在规定时间内提出复验或者经复验仍不符合标准规定的药品

未在规定时间内提出复验或者经复验仍不符合标准规定的，口岸药品监督管理局应当按照《药品管理法》以及有关规定作出行政处理决定。有关情况应当及时报告国家食品药品监督管理局，并通告各省级药品监督管理局和其他口岸药品监督管理局。

4. 经复验符合标准规定的药品

经复验符合标准规定的，口岸药品监督管理局应当解除查封、扣押的行政强制措施，并将处理情况报告国家食品药品监督管理局，同时通告各省级药品监督管理局和其他口岸药品监督管理局。

5. 采购进口药品时，供货单位应当同时提供以下资料

国内药品生产企业、经营企业以及医疗机构采购进口药品时，供货单位应当同时提供以下资料：

（1）《进口药品注册证》（或者《医药产品注册证》）复印件、《进口药品批件》复印件；

（2）《进口药品检验报告书》复印件或者注明"已抽样"并加盖公章的《进口药品通关单》复印件；

国家食品药品监督管理局规定批签发的生物制品，需要同时提供口岸药品检验所核发的批签发证明复印件；

进口麻醉药品、精神药品，应当同时提供其《进口药品注册证》（或者《医药产品注册证》）复印件、《进口准许证》复印件和《进口药品检验报告书》复印件。

上述各类复印件均需加盖供货单位公章。

6. 管理部门应建立的制度及承担的责任

口岸药品监督管理局和口岸药品检验所应当建立严格的进口备案资料和口岸检验

资料的管理制度，对进口单位的呈报资料承担保密责任。

7. 对违反本办法的管理部门的处理

违反本办法进口备案和口岸检验有关规定的口岸药品监督管理局和口岸药品检验所，国家食品药品监督管理局将根据情节给予批评、通报批评，情节严重的停止其进口备案和口岸检验资格。

违反本办法涉及海关有关规定的，海关按照《海关法》、《中华人民共和国海关法行政处罚实施细则》的规定处理。

知识链接

用语解释

①进口单位：包括经营单位、收货单位和报验单位。

经营单位是指对外签订并执行进出口贸易合同的中国境内企业或单位。

收货单位是指购货合同和货运发票中载明的收货人或者货主。

报验单位是指该批进口药品的实际货主或者境内经销商，并具体负责办理进口备案和口岸检验手续。

收货单位和报验单位可以为同一单位。

②进口备案：是指进口单位向允许药品进口的口岸所在地药品监督管理部门申请办理《进口药品通关单》的过程。

③麻醉药品、精神药品进口备案：是指进口单位向口岸药品监督管理局申请办理《进口药品口岸检验通知书》的过程。

④口岸检验：是指国家食品药品监督管理局确定的药品检验机构对抵达口岸的进口药品依法实施的检验工作。

⑤本办法规定的麻醉药品、精神药品是指供临床使用的品种，科研、教学、兽用等麻醉药品、精神药品的进口，按照国务院麻醉药品、精神药品管理的有关法规执行。

三、学习小结

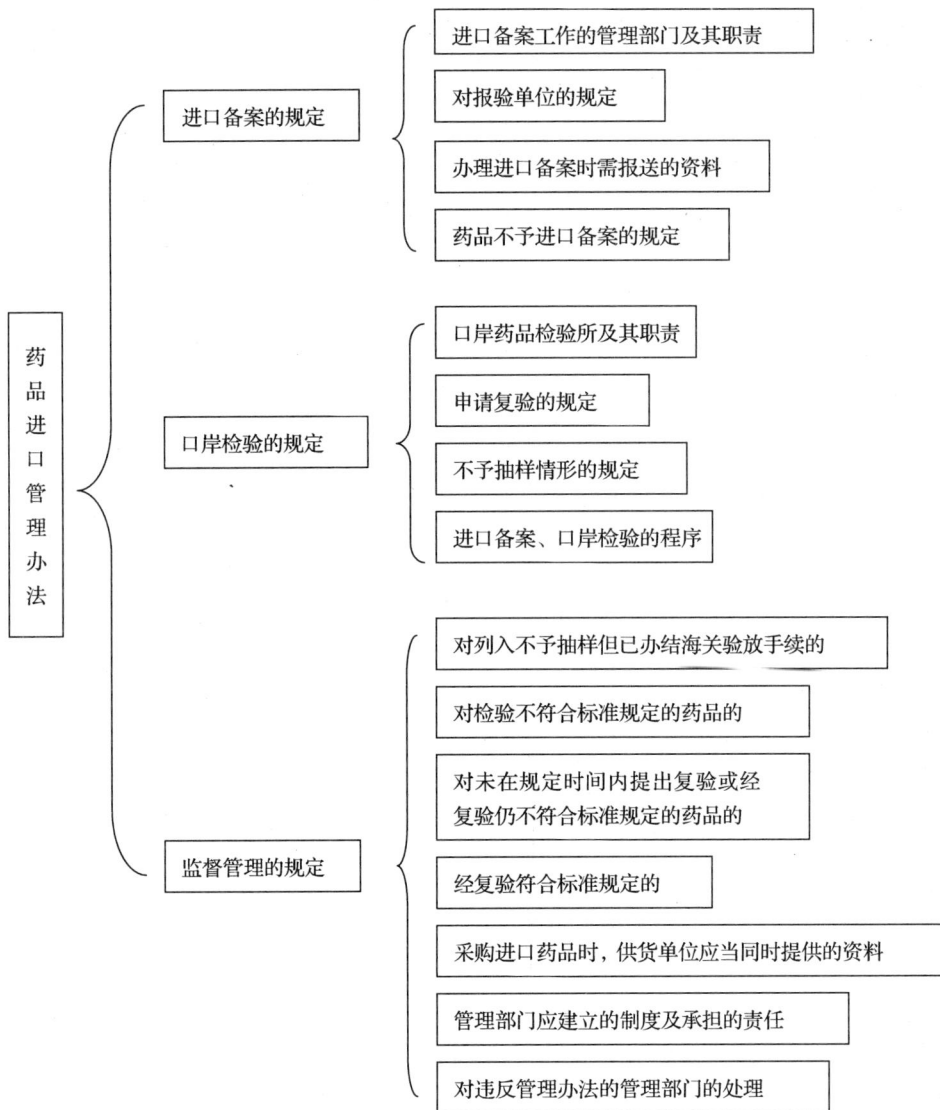

四、思考题

1. 简述口岸药品监督管理局、口岸药品检验所的职责。

2. 口岸药检所是如何实施口岸检验的?

3. 办理进口备案应当报送哪些材料?

4. 哪些情形的进口药品不予办理进口备案?

5. 简述《药品进口管理办法》中"监督管理"的有关规定。

（程新萍）

处方管理办法

　　为了加强处方开具、调剂、使用、保存的规范化管理，提高处方的开具质量和调剂质量，减少不合理用药和差错事故的发生，充分发挥医师、药师在促进合理用药方面的专业作用，进而保障医疗安全、维护人民身体健康和用药的合法权益。卫生部依据《中华人民共和国执业医师法》、《中华人民共和国药品管理法》、《麻醉药品和精神药品管理条例》和《医疗机构管理条例》等法律、法规的规定制定了《处方管理办法》。

　　《处方管理办法》（以下简称《办法》），于 2007 年 2 月 14 日以卫生部令第 53 号发布，自 2007 年 5 月 1 日起施行。

一、学习要点

　　通过学习《处方管理办法》，使学员熟悉处方书写的规则，处方开具、调剂、监督管理以及法律责任的规定；了解处方的构成，处方颜色，处方中药品剂量与数量书写要求。

二、学习内容

　　《办法》对处方管理的一般规定、处方权的获得、处方的开具、处方的调剂、监督管理、法律责任等做了明确的规定，《办法》的主要内容可概括为以下 7 个方面。

（一）适用范围

　　本办法适用于与处方开具、调剂、保管相关的医疗机构及其人员。

（二）处方管理机构

　　卫生部负责全国处方开具、调剂、保管相关工作的监督管理。县级以上地方卫生行政部门负责本行政区域内处方开具、调剂、保管相关工作的监督管理。

（三）处方开具与调剂的原则

　　医师开具处方和药师调剂处方应当遵循安全、有效、经济的原则。
　　处方药应当凭医师处方销售、调剂和使用。

知识链接

处方标准

　　（1）处方内容：

　　①前记：包括医疗机构名称、费别、患者姓名、性别、年龄、门诊或住院病例号，科别或病区和床位号、临床诊断、开具日期等。可添列特殊要求的项目。

麻醉药品和第一类精神药品处方还应当包括患者身份证明编号，代办人姓名、身份证明编号。

②正文：以 Rp 或 R（拉丁文 Recipe "请取"的缩写）标示，分列药品名称、剂型、规格、数量、用法用量。

③后记：医师签名或者加盖专用签章，药品金额以及审核、调配、核对、发药药师签名或者加盖专用签章。

（2）处方颜色：

普通处方的印刷用纸为白色。

急诊处方印刷用纸为淡黄色，右上角标注"急诊"。

儿科处方印刷用纸为淡绿色，右上角标注"儿科"。

麻醉药品和第一类精神药品处方印刷用纸为淡红色，右上角标注"麻、精一"。

第二类精神药品处方印刷用纸为白色，右上角标注"精二"。

知识拓展

处方书写规则

（1）患者一般情况、临床诊断填写清晰、完整，并与病历记载相一致。

（2）每张处方限于一名患者的用药。

（3）字迹清楚，不得涂改；如需修改，应当在修改处签名并注明修改日期。

（4）药品名称应当使用规范的中文名称书写；没有中文名称的可以使用规范的英文名称书写；书写药品名称、剂量、规格、用法、用量要准确规范，药品用法可用规范的中文、英文、拉丁文或者缩写体书写；不得自行编制药品缩写名称或者使用代号；不得使用"遵医嘱"、"自用"等含糊不清字句。

（5）患者年龄应当填写实足年龄，新生儿、婴幼儿写日、月龄，必要时要注明体重。

（6）西药和中成药可以分别开具处方，也可以开具一张处方，中药饮片应当单独开具处方。

（7）开具西药、中成药处方，每一种药品应当另起一行，每张处方不得超过 5 种药品。

（8）中药饮片处方的书写

一般按照"君、臣、佐、使"的顺序排列；调剂、煎煮的特殊要求注明在药品右上方，并加括号，如布包、先煎、后下等；对饮片的产地、炮制有特殊要求的，在药品名称之前写明。

（9）药品用法用量应当按照药品说明书规定的常规用法用量使用，特殊情况需要超剂量使用时，应当注明原因并再次签名。

（10）除特殊情况外，应当注明临床诊断。

（11）开具处方后的空白处划一斜线以示处方完毕。

（12）处方医师的签名式样和专用签章应当与院内药学部门留样备查的式样相一致，不得任意改动，否则应当重新登记留样备案。

（四）处方的开具

1. 医师开具处方的规定

医师应当根据医疗、预防、保健需要，按照诊疗规范、药品说明书中的药品适应证、药理作用、用法、用量、禁忌、不良反应和注意事项等开具处方。

开具医疗用毒性药品、放射性药品的处方应当严格遵守有关法律、法规和规章的规定。

2. 医疗机构应当制定药品处方集

医疗机构应当根据本机构性质、功能、任务，制定药品处方集。

3. 医疗机构购进药品的规定

医疗机构应当按照经药品监督管理部门批准并公布的药品通用名称购进药品。

同一通用名称药品的品种，注射剂型和口服剂型各不得超过 2 种，处方组成类同的复方制剂 1~2 种。

4. 开具处方时使用药品名称的要求

开具处方应当使用药品通用名称、新活性化合物的专利药品名称和复方制剂药品名称。

开具院内制剂处方时应当使用经省级卫生行政部门审核、药品监督管理部门批准的名称。医师可以使用由卫生部公布的药品习惯名称开具处方。

5. 处方有效期

处方开具当日有效。特殊情况下需延长有效期的，由开具处方的医师注明有效期限，但有效期最长不得超过 3 天。

6. 处方一般用量

处方一般不得超过 7 日用量；

急诊处方一般不得超过 3 日用量；

对于某些慢性病、老年病或特殊情况，处方用量可适当延长，但医师应当注明理由。

医疗用毒性药品、放射性药品的处方用量应当严格按照国家有关规定执行。

7. 麻醉药品、第一类精神药品处方的开具、处方用法和用量

医师应当按照卫生部制定的麻醉药品和精神药品临床应用指导原则，开具麻醉药品、第一类精神药品处方。不同情况及剂型的麻醉药品和精神药品处方的用法和用量不尽相同。具体规定参见本书麻醉药品和精神药品管理条例二、学习要点（四）使用。

（五）处方的调剂

1. 从事处方调剂工作的资格要求

取得药学专业技术职务任职资格的人员方可从事处方调剂工作。

药师在执业的医疗机构取得处方调剂资格。药师签名或者专用签章式样应当在本机构留样备查。

2. 不同业务岗位的技术职称要求

具有药师以上专业技术职务任职资格的人员负责处方审核、评估、核对、发药以及安全用药指导；药士从事处方调配工作。

3．凭处方调剂处方药品

药师应当凭医师处方调剂处方药品，非经医师处方不得调剂。

4．调剂处方药品的操作规程

药师应当按照操作规程调剂处方药品：认真审核处方，准确调配药品；正确书写药袋或粘贴标签，注明患者姓名和药品名称、用法、用量，包装；

向患者交付药品时，按照药品说明书或者处方用法，进行用药交待与指导，包括每种药品的用法、用量、注意事项等。

5．药师检查处方书写、确认处方合法性的规定

药师应当认真逐项检查处方前记、正文和后记书写是否清晰、完整，并确认处方的合法性。

6．处方用药适宜性审核的内容

药师应当对处方用药适宜性进行审核，审核内容包括：①规定必须做皮试的药品，处方医师是否注明过敏试验及结果的判定；②处方用药与临床诊断的相符性；③剂量、用法的正确性；④选用剂型与给药途径的合理性；⑤是否有重复给药现象；⑥是否有潜在临床意义的药物相互作用和配伍禁忌；⑦其他用药不适宜情况。

7．对处方存在用药不适宜情形的处理

药师经处方审核后，认为存在用药不适宜时，应当告知处方医师，请其确认或者重新开具处方。

药师发现严重不合理用药或者用药错误，应当拒绝调剂，及时告知处方医师，并应当记录，按照有关规定报告。

知识链接

调剂处方"四查十对"

药师调剂处方时必须做到"四查十对"：

查处方，对科别、姓名、年龄；

查药品，对药名、剂型、规格、数量；

查配伍禁忌，对药品性状、用法用量；

查用药合理性，对临床诊断。

药师在完成处方调剂后，应当在处方上签名或者加盖专用签章。

8．对麻醉药品、第一类精神药品处方编制顺序号的规定

药师应当对麻醉药品和第一类精神药品处方，按年月日逐日编制顺序号。

9．不得调剂的处方

药师对于不规范处方或者不能判定其合法性的处方，不得调剂。

10．不得限制就诊人员持处方外购药品的规定

除麻醉药品、精神药品、医疗用毒性药品和儿科处方外，医疗机构不得限制门诊就诊人员持处方到药品零售企业购药。

（六）监督管理

1. 医疗机构管理处方的职责

医疗机构应当加强对本机构处方开具、调剂和保管的管理。

医疗机构应当建立处方点评制度，填写处方评价表，对处方实施动态监测及超常预警，登记并通报不合理处方，对不合理用药及时予以干预。

医疗机构应当对出现超常处方3次以上且无正当理由的医师提出警告，限制其处方权；限制处方权后，仍连续2次以上出现超常处方且无正当理由的，取消其处方权。

2. 取消处方权的情形

医师出现下列情形之一的，处方权由其所在医疗机构予以取消：①被责令暂停执业；②考核不合格离岗培训期间；③被注销、吊销执业证书；④不按照规定开具处方，造成严重后果的；⑤不按照规定使用药品，造成严重后果的；⑥因开具处方牟取私利。

3. 无处方权的人员不得开具处方

未取得处方权的人员及被取消处方权的医师不得开具处方。未取得麻醉药品和第一类精神药品处方资格的医师不得开具麻醉药品和第一类精神药品处方。

4. 开具特殊管理药品处方的条件

除治疗需要外，医师不得开具麻醉药品、精神药品、医疗用毒性药品和放射性药品处方。

5. 不得从事处方调剂工作的规定

未取得药学专业技术职务任职资格的人员不得从事处方调剂工作。

6. 处方保存期限及销毁程序

处方由调剂处方药品的医疗机构妥善保存。

普通处方、急诊处方、儿科处方保存期限为1年，

医疗用毒性药品、第二类精神药品处方保存期限为2年，

麻醉药品和第一类精神药品处方保存期限为3年，

处方保存期满后，经医疗机构主要负责人批准、登记备案，方可销毁。

7. 处方专册登记的规定

医疗机构应当根据麻醉药品和精神药品处方开具情况，按照麻醉药品和精神药品品种、规格对其消耗量进行专册登记，登记内容包括发药日期、患者姓名、用药数量。专册保存期限为3年。

8. 卫生行政部门对处方管理工作监督检查的规定

县级以上地方卫生行政部门应当定期对本行政区域内医疗机构处方管理情况进行监督检查。县级以上卫生行政部门在对医疗机构实施监督管理过程中，发现医师出现本办法第四十六条规定情形的，应当责令医疗机构取消医师处方权。

卫生行政部门的工作人员依法对医疗机构处方管理情况进行监督检查时，应当出示证件；被检查的医疗机构应当予以配合，如实反映情况，提供必要的资料，不得拒绝、阻碍、隐瞒。

（七）法律责任

1. 使用未取得任职资格的人员开具、调剂处方的，应承担的法律责任

①使用未取得处方权的人员、被取消处方权的医师开具处方的；

②使用未取得麻醉药品和第一类精神药品处方资格的医师开具麻醉药品和第一类精神药品处方的；

③使用未取得药学专业技术职务任职资格的人员从事处方调剂工作的。

医疗机构有上述情形之一的，由县级以上卫生行政部门按照《医疗机构管理条例》的规定，责令限期改正，并可处以5000元以下的罚款；情节严重的，吊销其《医疗机构执业许可证》。

2. 未按规定保管麻醉药品和精神药品处方的，应承担的法律责任

由设区的市级卫生行政部门责令限期改正，给予警告；逾期不改正的，处5000元以上1万元以下的罚款；情节严重的，吊销其印鉴卡；对直接负责的主管人员和其他直接责任人员，依法给予降级、撤职、开除的处分。

3. 医师和药师出现下列情形之一的，应承担的法律责任

医师和药师出现下列情形之一的，由县级以上卫生行政部门按照《麻醉药品和精神药品管理条例》第七十三条的规定予以处罚：

（1）未取得麻醉药品和第一类精神药品处方资格的医师擅自开具麻醉药品和第一类精神药品处方的；

（2）具有麻醉药品和第一类精神药品处方医师未按照规定开具麻醉药品和第一类精神药品处方，或者未按照卫生部制定的麻醉药品和精神药品临床应用指导原则使用麻醉药品和第一类精神药品的；

（3）药师未按照规定调剂麻醉药品、精神药品处方的。

知识链接

《处方管理办法》常用术语解释

1. 处方：是指由注册的执业医师和执业助理医师（简称医师）在诊疗活动中为患者开具的、由取得药学专业技术职务任职资格的药学专业技术人员（简称药师）审核、调配、核对，并作为患者用药凭证的医疗文书。处方包括医疗机构病区用药医嘱单。

2. 药学专业技术人员：是指按照卫生部《卫生技术人员职务试行条例》规定，取得药学专业技术职务任职资格人员，包括主任药师、副主任药师、主管药师、药师、药士。

3. 医疗机构：是指按照《医疗机构管理条例》批准登记的从事疾病诊断、治疗活动的医院、社区卫生服务中心（站）、妇幼保健院、卫生院、疗养院、门诊部、诊所、卫生室（所）、急救中心（站）、专科疾病防治院（所、站）以及护理院（站）等医疗机构。

4. 处方集：处方集就是处方汇编，通常是不断修订的药品集，它反映了当前某一机构有诊断和治疗经验的医学和药学专家对药品的临床判断。这些专家意见代表了药事管理委员会委员的意见。处方集旨在确定便宜、有效、并能满足住院病人治疗需要的药品。处方集形式多样，通常代表不同医疗机构对处方的个人使用看法。处方集内容包括：药品名称、剂型、规格、剂量、用法、价格；作用机理、临床应用、适应范围、相互作用、不良反应、注意事项、禁忌证、合理用药提示、剂量增减提示等信息。

三、学习小结

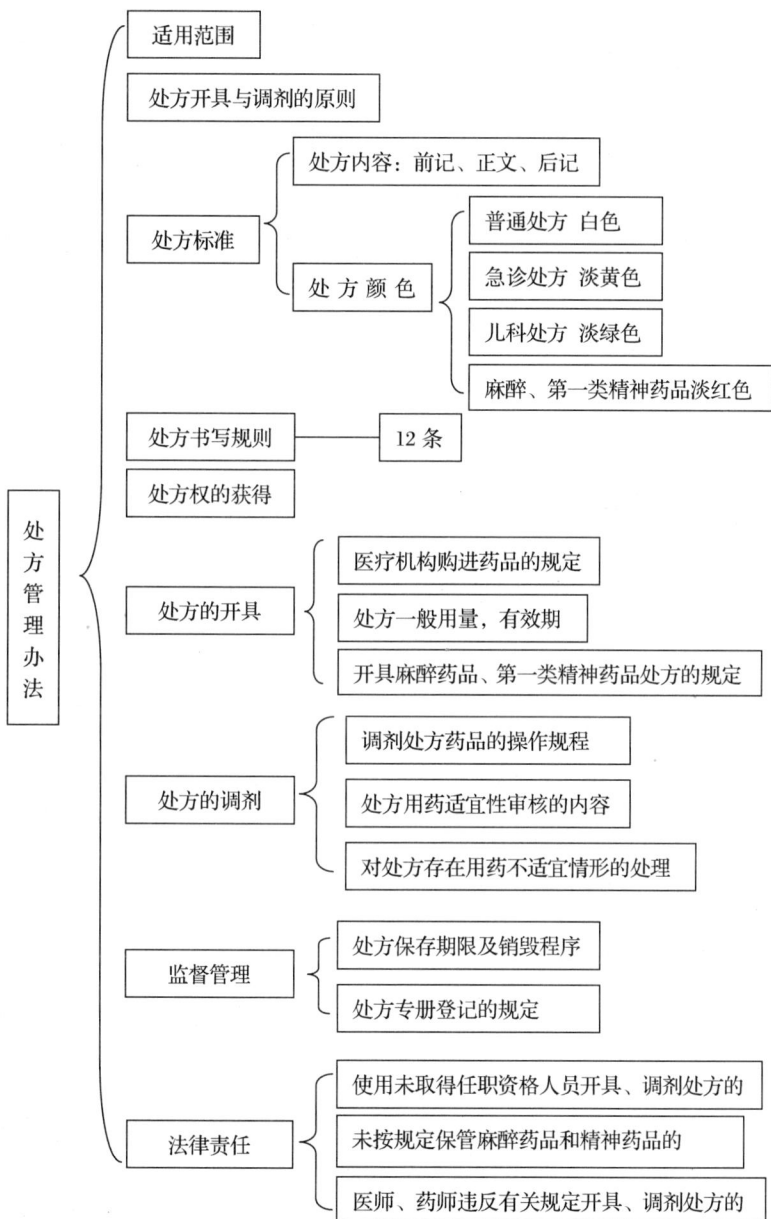

四、思考题

1. 简述处方的组成及印刷用纸的规定。
2. 处方的书写和开具有何要求？
3. 药学专业技术人员从哪些方面对处方用药的适宜性进行审核？
4. 简述调剂处方时"四查十对"的内容。
5. 简述《处方管理办法》中"监督管理"的有关规定。

（程新萍）

执业药师资格制度暂行规定

为了加强对药学技术人员的职业准入控制，确保药品质量，保障人民用药的安全有效，根据《中华人民共和国药品管理法》、《中共中央、国务院关于卫生改革与发展的决定》及职业资格制度的有关内容，原国家人事部、国家药品监督管理局（以下简称人事部、国家药监局）制定了《执业药师资格制度暂行规定》（以下简称《暂行规定》），1999 年 4 月 1 日以人发〔1999〕34 号文发布，本《暂行规定》自发布之日起施行。

一、学习要求

通过学习《暂行规定》，使学员掌握执业药师的概念，配备执业药师的规定，执业药师工作管理部门的职责，执业药师注册制度和继续教育的要求；熟悉执业药师考试规定、执业药师的职责；了解我国制定的有关执业药师资格制度的法规文件，执业药师考试合格情况、注册情况。

二、学习内容

1. 执业药师的概念

执业药师是指经全国统一考试合格，取得《执业药师资格证书》并经注册登记，在药品生产、经营、使用单位中执业的药学技术人员。执业药师英文译为：Licensed Pharmacist。

2. 配备执业药师的规定

凡从事药品生产、经营、使用的单位均应配备相应的执业药师，并以此作为开办药品生产、经营、使用单位的必备条件之一。国家药局负责对需由执业药师担任的岗位作出明确规定并进行检查。

3. 执业药师工作的管理部门

人事部和国家药局共同负责全国执业药师资格制度的政策制定、组织协调、资格考试、注册登记和监督管理工作。

国家药局负责组织拟定考试科目和考试大纲、编写培训教材、建立试题库及考试命题工作。按照培训与考试分开的原则，统一规划并组织考前培训。

人事部负责组织审定考试科目、考试大纲和试题，会同国家药局对考试工作进行监督、指导并确定合格标准。

4. 考试规定

（1）报名条件　凡我国公民和获准在我国境内就业的其他国籍的人员具备以下条件之一者，均可申请参加执业药师资格考试：

①取得药学、中药学或相关专业中专学历，从事药学或中药学专业工作满七年。

②取得药学、中药学或相关专业大专学历，从事药学或中药学专业工作满五年。

③取得药学、中药学或相关专业大学本科学历，从事药学或中药学专业工作满三年。

④取得药学、中药学或相关专业第二学士学位、研究生班毕业或取得硕士学位，从事药学或中药学专业工作满一年。

⑤取得药学、中药学或相关专业博士学位。

（2）执业药师资格实行全国统一大纲、统一命题、统一组织的考试制度。一般每年举行一次。

知识链接

考试科目

考试科目为：药学（中药学）专业知识（一）、药学（中药学）专业知识（二）、药事管理与法规、药学（中药学）综合知识与技能四个科目。

考试科目中，药事管理与法规、药学（中药学）综合知识与技能两个科目为执业药师资格考试的必考科目；从事药学或中药学专业工作的人员，可根据从事的本专业工作，选择药学专业知识科目（一）、药学专业知识科目（二）或中药学专业知识科目（一）、中药学专业知识科目（二）的考试。

考试分四个半天进行，每个科目考试时间为两个半小时。

考试以两年为一个周期，参加全部科目考试的人员须在连续两个考试年度内通过全部科目的考试。参加免试部分科目的人员须在一个考试年度内通过应试科目。

（3）执业药师资格证书的发放及效用　执业药师资格考试合格者，由各省、自治区、直辖市人事（职改）部门颁发人事部统一印制的、人事部与国家药品监督管理局用印的中华人民共和国《执业药师资格证书》。该证书在全国范围内有效。

5．注册制度

执业药师资格实行注册制度

（1）注册管理机构与注册机构　国家药品监督管理局为全国执业药师资格注册管理机构，各省、自治区、直辖市药品监督管理局为注册机构。人事部及各省、自治区、直辖市人事（职改）部门对执业药师注册工作有监督、检查的责任。

取得《执业药师资格证书》者，须按规定向所在省（区、市）药品监督管理局申请注册，执业药师注册机构须在收到申请之日起30个工作日内，对符合条件者予以注册；对不符合条件者不予注册，同时书面通知申请人并说明理由。执业药师注册机构根据申请注册者的《执业药师资格证书》中注明的专业类别进行注册。

经注册后，方可按照注册的执业类别、执业范围从事相应的执业活动。未经注册者，不得以执业药师身份执业。

（2）注册者具备的条件　申请注册者，必须同时具备下列条件：①取得《执业药师资格证书》；②遵纪守法，遵守药师职业道德；③身体健康，能坚持在执业药师岗位工作；④经所在单位考核同意。

（3）执业药师注册证 经批准注册者，由各省、自治区、直辖市药品监督管理局在《执业药师资格证书》中的注册情况栏内加盖注册专用印章，同时发给国家药品监督管理局统一印制的中华人民共和国《执业药师注册证》，并报国家药品监督管理局备案。

（4）执业药师只能在一个省、自治区、直辖市注册。执业药师变更执业地区、执业范围应及时办理变更注册手续。

（5）执业药师注册有效期为三年，有效期满前三个月，持证者须到注册机构办理再次注册手续。再次注册者，除须符合第十三条的规定外，还须有参加继续教育的证明。

（6）执业药师有下列情形之一的，由所在单位向注册机构办理注销注册手续：①死亡或被宣告失踪的；②受刑事处罚的；③受取消执业资格处分的；④因健康或其他原因不能或不宜从事执业药师业务的。

凡注销注册的，由所在省（区、市）的注册机构向国家药品监督管理局备案，并由国家药品监督管理局定期公告。

近年执业药师考试情况见表2-40。

表2-40 2006~2009年执业药师考试情况

年份	报考人数	参考人数	合格人数	合格率%
2006	105838	84407	14174	16.79
2007	108881	86576	9472	10.94
2008	107862	84333	9479	11.24
2009	125205	92547	11461	12.38

各省取得执业药师资格的人数见表2-41。

表2-41 1995~2007年各省执业药师资格人数

省份	执业药师	省份	执业药师	省份	执业药师
江苏	12698	山东	11179	河南	10472
浙江	9838	广东	9106	上海	7227
湖北	7192	湖南	6742	北京	6694
四川	6416	辽宁	6163	安徽	5193
福建	5052	河北	5022	江西	4402
黑龙江	4262	内蒙	4251	山西	4069
天津	3776	吉林	3724	陕西	3444
广西	3402	重庆	2638	云南	2621
甘肃	2154	新疆	1847	贵州	1202
宁夏	682	海南	655	青海	453
西藏	64	合计	153153		

6. 职责

（1）执业药师必须遵守职业道德，忠于职守，以对药品质量负责、保证人民用药安全有效为基本准则。

（2）执业药师必须严格执行《药品管理法》及国家有关药品研究、生产、经营、使用的各项法规及政策。执业药师对违反《药品管理法》及有关法规的行为或决定，有责任提出劝告、制止、拒绝执行并向上级报告。

（3）执业药师在执业范围内负责对药品质量的监督和管理，参与制定、实施药品全面质量管理及对本单位违反规定的处理。

（4）执业药师负责处方的审核及监督调配，提供用药咨询与信息，指导合理用药，开展治疗药物的监测及药品疗效的评价等临床药学工作。

7. 执业药师继续教育

继续教育的目的是使执业药师保持良好的职业道德，以病患者和消费者为中心，开展药学服务；不断提高依法执业能力和业务水平，认真履行职责，维护广大人民群众身体健康，保障公众用药安全、有效、经济、合理。

（1）继续教育的要求　执业药师必须接受继续教育，努力钻研业务，不断更新知识，掌握最新医药信息，保持较高的专业水平。执业药师继续教育对象是针对已取得《中华人民共和国执业药师资格证书》（以下简称《执业药师资格证书》）的人员，内容主要包括有关法律法规、职业道德和药学、中药学及相关专业知识与技能，并分为必修、选修和自修三类。①必修内容是按照《全国执业药师继续教育指导大纲》的要求，执业药师必须进行更新、补充的继续教育内容。②选修内容是按照《全国执业药师继续教育指导大纲》的要求，执业药师可以根据需要有选择地进行更新、补充的继续教育内容。③自修内容是按照《全国执业药师继续教育指导大纲》的要求，执业药师根据需要在必修、选修内容之外自行选定的与执业活动相关的继续教育内容。自修的形式可以灵活多样，如参加研讨会、学术会，阅读专业期刊，培训，学历教育，讲学，自学，研究性工作计划、报告或总结，调研或考察报告等。

（2）继续教育登记制度　执业药师实行继续教育登记制度。国家药品监督管理局统一印制《执业药师继续教育登记证书》，执业药师接受继续教育经考核合格后，由培训机构在证书上登记盖章，并以此作为再次注册的依据。

知识链接

继续教育的组织与管理

一、国家食品药品监督管理局负责全国执业药师继续教育管理工作，其职责是：

1. 制定执业药师继续教育政策和管理办法；

2. 审定全国执业药师继续教育指导大纲和全国执业药师继续教育推荐培训教材；

3. 负责执业药师继续教育管理人员和师资的业务培训，组织执业药师继续教育国际和国内学术研究与交流；

4. 指导和检查各省、自治区、直辖市食品药品监督管理部门、国家食品药品监督管理局执业药师资格认证中心、中国执业药师协会的执业药师继续教育管理工作。

二、省、自治区、直辖市食品药品监督管理部门负责本辖区执业药师继续教育管理工作，其职责是：

1. 负责本辖区执业药师继续教育的统一规划、统筹管理；

2. 制定本辖区施教机构资格认定管理细则，负责施教机构的资质认定，并将认定的施教机构名单报送国家食品药品监督管理局备案；

3. 指导和检查本辖区施教机构实施执业药师继续教育，并负责对培训质量进行评估；

4. 确定本辖区执业药师继续教育选修内容遴选确认单位，并监督其工作；

5. 制定本辖区执业药师继续教育自修内容学分登记管理办法；

6. 及时报送本辖区制定的有关管理办法至国家食品药品监督管理局备案。

国家食品药品监督管理局委托局执业药师资格认证中心组织实施全国执业药师继续教育的技术业务工作。

三、国家食品药品监督管理局委托中国执业药师协会履行以下职责：

1. 拟订全国执业药师继续教育指导大纲；

2. 组织专家按大纲要求评估执业药师继续教育培训教材，根据需要编写有关培训教材；

3. 遴选、确认和公布执业药师继续教育年度必修内容和面向全国的选修内容；

4. 利用有效、经济、方便的远程教育手段组织实施部分执业药师继续教育必修、选修内容；

5. 承办国家食品药品监督管理局交办的其他工作，报送年度执业药师继续教育工作实施情况。

四、实施执业药师继续教育培训院校应具备的条件　凡是从事药学教育五年以上，按照国家有关规定能授予大学本科以上学历的高等院校，经各省、自治区、直辖市食品药品监督管理部门认定具备规定的施教机构基本条件的，可以实施执业药师继续教育必修、选修内容培训。

——《执业药师继续教育管理暂行办法》国家食品药品监督管理局国食药监人〔2003〕298号

知识链接

我国有关法规、规章中对配备执业药师的规定

1. 《处方药与非处方药流通管理暂行规定》的规定

1999年12月28日，国家药品监督管理局第26号局令公布了《处方药与非处方药流通管理暂行规定》，自2000年1月1日起施行。该暂行规定第九条规定："销售处方药和甲类非处方药的零售药店必须配备驻店执业药师或药师以上的药学技术人员。《药品经营企业许可证》和执业药师证书应悬挂在醒目、易见的地方。执业药师应佩戴标明其姓名、技术职称等内容的胸卡。"第十条第二款规定："执业药师或药师必须对医师处方进行审核、签字后依据处方正确调配、销售药品。"

2. 《药品经营质量管理规范》的规定

2000年4月30日，国家药品监督管理局以第20号局令公布了《药品经营质量

管理规范》，自 2000 年 7 月 1 日起施行。该规范第六十三条规定："药品零售中处方审核人员应是执业药师或有药师以上（含药师和中药师）的专业技术职称。"

3.《药品经营质量管理规范实施细则》的规定

2000 年 11 月 16 日，国家药品监督管理局以国药管市【2000】526 号公布了《药品经营质量管理规范实施细则》，自公布之日起施行。该实施细则第九条第二款规定："跨地域连锁经营的零售连锁企业质量管理工作负责人，应是执业药师。"

第十条规定："药品批发和零售连锁企业质量管理机构的负责人，应是执业药师或符合本细则第九条的相应条件。"

4.《中华人民共和国药品管理法实施条例》的规定

2002 年 8 月 4 日，中华人民共和国国务院令第 360 号发布了《中华人民共和国药品管理法实施条例》，自 2002 年 9 月 15 日起施行。该条列第十五条 第二款规定，经营处方药、甲类非处方药的药品零售企业，应当配备执业药师或者其他依法经资格认定的药学技术人员。

5.《药品流通监督管理办法》的规定

2007 年 1 月 31 日，国家食品药品监督管理局第 26 号局令公布了《药品流通监督管理办法》，自 2007 年 5 月 1 日起施行。该办法第十八条第二款规定："经营处方药和甲类非处方药的药品零售企业，执业药师或者其他依法经资格认定的药学技术人员不在岗时，应当挂牌告知，并停止销售处方药和甲类非处方药。"

6. 中共中央 国务院关于深化医药卫生体制改革的意见规定

2009 年 3 月 17 日，中共中央 国务院关于深化医药卫生体制改革的意见发布，该意见（十二）建立严格有效的医药卫生监管体制规定，"规范药品临床使用，发挥执业药师指导合理用药与药品质量管理方面的作用。"

7. 国务院关于印发医药卫生体制改革近期重点实施方案（2009～2011 年）的规定

2009 年 3 月 18 日，国务院印发了医药卫生体制改革近期重点实施方案（2009～2011 年），该方案关于初步建立国家基本药物制度项下要求"完善执业药师制度，零售药店必须按规定配备执业药师为患者提供购药咨询和指导。"

8. 罚则

（1）未按规定配备执业药师的单位　对未按规定配备执业药师的单位，应限期配备，逾期将追究单位负责人的责任。

（2）对已在需由执业药师担任的岗位工作，但尚未通过执业药师资格考试的人员，要进行强化培训，限期达到要求。对经过培训仍不能通过执业药师资格考试者，必须调离岗位。

（3）对违规获取证书人员的处罚　对涂改、伪造或以虚假和不正当手段获取《执业药师资格证书》或《执业药师注册证》的人员，发证机构应收回证书，取消其执业药师资格，注销注册。并对直接责任者根据有关规定给予行政处分，直至送交有关部门追究法律责任。

（4）执业药师违反本规定有关条款的处罚　执业药师违反本规定有关条款的，所在单位须如实上报，由药品监督管理部门根据情况给予处分。执业药师在执业期间违反《药品管理法》及其他法律法规构成犯罪的，由司法机关依法追究其刑事责任。

三、学习小结

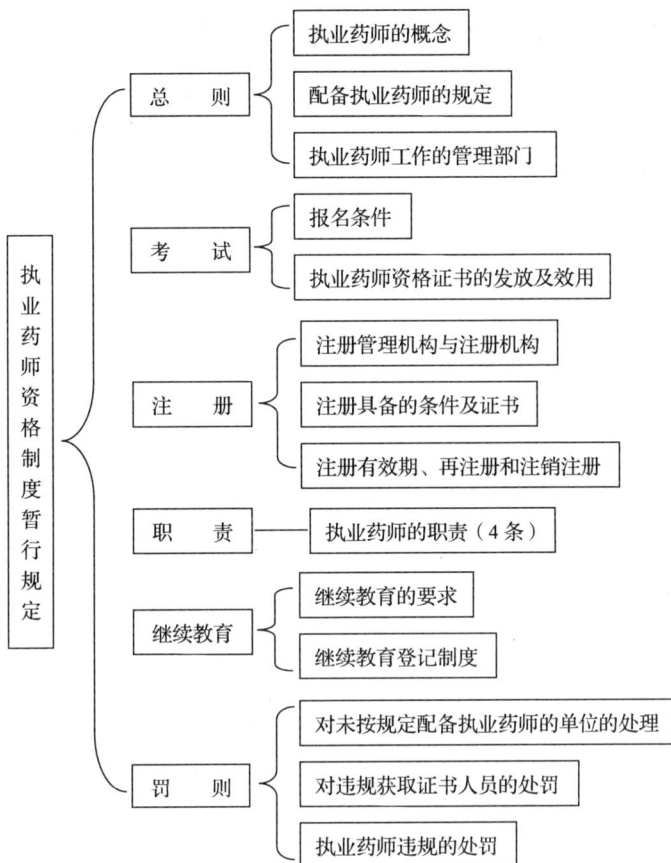

四、思考题

1. 什么是执业药师？简述《暂行规定》对配备执业药师的规定。
2. 简述执业药师的报考条件，你认为参加执业药师考试应该具备什么条件？
3. 简述我国执业药师的职责。
4. 你认为如何加强执业药师的管理，充分发挥执业药师的作用。

（程新萍）

第三部分　相关法律法规

中华人民共和国刑法

一、学习要点

通过本法的学习，使学员了解刑法的概念和结构，掌握破坏社会主义市场经济秩序罪、妨害社会管理秩序罪、贪污贿赂罪、渎职罪等公务员日常活动中和药品监督管理执法行为中可能涉及的犯罪情形和刑罚。

二、学习内容

（一）刑法概述

刑法是规定犯罪刑事责任和刑罚的法律规范的总称。它有广义和狭久之分，狭义的刑法主要指的是刑法典，即《中华人民共和国刑法》（以下简称《刑法》）；广义的刑法包括：①《刑法》；②单行刑法，即国家最高权力机关以决定、规定、补充规定以及条例等名称颁布的、规定某种或某类犯罪及其后果或者刑法的某一事项的法律，如《最高法院、最高人民检察院关于办理生产、销售假药、劣药刑事案件具体应用法律若干问题的解释》；③附属刑法，即其他非刑事法律中有关追究刑事责任的条款，如《药品管理法》中规定的，生产、销售假药，构成犯罪的，依法追究刑事责任。

1979 年 7 月 1 日中华人民共和国第五届全国人民代表大会第二次会议通过了我国首部《刑法》，1997 年 3 月 14 日，第八届全国人民代表大会第五次会议通过了《刑法》修订，自 1997 年 10 月 1 日起施行，即现行《刑法》。现行《刑法》分为总则和分则两篇，以及附则，共 452 条。总则分 5 章 101 条，规定了刑法的任务、适用范围、基本原则，犯罪的构成要件、犯罪的形态，刑罚种类、量刑制度、行刑制度以及追诉时效制度等。分则分 10 章 350 条，将各种具体犯罪归纳为 10 大类，每一类又分若干具体罪名，分别规定了各类犯罪的具体构成要件和应判处的刑罚。附则 2 条。

（二）《刑法》分则

《刑法》分则中，根据犯罪行为所侵犯的客体，把各种具体犯罪归纳为 10 大类，即：危害国家安全罪、危害公共安全罪、破坏社会主义市场经济秩序罪、侵犯公民人身权利、民主权利罪、侵犯财产罪、妨害社会管理秩序罪、危害国防利益罪、贪污贿赂罪、渎职罪、军人违反职责罪。每一类又分为若干具体罪名。

知识链接

《刑法》分则结构

章	节
第一章 危害国家安全罪	
第二章 危害公共安全罪	
第三章 破坏社会主义市场经济秩序罪	第一节 生产、销售伪劣商品罪 第二节 走私罪 第三节 妨害对公司、企业的管理秩序罪 第四节 破坏金融管理秩序罪 第五节 金融诈骗罪 第六节 危害税收征管罪 第七节 侵犯知识产权罪 第八节 扰乱市场秩序罪
第四章 侵犯公民人身权利、民主权利罪	
第五章 侵犯财产罪	
第六章 妨害社会管理秩序罪	第一节 扰乱公共秩序罪 第二节 妨害司法罪 第三节 妨害国（边）境管理罪 第四节 妨害文物管理罪 第五节 危害公共卫生罪 第六节 破坏环境资源保护罪 第七节 走私、贩卖、运输、制造毒品罪 第八节 组织、强迫、引诱、容留、介绍卖淫罪 第九节 制作、贩卖、传播淫秽物品罪
第七章 危害国防利益罪	
第八章 贪污贿赂罪	
第九章 渎职罪	
第十章 军人违反职责罪	

下面将主要介绍公务员在日常活动中，以及在药品监督管理工作中可能涉及的分则中的几类主要的犯罪和刑罚。

1. 破坏社会主义市场经济秩序罪

破坏社会主义市场经济秩序罪是违反国家经济管理法规，破坏国家经济秩序，情节严重的行为。《刑法》分则第三章破坏社会主义市场经济秩序罪共有八节，90 多个罪名，自 1997 年《刑法》修订颁布以来，先后经过 1998 年、1999 年、2001 年、2002 年、2005 年及 2006 年刑法修正案的六次补充修订。该类罪有以下主要特征：①犯罪客体是国家的经济秩序；②犯罪的客观方面，须具有违反国家经济管理法规，如《中华人民共和国专利法》、《中华人民共和国药品管理法》等，破坏国家经济秩序且情节严惩的行为；③犯罪主体以单位犯罪居多，如生产假药的药品生产企业，自然人犯罪较少；④犯罪的主观方面，主要是故意犯罪，并具有营利或获得其他非法利益的目的。

该类罪中与药品监督管理有关的具体罪刑，包括生产、销售伪劣商品罪、侵犯知识产权罪和扰乱市场秩序罪等。下面列表陈述如下。

（1）生产、销售伪劣商品罪应承担的法律责任（表 3-1）

表 3-1　生产、销售伪劣商品罪应承担的法律责任

法条	罪名	情节	主刑	附加刑
第 140 条	生产者、销售者在产品中掺杂、掺假，以假充真，以次充好或者以不合格产品冒充合格产品	销售金额 5 万元以上不满 20 万元的	2 年以下有期徒刑或者拘役	销售金额 50% 以上 2 倍以下罚金，并处或者单处
		销售金额 20 万元以上不满 50 万元的	2 年以上 7 年以下有期徒刑	销售金额 50% 以上 2 倍以下罚金，并处
		销售金额 50 万元以上不满 200 万元的	7 年以上有期徒刑	销售金额 50% 以上 2 倍以下罚金，并处
		销售金额 200 万元以上的	15 年有期徒刑或者无期徒刑	销售金额 50% 以上 2 倍以下罚金或者没收财产，并处
第 141 条	生产、销售假药	足以严重危害人体健康的	3 年以下有期徒刑或者拘役	销售金额 50% 以上 2 倍以下罚金，并处或者单处
		对人体健康造成严重危害的	3 年以上 10 年以下有期徒刑	销售金额 50% 以上 2 倍以下罚金，并处
		致人死亡或者对人体健康造成特别严重危害的	10 年以上有期徒刑、无期徒刑或者死刑	销售金额 50% 以上 2 倍以下罚金或者没收财产，并处

续表

法条	罪名	情节	主刑	附加刑
第 142 条	生产、销售劣药	对人体健康造成严重危害的	3 年以上 10 年以下有期徒刑	销售金额 50% 以上 2 倍以下罚金，并处
		后果特别严重的	10 年以上有期徒刑或者无期徒刑	销售金额 50% 以上 2 倍以下罚金或者没收财产，并处
第 143 条	生产、销售不符合卫生标准的食品	足以造成严重食物中毒事故或者其他严重食源性疾患的	3 年以下有期徒刑或者拘役	销售金额 50% 以上 2 倍以下罚金，并处或者单处
		对人体健康造成严重危害的	3 年以上 7 年以下有期徒刑	销售金额百分之五十以上二倍以下罚金，并处
		后果特别严重的	7 年以上有期徒刑或者无期徒刑	销售金额 50% 以上 2 倍以下罚金或者没收财产，并处
第 144 条	在生产、销售的食品中掺入有毒、有害的非食品原料的，或者销售明知掺有有毒、有害的非食品原料的食品的		5 年以下有期徒刑或者拘役	销售金额 50% 以上 2 倍以下罚金，并处或者单处
		造成严重食物中毒事故或者其他严重食源性疾患，对人体健康造成严重危害的，	5 年以上 10 年以下有期徒刑	销售金额 50% 以上 2 倍以下罚金，并处
		致人死亡或者对人体健康造成特别严重危害的	依照第 141 条的规定处罚	
第 145 条	生产不符合保障人体健康的国家标准、行业标准的医疗器械、医用卫生材料，或者销售明知是不符合保障人体健康的国家标准、行业标准的医疗器械、医用卫生材料	对人体健康造成严重危害的	5 年以下有期徒刑	销售金额 50% 以上 2 倍以下罚金，并处
		其中情节特别恶劣的	10 年以上有期徒刑或者无期徒刑	销售金额 50% 以上 2 倍以下罚金或者没收财产，并处
第 148 条	生产不符合卫生标准的化妆品，或者销售明知是不符合卫生标准的化妆品	造成严重后果的	3 年以下有期徒刑或者拘役	销售金额 50% 以上 2 倍以下罚金，并处或者单处

续表

法条	罪名	情节	主刑	附加刑
第149条	生产、销售本节第140条至第148条所列产品	不构成各该条规定的犯罪，但是销售金额在五万元以上的	依照第140条的规定定罪处罚	
		构成各该条规定的犯罪，同时又构成第140条规定之罪的	依照处罚较重的规定定罪处罚	
		单位犯第140条至第148条规定之罪的	对单位判处罚金，并对其直接负责的主管人员和其他直接责任人员，依照各该条的规定处罚	

其中假药是指依照《中华人民共和国药品管理法》的规定属于假药和按假药处理的药品、非药品。劣药，是指依照《中华人民共和国药品管理法》的规定属于劣药的药品。

（2）侵犯知识产权罪应承担的法律责任（表3－2）

表3－2　侵犯知识产权罪应承担的法律责任

法条	罪名	情节	主刑	附加刑
第213条	未经注册商标所有人许可，在同一种商品上使用与其注册商标相同的商标	情节严重的	3年以下有期徒刑或者拘役	并处或者单处罚金
		情节特别严重的	3年以上7年以下有期徒刑	并处罚金
第214条	销售明知是假冒注册商标的商品	销售金额数额较大的	3年以下有期徒刑或者拘役	并处或者单处罚金
		销售金额数额巨大的	3年以上7年以下有期徒刑	并处罚金
第215条	伪造、擅自制造他人注册商标标识或者销售伪造、擅自制造的注册商标标识	情节严重的	3年以下有期徒刑或者拘役	并处或者单处罚金
		情节特别严重的	3年以上7年以下有期徒刑	并处罚金

法条	罪名	情节	主刑	附加刑
第216条	假冒他人专利，情节严重的		3年以下有期徒刑或者拘役	并处或者单处罚金
第219条	有下列侵犯商业秘密行为之一：（1）以盗窃、利诱、胁迫或者其他不正当手段获取权利人的商业秘密的；（2）披露、使用或者允许他人使用以前项手段获取的权利人的商业秘密的；（3）违反约定或者违反权利人有关保守商业秘密的要求，披露、使用或者允许他人使用其所掌握的商业秘密的。	给商业秘密的权利人造成重大损失的	3年以下有期徒刑或者拘役	并处或者单处罚金
		造成特别严重后果的	3年以上7年以下有期徒刑	并处罚金
		明知或者应知前款所列行为，获取、使用或者披露他人的商业秘密的	以侵犯商业秘密论	
第220条	单位犯第213条至第219条规定之罪的，对单位判处罚金，并对其直接负责的主管人员和其他直接责任人员，依照各该条的规定处罚			

第219条所称商业秘密，是指不为公众所知悉，能为权利人带来经济利益，具有实用性并经权利人采取保密措施的技术信息和经营信息。所称权利人，是指商业秘密的所有人和经商业秘密所有人许可的商业秘密使用人。

（3）扰乱市场秩序罪应承担的法律责任（表3-3）

表3-3　扰乱市场秩序罪应承担的法律责任

法条	罪名	情节	主刑	附加刑	《药品管理法》有关条款
第222条	广告主、广告经营者、广告发布者违反国家规定，利用广告对商品或者服务作虚假宣传，情节严重的		2年以下有期徒刑或者拘役	并处或者单处罚金	第92条　违反本法有关药品广告的管理规定的，……构成犯罪的，依法追究刑事责任。
第223条	投标人相互串通投标报价，损害招标人或者其他投标人利益，情节严重的		3年以下有期徒刑或者拘役	并处或者单处罚金	
	投标人与招标人串通投标，损害国家、集体、公民的合法利益的		依照前款的规定处罚		

法条	罪名	情节	主刑	附加刑	《药品管理法》有关条款
第225条	违反国家规定，有下列非法经营行为之一，扰乱市场秩序：（1）未经许可经营法律、行政法规规定的专营、专卖物品或者其他限制买卖的物品的；（2）买卖进出口许可证、进出口原产地证明以及其他法律、行政法规规定的经营许可证或者批准文件的；（3）其他严重扰乱市场秩序的非法经营行为。	情节严重的	5年以下有期徒刑或者拘役	违法所得1倍以上5倍以下罚金，并处或单处	第73条 未取得《药品生产许可证》、《药品经营许可证》或者《医疗机构制剂许可证》生产药品、经营药品的，……；构成犯罪，依法追究刑事责任。 第82条 伪造、变造、买卖、出租、出借许可证或者药品批准证明文件的，……；构成犯罪，依法追究刑事责任。
		情节特别严重的	5年以上有期徒刑	违法所得1倍以上5倍以下罚金或者没收财产，并处	
第230条	违反进出口商品检验法的规定，逃避商品检验，将必须经商检机构检验的进口商品未报经检验而擅自销售、使用，或者将必须经商检机构检验的出口商品未报经检验合格而擅自出口，情节严重的		3年以下有期徒刑或者拘役	并处或者单处罚金	第87条 药品检验机构出具虚假检验报告，构成犯罪的，依法追究刑事责任
第231条	单位犯本节第221条至第230条规定之罪的，对单位判处罚金，并对其直接负责的主管人员和其他直接责任人员，依照本节各该条的规定处罚				

2. 贪污贿赂罪

《刑法》分则第八章规定了贪污贿赂罪，主要包括贪污罪、受贿罪、挪用公款罪、巨额财产来源不明罪、私分国有资产罪、行贿罪等。贪污贿赂罪的特征包括：①侵害客体是公共财产所有权；②犯罪客观方面有违反有关法律、法规的规定，利用职务上的便利，非法占有公共财物的行为；③犯罪主体包括国家工作人员，也包括法人及具有刑事责任能力的自然人；④犯罪主观方面表现为直接故意。

（1）贪污罪

《刑法》第382条规定，国家工作人员利用职务上的便利，侵吞、窃取、骗取或者以其他手段非法占有公共财物的，是贪污罪。

受国家机关、国有公司、企业、事业单位、人民团体委托管理、经营国有财产的人员，利用职务上的便利，侵吞、窃取、骗取或者以其他手段非法占有国有财物的，以贪污论。

与前两款所列人员勾结，伙同贪污的，以共犯论处。

《刑法》第394条规定，国家工作人员在国内公务活动或者对外交往中接受礼物，依照国家规定应当交公而不交公，数额较大的，依照第382条、第383条的规定，即贪污罪定罪处罚。

（2）挪用公款罪

《刑法》第 384 条规定，国家工作人员利用职务上的便利，挪用公款归个人使用，进行非法活动的，或者挪用公款数额较大、进行营利活动的，或者挪用公款数额较大、超过三个月未还的，是挪用公款罪。

（3）受贿罪

《刑法》第 385、387、388 条规定了受贿罪和以受贿论处的几种情形：①国家工作人员利用职务上的便利，索取他人财物的，或者非法收受他人财物，为他人谋取利益的，是受贿罪；②国家工作人员在经济往来中，违反国家规定，收受各种名义的回扣、手续费，归个人所有的，以受贿论处；③国家机关、国有公司、企业、事业单位、人民团体，索取、非法收受他人财物，为他人谋取利益，在经济往来中，在账外暗中收受各种名义的回扣、手续费的，以受贿论；④国家工作人员利用本人职权或者地位形成的便利条件，通过其他国家工作人员职务上的行为，为请托人谋取不正当利益，索取请托人财物或者收受请托人财物的，以受贿论处。

（4）巨额财产来源不明罪

《刑法》第 395 条规定，国家工作人员的财产或者支出明显超过合法收入，差额巨大的，可以责令说明来源。本人不能说明其来源是合法的，差额部分以非法所得论。国家工作人员在境外的存款，应当依照国家规定申报。

3. 渎职罪

渎职罪是国家工作人员利用职务上的便利实施或因玩忽职守而侵害国家机关的正常活动，情节严重的行为。其基本特征是：①侵犯的客体是国家机关各部门所执行的管理职能活动；②在客观方面是利用职务上的便利实施或玩忽职守的行为；③犯罪主体是国家机关工作人员；④主观方面可能是故意，也可能是过失。《刑法》分则第九章规定的国家机关工作人员的渎职犯罪共有 34 个具体罪名。与药品监督管理活动有关的犯罪和刑罚见表 3-4。

表 3-4　与药品监督管理活动有关的渎职罪应承担的法律责任

法条	罪名	情节	主刑
第 397 条	国家机关工作人员滥用职权或者玩忽职守，致使公共财产、国家和人民利益遭受重大损失的		3 年以下有期徒刑或者拘役
		情节特别严重的	3 年以上 7 年以下有期徒刑
		本法另有规定的	依照规定
	国家机关工作人员徇私舞弊，犯前款罪的		5 年以下有期徒刑或者拘役
		情节特别严重的	5 年以上 10 年以下有期徒刑
		本法另有规定的	依照规定
第 398 条	国家机关工作人员违反保守国家秘密法的规定，故意或者过失泄露国家秘密	情节严重的	3 年以下有期徒刑或者拘役
		情节特别严重的	3 年以上 10 年以下有期徒刑
	非国家机关工作人员犯前款罪的		依照前款的规定酌情处罚

续表

法条	罪名	情节	主刑
第 402 条	行政执法人员徇私舞弊，对依法应当移交司法机关追究刑事责任的不移交	情节严重的	3 年以下有期徒刑或者拘役
		造成严重后果的	3 年以上 10 年以下有期徒刑
第 403 条	国家有关主管部门的国家机关工作人员，徇私舞弊，滥用职权，对不符合法律规定条件的公司设立、登记申请或者股票、债券发行、上市申请，予以批准或者登记，致使公共财产、国家和人民利益遭受重大损失的		5 年以下有期徒刑或者拘役
	上级部门强令登记机关及其工作人员实施前款行为的		对其直接负责的主管人员，依照前款的规定处罚
第 409 条	从事传染病防治的政府卫生行政部门的工作人员严重不负责任，导致传染病传播或者流行，情节严重的		3 年以下有期徒刑或者拘役
第 411 条	海关工作人员徇私舞弊，放纵走私	情节严重的	5 年以下有期徒刑或者拘役
		情节特别严重的	5 年以上有期徒刑
第 412 条	国家商检部门、商检机构的工作人员徇私舞弊，伪造检验结果的		5 年以下有期徒刑或者拘役
		造成严重后果的	5 年以上 10 年以下有期徒刑
	前款所列人员严重不负责任，对应当检验的物品不检验，或者延误检验出证、错误出证，致使国家利益遭受重大损失的		3 年以下有期徒刑或者拘役
第 413 条	动植物检疫机关的检疫人员徇私舞弊，伪造检疫结果的		5 年以下有期徒刑或者拘役
		造成严重后果的	5 年以上 10 年以下有期徒刑
	前款所列人员严重不负责任，对应当检疫的检疫物不检疫，或者延误检疫出证、错误出证，致使国家利益遭受重大损失的		3 年以下有期徒刑或者拘役
第 414 条	对生产、销售伪劣商品犯罪行为负有追究责任的国家机关工作人员，徇私舞弊，不履行法律规定的追究职责，情节严重的		5 年以下有期徒刑或者拘役

三、学习小结

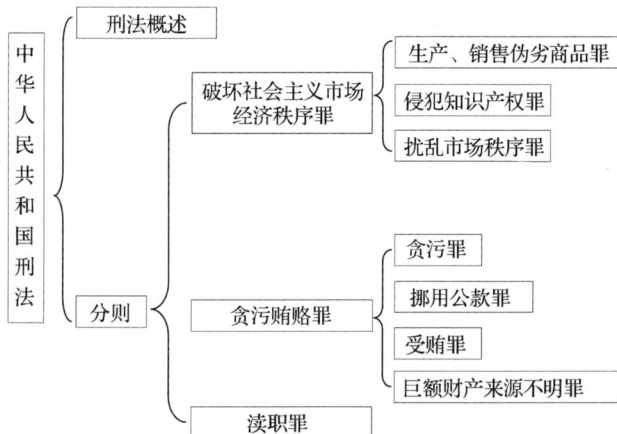

四、学习检测

（一）思考题

1. 生产、销售假药，构成犯罪的，依据刑法如何处理？

2. 生产、销售劣药，构成犯罪的，依据刑法如何处理？

3. 生产者、销售者在产品中掺杂、掺假，以假充真，以次充好或者以不合格产品冒充合格产品，依据刑法如何处理？

4. 简述渎职罪的含义并叙述其基本特征。

（二）案例分析

××省卢某于2007年1月至2009年1月，以虚构的"首都协和医学研究院与北京股骨头坏死专研中心"、"中国国际鱼鳞病康复研究所"等单位名义，在互联网上发布销售药品的广告和信息，并向多人出售假药，非法销售假药金额共计人民币142万多元。2009年1月，公安机关接到举报卢某销售假药的报案后，在一民房内当场查获"醒脑安神丸"、"协和骨康胶囊"等9种半成药品5509瓶、各类药品销售标识多张及其私刻的"中国国际鱼鳞病康复研究所"等单位印章13枚。×××食品药品监督管理局鉴定认为，上述9种药品均未经国家食品药品监督管理局批准，所标示批准文号均系伪造；药品的有效成分不明确，标示的功能主治和适应症均未获批准，可能贻误患者诊治，危害人体健康。

分析与讨论

卢某的违法行为有哪些？依据我国《刑法》有关条款，应如何定罪处罚？

（胡　明）

中华人民共和国产品质量法

一、学习要点

通过本法的学习，使学员了解我国《产品质量法》的特点、立法目的、调整范围，熟悉我国的产品质量监督管理体制，主要的产品质量监督制度，产品质量责任的承担和分担以及产品质量纠纷的处理方式，违反《产品质量法》的法律责任，掌握药品监督管理中可能涉及的产品质量管理规定。

二、学习内容

（一）《产品质量法》概述

1993 年 2 月 22 日第七届全国人民代表大会常务委员会第 30 次会议通过，2000 年 7 月 8 日第九届全国人民代表大会常务委员会第 16 次会议修订的《中华人民共和国产品质量法》（以下简称产品质量法），是一部将产品质量监督管理和产品损害赔偿责任的有关内容合为一体的综合性法律文件。《产品质量法》共六章 74 条，包括第一章总则，第二章产品质量的监督，第三章生产者、销售者的产品质量责任和义务，第四章损害赔偿，第五章罚则，第六章附则，全面地规定了我国产品质量管理的目的和宗旨，产品质量监督管理制度，产品质量责任制度，以及违反这些制度的罚则和缺陷产品的损害赔偿等内容。《产品质量法》与《民法通则》、《侵权责任法》等相辅相承，构成了我国的产品质量责任法律体系。

（二）《产品质量法》总则

1.《产品质量法》的立法目的和调整范围

《产品质量法》第一条规定，为了加强对产品质量的监督管理，提高产品质量水平，明确产品质量责任，保护消费者的合法权益，维护社会经济秩序，制定本法。

第二条规定，在中华人民共和国境内从事产品生产、销售活动，必须遵守《产品质量法》。

2. 产品质量监督管理体系

（1）产品质量责任的主体：《产品质量法》第三条规定，生产者、销售者应当建立健全内部产品质量管理制度，严格实施岗位质量规范、质量责任以及相应的考核办法。第 4 条规定，生产者、销售者依照本法规定承担产品质量责任。因此，生产者、销售者是产品质量责任主体。

（2）产品质量的宏观管理：《产品质量法》第七条规定，各级人民政府应当把提高产品质量纳入国民经济和社会发展规划，加强对产品质量工作的统筹规划和组织领导，引导、督促生产者、销售者加强产品质量管理，提高产品质量，组织各有关部门依法采取措施，制止产品生产、销售中违反本法规定的行为，保障本法的施行。

（3）产品质量监督部门：《产品质量法》第八条规定，国务院产品质量监督部门主管全国产品质量监督工作。国务院有关部门在各自的职责范围内负责产品质量监督工作。县级以上地方产品质量监督部门主管本行政区域内的产品质量监督工作。县级以上地方人民政府有关部门在各自的职责范围内负责产品质量监督工作。法律对产品质量的监督部门另有规定的，依照有关法律的规定执行。

3. 对国家机关及其他组织机构的约束性规定

《产品质量法》第九条规定，各级人民政府工作人员和其他国家机关工作人员不得滥用职权、玩忽职守或者徇私舞弊，包庇、放纵本地区、本系统发生的产品生产、销售中违反本法规定的行为，或者阻挠、干预依法对产品生产、销售中违反本法规定的行为进行查处。各级地方人民政府和其他国家机关有包庇、放纵产品生产、销售中违反本法规定的行为的，依法追究其主要负责人的法律责任。

第十条规定，任何单位和个人有权对违反本法规定的行为，向产品质量监督部门或者其他有关部门检举。产品质量监督部门和有关部门应当为检举人保密，并按照省、自治区、直辖市人民政府的规定给予奖励。

第十一条规定任何单位和个人不得排斥非本地区或者非本系统企业生产的质量合格产品进入本地区、本系统。

4. 产品质量欺诈行为的禁止性规定

《产品质量法》第五条规定，禁止伪造或者冒用认证标志等质量标志；禁止伪造产品的产地，伪造或者冒用他人的厂名、厂址；禁止在生产、销售的产品中掺杂、掺假，以假充真，以次充好。

5. 鼓励提高产品质量

《产品质量法》第六条规定，国家鼓励推行科学的质量管理方法，采用先进的科学技术，鼓励企业产品质量达到并且超过行业标准、国家标准和国际标准。对产品质量管理先进和产品质量达到国际先进水平、成绩显著的单位和个人，给予奖励。

（三）产品质量的监督

《产品质量法》第二章规定了我国的产品质量监督的主要制度。主要包括：①对涉及保障人体健康和人身、财产安全的产品实行严格的强制监督管理的制度（第十二、十三条）。②推行企业质量体系认证和产品质量认证的制度（第十四条）。③由产品质量监督部门对产品质量实行以抽查为主要方式的监督检查制度（第十五条、十六条）。④对涉嫌在产品生产、销售活动中从事违反本法的行为可以依法实施强制检查和采取必要的查封、扣押等强制措施；发现产品质量不合格者可依法采取责令改正、予以公告、责令停业、限期整顿、吊销营业执照强制措施的制度（第十七、十八条）。⑤产品质量监督部门依法定期发布监督抽查的产品质量状况公告的制度（二十四条）。

另外，第十九～二十一条还对产品质量检验机构的资格、产品质量检验机构、认证机构执业的基本要求作为规定，第二十二、二十三条对消费者及保护消费者权益的社会组织在产品质量问题上的权利等问题作了规定。这些产品质量监督制度，既为加强对产品质量的监督管理提供了法律依据，又为产品质量监督部门对产品质量监督行政执法活动提供了必须遵守的行为规范。

（四）生产者、销售者的产品质量责任和义务

1. 生产者的产品质量责任和义务

第二十六条规定，生产者应当对其生产的产品质量负责。这一规定包括两层含义：生产者必须严格履行其保证产品质量的法定义务；生产者不履行或不完全履行其法定义务时，必须依法承担相应的产品质量责任，包括相应的行政责任、民事责任和刑事责任。

产品质量应当符合下列要求：①不存在危及人身、财产安全的不合理的危险，有保障人体健康和人身、财产安全的国家标准、行业标准的，应当符合该标准；②具备产品应当具备的使用性能，但是，对产品存在使用性能的瑕疵作出说明的除外；③符合在产品或者其包装上注明采用的产品标准，符合以产品说明、实物样品等方式表明的质量状况。

第二十七条规定，产品或者其包装上的标识必须真实，并符合下列要求：①有产品质量检验合格证明；②有中文标明的产品名称、生产厂厂名和厂址；③根据产品的特点和使用要求，需要标明产品规格、等级、所含主要成分的名称和含量的，用中文相应予以标明；需要事先让消费者知晓的，应当在外包装上标明，或者预先向消费者提供有关资料；④限期使用的产品，应当在显著位置清晰地标明生产日期和安全使用期或者失效日期；⑤使用不当，容易造成产品本身损坏或者可能危及人身、财产安全的产品，应当有警示标志或者中文警示说明。

另外，裸装的食品和其他根据产品的特点难以附加标识的裸装产品，可以不附加产品标识。

第二十八条规定，易碎、易燃、易爆、有毒、有腐蚀性、有放射性等危险物品以及储运中不能倒置和其他有特殊要求的产品，其包装质量必须符合相应要求，依照国家有关规定作出警示标志或者中文警示说明，标明储运注意事项。

第二十九～第三十二条规定，生产者不得生产国家明令淘汰的产品。生产者不得伪造产地，不得伪造或者冒用他人的厂名、厂址。生产者不得伪造或者冒用认证标志等质量标志。生产者生产产品，不得掺杂、掺假，不得以假充真、以次充好，不得以不合格产品冒充合格产品。

2. 销售者的产品质量责任和义务

第三十三条规定，销售者应当建立并执行进货检查验收制度，验明产品合格证明和其他标识。

第三十四条规定，销售者应当采取措施，保持销售产品的质量。

另外，与生产者的产品质量责任义务相似，《产品质量法》第三十五～三十九条规定，销售者不得销售国家明令淘汰并停止销售的产品和失效、变质的产品。销售者销售的产品的标识应当符合本法第二十七条的规定。销售者不得伪造产地，不得伪造或者冒用他人的厂名、厂址。销售者不得伪造或者冒用认证标志等质量标志。

销售者销售产品，不得掺杂、掺假，不得以假充真、以次充好，不得以不合格产品冒充合格产品。

（五）损害赔偿

1. 销售者对其出售产品的质量问题应承担的民事责任

《产品质量法》第四十条规定，售出的产品有下列情形之一的，销售者应当负责修理、更换、退货；给购买产品的消费者造成损失的，销售者应当赔偿损失：①不具备产品应当具备的使用性能而事先未作说明的；②不符合在产品或者其包装上注明采用的产品标准的；③不符合以产品说明、实物样品等方式表明的质量状况的。

销售者依照前款规定负责修理、更换、退货、赔偿损失后，属于生产者的责任或者属于向销售者提供产品的其他销售者（以下简称供货者）的责任的，销售者有权向生产者、供货者追偿。

销售者未按照第一款规定给予修理、更换、退货或者赔偿损失的，由产品质量监督部门或者工商行政管理部门责令改正。

生产者之间，销售者之间，生产者与销售者之间订立的买卖合同、承揽合同有不同约定的，合同当事人按照合同约定执行。

2. 产品质量存在缺陷造成他人损害的民事责任

（1）生产者承担赔偿责任的情形

《产品质量法》第四十一条规定，因产品存在缺陷造成人身、缺陷产品以外的其他财产（以下简称他人财产）损害的，生产者应当承担赔偿责任。第46条明确了产品缺陷的定义，是指产品存在危及人身、他人财产安全的不合理的危险；产品有保障人体健康和人身、财产安全的国家标准、行业标准的，是指不符合该标准。

生产者能够证明有下列情形之一的，不承担赔偿责任：①未将产品投入流通的；②产品投入流通时，引起损害的缺陷尚不存在的；③将产品投入流通时的科学技术水平尚不能发现缺陷的存在的。

（2）销售者承担赔偿责任的情形

第四十二条规定，由于销售者的过错使产品存在缺陷，造成人身、他人财产损害的，销售者应当承担赔偿责任。

销售者不能指明缺陷产品的生产者也不能指明缺陷产品的供货者的，销售者应当承担赔偿责任。

（3）受害人追索赔偿的两可

第四十三条规定，因产品存在缺陷造成人身、他人财产损害的，受害人可以向产品的生产者要求赔偿，也可以向产品的销售者要求赔偿。属于产品的生产者的责任，产品的销售者赔偿的，产品的销售者有权向产品的生产者追偿。属于产品的销售者的责任，产品的生产者赔偿的，产品的生产者有权向产品的销售者追偿。

（4）损害赔偿的内容和诉讼时效

第四十四条规定，因产品存在缺陷造成受害人人身伤害的，侵害人应当赔偿医疗费、治疗期间的护理费、因误工减少的收入等费用；造成残疾的，还应当支付残疾者生活自助具费、生活补助费、残疾赔偿金以及由其扶养的人所必需的生活费等费用；造成受害人死亡的，并应当支付丧葬费、死亡赔偿金以及由死者生前扶养的人所必需的生活费等费用。因产品存在缺陷造成受害人财产损失的，侵害人应当恢复原状或者折价赔偿。受害人因此遭受其他重大损失的，侵害人应当赔偿损失。

第四十五条规定，因产品存在缺陷造成损害要求赔偿的诉讼时效期间为二年，自当事人知道或者应当知道其权益受到损害时起计算。

因产品存在缺陷造成损害要求赔偿的请求权，在造成损害的缺陷产品交付最初消费者满十年丧失；但是，尚未超过明示的安全使用期的除外。

3. 产品质量纠纷的解决途径

根据《产品质量法》第四十七条规定，因产品质量发生民事纠纷时，有三种纠纷解决途径，即①当事人可以通过协商或者调解解决；②当事人不愿通过协商、调解解决或者协商、调解不成的，可以根据当事人各方的协议向仲裁机构申请仲裁；③当事人各方没有达成仲裁协议或者仲裁协议无效的，可以直接向人民法院起诉。

第四十八条规定，仲裁机构或者人民法院可以委托本法第十九条规定的产品质量检验机构，对有关产品质量进行检验。

（六）罚则

1. 产品质量检验机构、认证机构违法的法律责任（表3-5）

表3-5　产品质量检验机构、认证机构违法的法律责任

法条	违法主体	违法行为	行政责任	刑事/民事责任
第五十七条	产品质量检验机构、认证机构	伪造检验结果或者出具虚假证明的	责令改正，对单位处5万元以上10万元以下的罚款，对直接负责的主管人员和其他直接责任人员处1万元以上5万元以下的罚款；有违法所得的，并处没收违法所得；情节严重的，取消其检验资格、认证资格；	构成犯罪的，依法追究刑事责任
	产品质量检验机构、认证机构	出具的检验结果或者证明不实，造成重大损失的	撤销其检验资格、认证资格	造成损失的，应当承担相应的赔偿责任
	产品质量认证机构	违反本法第二十一条第2款的规定，对不符合认证标准而使用认证标志的产品，未依法要求其改正或者取消其使用认证标志资格的	情节严重的，撤销其认证资格	对因产品不符合认证标准给消费者造成的损失，与产品的生产者、销售者承担连带责任

2. 产品质量监管部门及国家机关工作人员违法的法律责任（表3-6）

表3-6 产品质量监管部门及国家机关工作人员违法的法律责任

法条	违法主体	违法行为	法律责任
第六十五条	各级人民政府工作人员和其他国家机关工作人员	（1）包庇、放纵产品生产、销售中违反本法规定行为的；（2）向从事违反本法规定的生产、销售活动的当事人通风报信，帮助其逃避查处的；（3）阻挠、干预产品质量监督部门或者工商行政管理部门依法对产品生产、销售中违反本法规定的行为进行查处，造成严重后果的	依法给予行政处分；构成犯罪的，依法追究刑事责任
第六十六条	产品质量监督部门	在产品质量监督抽查中超过规定的数量索取样品或者向被检查人收取检验费用的	由上级产品质量监督部门或者监察机关责令退还；情节严重的，对直接负责的主管人员和其他直接责任人员依法给予行政处分
第六十七条	产品质量监督部门或者其他国家机关	违反本法第二十五条的规定，向社会推荐生产者的产品或者以监制、监销等方式参与产品经营活动的	由其上级机关或者监察机关责令改正，消除影响，有违法收入的予以没收；情节严重的，对直接负责的主管人员和其他直接责任人员依法给予行政处分
第六十七条	产品质量检验机构	有前款所列违法行为的	由产品质量监督部门责令改正，消除影响，有违法收入的予以没收，可以并处违法收入1倍以下的罚款；情节严重的，撤销其质量检验资格
第六十八条	产品质量监督部门或者工商行政管理部门的工作人员	滥用职权、玩忽职守、徇私舞弊	构成犯罪的，依法追究刑事责任；尚不构成犯罪的，依法给予行政处分

3. 处罚部门

《产品质量法》第七十条规定，本法规定的吊销营业执照的行政处罚由工商行政管理部门决定，本法第四十九条至第五十七条、第六十条至第六十三条规定的行政处罚由产品质量监督部门或者工商行政管理部门按照国务院规定的职权范围决定。法律、行政法规对行使行政处罚权的机关另有规定的，依照有关法律、行政法规的规定执行。

4. 民事赔偿优先的原则

《产品质量法》第64条规定，违反本法规定，应当承担民事赔偿责任和缴纳罚款、罚金，其财产不足以同时支付时，先承担民事赔偿责任。

知识链接

《产品质量法》与《药品管理法》、《食品安全法》的关系

药品、食品等作为一种特殊的产品，其产品质量行为应遵守《产品质量法》，但我国为保证公众身体健康和利益，对药品、食品等一些特殊产品，制定了《食品安全法》（包括之前的《食品卫生法》）、《药品管理法》等质量监督管理的法律。从法律效力来看，《产品质量法》是调整产品质量法律关系的一般法，对所有产品的质量监督管理作了一般规定。《药品管理法》、《食品安全法》等则是专门调整药品、食品等行为的特别法，按照特别法优于一般法的效力原则，《药品管理法》（《食品安全法》等）与《产品质量法》均有规定的，适用《药品管理法》（《食品安全法》等）；《药品管理法》（《食品安全法》等）没有规定的，适用《产品质量法》。

三、学习小结

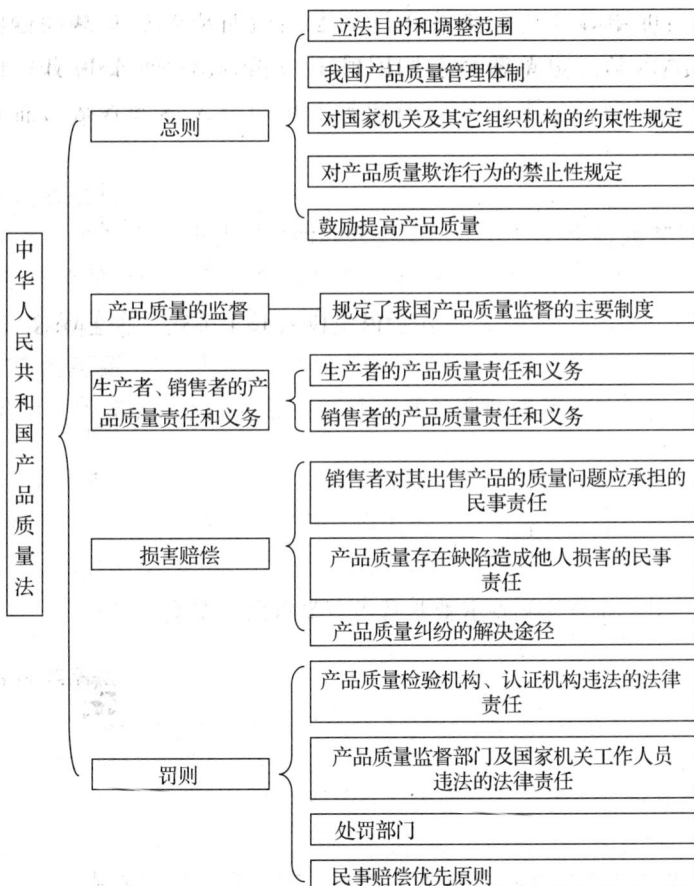

四、学习检测

（一）思考题

1. 简述我国产品质量监督管理体制。

2. 当产品质量存在缺陷造成他人损害时，生产者、销售者分别应承担哪些赔偿责任？

3. 简述《产品质量法》中有关产品质量监督的主要管理规定。

4. 产品质量监管部门及国家机关工作人员违反《产品质量法》应承担何种法律责任？

（二）案例分析

2006 年王先生因病毒性肝炎（乙型慢性中度）入住医院，经治疗病情好转出院。为巩固疗效，王先生遵医嘱一直服用贺普丁，此后多次复查病情均较稳定。2007 年 11 月 8 日，王先生从淮安市某大药房购买拉米夫定片（贺普丁）1 盒，在服用后感觉身体不适，后因病情复发，不得不于 2007 年 11 月 17 日再次入医院，2008 年 3 月 11 日出院，支付医疗费 3 万余元。医院出具说明显示临床考虑此次病情复发与其服用的拉米夫定片是假药有直接关系，服用假药的后果与擅自停药的后果一样，由于停药后乙肝病毒数量迅速增加，致使肝炎复发。

王先生向江苏省淮安食品药品监督管理局进行了举报，反映其购买的淮安市某大药房出售的拉米夫定片是假药，并提供购药票据。2007 年 11 月 16 日，淮安药监局对淮安市某大药房进行行政执法检查，封存库存拉米夫定片 7 盒，并进行检验。2008 年 1 月 24 日，淮安药监局以药行罚（2007）109 号行政处罚决定书，认定淮安市某大药房出售的拉米夫定片为假药，并作出相应行政处罚。

王先生出院后，找到淮安市某大药房要求其赔偿各项损失，但淮安市某大药房仅同意退还王先生购药费用，而不愿给予其他赔偿。王先生遂于 2008 年 3 月 21 日将该药房诉讼至淮安市清浦区法院。淮安市某大药房在庭审时辩称，其出售的拉米夫定片被药品监督管理局认为是假药，是被不法团伙掉包所致，该团伙在泰州作案时被破获，大药房实际也是受害者；另外王先生本身就有肝炎病未治愈，且须终身治疗，与大药房出售药品无关。请求法院驳回王先生的诉讼请求。

淮安市清浦区法院审理后认为：本案系一起因产品质量所引起的损害赔偿案件。根据医院相关临床证据、购药凭证，法院认定王先生肝炎病复发与淮安市某大药房出售假药行为有因果关系；淮安市某大药房对王先生本次肝炎病复发承担主要责任，王先生因自身疾病因素承担次要责任。对淮安市某大药房认为其出售的拉米夫定片系被不法团伙掉包，因淮安市某大药房未能提供相关证据，故法院不予采信。

分析与讨论

请分析本案所涉及的《产品质量法》中销售者的产品质量责任相关规定，并依据有关法规对该药房进行处罚。

（胡 明）

中华人民共和国广告法

一、学习要点

通过本法学习，使学员了解我国广告管理的基本法律法规以及药品、食品、化妆品、医疗器械广告以及医疗广告管理的相关法规规章，熟悉《中华人民共和国广告法》适用范围、广告管理的基本原则和准则、广告行为的基本规定，违反《中华人民共和国广告法》管理规定的法律责任，掌握有关药品、医疗器械及相关产品广告管理的主要规定。

二、学习内容

（一）广告管理法律法规概述

我国广告的管理始自 20 世纪 80 年代，1982 年 2 月 6 日国务院发布了《广告管理暂行条例》，1987 年 12 月 1 日，国务院发布了《广告管理条例》（原《暂行条例》废止），国务院有关部门和一些地方政府还制定大量的配套规定，初步形成了我国的广告法制管理体系；广告的行政管理也从过去分散的、没有统一的管理机关，发展为由国家和地方各级工商行政管理机关负责全国广告业的管理。随着我国广告管理立法条件逐渐成熟，1994 年 10 月 27 日全国人大常委会颁布了《中华人民共和国广告法》，自 1995 年 2 月 1 日起施行。国家工商行政管理总局也先后于 1988 年制定、1998 年、2004 年修订了《广告管理条例实施细则》。《中华人民共和国广告法》、《广告管理条例》和《广告管理条例实施细则》成为我国现行有效的广告管理的三个基本法律法规。

《中华人民共和国广告法》（以下简称《广告法》）是我国唯一一部以广告管理为核心内容的法律。《广告法》共六章49条，包括第一章总则，第二章广告准则，第三章广告活动，第四章广告的审查，第五章法律责任，第六章附则。《广告法》的实施，对规范广告活动，促进广告业的健康发展，维护消费者的合法权益，发挥广告在社会主义市场经济中的积极作用，具有十分重要的意义。

知识链接

医疗、食品、药品、化妆品等的广告管理法律法规

医疗、食品、药品、化妆品的广告管理一直是我国广告监督管理的重点内容之一，国家工商行政管理总局先后与卫生部、国家食品药品监督管理局等部门联合发布了一系列相关广告审批和监督管理的规章和管理办法。详见下表。

法律法规	颁布部门	颁布/实施时间
化妆品广告管理办法	国家工商行政管理局	1993 年 7 月 13 日公布，1993 年 10 月 1 日起施行
食品广告管理办法	国家工商行政管理局、卫生部	1993 年 8 月 30 日公布，1993 年 10 月 1 日起施行
酒类广告管理办法	国家工商行政管理局	1995 年 11 月 17 日公布，1996 年 1 月 1 日起施行
食品广告发布暂行规定	国家工商行政管理局	1996 年 12 月 30 日公布、1998 年 12 月 3 日修订
保健食品广告审查暂行规定	国家食品药品监督管理局	2005 年 5 月 24 日发布，2005 年 7 月 1 日实施
医疗广告管理办法	国家工商行政管理总局、卫生部	2006 年 11 月 10 日公布，2007 年 1 月 1 日起施行
药品广告审查办法	国家食品药品监督管理局、国家工商行政管理总局	2007 年 3 月 13 日发布，2007 年 5 月 1 日起施行
药品广告审查发布标准	国家工商行政管理总局、国家食品药品监督管理局	2007 年 3 月 13 日修改发布，2007 年 5 月 1 日施行
医疗器械广告审查办法	卫生部、国家工商行政管理总局、国家食品药品监督管理局	2009 年 4 月 7 日发布，2009 年 5 月 20 日起施行
医疗器械广告审查发布标准	国家工商行政管理总局、卫生部、国家食品药品监督管理局	2009 年 4 月 28 日令发布，2009 年 5 月 20 日起施行

（二）《广告法》总则

《广告法》总则规定了立法目的、适用范围，以及广告的基本原则。

1. 立法目的

《广告法》第 1 条规定，为了规范广告活动，促进广告业的健康发展，保护消费者的合法权益，维护社会经济秩序，发挥广告在社会主义市场经济中的积极作用，制定本法。

2. 适用范围

《广告法》第 2 条规定，广告主、广告经营者、广告发布者在中华人民共和国境内从事广告活动，应当遵守本法。

本法所称广告，是指商品经营者或者服务提供者承担费用，通过一定媒介和形式直接或者间接地介绍自己所推销的商品或者所提供的服务的商业广告。

本法所称广告主，是指为推销商品或者提供服务，自行或者委托他人设计、制作、发布广告的法人、其他经济组织或者个人。

广告经营者，是指受委托提供广告设计、制作、代理服务的法人、其他经济组织或者个人。

广告发布者，是指为广告主或者广告主委托的广告经营者发布广告的法人或者其他经济组织。

3．广告的基本原则

《广告法》第三条至第五条规定了广告基本原则。

（1）广告应当真实、合法，符合社会主义精神文明建设的要求。

（2）广告不得含有虚假的内容，不得欺骗和误导消费者。

（3）广告主、广告经营者、广告发布者从事广告活动，应当遵守法律、行政法规，遵循公平、诚实信用的原则。

4．广告监督管理机关

《广告法》第六条规定，县级以上人民政府工商行政管理部门是广告监督管理机关。

（三）药品、医疗器械广告管理规定

1．药品、医疗器械广告不得有的内容

《广告法》第十四条规定，药品、医疗器械广告不得有下列内容：①含有不科学的表示功效的断的断言或者保证的；②说明治愈率或者有效率的；③与其他药品、医疗器械的功效和安全性比较的；④利用医药科研单位、学术机构、医疗机构或者专家、医生、患者的名义和形象作证明的；⑤法律、行政法规规定禁止的其他内容。

2．药品广告内容准则

《广告法》第十五条规定，药品广告的内容必须以国务院卫生行政部门或者省、自治区、直辖市卫生行政部门批准的说明书为准。国家规定的应当在医生指导下使用的治疗药品广告中，必须注明"按医生处方购买和使用"。

3．不得作广告的药品

《广告法》第十六条规定，麻醉药品、精神药品、毒性药品、放射性药品等特殊药品，不得作广告。

知识链接

食品、化妆品广告管理规定

1．食品广告管理规定

《食品广告管理办法》第十三条　禁止发布下列食品广告：①食品卫生法禁止生产经营的食品；②宣传疗效的食品；③母乳代用品。

第十四条规定，食品广告中不得出现医疗术语、易与药品混淆的用语以及无法用客观指标评价的用语。

《食品广告发布暂行规定》第6条规定，食品广告不得含有"最新科学"、"最新技术"、"最先进加工工艺"等绝对化的语言或者表示。

第七条规定，食品广告不得出现与药品相混淆的用语，不得直接或者间接地宣传治疗作用，也不得借助宣传某些成分的作用明示或者暗示该食品的治疗作用。

第九条规定，食品广告中不得使用医疗机构、医生的名义或者形象。食品广告中涉及特定功效的，不得利用专家、消费者的名义或者形象做证明。

第十条规定，保健食品的广告内容应当以国务院卫生行政部门批准的说明书和标签为准，不得任意扩大范围。

第十一条规定，保健食品不得与其他保健食品或者药品进行功效对比。

第十二条规定，保健食品、新资源食品、特殊营养食品的批准文号应当在其广告中同时发布。

第十三条规定，普通食品、新资源食品、特殊营养食品广告不得宣传保健功能，也不得借助宣传某些成分的作用明示或者暗示其保健作用。

2. 化妆品管理规定

《化妆品广告管理办法》第8条规定，化妆品广告禁止出现下列内容：①化妆品名称、制法、成分、效用或者性能有虚假夸大的；②使用他人名义保证或者以暗示方法使人误解其效用的；③宣传医疗作用或者使用医疗术语的；④有贬低同类产品内容的；⑤使用最新创造、最新发明、纯天然制品、无副作用等绝对化语言的；⑥有涉及化妆品性能或者功能、销量等方面的数据的；⑦违反其他法律、法规规定的。

（四）广告活动

1. 广告主、广告经营者、广告发布者活动应遵守的共同规定

《广告法》第二十条规定，广告主、广告经营者、广告发布者之间在广告活动中应当依法订立书面合同，明确各方的权利和义务。

第二十一条规定，广告主、广告经营者、广告发布者不得在广告活动中进行任何形式的不正当竞争。

2. 广告主的行为规定

《广告法》第二十二条规定，广告主自行或者委托他人设计、制作、发布广告，所推销的商品或者所提供的服务应当符合广告主的经营范围。

第二十三条规定，广告主委托设计、制作、发布广告，应当委托具有合法经营资格的广告经营者、广告发布者。

第二十四条规定，广告主自行或者委托他人设计、制作、发布广告，应当具有或者提供真实、合法、有效的下列证明文件：①营业执照以及其他生产、经营资格的证明文件；②质量检验机构对广告中有关商品质量内容出具的证明文件；③确认广告内容真实性的其他证明文件；④依照规定，发布广告需要经有关行政主管部门审查的，还应当提供有关批准文件。

第二十五条规定，广告主或者广告经营者在广告中使用他人名义、形象的，应当事先取得他人的书面同意；使用无民事行为能力人、限制民事行为能力人的名义、形象的，应当事先取得其监护人的书面同意。

（五）广告的审查

《广告法》第三十四条规定，利用广播、电影、电视、报纸、期刊以及其他媒介发布药品、医疗器械、农药、兽药等商品的广告和法律、行政法规规定应当进行审查的其他广告，必须在发布前依照有关法律、行政法规由有关行政主管部门（以下简称广告审查机关）对广告内容进行审查；未经审查，不得发布。

第三十五条规定，广告主申请广告审查，应当依照法律、行政法规向广告审查机关提交有关证明文件。广告审查机关应当依照法律、行政法规作出审查决定。

第三十六条规定，任何单位和个人不得伪造、变造或者转让广告审查决定文件。

知识链接

食品、医疗器械广告的管理范围和管理机关

1. 食品广告

管理范围：《食品广告管理办法》第二条规定，凡利用各种媒介或者形式在中华人民共和国境内发布的食品广告，均属本办法管理范围。《食品广告发布暂行规定》进一步明确，本规定所指食品广告，包括普通食品广告、保健食品广告、新资源食品广告和特殊营养食品广告。

《食品广告管理办法》第五条规定，申请发布食品广告，必须持有食品卫生监督机构出具的《食品广告证明》；未有该证明的，不得发布广告

管理机关：第四条规定，食品广告的管理机关是国家工商行政管理局和地方各级工商行政管理机关；食品广告专业技术内容的出证者是地（市）级以上食品卫生监督机构。

2. 医疗器械广告

审查范围：《医疗器械广告审查办法》第二条规定，通过一定媒介和形式发布的广告含有医疗器械名称、产品适用范围、性能结构及组成、作用机制等内容的，应当按照本办法进行审查。仅宣传医疗器械产品名称的广告无需审查，但在宣传时应当标注医疗器械注册证号。

管理机关：第四条规定，省、自治区、直辖市药品监督管理部门是医疗器械广告审查机关，负责本行政区域内医疗器械广告审查工作。县级以上工商行政管理部门是医疗器械广告监督管理机关。

（六）法律责任

1. 行政责任和刑事责任（表3-7）

表3-7 违反《广告法》的规定应承担的行政责任和刑事责任

条款	违法行为	行政责任	刑事责任
第三十七条	利用广告对商品或者服务作虚假宣传的	广告监督管理机关责令广告主停止发布、并以等额广告费用在相应范围内公开更正消除影响，并处广告费用1倍以上5倍以下的罚款；对负有责任的广告经营者、广告发布者没收广告费用，并处广告费用1倍以上5倍以下的罚款；情节严重的，依法停止其广告业务。	构成犯罪的，依法追究刑事责任

续表

条款	违法行为	行政责任	刑事责任
第三十九条	发布广告，违反第七条第2款（广告不得有的情形）规定的	由广告监督管理机关责令负有责任的广告主、广告经营者、广告发布者停止发布公开更正，没收广告费用，并处广告费用1倍以上5倍以下的罚款； 情节严重的，依法停止其广告业务。	构成犯罪的，依法追究刑事责任
第四十条	发布广告，违反第九条至第十二条规定的	由广告监督管理机关责令负有责任的广告主、广告经营者、广告发布者停止发布、公开更正，没收广告费用，可以并处广告费用1倍以上5倍以下的罚款。	
	违反第十三条规定的	由广告监督管理机关责令广告发布者改正，处以1000元以上10000元以下的罚款。	
第四十一条	违反第十四条至第十七条、第十九条规定，发布药品、医疗器械、农药、食品、酒类、化妆品广告的，或者违反本法第三十一条规定发布广告的	由广告监督管理要产责令负有责任的广告主、广告经营者、广告发布者改正或者停止发布，没收广告费用，可以并处广告费用1倍以上5倍以下的罚款；情节严重的，依法停止其广告业务。	
第四十二条	违反第十八条规定的	利用广播、电影、电视、报纸、期刊发布烟草广告，或者在公共场所设置烟草广告的，由广告监督管理机关责令负有责任的广告主、广告经营者、广告发布者停止发布，没收广告费用，可以并处广告费用1倍以上5倍以下的罚款。	
第四十三条	违反第三十四条的规定	未经广告审查机关审查批准，发布广告的，由广告监督管理机关责令负有责任的广告主、广告经营者、广告发布者停止发布，没收广告费用，并处广告费用1倍以上5倍以下的罚款	
第四十四条	广告主提供虚假证明文件的	由广告监督管理机关处以1万元以上10万元以下的罚款	
	伪造、变造或者转让广告审查决定文件的	由广告监督管理机关没收违法所得，并处1万元以上10万元以下的罚款	构成犯罪的，依法追究刑事责任
第四十五条	广告审查机关对违法的广告内容作出审查批准决定的	对直接负责的主管人员和其他直接责任人员，由其所在单位、上级机关、行政监察部门依法给予行政处分	
第四十六条	广告监督管理机关和广告审查机关的工作人员玩忽职守、滥用职权、徇私舞弊的	给予行政处分	构成犯罪的，依法追究刑事责任

2. 民事责任

（1）民事责任的分担

《广告法》第三十八条规定，发布虚假广告，欺骗和误导消费者，使购买商品或者接受服务的消费者的合法权益受到损害的，由广告主依法承担民事责任；广告经营者、广告发布者明知或者应知广告虚假仍设计、制作、发布的，应当依法承担连带责任。广告经营者、广告发布者不能提供广告主的真实名称、地址的，应当承担全部民事责任。社会团体或者其他组织，在虚假广告中向消费者推荐商品或者服务，使消费者的合法权益受到损害的，应当依法承担连带责任。

（2）其他侵权责任

《广告法》第四十七条规定，广告主、广告经营者、广告发布者违反本法规定，有下列侵权行为之一的，依法承担民事责任：①在广告中损害未成年人或者残疾人身心健康的；②假冒他人专利的；③贬低其他生产经营者的商品或者服务的；④广告中未经同意使用他人名义、形象的；⑤其他侵犯他人合法民事权益的。

三、学习小结

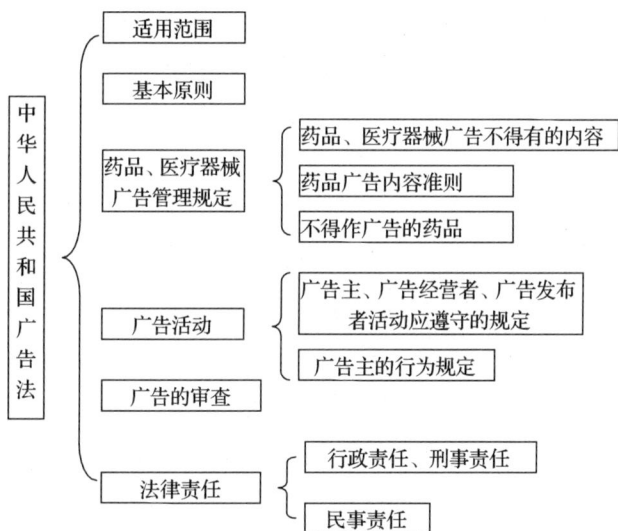

四、学习检测

（一）思考题

1. 简述《广告法》的适用范围、广告主、广告经营者、广告发布者的含义。

2. 简述药品、医疗器械广告不得含有的内容。

3. 简述食品、化妆品广告管理的有关规定。

4. 广告主发布虚假广告应承担何种法律责任？

（二）案例分析

请分析以下违法药品广告的违法行为，并根据《广告法》、《药品广告审查办法》等法规，提出处理意见。

1. 吉林某制药有限公司生产的"心舒胶囊"，其功能主治为"行气活血、通窍、解郁。用于冠心病引起的胸闷气短，心绞痛"。该药品为处方药。该企业擅自在大众媒介上发布广告，并宣称"服用心舒胶囊，告别心脏病……服用心舒胶囊两到三个疗程，心脏功能恢复正常，冠心病、心绞痛、心肌梗塞等心血管疾病被治好"等。

2. 浙江某海洋生物药业有限公司生产的"复方海蛇胶囊"，其功能主治为"补肾宁心，化痰安神"。该药品广告宣称"为脑萎缩、老年性痴呆、脑瘫、帕金森、脑中风癫痫患者获救良机"等。

3. 吉林省某药业股份有限公司生产的"前列消胶囊"，其功能主治为"清热利湿。用于前列腺炎属下焦湿热症者，症见：尿频，尿急，尿涩痛，小便淋漓不尽，腰膝酸软等"。该药品为处方药。该企业擅自在大众媒介上发布广告，并宣称"是中国首个能够清除前列腺腺毒的药物，其独含的腺核溶解酶从内部软化崩解腺毒，恢复男性功能，全面治疗前列腺疾病"等。

4. 陕西省某科学院制药厂生产的"甘露聚糖肽口服液"，其适应症为"用于免疫功能低下，反复呼吸道感染，白细胞减少症和再生障碍性贫血及肿瘤的辅助治疗，减轻放、化疗对造血系统的副作用，用于慢性乙型肝炎患者"。该药品广告宣称"一般患者服用3－5个疗程，临床症状基本消失，瘤体逐渐萎缩，是危、重晚期肿瘤患者首选药"等。

5. 青岛某药业有限公司生产的"海名威牌海麒舒肝胶囊"，其功能主治为"化痰散结，利水排毒。用于痰浊蕴结所致肋痛，痞块，腹胀，纳少，恶心，乏力等症。也用于肿瘤放化疗后有上述表现的辅助治疗"。该药品为处方药。该企业擅自在大众媒介上发布广告，并利用患者形象宣称该产品为"治疗乙肝的首选，乙肝"大三阳"患者全部转阴，乙肝"小三阳"患者完全康复"等。

6. 上海某生物医学研究有限公司为其经销的"东方灵芝宝"灵芝胶囊（保健食品）自行设计并散发印刷品进行广告宣传，称这种药品可以"治癌、抗癌"，而这种药品实际经批准的药理作用与"治疗癌症"无任何关系。

（胡　明）

中华人民共和国商标法

一、学习要点

通过本法的学习，使学员了解注册商标的概念和我国商标注册管理体制，熟悉申请注册商标的条件，不予商标注册的情形，商标的申请、审查、核准程序，商标的续展、转让和使用许可规定，商标使用违法的法律责任以及商标侵权的处理方式、救济途径和法律责任，掌握注册商标管理中有关药品监督活动的相关内容。

二、学习内容

（一）商标法概述

《中华人民共和国商标法》（以下简称《商标法》）于 1982 年 8 月 23 日由第五届全国人民代表大会常务委员会第 24 次会议通过，根据 1993 年 2 月 22 日第七届全国人民代表大会常务委员会第 30 次会议《关于修改 < 中华人民共和国商标法 > 的决定》第一次修正，根据 2001 年 10 月 27 日第九届全国人民代表大会常务委员会第 24 次会议《关于修改 < 中华人民共和国商标法 > 的决定》第二次修正）《商标法》的制定和修改，对推进我国商标法律制度的完善，促进市场经济的发展，发挥了积极的广泛的影响

《商标法》共分为 8 章 64 条，包括第一章总则，第二章商标注册的申请，第三章商标注册的审查和核准，第四章注册商标的续展、转让和使用许可，第五章注册商标争议的裁定，第六章商标使用的管理，第七章注册商标专用权的保护，第八章附则。

（二）总则

1.《商标法》立法宗旨

《商标法》第一条明确了其立法宗旨：为了加强商标管理，保护商标专用权，促使生产、经营者保证商品和服务质量，维护商标信誉，以保障消费者和生产、经营者的利益，促进社会主义市场经济的发展，特制定本法。

2. 商标注册体制、管理体制和商标争议处理体制

《商标法》第二条规定，国务院工商行政管理部门商标局主管全国商标注册和管理的工作。国务院工商行政管理部门设立商标评审委员会，负责处理商标争议事宜。

3. 注册商标的界定、保护和要求

《商标法》第三条规定，经商标局核准注册的商标为注册商标，包括商品商标、

服务商标和集体商标、证明商标；商标注册人享有商标专用权，受法律保护。

集体商标，是指以团体、协会或者其他组织名义注册，供该组织成员在商事活动中使用，以表明使用者在该组织中的成员资格的标志。证明商标，是指由对某种商品或者服务具有监督能力的组织所控制，而由该组织以外的单位或者个人使用于其商品或者服务，用以证明该商品或者服务的原产地、原料、制造方法、质量或者其他特定品质的标志。集体商标、证明商标注册和管理的特殊事项，由国务院工商行政管理部门规定。

第六条规定，国家规定必须使用注册商标的商品，必须申请商标注册，未经核准注册的，不得在市场销售。

第七条规定，商标使用人应当对其使用商标的商品质量负责。各级工商行政管理部门应当通过商标管理，制止欺骗消费者的行为。

4. 商标注册申请人

《商标法》第四条规定，自然人、法人或者其他组织对其生产、制造、加工、拣选或者经销的商品，需要取得商标专用权的，应当向商标局申请商品商标注册。自然人、法人或者其他组织对其提供的服务项目，需要取得商标专用权的，应当向商标局申请服务商标注册。本法有关商品商标的规定，适用于服务商标。

第五条规定，两个以上的自然人、法人或者其他组织可以共同向商标局申请注册同一商标，共同享有和行使该商标专用权。

第十七条规定，外国人或者外国企业在中国申请商标注册的，应当按其所属国和中华人民共和国签订的协议或者共同参加的国际条约办理，或者按对等原则办理。

第十八条规定，外国人或者外国企业在中国申请商标注册和办理其他商标事宜的，应当委托国家认可的具有商标代理资格的组织代理。

5. 申请注册商标的条件

《商标法》第八条和第九条规定，任何能够将自然人、法人或者其他组织的商品与他人的商品区别开的可视性标志，包括文字、图形、字母、数字、三维标志和颜色组合，以及上述要素的组合，均可以作为商标申请注册。申请注册的商标，应当有显著特征，便于识别，并不得与他人在先取得的合法权利，如外观设计专利权、著作权等相冲突。

《商标法》第十条规定了9种不得作为商标使用的标志或情形：①同中华人民共和国的国家名称、国旗、国徽、军旗、勋章相同或者近似的，以及同中央国家机关所在地特定地点的名称或者标志性建筑物的名称、图形相同的；②同外国的国家名称、国旗、国徽、军旗相同或者近似的，但该国政府同意的除外；③同政府间国际组织的名称、旗帜、徽记相同或者近似的，但经该组织同意或者不易误导公众的除外；④与表明实施控制、予以保证的官方标志、检验印记相同或者近似的，但经授权的除外；⑤同"红十字"、"红新月"的名称、标志相同或者近似的；⑥带有民族歧视性的；⑦夸大宣传并带有欺骗性的；⑧有害于社会主义道德风尚或者有其他不良影响的；⑨县级以上行政区划的地名或者公众知晓的外国地名，不得作为商标，但是地名具有其他含义或者作为集体商标、证明商标组成部分的除外；已经注册的使用地名的商标继续有效。

《商标法》第十一条规定了由于缺乏显著特征或不便于识别，不得作为商标注册的三种情况：①仅有本商品的通用名称、图形、型号的；②仅仅直接表示商品的质量、主要原料、功能、用途、重量、数量及其他特点的；③缺乏显著特征的。但是，如果上述标志经过使用取得显著特征，并便于识别的，可以作为商标注册。

6. 驰名商标的认定

除注册商标外，根据商标在相关市场的知名度，商标还包括驰名商标、著名商标、知名商标，分别由国家工商管理局商标局、省工商行政管理部门以及市一级工商行政管理部门认可获得。《商标法》第十四条规定，认定驰名商标应当考虑下列因素：①相关公众对该商标的知晓程度；②该商标使用的持续时间；③该商标的任何宣传工作的持续时间、程度和地理范围；④该商标作为驰名商标受保护的记录；⑤该商标驰名的其他因素。

（六）商标使用的管理

《商标法》第四十四条至第五十条规定了商标使用违法行为的行政责任。

1. 注册商标使用不当的

第四十四条规定，使用注册商标，有下列行为之一的，由商标局责令限期改正或者撤销其注册商标：①自行改变注册商标的；②自行改变注册商标的注册人名义、地址或者其他注册事项的；③自行转让注册商标的；④连续三年停止使用的。

2. 注册商标商品质量违法的

第四十五条规定，使用注册商标，其商品粗制滥造，以次充好，欺骗消费者的，由各级工商行政管理部门分别不同情况，责令限期改正，并可以予以通报或者处以罚款，或者由商标局撤销其注册商标。

3. 必须使用注册商标的商品未经核准注册在市场销售的

第四十七条规定，违反本法第六条规定（即国家规定必须使用注册商标的商品，必须申请商标注册，未经核准注册的不得在市场销售）的，由地方工商行政管理部门责令限期申请注册，可以并处罚款。

4. 使用未注册商标且有其他违法行为的

第四十八条规定，使用未注册商标，有下列行为之一的，由地方工商行政管理部门予以制止，限期改正，并可以予以通报或者处以罚款：①冒充注册商标的；②违反第十条规定，即使用不得作为商标使用的标记的；③粗制滥造，以次充好，欺骗消费者的。

（七）注册商标专用权的保护和商标侵权的法律责任

1. 注册商标侵权的界定

《商标法》第五十一条规定，注册商标的专用权，以核准注册的商标和核定使用的商品为限。

第五十二条规定，有下列行为之一的，均属侵犯注册商标权的行为：①未经注册商标所有人的许可，在同一种商品或类似商品上使用与其注册商标相同或近似商标的；②销售侵犯注册商标专用权的商品的；③伪造、擅自制造他人注册商标标识或销售伪造、擅自制造的注册商标标识的；④未经商标注册人同意，更换其注册商标并将该更换商标的商品又投入市场的；⑤给他人的注册商标专用权造成其他损害的。

2. 商标侵权纠纷处理方式及救济途径

我国《商标法》规定的对于商标侵权行为所引起纠纷的处理方式与专利法相似，有三种救济途径：由当事人协商解决，请求工商行政管理部门处理，和向人民法院起诉，其中司法救济为最终途径。

工商行政管理部门处理时，认定侵权行为成立的，责令立即停止侵权行为，没收、销毁侵权商品和专门用于制造侵权商品、伪造注册商标标识的工具，并可处以罚款。进行处理的工商行政管理部门也可根据当事人的请求，可以就侵犯商标专用权的赔偿数额进行调解。调解不成的，或对处理不服的，当事人可以依照《中华人民共和国民事诉讼法》向人民法院起诉。

第五十六条规定，侵犯商标专用权的赔偿数额，为侵权人在侵权期间因侵权所获得的利益，或者被侵权人在被侵权期间因被侵权所受到的损失，包括被侵权人为制止侵权行为所支付的合理开支。侵权人因侵权所得利益，或者被侵权人因被侵权所受损失难以确定的，由人民法院根据侵权行为的情节判决给予五十万元以下的赔偿。但销售不知道是侵犯注册商标专用权的商品，能证明该商品是自己合法取得的并说明提供者的，不承担赔偿责任。

3. 商标侵权行为的法律责任

《商标法》五十四条规定，对侵犯注册商标专用权的行为，工商行政管理部门有权依法查处；涉嫌犯罪的，应当及时移送司法机关依法处理。

《商标法》五十九条规定，下列几种侵犯商标专用权的行为，构成犯罪的，除赔偿被侵权人的损失外，依法追究刑事责任：①未经商标注册人许可，在同一种商品上使用与其注册商标相同的商标；②伪造、擅自制造他人注册商标标识或者销售伪造、擅自制造的注册商标标识；③销售明知是假冒注册商标的商品。

三、学习小结

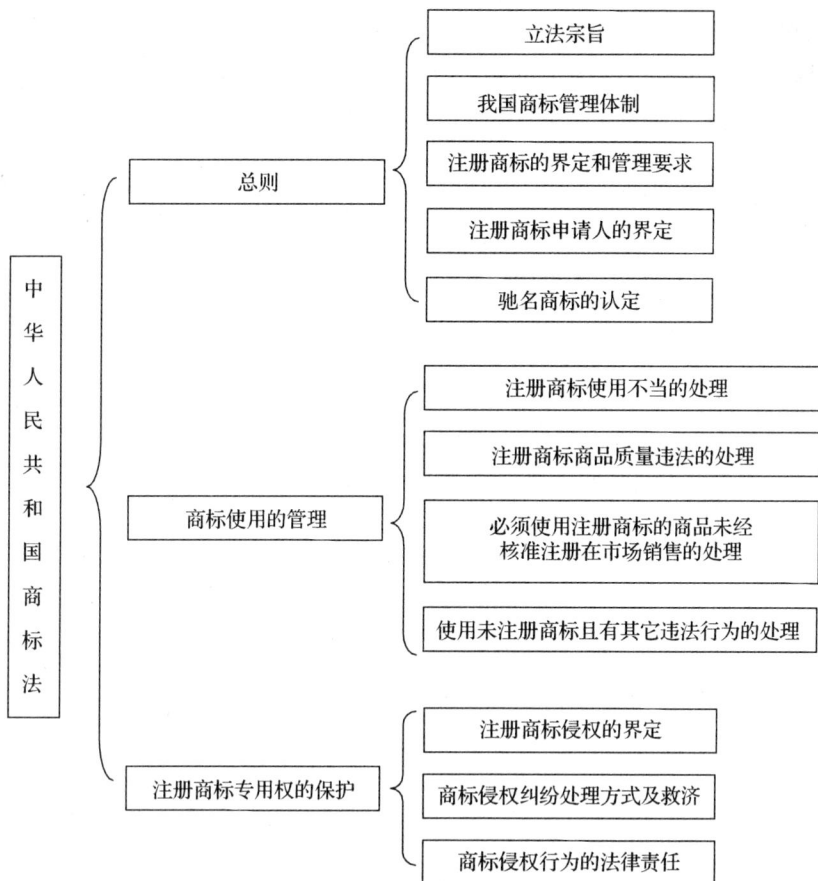

四、学习检测

（一）思考题

1. 简述申请商标注册的条件。

2. 对商标使用的各种违法行为，分别应由何部门给予什么处罚？

3. 简述不得作为商标使用的标志或情形。

4. 如何认定驰名商标？

5. 如何界定注册商标侵权行为？商标侵权应承担哪些法律责任？

（二）案例分析

2001 年 11 月马某伙同他人与 XX 市金狮商标彩印厂负责人杨某联系药品商标标识印制业务，杨某在没有任何合法授权及委托的情况下，按照马某等人的要求安排生产。期间，马某负责提供药品商标样板，校对文字，检验质量以及收货等。从 2002 年 4 月始，杨某陆续提供了"降压片"、"利肝片"、"石融夜光丸"、"天麻首乌丸"、"牙周炎丸"、"当归丸"、"石淋通"、"抗痿灵"、"化痔灵"、"筋骨跌痛丸"、"退斑丸"、"田七杜仲丸"等 12 种药品包装物。2002 年 7 月 15 日，接群众举报，XX 市公安局经侦支队联合市工商局，在该市南区的某商标彩印厂捣毁一特大制造冒牌药品商标窝点，抓获涉案嫌疑人2名，缴获用于印刷冒牌药品商标的胶片等工具，冒牌药品标识12种共72000余件。

分析与讨论

本案中马某与杨某的违法行为是什么？依据我国《商标法》、《刑法》有关规定，应分别分给予马某、杨某什么处罚？

（胡　明）

参 考 文 献

[1] 杨世民. 药事管理学. 第 3 版. 北京：中国医药科技出版社，2008

[2] 吴蓬，杨世民. 药事管理学. 第 4 版. 北京：人民卫生出版社，2007

[3] 杨世民. 中国药事法规解说. 北京：化学工业出版社，2004

[4] 杨世民. 药事管理学学习指导与习题集. 北京：人民卫生出版社，2007

[5] 杨世民. 中国药事法规. 第 2 版，北京：化学工业出版社，2007

[6] http：//www. sfda. gov. cn

[7] http：//www. moh. gov. cn

[8] http：//www. cnpharm. com

[9] 张新平，李少丽. 药物政策学. 北京：科学出版社，2003

[10] 国家食品药品监督管理局执业药师资格认证中心组织编写，杨世民. 药事管理与法规. 北京：中国医药科技出版社，2008

[11] 杨世民，药事管理学学习指导与习题集，北京：人民卫生出版社，2007

[12] 朱世斌，药品生产质量管理工程，北京：化学工业出版社，2002 年

[13] 扈纪华，张桂龙. 中华人民共和国药品管理法释义与适用指南. 北京：中国言实出版社，2001

[14] 田侃. 中国药事法. 南京：东南大学出版社，2004

[15] 国务院新闻办公室.《中国的药品安全监督状况》白皮书，2008